JOHN FREELY

PLATON IN BAGDAD

Wie das Wissen der Antike zurück
nach Europa kam

Aus dem Englischen von Ina Pfitzner

Büchergilde Gutenberg

Für Toots, wie immer

Lizenzausgabe für die Büchergilde Gutenberg,
Frankfurt am Main, Wien, Zürich
Mit freundlicher Genehmigung des Klett-Cotta-Verlags, Stuttgart

Die Originalausgabe erschien unter dem Titel »Aladdin's Lamp«
im Verlag Alfred A. Knopf, New York

Printed in Germany
Gesetzt aus der Albertina von Kösel, Krugzell
Gedruckt und gebunden von CPI – Clausen & Bosse, Leck
ISBN 978-3-7632-6615-9

www.buechergilde.de

INHALT

EINLEITUNG

Die Ursprünge der modernen Wissenschaft liegen im antiken Griechenland, wo sie im 6. Jahrhundert v. Chr. mit den ersten Naturphilosophen ihren Anfang nahm. Die Blüte der griechischen Wissenschaft währte ein Jahrtausend lang und endete mit dem Niedergang der Antike in der frühchristlichen Zeit, als nahezu alle Städte der griechisch-römischen Welt dem Erdboden gleich gemacht wurden und das westliche Europa in die dunklen Jahrhunderte des Mittelalters sank. Und doch waren die griechischen Klassiker 1000 Jahre später Inspiration für die Renaissance und Ausgang einer Wiedergeburt der Wissenschaft. Als Kopernikus im Jahr 1543 seine Theorie eines heliozentrischen Planetensystems aufstellte, griff er auf die Arbeit eines griechischen Astronomen zurück, der fast 1800 Jahre zuvor dieselbe Theorie vertreten hatte.

Wie hat die Wissenschaft der griechischen Antike überdauert, und auf welchem Wege gelangte sie nach Westeuropa? Vor allem darum soll es in diesem Buch gehen. Die Geschichte beginnt in Kleinasien, an der ägäischen Küste bei Milet, wo unter dem Einfluss der mesopotamischen Überlieferung in der Astronomie und Mathematik die ersten griechischen Naturphilosophen, die »Physiker«, auf den Plan traten. Von dort führt der Weg in das klassische Athen, das hellenistische Alexandria, das kaiserliche Rom, das byzantinische Konstantinopel und das nestorianische Gondischapur. Weiter geht es in das abbasidische Bagdad, das fatimidische Kairo und Damaskus, das muslimische Córdoba, das Toledo der Reconquista, das normannische Palermo und schließlich in die lateinischsprachige Welt des 13. Jahrhunderts in Oxford und Paris, wo der Boden bereitet wurde für die wissenschaftliche Revolution des 16. und 17. Jahrhunderts. Zuletzt geht die Reise noch einmal nach Osten in das mongolische Samarkand und das osmanische Konstantinopel: in die letzte Blütezeit der islamischen Wissenschaft und ihren langen Niedergang.

Dies ist das erste Buch für eine breitere Leserschaft, das die ganze Geschichte erzählt. Dass es nicht einmal ein umfassendes Fachbuch zu diesem Thema gab, musste ich als junger Physiker feststellen, als ich anfing, mich mit Wissenschaftsgeschichte zu beschäftigen. Meine ersten Forschungen auf diesem Gebiet unternahm ich 1966/7, als ich nach meiner Promotion Stipendiat in Oxford war, wo ich von Alistair Crombie betreut wurde. Er untersuchte als Erster, wie die griechische Wissenschaft in Übersetzungen vom Arabischen ins Lateinische nach Westeuropa gelangte, nachdem sie in der islamischen Welt überliefert und weiterentwickelt worden war. So wandte ich mich der islamischen Renaissance des 8. und 9. Jahrhunderts zu, als die abbasidischen Kalifen in Bagdad naturwissenschaftliche und philosophische Werke vom Griechischen ins Arabische übersetzen ließen und damit die erste Etappe einer Reise einläuteten, die schließlich zur Entstehung der europäischen Wissenschaften führen sollte. Dimitri Gutas von der Yale University, Experte auf dem Gebiet der Übermittlung der griechischen Kultur in die islamische Welt, kommentiert: »Die griechisch-arabische Übersetzungsbewegung in Bagdad war eine wahrlich epochale Phase. In ihrer Bedeutung … gleicht sie dem Athen zur Zeit des Perikles, der italienischen Renaissance oder der wissenschaftlichen Revolution des 16. und 17. Jahrhunderts und sie verdient es, gewürdigt und in unser historisches Bewusstsein eingebettet zu werden.«

Dies ist kein akademisches Werk, sondern eine Kulturgeschichte der besonderen Art für den interessierten Laien. Der Akzent liegt durchgehend auf den Menschen, Orten und Kulturen, die in dieser Geschichte eine Rolle spielen: Es ist eine Art Reisebeschreibung des Wissens, die die verschiedenen Strömungen der Geschichte und den Aufstieg und Untergang der Kulturen zwischen Orient und Abendland verfolgt.

Angesichts des apokalyptischen Geredes vom »Kampf der Kulturen« sollte der vielfältige kulturelle Austausch, in dem die moderne Wissenschaft entstand, von besonderem Interesse sein. Der ursprüngliche Konflikt, der mit dem Aufstieg des Islam einherging, brachte die griechisch-islamische Wissenschaft in den Westen, und das war der Anfang der modernen wissenschaftlichen Tradition. Jetzt scheint es an der Zeit, diese Geschichte in ihrer ganzen kulturellen Komplexität zu erzählen. Wie verwoben die Welt war, um die es dabei geht, hat Edward Said so beschrieben: »Alle Kulturen sind … ineinander verstrickt; keine ist vereinzelt und rein, alle sind hybrid, heterogen, hochdifferenziert und nichtmonolithisch.«

Hier nun also die Geschichte, wie die griechische Wissenschaft über die islamische Welt nach Europa kam. Sie beginnt mit der antiken ionischen Stadt Milet in der archaischen Zeit der griechischen Geschichte (750–480 v. Chr.).

I

IONIEN: DIE ERSTEN NATURPHILOSOPHEN

Das antike Milet befand sich an der Ägäischen Küste der heutigen Türkei südlich von Izmir, dem griechischen Smyrna. Als ich Milet im April 1961 zum ersten Mal besuchte, war es völlig verlassen. Nur die klingelnden Glöckchen einer Ziegenherde mit ihrem Hirten durchbrachen die Stille, als ich zwischen den Ruinen umherwanderte: das große hellenistische Theater, die höhlenartigen römischen Bäder, die Kolonnadenstraße, die zum Löwenhafen führte, und die umgebenden Läden und Lagerhäuser, früher voll mit Waren aus den milesischen Kolonien, aus so weit entfernten Gegenden wie Ägypten und dem Pontos. Jetzt waren die Gebäude vollkommen zerstört und zum Teil mit Erde bedeckt, aus der die ersten Frühlingsblumen sprossen, leuchtendrote Mohnblumen, die sich von den blassen Marmorresten der toten Stadt abhoben.

Seit Ende des 19. Jahrhunderts wird an dieser Stelle ausgegraben: Alle noch vorhandenen antiken Gebäude wurden zu Tage gefördert und mehr oder weniger restauriert, wenn auch der antike Löwenhafen seit langem verlandet ist und Milet inzwischen kilometerweit vom Meer entfernt liegt. Der Eingang zum Hafen wird immer noch von den zwei liegenden Marmorlöwen bewacht, die ihm den Namen gaben, auch wenn sie jetzt zur Hälfte mit Schwemmland bedeckt sind – Symbole der glorreichen Stadt, die Herodot »eine Perle Ioniens« nannte. Der griechische Geograph Strabon (um 63 v. Chr. – um 23 n. Chr.) berichtet: »Zahlreich sind die Unternehmungen dieser Stadt, die größte aber ist die Menge ihrer Pflanzstädte. Denn der ganze Pontus Euxinus [das Schwarze Meer], die Propontis [das Marmarameer] und viele andere Gegenden wurden durch sie angesiedelt.«

Ausgrabungen haben gezeigt, dass die frühesten Überreste von Milet auf die zweite Hälfte des 16. Jahrhunderts v. Chr. zurückgehen, als Kolonisten aus dem minoischen Kreta vermutlich hier eine Siedlung gründeten. Eine zweite Kolonie entstand während der Massenzuwanderung von Griechen im 1. Jahrtausend v. Chr., als sie ihre Heimat auf dem griechischen Festland verließen und in Richtung Osten über die Ägäis zogen, um sich an der Küste Kleinasiens und den vorgelagerten Inseln niederzulassen. An dieser Völkerwanderung waren drei griechische Stämme beteiligt – die Äolier im Norden, die Ionier in der Mitte und die Dorer im Süden –, gemeinsam führten sie die griechische Kultur zu ihrer ersten Blüte. Die Äolier brachten die Dichterin Sappho hervor, die Ionier Homer und die Naturphilosophen Thales, Anaximander und Anaximenes, und die Dorer Herodot, den »Vater der Geschichtsschreibung«.

Im ersten Buch seiner *Historien* berichtet Herodot über diese Völkerwanderung, die Ionier hätten letztendlich das beste Fleckchen in Kleinasien ergattert, denn sie »haben ihre Städte in einer Gegend gegründet, die das angenehmste Klima der ganzen uns bekannten Erde hat«. Pausanias bemerkt im 2. Jahrhundert n. Chr. in seiner *Beschreibung Griechenlands:* »Das Land der Ionier erfreut sich des glücklichsten Klimas; es hat auch Heiligtümer wie sonst nirgends … der Wunderwerke in Ionien sind viele und stehen denen in Griechenland nicht viel nach.«

Die ionischen Kolonien schlossen sich bald zum Ionischen Bund zusammen. Dieser Bund umfasste jeweils eine Stadt auf den Inseln Chios und Samos und zehn auf dem gegenüber liegenden Festland Kleinasiens, und zwar Phokaia, Klazomenai, Erythrai, Teos, Lebedos, Kolophon, Ephesos, Priene, Myus und Milet. Das Bündnis, auch als Dodekapolis (»Zwölf Städte«) bekannt, hatte seinen gemeinsamen Versammlungsort in dem Panionion auf dem Festland gegenüber Samos. Die Ionier kamen auch jedes Jahr auf der Insel Delos zusammen, dem sagenhaften Geburtsort Apollons, ihres Schutzgottes, dem sie dort mit Spielen und Wettkämpfen huldigten. Im Homerischen Apollonhymnos beschreibt der Dichter das festliche Treiben:

> Aber, Phoibos, dein Herz schwelgt doch am reichsten in Delos.
> Dies ist der Ort, wo Ioniens Söhne in wallenden Kleidern
> Dir zu Ehren sich sammeln samt Kindern und züchtigen Weibern.
> Freude bereiten sie dir, denn sie denken an dich, wenn der Wettstreit
> Anhebt mit Tänzen und Liedern und Faustkampf. Mancher der Gäste
> Meint wohl, wenn er Ioniens Söhnen dort allen begegnet,
> Daß es Unsterbliche seien und solche, die nimmermehr altern.
> Säh er bei allen doch Anmut, schwelgte sein Herz doch in Freuden,
> Wenn er die Männer erblickt und die schön gegürteten Frauen,
> Schiffe in eilender Fahrt und die Fülle ihres Besitztums.

In der Seefahrt und im Handel war Milet allen anderen ionischen Städten weit überlegen, und so errichtete es im 8. Jahrhundert v. Chr. an den Küsten des Schwarzen Meeres die ersten Kolonien. Über die nächsten beiden Jahrhunderte betrieb Milet eine aktive Besiedlungspolitik und gründete insgesamt 30 Städte um das Schwarze Meer und an seinen Zugängen am Hellespont und rund um das Marmarameer, weitaus mehr als die anderen Stadtstaaten der griechischen Welt. Außerdem hatte Milet auch einen Außenposten in Naukratis, einem griechischen Handelsplatz im Nildelta, der um 650 v. Chr. gegründet wurde. Andere griechische Städte hatten indessen an den Küsten im westlichen Mittelmeer Kolonien errichtet. Süditalien und Sizilien waren am dichtesten besiedelt; diese Region nannte man später *Magna Graecia*, Großgriechenland.

Doch die ionischen Städte verloren schließlich ihre Freiheit, erst

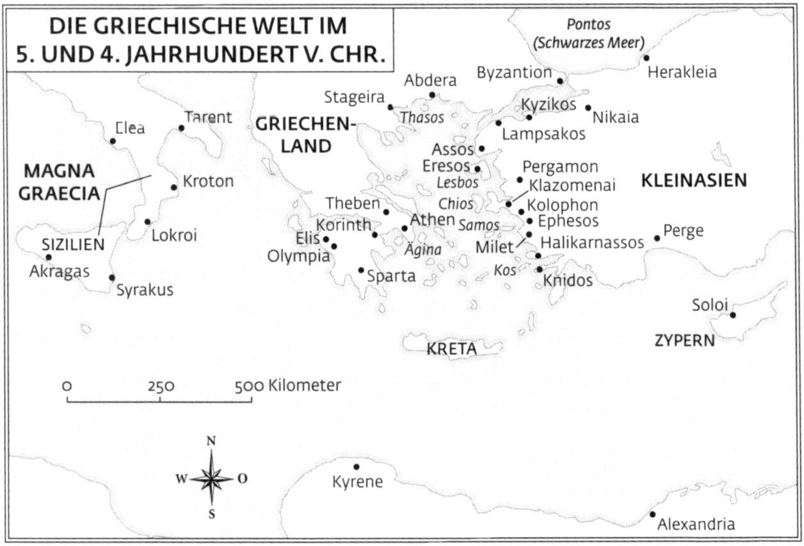

an die Lyder und dann an die Perser; deren Vorstöße, Griechenland zu erobern, endeten allerdings mit Niederlagen gegen die griechischen Verbündeten in den Schlachten von Marathon (490), Salamis (480) und Plataiai (479 v. Chr.). Der persische Großkönig Xerxes rächte sich für seine Niederlage bei der Insel Salamis mit der Zerstörung Milets, aber die Stadt wurde kurz darauf wieder aufgebaut. In der Mitte des 5. Jahrhunderts v. Chr. war sie wieder ein florierender Hafen und ein wichtiges Handelszentrum.

Durch ihren weit reichenden Seehandel kamen die Milesier mit den älteren Hochkulturen im Vorderen Orient in Kontakt, besonders in Ägypten, von wo sie mit Waren, aber auch mit Ideen zurückkehrten. Herodot schreibt: »Als erste unter den Menschen haben die Ägypter das Jahr gefunden und es in zwölf Monate aufgeteilt. Sie erzählen, die Sterne hätten sie auf diese Einteilung gebracht. Ich glaube, ihre Berechnung ist … klüger als die griechische …«

Die Handelswege der Milesier führten sie auch nach Mesopotamien, wo sie vermutlich das astronomische Wissen erwarben, das sie für die Navigation und die Zeitmessung brauchten. Aus Mesopotamien brachten sie auch den Gnomon mit, den Schattenzeiger, dazu heißt es bei Herodot: »Denn die Sonnenuhr mit ihrem Zeiger und die Einteilung des Tages in zwölf Stunden haben die Griechen von den Babyloniern übernommen.« Der Gnomon wurde auch zur Bestimmung der Tag- und Nachtgleichen verwendet, wenn die Sonne genau im Osten aufgeht und genau im Westen untergeht, ebenso wie für die Winter- und Sommersonnenwenden, wenn der Mittagsschatten am längsten beziehungsweise am kürzesten ist.

Das griechische Wort für Stern, *aster*, ist von Ischtar, der babylonischen Fruchtbarkeitsgöttin, abgeleitet, die für die Griechen den Planeten Venus verkörperte. Zunächst hielten sie den Himmelskörper für zwei verschiedene Sterne und bezeichneten ihn als Eosphoros, wenn er vor Sonnenaufgang zu sehen war, und als Hesperos, wenn er am Abend aufging. Später erkannten sie, dass der Morgen- und der Abendstern das gleiche Gestirn waren, nannten es Aphrodite, wie die Göttin der Liebe, und führten so den Kult der babylonischen Ischtar fort. Die Venus ist der einzige Planet, den Homer erwähnt: Bei der Beschreibung der Bestattung des Patroklos in der *Ilias* nennt er ihn Eosphoros und im Bericht über den Zweikampf zwischen Achilles und Hektor Hesperos. Auch Sappho besingt von den Planeten nur die Venus, und zwar als Hesperos, »von allen Sternen der schönste«.

Die ionischen Griechen überflügelten bald ihre geistigen Vorgänger, besonders in Milet, das im 6. Jahrhundert v. Chr. drei Naturphilosophen hervorbrachte. Über ihre Theorien weiß man nur aus bruchstückhaften Zitaten oder aus Zusammenfassungen ihrer Schriften bei späteren Autoren. Aristoteles bezeichnete sie als *physikoi*, Naturforscher, vom griechischen *physis*, das heißt Natur im weitesten Sinne, und stellte sie den früheren *theologoi* gegenüber, weil sie als Erste versuchten, bestimmte Phänomene aus natürlichen und nicht wie bisher aus übernatürlichen Ursachen zu erklä-

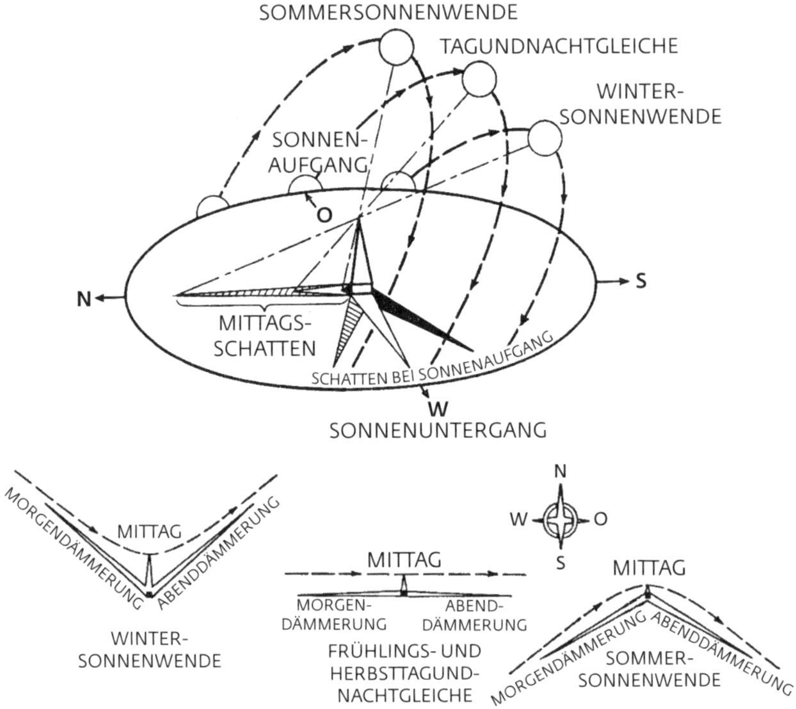

Die Verwendung des Gnomons zur Bestimmung der Jahreszeiten. Die Beispiele beziehen sich auf die mittleren nördlichen Breiten. Oben: Die jahreszeitlichen Abweichungen der Sonnenbahn und die Schatten, die sie zur Mittagszeit und zu Sonnenuntergang wirft. Unten: Der Schatten des Gnomons zu den Sonnenwenden und Tagundnachtgleichen.

ren. Erdbeben zum Beispiel, die Homer wie auch Hesiod auf das Wirken des Gottes Poseidon, des »Erdschüttlers«, zurückführen, erklärte Thales ganz einfach damit, dass die Erde auf den allumfassenden Wassern des Okeanos treibt und in seinen Wogen schaukelt.

Platon zählte Thales (um 625–um 547 v. Chr.) zu den Sieben Weisen des antiken Griechenlands, während ihn Aristoteles als den »Urheber solcher Wahrheitssuche« in der ionischen Naturphilosophie bezeichnete. Der Überlieferung nach soll Thales Ägypten besucht haben, wo er angeblich die Höhe einer Pyramide durch Abschreiten ihres Schattens berechnete, und zwar zu der Tageszeit, wenn die Höhe eines jeden Gegenstands der Länge seines Schattens entspricht. Herodot zufolge sagte Thales die vollständige Sonnenfinsternis voraus, die am 28. Mai 585 v. Chr. im mittleren Kleinasien zu sehen war, als die Lyder und Perser gegeneinander Krieg führten. Nach dem Wissensstand der Zeit hätte Thales unmöglich eine Sonnenfinsternis für diese Region vorhersagen können, doch sobald er in die ehrenvolle Runde der Sieben Weisen aufgenommen war, schrieb man ihm alle möglichen wissenschaftlichen Errungenschaften zu, darunter auch die ersten bei den Griechen bekannten Sätze der Geometrie.

Zu den einflussreichsten Ideen der milesischen Physiker gehörten ihre Theorien zum Wesen der Materie, vor allem ihre Auffassung, dass es eine *arché*, einen Urstoff, gebe, der durch alle scheinbaren Veränderungen hinweg bestehen bleibe. Aristoteles schreibt: »*Thales*, der Urheber solcher Wahrheitssuche, behauptet, es sei *Wasser* – daher trug er ja auch vor, die Erde schwimme auf Wasser …«

Aristoteles meint, Thales habe das Wasser als die *arché* angenommen »aus dem sichtbaren Sachverhalt, daß die Nahrung aller (Lebewesen) feucht ist … und Wasser ist nun einmal für alle feuchten Dinge der Anfang ihres Wesens.« Offenbar war seine Wahl auf das Wasser gefallen, weil es im Normalzustand eine Flüssigkeit ist, die jedoch bei Erhitzen zu Dampf wird und sich bei starker Abkühlung in Eis verwandelt; dieselbe Substanz tritt also in allen drei Aggregatzuständen auf. Auf einer noch grundsätzlicheren Ebene versuchte Thales eine Frage zu beantworten, die am Anfang der griechischen Philosophie steht: Worin besteht die Wirklichkeit hinter den Erscheinungen?

Anaximander (um 610 – um 545 v. Chr.) war ein jüngerer Freund des Thales und ebenfalls Bürger von Milet. Da Thales keine schriftlichen Aufzeichnungen hinterließ, war laut Themistios (um 317–um 388 n. Chr.) Anaximander »der erste der Griechen, der es wagte, von denen wir wissen, eine Prosaschrift ... über die Natur zu veröffentlichen«. Antiken Quellen zufolge soll Anaximander auch Bücher zur Astronomie verfasst haben, in denen er den Gnomon zur Bestimmung von »Sonnenwenden, Zeiten, Stunden und Nachtgleichen« verwendete, außerdem ein Werk zur Geographie, in dem er die erste Landkarte der Ökumene, der bewohnten Welt, vorstellte.

Anaximander nannte den Urstoff *ápeiron*, »das Unbegrenzte«. Zuweilen findet man auch die Übersetzung »das Unendliche«, weil es nicht definiert ist – d. h., nicht durch spezifische Eigenschaften begrenzt. Er erkannte, dass das Wasser nicht die *arché* sein konnte, weil es schon eine bestimmte Form und festgelegte Eigenschaften besaß; der Urstoff hingegen musste in seinem Originalzustand absolut undifferenziert sein.

Nach Anaximanders Auffassung gibt es zu jeder Zeit unzählige Welten, die aus dem Unendlichen »herausgeschieden« sind. Diese geht auf die alte griechische Vorstellung zurück, dass Himmel und Erde zu Beginn eine einzige Form hatten und sich später abtrennten, um eine unendliche Vielfalt von Erscheinungen anzunehmen. Aus der verlorenen Tragödie des Euripides *Die weise Melanippe* ist die Passage erhalten, in der Melanippe auf diese Legende verweist: »Nicht von mir stammt das Wort, sondern von meiner Mutter, daß Himmel und Erde einst eine gemeinsame Gestalt bildeten. Als sie aber voneinander getrennt wurden, erzeugten sie alles und brachten es ans Licht: Bäume, Vögel, Tiere des Meeres und das Geschlecht der Menschen.«

Anaximander glaubte, dass die Form der Erde zylindrisch sei und dass sie sich in der Mitte des Universums befinde: »Die Erde schwebt in der Mitte, durch nichts gestützt, und verharrt in dieser Lage wegen des gleichmäßigen Abstandes aller Dinge ...« Die Erde, so behauptete er, verbleibe fest in der Mitte, weil sie keinen Grund hat, sich in die eine oder andere Richtung zu bewegen – dieses Argument ist als das Prinzip »des hinreichenden Grundes« bekannt. Anaximanders Anwendung dieses Prinzips markiert die Grenze zwischen Mythologie und Naturwissenschaft, die ja immer eine Erklärung für einen hinreichenden Grund erfordert.

Anaximander beschäftigte sich auch mit dem Ursprung tierischen und menschlichen Lebens, und Plutarch zufolge vertrat er eine Art Evolutionstheorie: »Er behauptet ferner, ganz zu Anfang sei der Mensch aus andersgestalteten Lebewesen hervorgegangen, und zwar aus dem Gedanken heraus, daß die übrigen bald aus eigener Kraft Nahrung fänden, allein der Mensch bedürfe langdauernder Pflege; daher hätte er sich auch zu Anfang in seiner jetzigen Form auf keinen Fall erhalten können.«

Anaximenes (um 546 v. Chr.) war ein jüngerer Zeitgenosse Anaximanders, der ihm auch Freund und Mentor war. Anaximenes »erklärte, der Ursprung des vielfältig Vorhandenen sei die Luft, aus ihr nämlich gehe alles hervor, und in sie löse es sich wieder auf«. Nach seiner Auffassung war der Ursprung das Pneuma, »Atem« oder »Luft«, das durch ständige Bewegung verschiedene Formen annimmt. Somit bestimmte Anaximenes nicht nur die *arché*, sondern beschrieb auch die natürlichen Phänomene, über die sie die eine oder andere Form annimmt – ein weiterer Schritt in der Entwicklung der Wissenschaft. Simplikios schrieb im 6. Jahrhundert n. Chr., für Anaximenes unterscheide sich die Luft »aber innerhalb der Seinszustände durch Verdünnung und Verdichtung. Verdünnt werde sie zu Feuer, verdichtet aber zu Wind, dann zur Wolke, ferner bei stärkerer Verdichtung zu Wasser, dann zu Erde, schließlich zu Steinen; alles Übrige aber bestehe aus diesen. Auch dieser bezeichnet die Bewegung als ewig, infolge derer gleichfalls die Umwandlung entstehe.«

Anaximenes nahm an, dass die Erde flach sei und, wie auch die Gestirne, auf der Luft treibe »wie ein Blatt«. In seiner Vorstellung waren die Erde und die Himmelskörper von grenzenloser Luft umgeben, die eine unendliche Zahl an anderen Welten enthielt. In einem Fragment aus seinem Werk zieht er eine Analogie zwischen dem einzelnen Menschen und dem Kosmos. »Wie unsre Seele, die Luft ist, uns beherrschend zusammenhält«, sagt er, »so umfasst auch die ganze Weltordnung Hauch und Luft.«

Eine ganz andere Sicht auf die Natur vertrat Heraklit (um 500 v. Chr.), ein jüngerer Zeitgenosse des Anaximenes, der aus der ionischen Stadt Ephesos nördlich von Milet stammte. Wegen seiner geheimnisvollen und orakelhaften Behauptungen nannte man ihn auch Skoteinós, »der Dunkle« oder »der Obskure«. In einem seiner Fragmente heißt es: »Der Herr [Apollon], dem das Orakel von Delphi gehört, spricht nichts aus und verbirgt nichts, sondern er deutet an.« Seine Liebe zum Paradox und zum Rätsel trug ihm unter seinen Zeitgenossen auch den Namen Paradoxológos ein – von Paradoxa sprechend. Nach Diogenes Laërtios, der um 325 n. Chr. *Leben und Meinungen berühmter Philosophen* verfasste, sammelte Heraklit seine Sinnsprüche in einem Buch, das er im Tempel der Artemis in Ephesos hinterlegte. Der Legende nach soll Sokrates, von Euripides nach seiner Meinung über dieses Buch gefragt, gesagt haben: »Was ich davon verstanden habe, zeugt von hohem Geist; und wie ich glaube, auch was ich nicht verstanden habe; nur bedarf es dazu eines delischen Tauchers.«

Für Heraklit lag die beständige Wirklichkeit in der Natur nicht im Sein, und somit in der Existenz eines universellen Stoffes, sondern im Werden, also in der fortwährenden Veränderung, daher sein berühmter Aphorismus *Panta rhei* (Alles fließt). Waren die milesischen Physiker auf der Suche nach einem grundlegenden, in den Naturerscheinungen unveränderten Stoff, so konzentrierte sich Heraklit auf die Veränderung selbst und auf den unaufhörlichen Fluss der Natur. In einem bei Platon erwähnten Fragment heißt es: »Heraklit sagt an irgendeiner Stelle, daß alles davongeht und nichts bleibt; und alles Seiende der Strömung eines Flusses vergleichend sagt er, man könne nicht zweimal in denselben Fluss steigen.«

Die relative Stabilität der Natur war das Ergebnis einer – wie Heraklit es nennt – Spannung von Gegensätzen, einer Balance aus gegensätzlichen Kräften, die ein Gleichgewicht erzeugen, und die Einheit des Kosmos war dem *Logos*, der Vernunft, zu verdanken, das der natürlichen Welt Ordnung verleiht. Das Göttliche war für ihn die Einheit von Gegensätzen. So heißt es in einem Fragment: »Gott ist Tag-Nacht, Winter-Sommer, Krieg-Frieden, Sättigung-Hunger, er wandelt sich gerade so, wie Feuer, wenn man es mit Räucherwerk vermischt, nach dem Wohlgeruch jedes einzelnen benannt wird.«

Heraklit war überzeugt, dass die Sinne trügerisch seien und dass ihre Beweiskraft mit Vorsicht angewendet werden müsse, weil sie sich auf vergängliche Erscheinungen bezögen. In einem seiner Aphorismen meint er: »Schlechte Zeugen sind den Menschen Augen und Ohren, wenn sie Seelen haben, die deren Sprache nicht verstehen.«

Die Naturwissenschaften entwickelten sich weiter und die *physikoi* erweiterten den einen oder anderen Zweig von schon Begonnenem. Hekataios von Milet (um 500 v. Chr.), ein Zeitgenosse Heraklits, folgte dem Vorbild Anaximanders und zeichnete eine Karte der Welt, soweit sie den Griechen bekannt war. Als Anhang zu dieser Karte verfasste er ein Werk mit dem Titel *Periegesis*, einen »Reiseführer« oder »eine Reise um die Welt«, eine Beschreibung der Länder und Völker, die man auf einer Küstenfahrt rund um das Mittelmeer und das Schwarze Meer sehen konnte, einschließlich einiger Erkundungen zu Lande, bis nach Skythien, Persien und Indien. Die enorme Ausdehnung der Karte lässt ermessen, wie weit die Griechen für die Besiedlung und den Handel gereist waren und mit welch unterschiedlichen Kulturen sie am Mittelmeer und am Schwarzen Meer in Kontakt kamen.

Dass sich die ionische Aufklärung im dritten Viertel des 6. Jahrhunderts v. Chr. bis nach Großgriechenland ausbreitete, ist den beiden originellsten Köpfen der archaischen Zeit, Pythagoras und Xenophanes, zu verdanken.

Pythagoras (um 560-um 480 v. Chr.) wurde auf Samos geboren, einer der beiden zum Ionischen Bund gehörenden ägäischen Inseln, nordwestlich von Milet vor der ägäischen Küste Kleinasiens gelegen. Nach einer alten Überlieferung soll Pythagoras in seiner Jugend nach Ägypten und nach Babylonien gereist sein, um Mathematik zu studieren. Als er volljährig wurde, floh er vor Polykrates, dem Tyrannen von Samos, und zog nach Kroton in Südwestitalien, einer im 8. Jahrhundert v. Chr. entstandenen griechischen Kolonie. Dort begründete er eine Gesellschaft, die wissenschaftliche Schule und religiöse Sekte zugleich war – zu ihren Glaubensbekenntnissen gehörte die Metempsychose oder Seelenwanderung. Ansonsten ist über Pythagoras selbst nur wenig bekannt und seine eigenen Ideen sind kaum von denen seiner Anhänger zu trennen.

Die Pythagoreer gelten als Schöpfer der Grundlagen der griechischen Mathematik, insbesondere der Geometrie und der Zahlentheorie. Ihre berühmteste Entdeckung ist der Satz des Pythagoras, der besagt, dass in einem rechtwinkligen Dreieck das Quadrat der Hypotenuse der Summe der Quadrate der beiden Katheten entspricht.

Ihre religiösen Überzeugungen führten die Pythagoreer auch zur Numerologie oder Zahlenmystik, darunter auch Auffassungen wie diese: dass ungerade Zahlen männliche und gerade Zahlen weibliche Eigenschaften hätten. Die heiligste Zahl war die Zehn, die Summe der ersten vier Zahlen, wobei die Eins das »Atom« der Zahlen ist, von denen zwei eine Gerade ergeben, von denen drei, wenn nicht alle in einer Reihe, eine Fläche ausmachen und vier, wenn sie nicht alle auf derselben Ebene liegen, die Scheitelpunkte eines Körpers ergeben. Übereinander als eine Serie von Punkten oder »figurierten Zahlen« angeordnet – d. h. 1(.), 2(..), 3(...), 4 (....) – bilden die ersten vier Zahlen ein gleichseitiges Gebilde, das als *Tetraktys* bekannt ist, die Zahl des Universums, weil sie die Summe aller möglichen Dimensionen ist. Die *Tetraktys* wurde das Symbol der Pythagoreer, die sich einen Ruf als Zauberer und Hexenmeister erwarben. Hippolyt, der Kirchenvater aus dem 3. Jahrhundert, schreibt in der *Widerlegung aller Häresien,* dass sich die Pythagoreer »an Magie und an pythagoreische Zahlen« hielten, und über Pythagoras: »Er soll auch Magie getrieben haben und erfand die Physiognomik.«

Auch unser Begriff »Kosmos«, den ein modernes Wörterbuch als ein »ordentliches, harmonisches und systematisches Universum« beschreibt, soll auf die Pythagoreer zurückgehen. Die ursprüngliche griechische Bedeutung von *kosmos* findet sich bei Platon in einer Passage aus dem Dialog *Gorgias,* in der er sich offenbar auf die Pythagoreer bezieht: »Nun sagen aber die Weisen, dass die Gemeinschaft und die Freundschaft Himmel und Erde, Götter und Menschen zusammenhalten und der Sinn für Ordnung und die Besonnenheit und der Gerechtigkeitssinn. Und dieses Ganze nennen sie deshalb Kosmos, mein Freund, nicht Ordnungslosigkeit und nicht Zügellosigkeit.«

Nach der Überlieferung entdeckten die Pythagoreer als erste die numerischen Beziehungen, die bei der Harmonie in der Musik eine Rolle spielen, auf die sie beim Experimentieren mit Saiteninstrumenten gestoßen waren. So gelangten sie zu der Auffassung, dass ein göttlicher Verstand den Kosmos nach harmonischen Prinzipien geschaffen hatte und dass man diese Harmonie in Zahlen ausdrücken konnte. Aristoteles berichtet über die Pythagoreer: »So nahmen sie an, die Grundbausteine der Zahlen seien Grundbausteine alles dessen, was da ist, und das ganze All sei ein Zusammenklang und Zahl.«

Philolaos von Kroton, der in der zweiten Hälfte des 5. Jahrhunderts v. Chr. lebte, soll ein umfassendes Werk über die pythagoreische Kosmologie verfasst haben. Philolaos zufolge glaubten die Pythagoreer, dass die Erde nicht feststehend war, sondern ein Hestia genanntes Zentralfeuer umkreiste, das Herdfeuer des Kosmos, wie auch die Sonne, der Mond, die Sterne und die fünf sichtbaren

Planeten – Merkur, Venus, Mars, Jupiter und Saturn – sowie ein weiteres, als »Gegenerde« bekanntes Gestirn, das unsichtbar blieb, weil es sich auf der anderen Seite des Kosmos befand. Ihrer Auffassung nach bewegten sich die Himmelskörper so, dass sie eine himmlische Harmonie herstellen, wie Alexander von Aphrodisias in seinem Kommentar zur *Metaphysik* des Aristoteles schreibt: »Da die Körper, die sich um die Mitte ›des Kosmos‹ bewegen, von dieser in ganz bestimmten Zahlverhältnissen entfernt sind, so verursachen die langsameren von ihnen durch ihre Bewegung einen tieferen, die schnelleren einen höheren Ton, und diese Töne, die entsprechend dem Zahlenverhältnis ihrer Entfernungen erfolgen, bringen infolge dieser ein Geräusch hervor, das eine musikalische Harmonie ist.«

Dass wir diese himmlische Harmonie nicht hören können, erklärten die Pythagoreer laut Aristoteles wie folgt: »Da es aber unsinnig scheint, dass wir diesen Klang nicht vernehmen, geben sie als Grund hierfür an, dass der Klang schon bei unserer Geburt da sei, so dass er nicht vor dem Hintergrund seines Gegenteils, der Stille, wahrnehmbar sei. Denn Klang und Stille seien lediglich durch den Kontrast, der zwischen ihnen besteht, feststellbar: Wie also die Schmiede aufgrund der Gewöhnung keinen Unterschied bemerken, so gehe es auch den Menschen.« So sind sich gewöhnliche Sterbliche dieser göttlichen Harmonie nicht bewusst. In Shakespeares *Kaufmann von Venedig* erläutert Lorenzo dies der Jessica:

> Sieh des Himmels Boden
> ist ausgelegt mit hellen goldnen Schalen
> Sogar der kleinste Stern, den du da siehst,
> Der singt auf seiner Bahn, so wie ein Engel
> Den Cherubim zusingt mit jungen Augen:
> So füllt die Harmonie unsterbliche Seelen,
> Wir hören sie nur noch nicht, solang diese
> Schlammige Hülle des Verfalls uns festhält.

Der Dichter und Philosoph Xenophanes (um 570 – nach 478 v. Chr.), ein etwas älterer Zeitgenosse des Pythagoras, soll ein Schüler Anaximanders gewesen sein. Er stammte aus der ionischen Stadt Kolophon, nordwestlich von Ephesos, doch als die Stadt 545 v. Chr. von den Persern eingenommen wurde, floh er aus Ionien und ging nach Großgriechenland. Dort, so Diogenes Laërtios, lebte er in den Kolonien Zankle und Katania, die im 8. Jahrhundert v. Chr. auf Sizilien entstanden, und wurde als Dichter der ionischen Aufklärung bekannt. Auch wenn die überlieferten Fragmente eher von literarischem als von wissenschaftlichem Interesse sein mögen, so haben doch einige seiner zukunftsweisenden Ideen die Entwicklung der Naturphilosophie in Großgriechenland entscheidend beeinflusst.

Xenophanes wandte sich gegen den anthropomorphen Polytheismus bei Homer und Hesiod; er tadelte sie, denn sie hätten »den Göttern alles zugeschrieben, was bei den Menschen schändlich ist und getadelt wird: zu stehlen, die Ehe zu brechen und sich gegenseitig zu betrügen«. Überhaupt stellten die Menschen die Götter nach ihrem eigenen Bilde dar, zum Beispiel so: »Die Äthiopier sagen, ihre Götter sind stumpfnäsig und schwarz, und die Thraker behaupten, die ihren hätten hellblaue Augen und rote Haare.«

Seine eigenen Auffassungen waren zugleich mono- und pantheistisch, wie in diesem Fragment ersichtlich: »Ein einziger Gott, unter Göttern und Menschen der größte, weder dem Körper noch der Einsicht nach in irgendeiner Weise den Sterblichen gleich. Immer bleibt er an demselben Ort, ohne sich in irgendeiner Weise zu bewegen; bald hierhin, bald dorthin zu gehen geziemt sich für ihn nicht. Sondern ohne Anstrengung, durch das Denken seines Geistes erschüttert er alles. Als ganzer sieht er, als ganzer denkt er, und als ganzer hört er.«

Xenophanes verspottete auch die pythagoreische Vorstellung von der Seelenwanderung. In einem Gedicht erzählt er, wie Pythagoras einen Mann, der einen Hund schlug, mit den Worten zurückhielt: »Hören Sie bitte auf und schlagen Sie nicht. Denn es ist die Seele eines Freundes; ich habe sie sofort erkannt, als ich sie Laute von sich geben hörte!«

Der Überlieferung nach war Xenophanes der Lehrer des Parmenides (um 515–um 450 v. Chr.) von Elea, einer durch die ionische Stadt Phokaia begründeten Kolonie an der tyrrhenischen Küste Italiens. Wie Heraklit betonte Parmenides, dass die Sinne unzuverlässig seien, und meinte, »… die in viel Erfahrung entwickelte Gewohnheit soll dich nicht zwingen, auf diesem Weg ein zielloses Auge weiden zu lassen, ein Ohr voller Widerhall und eine Zunge. Beurteile stattdessen auf vernünftige Weise die streitbare Widerlegung, die ich vorgetragen habe.«

War für Heraklit alles in einem Zustand des Fließens und nichts ewig, so verneinte Parmenides kategorisch die Möglichkeit der Bewegung und jeglicher anderer Veränderung und hielt diese für reine Sinnestäuschungen. So schrieb er in seinem Lehrgedicht *Über das Sein*: »Es ist entweder oder es ist nicht«, was bedeutete, dass die Schöpfung oder die Zerstörung oder jegliche andere Form der Veränderung unmöglich seien, einschließlich der Bewegung.

Die Existenz von Vielfalt und Zeit ließ Parmenides nicht gelten; alles was existiert, meinte er, ist einzig und jetzt. Sein Kosmos ist eine volle, ungeschaffene, unzerstörbare, unveränderliche, unbewegliche, ewige und vollkommene Seinssphäre und jeglicher sinnliche Beweis des Gegenteils ist eine Täuschung. Anklänge an diese unverrückbare Kosmologie des Parmenides finden sich von der Antike bis in die europäische Renaissance hinein, so wie im letzten Gesang der *Feenkönigin* von Edmund Spenser:

> Doch dann denk ich dran, was die Natur erzählte
> Von jener Zeit, in der es *Wandel* nicht mehr gibt,
> Indessen nur noch aller Dinge stete Ruh,
> Fest angehalten auf Säulen der Ewigkeit;
> Der *Wandelbarkeit* steht sie entgegen:
> Was sich bewegt, am *Wandel* sich freut

Die Philosophie des Parmenides hat sein Schüler Zenon von Elea (um 490–um 425 v. Chr.) heftig verteidigt, der mehrere Paradoxien aufzeigte, die beweisen sollten, dass die augenscheinliche Bewegung trügerisch sei. Bei einer dieser Paradoxien geht es um ein hypothetisches Rennen zwischen Achilles und einer Schildkröte, der man einen Vorsprung gewährt, um ihre Langsamkeit wettzumachen. Achilles läuft los, doch um sie einzuholen, muss er erst einmal den Punkt erreichen, von dem aus die Schildkröte gestartet ist, und bis dahin wird sie sich schon weiter bewegt haben und ebenso bei jedem folgenden, geringer werdenden Abstand. Die Anzahl solcher Abstände ist, so Zenon, unendlich, und obwohl die Zeit immer kürzer wird, ist ihre Summe unbegrenzt. Somit wird Achilles die Schildkröte niemals einholen, woraus folgt, dass ihre Bewegung eine Sinnestäuschung ist. Diese und andere Paradoxien des Zenon wurden erst in der zweiten Hälfte des 19. Jahrhunderts vollständig aufgelöst, als Mathematiker nachwiesen, dass die Summe einer unendlichen Serie – um eine solche handelt es sich bei dem Rennen zwischen Achilles und der Schildkröte – endlich sein kann.

Einigen der grundlegenden Fragen, die Parmenides aufgeworfen hatte, wandte sich Empedokles von Akragas zu (um 482–um 432 v. Chr.), einer weiteren griechischen Kolonie auf Sizilien. Empedokles verfasste zwei Gedichte in Hexametern, eines mit dem Titel *Über die Natur*, das andere *Reinigungen*, von denen insgesamt 450 Zeilen in Zitaten bei Aristoteles und anderen Autoren überliefert sind. Empedokles stimmte Parmenides zwar dahingehend zu, dass die Zuverlässigkeit von Sinneseindrücken ein ernstes Problem sei, aber zugleich seien wir völlig auf unsere Sinne angewiesen, weil sie unser einziger direkter Kontakt zur natürlichen Welt sind. Doch er wies auch darauf hin, dass wir die durch unsere Sinne gewonnenen Informationen sorgfältig abwägen müssen, um wahres Wissen zu erlangen. »Komm vielmehr und betrachte mit aller Kraft, bis wohin ein jegliches klar ist; halte nicht etwa einen Blick für vertrauenswürdiger, als es nach dem Gehör angebracht ist, stelle auch nicht das geräuschvolle Ohr über die Klarstellungen der Zunge und entziehe das Vertrauen auch keinem der anderen Glieder (Organe), soweit es dort einen Durchgang zum Verständnis gibt; sondern verstehe ein jegliches, insoweit es klar ist!«

Laut Aristoteles war Empedokles der erste Denker, der von vier grundlegenden Elementen sprach – Erde, Luft, Feuer und Wasser –, die er als die »Wurzeln von allem« bezeichnete. Über diese vier Elemente schrieb er: »Aus ihnen entsprießt alles, was war, und alles, was ist und in Zukunft sein wird, Bäume, Männer und Frauen, Tiere, Vögel und sich vom Wasser ernährende Fische, ferner auch Götter, langlebige, im höchsten Rang der Ehre stehend.« Nach seiner Vorstellung mischen sich die vier Stoffe und entmischen sich unter dem Einfluss der beiden Kräfte, die er Liebe und Hass nennt. Dazu meint er: »Und diese Dinge hören ihren fortwährenden Wechsel niemals auf: bald kommen alle in Liebe zusammen zu Einem, bald stieben im Groll des Streits alle wieder einzeln auseinander.«

Damit führte Empedokles den Begriff Kraft, im Unterschied zur Materie, als Ursache für die Naturerscheinungen ein. Für ihn existiert der Kosmos in einem Zustand des dynamischen Gleichgewichts zwischen den gegensätzlichen Kräften, und Bewegung findet statt, wenn eine der beiden dominiert. Seine Zuweisung von Erde, Wasser und Luft als Elementen entspricht der modernen Einteilung in den festen, flüssigen und gasförmigen Aggregatzustand. Als Feuer bezeichnet er nicht einfach nur Flammen, sondern auch am Himmel auftretende Erscheinungen wie Blitze oder Kometen. Empedokles' Theorie der vier Elemente gehörte zu den langlebigsten in der Wissenschaftsgeschichte und hatte über 2000 Jahre Bestand. Ihre Spuren hinterließ sie nicht nur in der Wissenschaft, sondern auch in der Literatur, wie sich in den folgenden Zeilen aus der *Feenkönigin* zeigt. Edmund Spenser schreibt davon, dass die vier Elemente »der Grundstock sind / Der ganzen Welt und aller Lebewesen«. Es sind Elemente:

Die tausenderlei *Wandel* wir ausgesetzt sehn:
Doch wandeln sie sich (durch andre wundersame Tricks)
In sich selbst, verliern ihre ureignen Kräfte;
Feuer in Luft, und die Luft in klares Wasser,
Und Wasser in Erde; Wasser jedoch streitet
Mit Feuer, Luft mit der Erde, die näher rückt:
Alle sind sie in einem Körper, wirken wie eins.

Empedokles entwickelte noch andere, völlig neuartige Theorien. So vertrat er die Auffassung, das Licht bewege sich mit großer, aber endlicher Geschwindigkeit durch den Raum. Er bewies auch als Erster, dass Luft, wenn auch unsichtbar, eine echte physikalische Substanz ist. Dies veranschaulichte er, indem er ein Gefäß namens Klepsydra, eine Wasseruhr, umgedreht in Wasser hielt und auf diese Weise zeigte, dass erst dann Flüssigkeit eindrang, als die Luft in gleichem Maße aus dem Gefäß entweichen konnte.

Um einige Äußerungen des Empedokles bildeten sich Legenden, zum Beispiel, dass er ein göttlicher Heiler und Wundertäter sei. »Was mich angeht, als ein unsterblicher Gott reise ich umher«, heißt es in einem der erhaltenen Fragmente, »nicht mehr sterblich, bei allen, wie es sich gehört, geehrt, mit Binden und frischen Kränzen umflochten.« Er beschreibt weiterhin, wie sich seine Anhänger um ihn scharen, »und fragen, wo sich der Weg zum Gewinn auftue; die einen verlangen von mir Weissagungen, die anderen erwarten, bei Krankheiten aller Art das heilende Wort zu hören …«. Zu den Geschichten, die sich um Empedokles ranken, gehört die, wie er die Welt verließ, indem er in den Krater des Vulkans Ätna sprang und nur seine Sandalen zurückließ, während er anderen Legenden zufolge das Ende seiner Tage im peloponnesischen Exil verbrachte.

Eine Theorie der Materie, die sich völlig von denen des Empedokles und des Parmenides unterscheidet, stammt von Leukipp. Er wurde vermutlich im 6. Jahrhundert v. Chr. in Milet geboren und zog nach Abdera in Thrakien, das um 500 v. Chr. von Flüchtlingen aus der ionischen Stadt Teos gegründet worden war. Sein verlorenes Werk *Die große Weltordnung* begründete offenbar den Atomismus, der im Allgemeinen auf seinen Schüler Demokrit zurückgeführt wird.

Demokrit (um 470 – um 404 v. Chr.) wurde in Abdera geboren und soll Athen besucht haben, wo ihn aber niemand kannte, so der griechische Biograph Diogenes Laërtios. Seine Version des Atomismus erschien in einem Buch mit dem Titel *Die kleine Weltordnung*, das er aus Ehrerbietung für seinen Lehrer Leukipp so genannt haben mag.

Nach der Atomtheorie Leukipps und Demokrits existiert die *arché* in Form von Atomen, den nicht mehr teilbaren kleinsten Teilchen aller physikalischen Stoffe, die durch ihre unaufhörliche Bewegung und ihr gegenseitiges Zusammenstoßen alle in der Natur beobachteten vielfältigen Formen annehmen können. Das einzige überlieferte Fragment von Leukipp selbst besagt: »Nichts geschieht aufs Geratewohl, sondern alles aufgrund eines Verhältnisses und infolge von Notwendigkeit.« Damit meinte er, dass die Bewegung der Atome nicht chaotisch sei, sondern den unveränderlichen Gesetzen der Natur gehorche.

Demokrit zufolge gibt es keine Grenze – weder für die Anzahl von Atomen noch für das Ausmaß der Leere, und somit sind unzählige Welten möglich, von denen unser Kosmos nur eine ist. In einem der überlieferten Fragmente wird Demokrit wie folgt zitiert:

> … es gebe unbegrenzt viele Welten, die sich auch in der Größe unterschieden. In manchen davon gebe es keine Sonne und keinen Mond, in manchen größere und in manchen mehr Sonnen und Monde als bei uns. Die Abstände zwischen den Welten seien ungleich, und es gebe hier mehr, dort weniger Welten; weiter seien einige Welten im Wachstum begriffen, andere stünden in der Blüte ihres Lebens und dritte seien im Schwinden; in dem einen Bereich entstünden Welten und in einem anderen verschwänden sie. Ver-

> nichtet würden sie, wenn sie eine mit der anderen zusammenstießen. Einige Welten gebe es, in denen es keine Lebewesen, keine Pflanzen und überhaupt keine Feuchtigkeit gebe.

In einem anderen Fragment sagt Demokrit, er sei ein jüngerer Zeitgenosse des Philosophen Anaxagoras, der um 500 v. Chr. in der ionischen Stadt Klazomenai geboren wurde und im Alter von 20 Jahren von dort nach Athen ging. Anaxagoras war der erste Philosoph, der in Athen lebte. Dort blieb er 30 Jahre lang und wurde Lehrer und enger Freund des Perikles.

Anaxagoras' Anschauungen zum Wesen der Materie waren noch pluralistischer als bei Empedokles, denn in seiner »Samentheorie« ging er von der Existenz einer sehr großen Anzahl von Elementen aus. So »… muss man annehmen, daß in all den Dingen, die aus Gesondertem zusammentreten, vielerlei von jedweder Art enthalten ist, die Samen aller Dinge, die allerlei Formen und Farben und auch Wohlgeschmack haben.« Und: »In jedem ist ein Anteil von jedem …« Er ging auch von einem *Äther* genannten Element aus, das sich in ständiger Drehung befand und die Himmelskörper mit sich zog. Er wird so zitiert: »Die Sonne, der Mond und sämtliche Sterne seien feurig glühende Steine, die durch die Rotation des Äthers mit herumgeschleudert würden.« Auch der *Äther* erwies sich als eine sehr langlebige Idee, die bis Anfang des 20. Jahrhunderts immer wieder in kosmologischen Theorien auftauchte.

Eine weitere Idee betraf das, was die Griechen seiner Zeit als *nous*, Vernunft, Geist, bezeichneten, womit er die steuernde Intelligenz des Kosmos im Gegensatz zur trägen Materie meinte. Das trug Anaxagoras den Spitznamen Nous ein, wie Plutarch in seinem *Leben des Perikles* betont:

> Wer jedoch am meisten mit Perikles umging …, das war Anaxagoras von Klazomenä, ein Mann, den seine Zeitgenossen *Weltgeist* nannten. Der Grund hiervon mochte sein, weil man an ihm seinen Verstand bewunderte, der sich in der Naturwissenschaft ganz unge-

wöhnlich groß gezeigt hatte. Vielleicht lag der Grund auch darin, weil er der erste war, der für die Welt nicht den Zufall oder eine Notwendigkeit als Prinzip ihrer wundervollen Gesetze aufstellte, sondern einen schlechthin reinen Urgeist [*nous*], welcher bei dem chaotischen Zustande aller anderen Dinge die gleichartigen Elemente zur Ordnung ausschied.

Um 450 v. Chr. klagten Feinde des Perikles Anaxagoras der Gottlosigkeit und des »Medismos« an – der pro-persischen Gesinnung. Mit Perikles' Hilfe gelang ihm die Flucht nach Lampsakos am Hellespont, wo er eine Schule gründete, die er bis ans Ende seines Lebens leitete. Nach seinem Tod um 428 v. Chr. errichteten ihm die Bewohner von Lampsakos auf ihrer Agorá, in der Mitte der Stadt, ein Denkmal, das sie dem Geist und der Wahrheit widmeten, die im Zentrum seiner Philosophie standen. Der Jahrestag seines Todes wurde noch lange danach in Lampsakos feierlich begangen, und gemäß seinem letzten Wunsch wurde den Schülern der Stadt für diesen Anlass frei gegeben.

Anaxagoras war der letzte der ionischen Gelehrten, denn schon zu seinen Lebzeiten hatte Athen Ionien als Treffpunkt der Naturphilosophen abgelöst. In einem Gedicht führte Xenophanes den Untergang Ioniens auf den korrumpierenden Reichtum seiner Bürger zurück:

> Weichlichen Prunk, nutzlosen, erlernen sie von den Lydern und, solange sie noch frei waren von der verhassten Zwingherrschaft, schritten sie zur Versammlung in ganz purpurnen Gewändern nicht weniger denn tausend zumal, vornehm tuend, prahlend mit ihren wohlgezierten Locken, triefend von Duft durch künstlich bereitete Salben.

Dies war die Welt Ioniens, wo die ersten Naturforscher anfingen, über das Wesen des Kosmos und die Grenzen des Wissens nachzudenken.

Ihre unmittelbaren Nachfolger brachten die Philosophie nach

Großgriechenland und Athen. Es waren die ersten Etappen einer Reise, die wissenschaftliche Erkenntnisse und Theorien zwischen Orient und Abendland hin und her transportieren sollte – Zugvögel, die ihren Flug fortsetzten, auch lange nachdem Milet und andere ionische Städte nur noch aus Ruinen bestanden.

2

DAS KLASSISCHE ATHEN: DIE SCHULE VON HELLAS

Die Ruinen des antiken Athen befinden sich heute im Herzen der modernen Stadt, gekrönt vom Parthenon, dem prachtvollen Tempel der Athene, den Perikles in der Mitte des 5. Jahrhunderts v. Chr. erbauen ließ. Bei Thukydides heißt es in einem Zitat aus dem *Paian* des Perikles auf die Größe Athens: »Und mit sichtbaren Zeichen üben wir wahrlich keine unbezeugte Macht, den Heutigen und den Künftigen zur Bewunderung, und brauchen keinen Homeros mehr als Sänger unsres Lobes noch wer sonst mit schönen Worten für den Augenblick entzückt ...«

Im Viertel Theseion steht noch immer ein Stück der 478 v. Chr. von Themistokles erbauten antiken Stadtmauern Athens. Es befindet sich innerhalb des archäologischen Parks der Gräberstadt Kerameikos, direkt vor den beiden Haupttoren in den Mauern des Themistokles, dem Dipylon-Tor und dem Heiligen Tor. Letzteres wurde nach der Heiligen Straße benannt, der Prozessionsstraße, die aus Athen hinaus zum großen Heiligtum von Eleusis führt, während am Dipylon-Tor die als Dromos bekannte Straße ihren Ausgang nimmt.

Bedeutende Persönlichkeiten der athenischen Geschichte wurden ab dem 6. Jahrhundert v. Chr. entlang dieser beiden Straßen bestattet, die zum Demosion Sema, dem Staatsfriedhof Athens, gehörten. Perikles hielt dort 431 v. Chr. seine berühmte Leichenrede zu Ehren der im ersten Jahr des Peloponnesischen Krieges gefallenen Athener. Er erinnerte seine Mitbürger daran, dass sie eine freie und demokratische Gesellschaft verteidigten: »Unsere Stadt verwehren wir keinem«, sagte er, und »wir lieben den Geist«, deshalb war ihre Stadt zur »Schule von Hellas« geworden.

Der Verlauf des antiken Dromos entspricht der heutigen Straße Odos Platonos, die vom Friedhof Kerameikos zum Stadtviertel Akadimia Platonos führt, ungefähr eine attische Meile (etwa 1200 Schritt) vor den Mauern des antiken Athen. Es ist ein ruhiges Wohnviertel, das nach der berühmten Akademie Platons benannt ist. Teile davon sind schon ausgegraben, allerdings ist nur wenig von den Gebäuden geblieben, die über 900 Jahre lang die berühmte Schule von Hellas beherbergten.

Die Akademie war nach dem antiken Hain des Akademos benannt, einem erdgeborenen Heros der attischen Mythologie. Er soll an dieser Stelle zwölf Olivenbäume gepflanzt haben, Ableger des heiligen Ölbaums der Athene auf der Akropolis, ihrem Geschenk an das attische Volk. Der *Temenos,* der heilige Hain um den Tempel, war nach den Ausgrabungen zu urteilen riesig, mit einer Peripherie von etwa 800 Metern Länge. Plutarch zufolge hatte Kimon die Anlage eingezäunt und erschlossen: »… er schuf die Akademie, bis dahin einen wasserlosen, dürren Platz, zu einem reichlich bewässerten Lufthain um, der von ihm mit freien Bahnen und schattigen Spaziergängen versehen wurde«. Schon zu Zeiten des Aristophanes gab es dort ein Gymnasion, denn in seiner Komödie *Die Wolken,* die 423 v. Chr. aufgeführt wurde, verweist eine der Figuren auf die in den Hainen der Akademie stattfindenden Wettläufe:

> Blühend und strotzend in Jugendkraft auf dem Tummelplatz wirst du dich tummeln, … Lustwandeln wirst du im friedlichen Hain Akademos', im Schatten des Ölbaums, / Mit schimmerndem Laube die Stirne bekränzt, an der Seite des sittsamen Freundes, / Von Eiben umduftet in müßiger Ruh und den silbernen Blättern der Pappel, / in der Wonne des Lenzes, wenn flüsternd leis zu der Ulme sich neigt der Platane!

Zwei Jahre nach dem Tod des Perikles wurde Platon (427–347 v. Chr.) geboren. Er war ein Schüler des Sokrates, den er in zahlreichen Dialogen auftreten lässt. In *Phaidon oder Über die Seele* beschreibt Platon die letzten Stunden seines Lehrers vor dem erzwungenen Selbstmord im Staatsgefängnis. Sokrates war 399 v. Chr. verurteilt worden, weil er mit seinen subversiven Ideen die athenische Jugend verderbe.

Nach dem Tod des Sokrates verließ Platon Athen und reiste ins Ausland, unter anderem nach Italien und Sizilien. Einige Jahre nach seiner Rückkehr 386 v. Chr. begründete er die Akademie. Es gab noch andere Schulen und Institute innerhalb und außerhalb des Heiligtums des Akademos, doch die von Platon begründete Schule wurde mit der Zeit so berühmt, dass der Name Akademie nur noch auf diese eine angewendet wurde. Milton beschreibt die Akademie in seinem Epos *Das wiedergewonnene Paradies*: »Hier der Akademie Olivenhain / Die Wohnung Platos, wo der att'sche Vogel / Den ganzen Sommer seine Weisen girrt.«

Über den Aufbau der Schule oder ihren Lehrplan ist fast nichts bekannt. Zumindest in den Anfangsjahren mag sie gemäß dem Bildungsmodell konzipiert gewesen sein, wie es Platon im *Staat* und den *Gesetzen* beschrieb, besonders im 1. Buch des letzteren, wo es heißt: »Sie meinen eine Bildung, die von Jugend an zur Tugend führt, eine, welche die Lust und den Wunsch hervorruft, ein vollkommener Bürger zu werden, der mit Gerechtigkeit zu regieren und zu gehorchen weiß.« Vermutlich ähnelte die Akademie den Kollegien der ersten europäischen Universitäten, wo eine Gemeinschaft von Akademikern einen gemeinsamen Tisch teilte. Im *Gelehrtengastmahl* des Athenaios von Naukratis (tätig um 200 n. Chr.) heißt es: »Auch die Philosophen hatten Interesse daran, die jungen Leute zusammenzurufen und mit ihnen nach einem festgelegten Brauch zu essen«. In den *Gesetzen* berichtet Platon, dass diese Symposien nach den Regeln eines Zeremonienmeisters abgehalten wurden, der selbst nüchtern bleiben musste. Laut Antigonos von

Karystos (tätig um 240 v. Chr.) veranstaltete Platon diese Symposien nicht einfach nur, um bis zum Morgengrauen zu zechen, »sondern um vor aller Augen die Götter zu verehren sowie miteinander gepflegt zu verkehren, und in erster Linie um der Entspannung und der Freude am Gespräch willen«.

In Platons Dialogen geht es auch um einige andere Philosophen, die zu Lebzeiten des Sokrates (469–399 v. Chr.) und Platons in Athen wirkten. Der Dialog *Parmenides* beruht auf dem angeblichen Besuch des alternden Parmenides in Athen, wo er und sein Anhänger Zenon [von Elea] den jungen Sokrates kennenlernten. Platon zufolge »seien einst Zenon und Parmenides zu den großen Panathenäen gekommen. Parmenides sei schon bejahrt gewesen, ganz grau, aber von schönem und stattlichem Ansehen, ungefähr 65 Jahre alt, Zenon dagegen sei damals nahezu 40 Jahre alt gewesen ... Sokrates aber sei damals noch sehr jung gewesen.«

Im Dialog *Protagoras* wird ein junger Mann erwähnt, der auf die ägäische Insel Kos reist, um bei Hippokrates (460–um 370 v. Chr.) Medizin zu studieren. Der berühmte Arzt aus Kos war ein älterer Zeitgenosse Platons. Man nannte ihn auch den Asklepiaden, weil er einer der Familien angehörte, die den Kult um Asklepios, den Gott der Heilkunde, praktizierten, für den um 500 v. Chr. die ersten Heiligtümer gegründet wurden. Die berühmtesten dieser Heilstätten waren die Asklepien in Epidauros, Athen und Pergamon; daneben gab es auch anerkannte Medizinschulen auf Kos und in Knidos.

Die Schriften des Hippokrates und seiner Anhänger, das sogenannte Corpus Hippocraticum, bestehen aus etwa 70 Werken, die von seiner Lebenszeit an bis etwa 300 v. Chr. verfasst wurden. Neben Abhandlungen über die verschiedenen Zweige der Medizin sind dies Krankenakten und Mitschriften öffentlicher Vorlesungen zu medizinischen Themen. Eine der Abhandlungen zur Deontologie, der medizinischen Ethik, enthält den berühmten Hippokratischen Eid, den die Mediziner auch heute noch ablegen. Ein anderes Werk aus dieser Sammlung trägt den Titel *Über die heilige Krankheit,* so der Name für die Epilepsie; Epileptiker, so glaubte man, seien von den Göttern heimgesucht. Doch dem Autor dieses Texts zufolge, möglicherweise Hippokrates selbst, hat die Epilepsie, wie alle anderen Krankheiten auch, eine natürliche Ursache und die Leute, die sie als »heilig« bezeichneten, wollten nur über ihre Unwissenheit hinwegtäuschen.

Platons Haltung zum Studium der Natur zeigt sich an den Worten, die er Sokrates im *Phaidon* sagen lässt. Sokrates erzählt, wie er anfangs von Anaxagoras' Begriff *nous* (Weltgeist) angezogen war. Doch schließlich wandte er sich enttäuscht ab, weil Anaxagoras das Element des Plans oder der Ordnung in der Natur nicht mit dem Weltgeist erklärte, sondern materialistische Gründe dafür nannte. »Und von dieser wunderbaren Hoffnung, o Freund, fiel ich ganz herunter, als ich fortschritt im Lesen«, sagte er, »und sah, wie der Mann mit der Vernunft gar nichts anfängt und auch sonst gar nicht Gründe anführt, die sich beziehen auf das Anordnen der Dinge, dagegen aber allerlei Luft und Äther und Wasser vorschiebt und sonst vieles Wunderliches.«

Sokrates war von Anaxagoras und den anderen frühen Naturphilosophen enttäuscht, weil sie ihm zwar erzählten, *wie* sich alles abgespielt hatte, aber nicht *warum*. Sokrates war ja auf der Suche nach einer teleologischen Erklärung, die Beweise für einen Plan in der Natur liefern konnte, denn er glaubte, dass im Kosmos alles auf das Erreichen des bestmöglichen Ergebnisses ausgerichtet war. Platons eigene Auffassungen zur Wissenschaft finden sich vor allem im *Timaios*; hier stellt er eine Kosmologie vor, die, wie er sagt, sich nur entwickelt, »indem man der Form der Wahrscheinlichkeitsrede folgt.« Dennoch blieb der *Timaios* bis in die Zeit der europäischen Renaissance äußerst einflussreich.

Im *Timaios* zeigt sich auch Platons Auffassung der Astrologie, wenn er von den »Sternen ohne Irrung« schreibt: »göttliche Wesen sind es und ewig«, eine Wendung, die sich in astrologischen Schriften des Mittelalters wiederfindet. Im *Staat* spricht er von der

Harmonie der himmlischen Sphären. Dort sei »die Spindel der Notwendigkeit gespannt, vermittelst deren alle Umläufe gedreht werden«, womit er andeutet, dass die menschliche Seele den Bewegungen der Himmelskörper unterworfen ist.

Am Eingang zur Akademie soll es eine Inschrift gegeben haben: »Lasst keinen der Geometrie Unkundigen hier eintreten.« Das geht vermutlich auf Platons *Staat* zurück; Sokrates meint hier, man müsse »auch vorschreiben, dass die Bürger in deinem Musterstaate in keiner Weise sich von der Geometrie fernhalten, denn selbst die Nebendinge dieses Gegenstandes sind nicht geringfügig«.

Für Platon war die Mathematik eine Voraussetzung für das dialektische Verfahren, das zukünftigen Führungskräften das für das Regieren eines Staates notwendige philosophische Verständnis vermitteln sollte. Das Studium der Mathematik umfasste die Arithmetik, die Geometrie der Ebene und des Raumes, die Harmonik und die Astronomie. Zur Harmonik gehörte das Studium der Physik der Töne und die Analyse der mathematischen Beziehungen, wie sie die Pythagoreer offenbar bei ihren Forschungen zur Musik entwickelt hatten. Die Astronomie studierte man nicht nur wegen ihrer praktischen Anwendungen, sondern auch wegen der möglichen Aufschlüsse über die »wahren Zahlen« und die »wahren Regungen« hinter den sichtbaren Bewegungen der Himmelskörper.

Platons wichtigster Beitrag zur Naturwissenschaft war sein Rat, die Erforschung der Natur, insbesondere der Astronomie, aus der Sicht der Geometrie anzugehen. Durch diese »Geometrisierung der Natur«, die nur in Disziplinen Anwendung fand, die sich so wie die mathematische Astronomie entsprechend idealisieren ließen, gelangte man zu Beziehungen, die so »gesichert« waren wie die in der Geometrie. Wie Sokrates im *Staat* bemerkt: »Lasst uns die Astronomie anhand von Problemen studieren, so wie in der Geometrie, und die Dinge im Himmel in Ruhe lassen.«

Das größte Problem für die griechische Astronomie war die Erklärung der Bewegung der Himmelskörper – der Sterne, der Sonne und des Mondes sowie der fünf sichtbaren Planeten. Von der Erde aus betrachtet scheinen sich alle Himmelskörper täglich um einen Punkt am Himmel zu drehen, den sogenannten Himmelspol, der genau genommen eine Projektion des Erdnordpols in die Sterne ist. Dabei wird diese scheinbare Bewegung eigentlich durch die Achsendrehung der Erde in die entgegengesetzte Richtung verursacht. Obwohl die Sonne im Osten auf- und im Westen untergeht, scheint ihre Position zwischen den Sternen bei Sonnenaufgang täglich um etwa einen Grad zurück nach Westen zu rücken, so dass sie in einem Jahr die zwölf Tierkreiszeichen durchläuft, eine scheinbare Bewegung, die dadurch entsteht, dass die Erde die Sonne umkreist.

Die scheinbare Bahn der Sonne durch den Tierkreis, die sogenannte Ekliptik, bildet einen Winkel von ungefähr 23,25 Grad mit dem Himmelsäquator, der Projektion des Erdäquators an die Himmelskugel. Das hat seinen Grund darin, dass die Erdachse in Bezug auf die Senkrechte der Bahnebene um 23,25 Grad geneigt ist, und diese Erdneigung ist für den wiederkehrenden Zyklus der Jahreszeiten verantwortlich. Über einen Zeitraum von etwa 40 000 Jahren variiert die Schiefe der Ekliptik zyklisch zwischen 22,1 und 24,5 Grad; zur Zeit der griechischen Klassik betrug sie ungefähr 23,5 Grad.

Alle Planeten bewegen sich auf Bahnen nahe der Ekliptik und ziehen gemeinsam mit den Fixsternen von Osten nach Westen durch die Nacht, während sie für gewöhnlich in bestimmten Nächten langsam über den Tierkreis von Westen nach Osten zurück wandern. Jeder Planet weist periodisch auch eine rückläufige Bewegung auf, die sich bei Abbildung auf einer Himmelskugel als Schleife darstellt. Das ist darauf zurückzuführen, dass die Erde sich auf einer Umlaufbahn um die Sonne bewegt und dabei die langsameren äußeren Planeten überholt, wobei sie ihrerseits von den schnelleren inneren Planeten überholt wird. In beiden Fällen scheint es, als ziehe der Planet eine Zeit lang rückwärts.

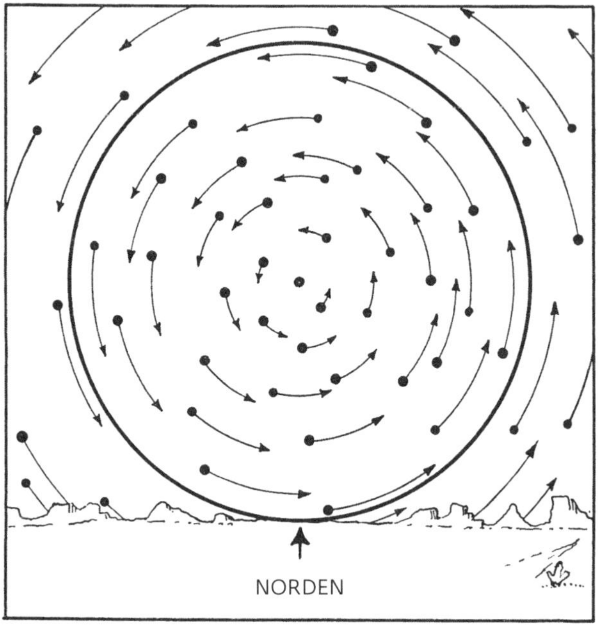

Die scheinbare Bewegung typischer Sterne im Nordhimmel über einen Zeitraum von zwei Stunden; das Zentrum der Rotation ist der Nordhimmelspol, die Projektion des geographischen Nordpols.

Laut Simplikios (um 490–um 560 n.Chr.) stellte Platon den Himmelsforschern die Aufgabe, zu beweisen »anhand welcher Hypothesen die Phänomene [d.h. die »Erscheinungen«, hier die scheinbar rückläufigen Bewegungen] der Planeten durch gleichförmige und geordnete Kreisbewegungen erklärt werden konnten«.

Eine erste Lösung des Problems schlug Eudoxos von Knidos (um 400–um 347 v.Chr.) vor, ein jüngerer Zeitgenosse Platons an der Akademie und bedeutender Mathematiker der klassischen Ära, auf den einige Definitionen zurückgehen, die später bei Euklid und Archimedes auftauchen. Er war auch ein führender Astronom seiner Zeit und stellte von seiner Sternwarte in Knidos an der Südwestküste Kleinasiens sorgfältige Beobachtungen der Himmels-

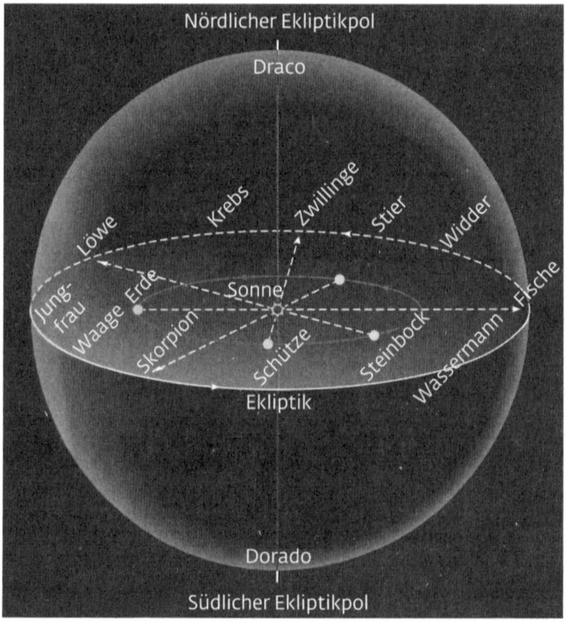

Die scheinbare Bewegung der Sonne zwischen den Konstellationen; der Effekt entsteht dadurch, dass der Beobachter auf der Erde die Sonne umkreist.

körper an. (Damals bestand eine Sternwarte aus wenig mehr als ein paar einfachen Instrumenten zum Sichten der Himmelskörper und zur Bestimmung ihrer Position am Himmel.) Eudoxos behauptete, dass die Bahn eines jeden der fünf Planeten aus der gleichförmigen Bewegung von vier verbundenen Kugelschalen resultierte. Deren Zentrum war die Erde, ihre Achsen waren gegeneinander geneigt und sie rotierten mit verschiedenen Geschwindigkeiten, während die Planeten am Äquator der innersten Schale befestigt waren und die äußerste sich mit den Fixsternen bewegte. Die Bewegung von Sonne und Mond erklärte er mit jeweils drei Sphären, während für die tägliche Umdrehung der Fixsterne eine einzige Sphäre genügte, so dass er auf insgesamt 27 Sphären des Kosmos kam. Das Modell des Eudoxos, auch als Theorie der homo-

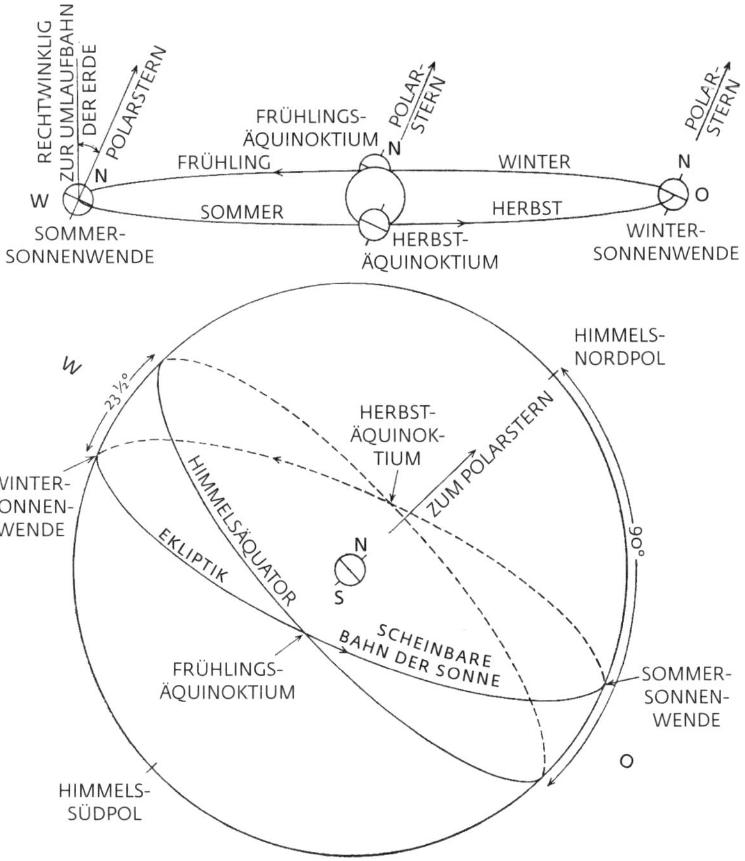

Die Neigung der Erdachse als Ursache für die Jahreszeiten.

zentrischen Sphären bekannt, wurde von Kallippos von Kyzikos (tätig 370 v. Chr.) erweitert, der zwei Sphären für die Sonne und den Mond hinzufügte, sowie je eine für Merkur, Venus und Mars, so dass er auf insgesamt 34 Sphären kam.

Später übernahm Aristoteles die Theorie der homozentrischen Sphären als physikalisches Modell für sein geozentrisches Weltbild, wobei er von 55 Planetensphären sowie einer weiteren für die Fixsterne ausging.

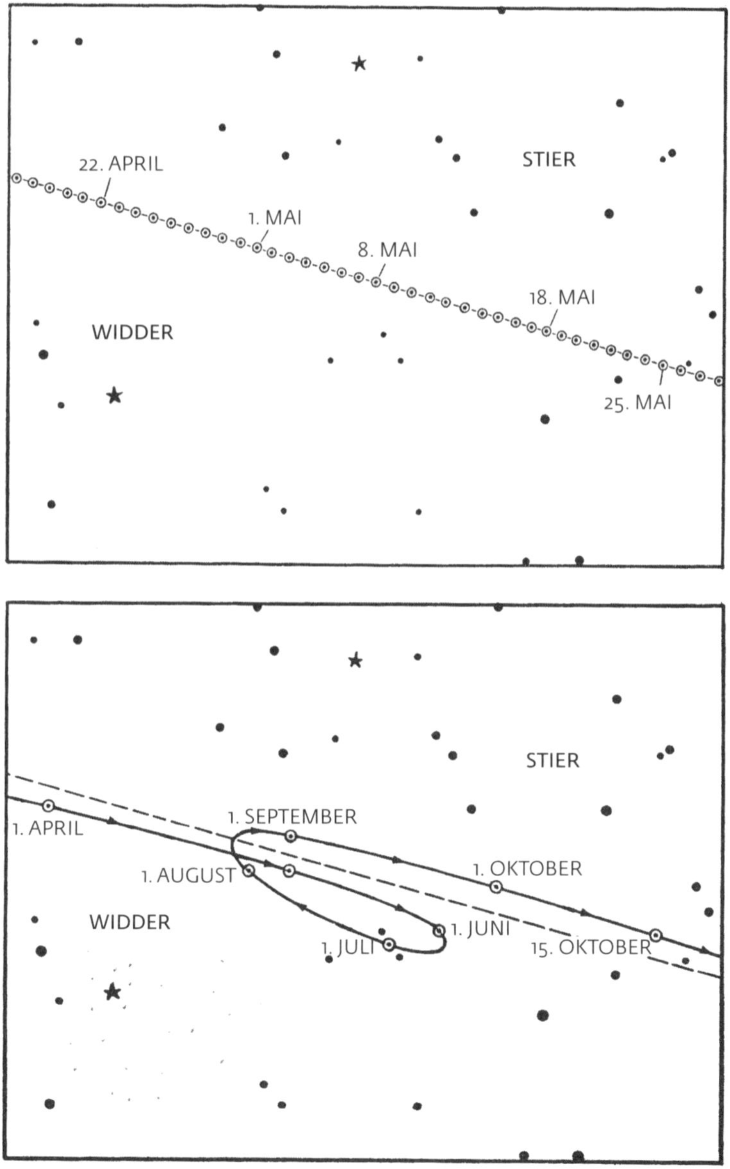

Oben: Die scheinbare Bewegung der Sonne durch die Konstellationen Widder und Stier.
Unten: Die scheinbare Bewegung des Mars durch die Konstellationen Widder und Stier, wobei die rückläufige Bewegung sichtbar wird.

Aristoteles (384–322 v. Chr.) stammte aus Stageira in Makedonien. Sein Vater Nikomachos war Arzt am Hof des makedonischen Königs Amyntas III., wo Aristoteles seine erste Schulbildung erhielt. Im Alter von 17 Jahren zog er nach Athen und schrieb sich an Platons Akademie ein; dort blieb er 20 Jahre lang. Nach Platons Tod im Jahr 347 v. Chr. zog Aristoteles nach Assos an der nordwestlichen Küste Kleinasiens, wo er in die Dienste des Tyrannen Hermeias trat. Hermeias war ein Schüler Platons und wollte in Assos den idealen Staat aufbauen, so wie er im *Staat* beschrieben war. Er lud Aristoteles und andere Schüler ein, dort zu unterrichten, darunter auch Theophrast von Eresos auf Lesbos.

Aristoteles blieb bis 344 v. Chr. in Assos, als Hermeias von den Persern hingerichtet wurde. Danach zog er auf die Insel Lesbos, wo er gemeinsam mit Theophrast die wegweisenden Studien der Botanik fortführte, die sie in Assos begonnen hatten. Ein Jahr später ging Aristoteles in die makedonische Hauptstadt Pella und trat als Lehrer des Königssohns und späteren Thronfolgers Alexander in den Dienst Philipps II.

335 v. Chr. kehrte Aristoteles nach Athen zurück, ein Jahr nachdem Alexander die makedonische Thronfolge angetreten hatte. Im selben Jahr gründete er im Apollon-Heiligtum Lykeion eine Schule, die der Akademie an Ruhm gleichkam. Bis zu Alexanders Tod 323 v. Chr. lehrte und forschte er am Lykeion, als ihn aufkommende antimakedonische Stimmungen zwangen, Athen zu verlassen und nach Makedonien zurückzukehren, wo er im darauf folgenden Jahr starb.

Aristoteles' Werk hat enzyklopädische Ausmaße – es umfasst Arbeiten zu Logik, Metaphysik, Rhetorik, Theologie, Politik, Ökonomie, Literatur, Ethik, Psychologie, Physik, Mechanik, Astronomie, Meteorologie, Kosmologie, Biologie, Botanik, Naturkunde und Zoologie. Montaigne bezeichnete ihn deshalb als »Aristoteles, der alles umdenkt«.

Die Naturphilosophie des Aristoteles ist durch das Prinzip der

Teleologie geprägt, also die Vorstellung, dass natürliche Vorgänge auf einen Zweck ausgerichtet sind. Am deutlichsten ist dies im zweiten Buch seiner *Physik* ausgeführt: »Die Thätigkeit aber hat einen Zweck, folglich hat auch die Natur diesen Zweck. Zum Beispiel wenn ein Haus zu dem von Natur Entstehenden gehörte, würde es eben so werden, wie jetzt durch die Kunst. Und könnte umgekehrt das Natürliche nicht nur durch Natur, sondern auch durch Kunst entstehen, so würde es eben so werden, wie es von Natur ist.«

Die Grundzüge der Substanztheorie des Aristoteles sowie seine Kosmologie gehen auf früheres griechisches Denken zurück, das zwischen der unvollkommenen und vergänglichen irdischen Welt unterhalb der Mondsphäre und der vollkommenen und ewigen Himmelsregion darüber unterschied. Von den milesischen Naturphilosophen übernahm er die Idee eines Urstoffs in der Natur und kombinierte diese mit Empedokles' Theorie der vier irdischen Elemente – Erde, Wasser, Luft und Feuer –, denen er den *Äther* des Anaxagoras als Grundstoff der Himmelsregion hinzufügte.

Aristoteles zufolge ist der irdische Urstoff, den er *Protyle* nannte, völlig undifferenziert. Er ist bar jeglicher Eigenschaften, hat also keine konkrete Größe, Form, Ort, Gewicht, Farbe, Geschmack, Geruch oder Ähnliches und ist somit der ganz und gar eigenschaftslose Rohstoff, aus dem die Erde besteht. Nimmt dieser Stoff bestimmte Eigenschaften an, so wird er zu einem der vier irdischen Elemente, und durch weitere Entwicklungen nimmt er die Form der in der Welt sichtbaren Dinge an. Aristoteles beschrieb dies als Materie, die eine Gestalt annimmt. Die Materie ist der Rohstoff, die Form ist die Ansammlung aller Eigenschaften, die einem Gegenstand seinen unverwechselbaren Charakter verleihen. Diese beiden Aspekte des Seienden – Materie und Form – sind untrennbar und können nur in Verbindung miteinander existieren.

Aristoteles schrieb jedem der vier irdischen Elemente zwei Eigenschaften zu, jeweils eine von jedem der beiden Gegensatzpaare: warm – kalt und trocken – feucht. So war die Erde trocken und kalt,

Wasser kalt und feucht, Luft feucht und warm, Feuer warm und trocken. Die Elemente waren nicht unveränderlich; ein jedes davon konnte sich in jegliches andere verwandeln, wenn eine oder beide ihrer Grundeigenschaften sich in ihr Gegenteil verkehrten.

Die Kosmologie des Aristoteles ordnete die vier Elemente nach ihrer Dichte, mit der unbeweglichen kugelförmigen Erde im Mittelpunkt. Diese war umgeben von konzentrischen Schalen aus Wasser (dem Ozean), Luft (der Atmosphäre) und Feuer, wozu nicht nur die Flammen gehörten, sondern auch außerirdische Erschei-

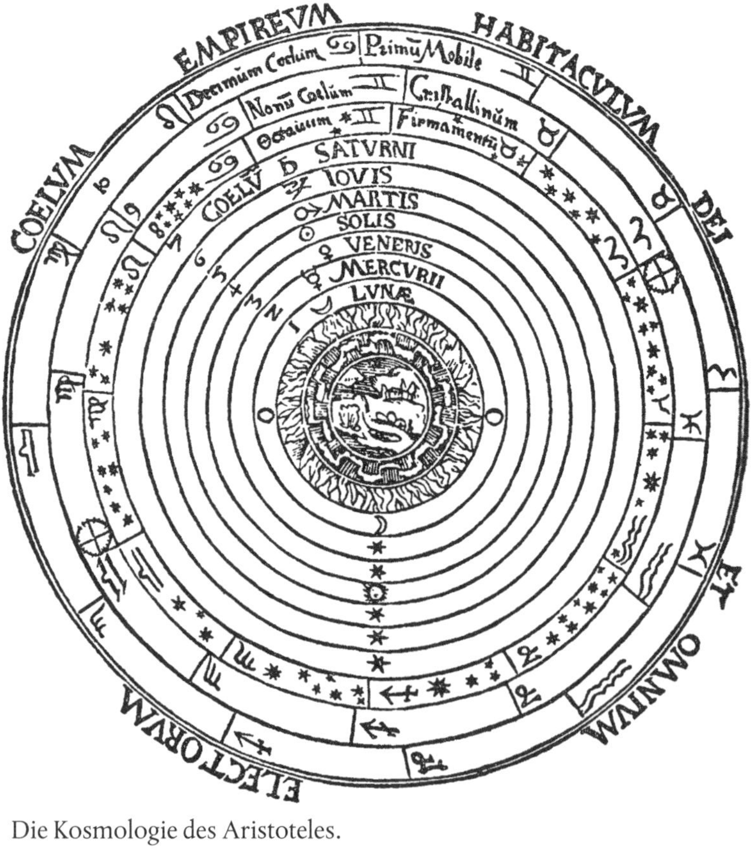

Die Kosmologie des Aristoteles.

nungen wie Blitze, Regenbögen und Kometen. Die natürliche Bewegung der irdischen Elemente ist zu ihrem natürlichen Ruhepunkt hin, so dass die Erde, wenn sie in der Luft nach oben bewegt und dann losgelassen wird, gerade nach unten fällt, während Luft im Wasser aufsteigt, so wie auch Feuer in der Luft. Diese geradlinige Bewegung der irdischen Elemente ist vorübergehend und endet, wenn sie ihren Ruhepunkt erreicht haben. In Aristoteles' Theorie der Bewegung fallen schwere Gegenstände schneller als leichte. Dies ist eine der beiden irrigen Annahmen, die bis ins 17. Jahrhundert die Physik beherrschen sollten; die andere ist die, dass die Existenz eines Vakuums unmöglich sei.

Laut Aristoteles beginnt die Himmelsregion hinter dem Mond: Dort sind die Sonne, die fünf Planeten und die Fixsterne in kristalline Sphären eingebettet, die die unbewegliche Erde umkreisen. Die Himmelskörper bestehen aus *Äther*, dem Urelement, dessen natürliche Bewegung bei konstanter Geschwindigkeit kreisförmig ist, so dass sich die Himmelskörper, anders als die der Erdregion, unveränderlich und ewig bewegen.

Herakleides Pontikos (um 390 – nach 322 v. Chr.), benannt nach seinem Geburtsort Herakleia am Pontos (dem Schwarzen Meer), war ein Zeitgenosse des Aristoteles und hatte auch bei Platon an der Akademie studiert. Seine Kosmologie unterscheidet sich von der Platons und der des Aristoteles in mindestens zwei grundlegenden Fragen, möglicherweise weil er nach Verlassen der Akademie bei den Pythagoreern studierte. Der erste Unterschied bezog sich auf die Größe des Kosmos, den Herakleides nicht für endlich, sondern für unendlich hielt. Der zweite Unterschied betraf das scheinbare Kreisen der Sterne um den Himmelspol, das Herakleides auf die Drehung der Erde um ihre Achse im entgegengesetzten Sinn zurückführte. Simplikios schreibt in seinem Kommentar zu Aristoteles: »Herakleides ging davon aus, dass die Erde in der Mitte ist und sich dreht, während der Himmel still steht, und durch diese Annahme glaubte er, die Phänomene zu retten (d. h. zu erklären).«

Auf Aristoteles folgte sein Schüler und Freund Theophrast (um 371–um 287 v. Chr.) als Leiter des Lykeions, dem er seine umfangreiche Bibliothek mit Abschriften auch all seiner eigenen Werke vermachte. Theophrast gilt als zweiter Begründer des Lykeions, das er umstrukturierte, erweiterte und 37 Jahre leitete.

Theophrast war ein ebenso produktiver und enzyklopädischer Autor wie Aristoteles, laut Diogenes Laërtios verfasste er 227 Bücher, von denen die meisten verloren sind. Zwei seiner erhaltenen Schriften, *Die Naturgeschichte der Gewächse* und *Über die Ursache des Pflanzenwuchses* trugen ihm den Namen »Vater der Botanik« ein, und sein Buch *Von den Steinen* gilt als Anfang der Geologie und Mineralogie. Seine Studien über menschliches Verhalten, unter dem Titel *Charakterbilder*, sind eine fesselnde Beschreibung der Menschentypen, die das Athen seiner Zeit bevölkerten und die man auch im heutigen Athen allesamt noch anzutreffen scheint.

In den Jahren, als Theophrast das Lykeion leitete, erlebte Athen gravierende Veränderungen. 322 v. Chr. geriet die Stadt unter das harte Joch des Antipatros, eines der Diadochen, der Nachfolger der makedonischen Generäle, die das Reich Alexanders des Großen nach dessen Tod unter sich aufgeteilt hatten.

Kassander, ebenfalls zu den Diadochen gehörend, übernahm 317 v. Chr. die Herrschaft über die Stadt und setzte Demetrios von Phaleron als Statthalter ein, der am Lykeion unter Theophrast studiert hatte. Zehn Jahre später nahm Demetrios I. von Makedonien Athen ein; er war ein Sohn Antigonos' I., eines weiteren Diadochen. Dies hatte mehrere Bürgerkriege zur Folge, die fast ein halbes Jahrhundert andauerten; Athen hatte in dieser Zeit sieben verschiedene Machthaber. Es war der Beginn seines Niedergangs, und schließlich wurde Athen von Alexandria übertroffen, der neuen Stadt, die Alexander 331 v. Chr. am kanopischen Arm des Nils begründet hatte.

Theophrasts Nachfolger als Leiter des Lykeions wurde Straton von Lampsakos (gest. um 268 v. Chr.), einer seiner Schüler. Straton gilt als Verfasser von über 40 Werken, die, mit Ausnahme eines Fragments, alle verloren sind. Da seine Schriften zur Physik als seine bedeutendsten angesehen werden, bezeichneten ihn spätere Autoren als Straton den Physiker. Diogenes Laërtios beschreibt ihn als einen »... Mann von hervorragender Bedeutung, Physiker genannt, weil er sich mit unvergleichlichem Eifer der Naturbetrachtung zuwandte«.

Zu Stratons Schriften zur Physik gehört ein verlorenes Werk mit dem Titel *Über die Bewegung*, das Simplikios in einem Kommentar behandelt. Laut Simplikios zeigte Straton als Erster, dass fallende Körper schneller werden – d.h., dass ihre Geschwindigkeit mit der Zeit zunimmt: »Beobachtet man Wasser, das von einem Dach herabläuft und aus beträchtlicher Höhe fällt, dann fließt es im oberen Teil sichtlich zusammenhängend, während es unten in Tropfen auseinandergezogen fällt. Das passiert nur deshalb, weil das Wasser den jeweils folgenden Ort schneller durchläuft.«

Möglicherweise hat auch Straton oder einer seiner Zeitgenossen das pseudo-aristotelische Werk *Mechanik* verfasst. Darin findet sich die erste belegte Formulierung des Hebelgesetzes: Zwei Gegenstände an einem Hebel sind im Gleichgewicht, wenn ihr Abstand zum Drehpunkt umgekehrt proportional zu ihrem Gewicht ist.

Ende des 4. Jahrhunderts v. Chr. entstanden in Athen noch zwei weitere philosophische Schulen. Diese waren keine formellen Einrichtungen wie die Akademie und das Lykeion, sondern lose organisierte Gruppen, die bei ihren Treffen über die Philosophie diskutierten. Die eine Schule, genannt »der Garten«, hat Epikur von Samos (341–270 v. Chr.) begründet, und die andere, die Stoa, wurde von Zenon von Kition (um 335–263 v. Chr.) ins Leben gerufen. Der Name der ersten geht darauf zurück, dass Epikur im Garten seines Hauses referierte. Die zweite erhielt ihren Namen nach der Stoa Poikíle, der bemalten Säulenhalle an der Agorá, dem Treffpunkt Zenons und seiner Jünger, die man auch die Stoiker nannte. Beide Schulgründer erdachten ein umfassendes philosophisches System, bestehend aus drei Teilen – Ethik, Physik und Logik. Die beiden letzten waren dabei dem ersten untergeordnet, dessen Ziel darin bestand, das Glück des Menschen zu sichern. Epikur schrieb: »Wenn uns die Vermutungen über die Himmelserscheinungen und die angstvollen Gedanken über den Tod, als ob er uns irgendetwas anginge, ferner die mangelnde Kenntnis der Grenzen von Schmerz und Begierden nicht belasteten, brauchten wir keine Naturphilosophie.«

Die Physik des Epikur beruht auf der atomistischen Lehre, der er einen neuen Begriff hinzufügte: dass nämlich ein Atom, das sich in einem Vakuum bewegt, jederzeit von seiner Bahn »abtreiben« könne. Also war der strenge Determinismus hinfällig und somit auch der Grund, warum die ursprüngliche Atomtheorie Leukipps und Demokrits für jeden, der wie die Epikureer an den freien Willen glaubte, inakzeptabel war. Zenon und seine Anhänger verwarfen dagegen die Vorstellung von Atom und Vakuum, weil für sie die Natur ein Kontinuum darstellte, in allen ihren Aspekten – Raum, Zeit und Materie – sowie in der Ausbreitung und Abfolge physikalischer Phänomene. Seit der Antike und bis in die Gegenwart konkurrieren diese beiden gegensätzlichen Denkschulen zum Wesen des Kosmos – die epikureischen Atome in einem Vakuum gegenüber dem Kontinuum der Stoiker –, weil sie antithetische Betrachtungsweisen der physischen Realität vertreten.

Als geistiges Zentrum der griechischen Welt musste Athen zwar dem ägyptischen Alexandria weichen, doch mit Platon und Aristoteles, Epikur und Zenon war es die Schule von Hellas, die das abendländische Denken am nachhaltigsten prägen sollte.

3

DAS HELLENISTISCHE ALEXANDRIA: MUSEION UND BIBLIOTHEK

Nach dem Tod Alexanders des Großen im Jahr 323 v. Chr. übernahm sein Feldherr Ptolemaios in Ägypten die Macht und regierte Alexandria unter dem Titel Satrap. 305 v. Chr. erklärte er sich zum König und gab sich den Ehrennamen Sotér, Retter. Damit trat er eine Regentschaft von über 20 Jahren an und begründete die Dynastie der Ptolemäer, die fast drei Jahrhunderte währen sollte.

Unter Ptolemaios I. Sotér (reg. 305–283 v. Chr.), der auch eine Biographie Alexanders des Großen verfasste, entwickelte sich Alexandria rasch zu einem wichtigen kulturellen Zentrum. Die Renaissance der alexandrinischen Kultur und Bildung konzentrierte sich vor allem auf zwei berühmte Institutionen, das Museion und die Bibliothek, die er begründete und die sein Sohn und Nachfolger Ptolemaios II. Philádelphos (reg. 283–245 v. Chr.) weiter ausbaute.

Das Museion wurde so benannt, weil es den Musen gewidmet war, den neun Töchtern des Zeus und der Mnemosyne, der Göttin der Erinnerung. Diese galten als Schutzgöttinnen der Künste und Wissenschaften. Auch anderswo in der griechischen Welt gab es Tempel für die Musen, so auch ein Museion in der Platonischen Akademie und eines, das Theophrast zur Erinnerung an Aristoteles gegründet hatte. Das Museion in Alexandria und die ihm angeschlossene Bibliothek waren als Universität und

Forschungszentrum geplant, das den berühmten Philosophieschulen Athens nachempfunden war, vor allem der Akademie und dem Lykeion.

Nach der Schilderung des Geographen Strabon gehörte das Museion zum Palastkomplex der Ptolemäer: »Ein Teil der königlichen Gebäude ist auch das Museum, welches eine Halle zum Herumwandeln, eine andere zum Sitzen [Exedra] und einen großen Bau enthält, worin sich der Speisesaal der am Museum angestellten Gelehrten befindet. Dieser Verein hat auch gemeinsame Einkünfte und einen dem Museum damals von den Königen, jetzt aber vom [römischen] Kaiser vorgesetzten Priester.«

Das Museion war eher Forschungsinstitut als Lehrstätte, und der Schwerpunkt lag stärker auf den Naturwissenschaften als auf den Geisteswissenschaften. Es umfasste eine Sternwarte sowie Säle für anatomische Sektionen und physiologische Experimente und war von botanischen und zoologischen Gärten umgeben.

Der naturwissenschaftliche Charakter des Museions geht vermutlich auf Straton von Lampsakos, den Physiker, zurück. Straton zog um 300 v. Chr. nach Alexandria, wo er als Erzieher des zukünftigen Ptolemaios II. Philádelphos tätig war. 288 v. Chr. kehrte er nach Athen zurück und übernahm von Theophrast die Leitung des Lykeions. Der Prinz hatte während seines Studiums bei Straton großes Interesse an Geographie und Zoologie entwickelt, das zeigte sich dann auch beim Ausbau des Museions, als er 283 v. Chr. die Nachfolge seines Vaters antrat.

Die Organisationsstruktur der Bibliothek geht vermutlich auf Demetrios von Phaleron zurück, den früheren Statthalter von Athen, der 307 v. Chr. aus der Stadt fliehen musste; Ptolemaios I. gewährte ihm damals in Alexandria Zuflucht. Demetrios, ein früherer Schüler am Lykeion in Athen, war vermutlich der erste Bibliotheksdirektor und hatte diese Stelle bis 284 v. Chr. inne. Laut Aristeas Judaeus, einem jüdischen Gelehrten der Regierungszeit Ptolemaios' II. Philádelphos, verfügte Demetrios »über ein großes

Budget, um, soweit möglich, alle Bücher der Welt zu sammeln, und mit Hilfe von Ankäufen und Abschriften führte er die Zielvorgabe des Königs nach Kräften aus.«

So wurde auch während der Regierungszeit Ptolemaios' II. Philádelphos und Ptolemaios' III. Euergétes (reg. 247–221 v. Chr.) verfahren. Athenaios von Naukratis, der um 200 n. Chr. wirkte, berichtet, Ptolemaios II. habe die Bücher von Aristoteles und Theophrast angekauft und sie »in die schöne Stadt Alexandria« verschickt. Bis zur Regierungszeit Ptolemaios' III. sollen die Bestände der Bibliothek auf über eine halbe Million Pergamentrollen angewachsen sein, darunter alle wichtigen Werke der griechischen Natur- und Geisteswissenschaften seit Homer. Ptolemaios III. ließ im Serapeion, dem Tempel des Gottes Serapis, eine Tochterbibliothek errichten. Epiphanios von Salamis, ein Christ des 4. Jahrhunderts n. Chr., erwähnt diesen Neubau: »die erste Bibliothek und eine weitere, die im Serapeion erbaut wurde, kleiner als die erste und Tochter der ersten.« Die meisten antiken Autoren verweisen aber nicht auf zwei Bibliotheken, sondern auf die »Königliche Bibliothek«, die »große Bibliothek« oder »die Bibliotheken« und gelegentlich auch auf die »Tochterbibliothek« im Serapeion.

Demetrios wurde als Bibliotheksdirektor durch Zenodot von Ephesos abgelöst, der diesen Posten bis 245 v. Chr. ausübte. Ihm stand der Dichter Kallimachos von Kyrene (um 305–um 240 v. Chr.) zur Seite, der die 120 000 Werke der Prosa und der Lyrik in der Bibliothek nach Autor und Sachgebiet ordnete und somit den ersten Bibliothekskatalog erstellte. Sein Katalog, bekannt als *Pinakes* (Tafeln), trug den Titel *Verzeichnisse aller, die in jeder Literaturgattung Bedeutung hatten, und ihrer Schriften in 120 Büchern*, er war fünf Mal so lang wie Homers *Ilias*.

Eratosthenes von Kyrene (um 275–um 195 v. Chr.) war der einzige Naturwissenschaftler, der als Direktor der Bibliothek tätig war. Ptolemaios III. berief ihn um 235 v. Chr., und Eratosthenes übte dieses Amt bis zu seinem Tod aus. Der berühmte Mathematiker,

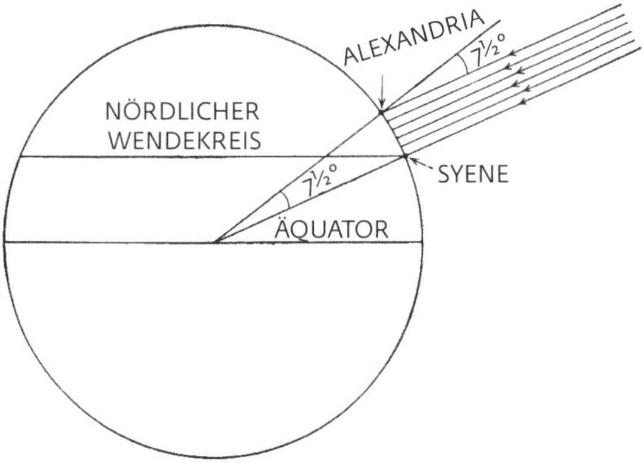

Eratosthenes' Verfahren zur Bestimmung des Erdumfangs.

Astronom und Geograph fertigte auch eine Studie über die alte attische Komödie an und verfasste die erste Chronik der griechischen Geschichte und Literatur.

Mit Hilfe eines Systems von Längenmeridianen und Breitenkreisen zeichnete Eratosthenes die erste Weltkarte. Zudem berechnete er ziemlich exakt den Erdumfang. Für die Messung wurden gleichzeitig in Alexandria und in Syene [Assuan] Beobachtungen angestellt, eine Entfernung von etwa 5000 *Stadien* nach Süden. Es zeigte sich, dass die Sonne zur Sommersonnenwende mittags genau über Syene stand, während sie auf einer Sonnenuhr in Alexandria einen Schatten von einem Fünfzigstel eines Kreises warf. Aufgrund der großen Entfernung der Sonne ging Eratosthenes davon aus, dass ihre Strahlen in Syene und Alexandria parallel waren, und schloss daraus, dass die Nord-Süd-Entfernung zwischen den beiden Orten einem Fünfzigstel des Erdumfangs entsprach. Somit betrug der Umfang der Erde fünfzig Mal die Entfernung zwischen Syene und Alexandria, oder 250 000 *Stadien*. Der genaue Wert, den Eratosthenes für die Länge eines *Stadions* ansetzte, ist unbekannt; deshalb lässt sich die Genauigkeit seines Ergebnisses nicht überprüfen, aber es lag ganz sicher in der richtigen Größenordnung.

Die berühmte Schule der Mathematik in Alexandria wurde von Euklid (tätig um 295 v. Chr.) begründet, der dort Anfang des 3. Jahrhunderts v. Chr. gelehrt haben soll, allerdings ist kaum mehr über sein Leben bekannt. Der Philosoph Proklos schrieb im 5. Jahrhundert n. Chr. über Euklid: »Dieser Mann lebte zur Zeit des ersten Ptolemaios« und »Er ist jünger als der Platonische Kreis und älter als Eratosthenes und Archimedes.«

Bekannt ist Euklid für seine Schrift *Die Elemente*, das früheste überlieferte Lehrbuch zur Geometrie, das auch heute noch verwendet wird. Ein moderner Wissenschaftshistoriker stellt fest, die *Elemente* hätten »einen größeren Einfluss auf das menschliche Denken ausgeübt als irgendein anderes Werk außer der Bibel.«

Dieses Lehrbuch legte nicht nur das Fundament für die ebene Geometrie, sondern auch für die Algebra und die Zahlentheorie. Proklos zufolge verfasste Euklid die *Elemente*, indem er »vieles aus Eudoxos verwendete, vieles von Theaitetos [einem Schüler Platons] Behandelte zum Abschluss brachte und, was von den Früheren nur oberflächlich dargestellt war, durch unanfechtbare Beweise stützte«.

Neben dem mathematischen Inhalt besticht das Werk durch die logische Form und Abfolge, mit der die Lehrsätze präsentiert werden, es wurde zum Vorbild für alle späteren Werke der griechischen Mathematik und mathematischen Physik. Ebenso bedeutsam ist der axiomatische Aufbau der *Elemente*, wobei sich die Geometrie logisch aus einigen wenigen Annahmen herleitet, die wiederum als unweigerlich richtig vorausgesetzt werden. Auf Physik und Geometrie angewendet bedeutete dies die platonische Geometrisierung der Natur.

Zu Euklids überlieferten Schriften gehören verschiedene weitere Werke zur Mathematik, ein Lehrbuch zur Astronomie: *Phainomena*, und eine grundlegende Abhandlung zur Perspektive: *Optika*. Die *Optik* war das erste griechische Werk auf diesem Gebiet und auch das Einzige, bis Klaudios Ptolemaios um die Mitte des 2. Jahrhunderts n. Chr. seine Abhandlung zur Optik verfasste. Nach einer von Euklids Annahmen in der *Optik* beruht das Sehen auf den Lichtstrahlen, die in geraden Linien vom Auge auf den Gegenstand fallen. Diese irrige Auffassung, die als Theorie der Sehstrahlen bekannt ist, blieb bis ins 17. Jahrhundert weitgehend akzeptiert.

Ihren Höhepunkt erreichte die griechische mathematische Physik mit den Werken des Archimedes (um 287–212 v. Chr.), der aus Syrakus auf Sizilien stammte. Er soll auch einige Zeit in Ägypten verbracht haben und stand mit Eratosthenes im Briefwechsel. Wahrscheinlich studierte er in Alexandria bei den Nachfolgern Euklids, denn er war mit den *Elementen* vertraut und zitierte ausgiebig daraus.

Archimedes war ein Verwandter und Freund Hierons II. von Syrakus sowie seines Sohnes und Nachfolgers Gelon II. Für beide arbeitete er als Militäringenieur und konstruierte mechanische Gerätschaften wie Katapulte, Brennspiegel und ein System von Flaschenzügen, mit dem man große Schiffe mit minimalem Aufwand bewegen konnte. Bei der Verteidigung ihrer Stadt gegen den römischen Feldherrn Marcellus machten die Syrakuser erfolgreich Gebrauch von diesen Erfindungen. Schließlich eroberte Marcellus die Stadt dennoch, und Archimedes wurde von einem römischen Soldaten getötet, offenbar während er einen geometrischen Satz in den Sand zeichnete.

Zu den berühmten Erfindungen des Archimedes gehörte ein Planetarium, ein funktionierendes Modell der Bewegung der Himmelskörper. Cicero hat dieses Modell gesehen und behauptete, es zeige die Bewegung der Sonne und des Mondes und veranschauliche Sonnen- wie auch Mondfinsternisse. Eine weitere Erfindung, die archimedische Schraube, verwendet man noch heute in Ägypten, um in primitiven Bewässerungssystemen Wasser nach oben zu befördern. Plutarch zufolge schätzte Archimedes selbst seine Erfindungen nicht besonders, weil sie für ihn nur die »Nebenbeschäftigung einer spielenden Mathematik« waren.

Auch bei Plutarch heißt es zu den mathematischen Beweisführungen des Archimedes: »Denn nirgends im Gebiete der Mathematik lassen sich schwierige und wichtige Sätze in einfacheren, reineren Formen darlegen, als es von ihm geschah.« Archimedes' Themen lassen sich schon aus den Titeln einiger Abhandlungen ableiten, zum Beispiel *Über die Kreismessung*, *Über Kugel und Zylinder*, *Über das Gleichgewicht von Ebenen*, *Über schwimmende Körper* und *Die Sandzahl*.

In der ersten Abhandlung gelang es Archimedes, mit Hilfe der sogenannten Exhaustionsmethode den Flächeninhalt eines Kreises präzise zu bestimmen. Dabei erzielte er nach und nach immer größere Annäherungen, indem er die Flächen regelmäßiger Vielecke innerhalb und außerhalb des Kreises berechnete. In seinen anderen mathematischen Werken verwendete er diese Methode zur Messung der Flächen und Volumina verschiedener geometrischer Körper, so auch in seiner Abhandlung *Über Kugel und Zylinder*. Hier erkannte er, dass die Fläche eines Zylinders, der eine Kugel genau umschließt, im Verhältnis 3:2 zur Fläche der Kugel steht, und er war so stolz auf diese Entdeckung, dass er diese beiden geometrischen Körper auf seinen Grabstein gravieren ließ.

Die Schrift *Über das Gleichgewicht von Ebenen* befasst sich mit der Statik, der Lehre vom Gleichgewicht mechanischer Systeme. Hier brachte Archimedes das Hebelgesetz zur Anwendung, um den sogenannten Schwerpunkt verschiedener Figuren zu bestimmen – d. h., den Punkt, in dem sich ihr gesamtes Gewicht konzentriert. Die Aufgabenstellung ist idealisiert und vernachlässigt die Reibung sowie andere äußere Faktoren; ganz nach dem Muster von Euklids *Elementen* wird deduktiv und geometrisch abgeleitet. Die Arbeit zum Hebel führte zu Archimedes' berühmter Prahlerei gegenüber König Hieron: »Gebt mir einen festen Punkt und ich werde die Erde aus ihren Angeln heben.«

In der Abhandlung *Über schwimmende Körper* wendet er die gleiche Form der geometrischen Analyse auf die Hydrostatik an, die

Lehre der unbewegten Flüssigkeiten. Der grundlegende Lehrsatz ist hier das berühmte Archimedische Prinzip, wonach der Auftrieb eines völlig oder teilweise in eine Flüssigkeit getauchten Körpers dem Gewicht der verdrängten Flüssigkeit entspricht. Der römische Architekt und Ingenieur Vitruv aus dem 1. Jahrhundert v. Chr. erzählt, wie Archimedes dieses Prinzip entdeckte, als er in die Badewanne stieg und einen zunehmenden Auftrieb bemerkte, je weiter er eintauchte und je höher damit das Wasser anstieg: »Flugs springt er voller Freuden aus der Wanne wieder heraus, läuft nackend, wie er ist, nach Hause, und hört nicht auf, im Laufen laut zu rufen: gefunden, gefunden! – heureka, heureka!«

Vitruv berichtet auch, wie Archimedes dieses Prinzip zur Lösung eines praktischen Problems einsetzte – um zu beweisen, ob eine für König Hieron angefertigte Goldkrone mit einem anderen Metall verfälscht war. Dazu tauchte er die Krone in Wasser und stellte fest, dass sie eine größere Menge an Wasser verdrängte als reines Gold des gleichen Gewichts. Daran zeigte sich, dass die Krone eine geringere Dichte hatte als Gold und somit mit einem leichteren Metall gestreckt worden war. Archimedes hatte das spezifische Gewicht entdeckt: das Verhältnis des Gewichts eines Körpers zu seinem Volumen.

Die *Sandzahl* ist König Gelon gewidmet, dem Archimedes eine von ihm entwickelte Methode zur Darstellung sehr großer Zahlen erklärte. Dies war mit dem damals üblichen System, bei dem die Zahlen mit den Buchstaben des Alphabets dargestellt wurden, praktisch unmöglich. Als Beispiel nennt Archimedes die Zahl der Sandkörner in »einer Kugel, die so groß ist wie der Kosmos«, d. h. »die Kugel …, deren Zentrum der Mittelpunkt der Erde ist und deren Radius die Verbindungslinie der Mittelpunkte der Erde und der Sonne ist«. Er verweist dann auf eine neue Theorie, die Aristarch von Samos, ein älterer Zeitgenosse, aufgestellt hatte:

> Aristarch von Samos gab die Erörterungen gewisser Hypothesen heraus, in welchen aus den gemachten Voraussetzungen erschlossen wird, dass der Kosmos ein Vielfaches der von mir angegebenen Größe sei. Es wird nämlich angenommen, dass die Fixsterne und die Sonne unbeweglich seien, die Erde sich um die Sonne, die in der Mitte der Erdbahn liege, in einem Kreise bewege, die Fixsternsphäre aber, deren Mittelpunkt im Mittelpunkt der Sonne liege, so groß sei, dass die Peripherie der Erdbahn sich zum Abstande der Fixsterne verhalte, wie der Mittelpunkt der Kugel zu ihrer Oberfläche.

Der letzte Satz ist von besonderer Bedeutung, denn er erklärt, warum nach der heliozentrischen Theorie des Aristarch, bei der sich die Erde auf ihrer Umlaufbahn um die Sonne bewegt, keine Sternparallaxe auftritt, die scheinbare Verschiebung der Sterne. Demnach sind sogar die erdnächsten Sterne im Vergleich zum Radius der Erdumlaufbahn um die Sonne so weit entfernt, dass ihre Parallaxe zu klein ist, um mit bloßem Auge wahrgenommen zu werden. Tatsächlich konnte man dieses Phänomen erst seit der Mitte des 19. Jahrhunderts beobachten, als Teleskope mit ausreichend hoher Auflösung entwickelt wurden.

Aristarch von Samos (um 310–um 230 v. Chr.) war ein Schüler Stratons des Physikers und studierte wahrscheinlich am Lykeion

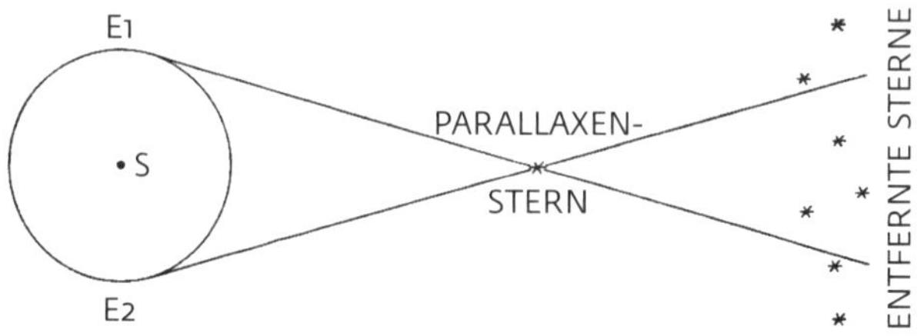

Fixsternparallaxe: E1 und E2 stellen zwei Positionen der Erde in Abständen von sechs Monaten in ihrer Umlaufbahn um die Sonne S dar. Die Größe der Erdumlaufbahn ist stark übertrieben. Der Parallaxenstern ist viel näher als die fernen Sterne, so dass er – von E1 und E2 aus beobachtet – in Bezug auf diese verschoben wird. Je weiter entfernt der nahe Stern ist, desto geringer ist sein Parallaxenwinkel.

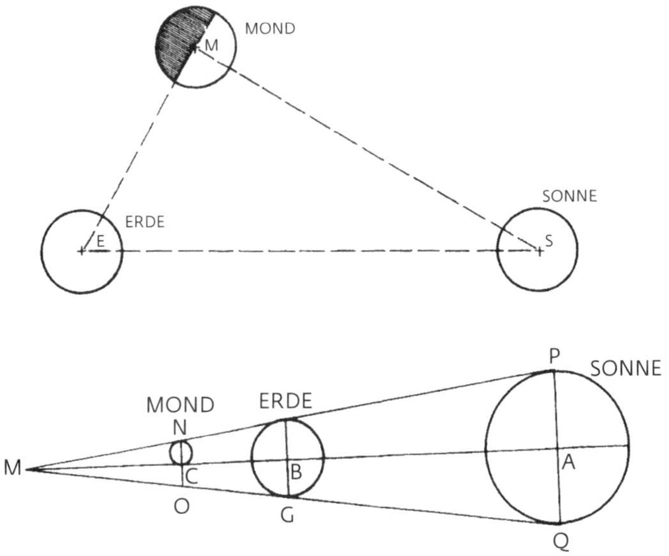

Aus Aristarchs *Von der Größe und den Entfernungen der Sonne und des Mondes.* Oben: Dichotomie des Mondes. Unten: Diagramm der Mondfinsternis.

in Athen. Das einzige noch erhaltene Werk ist seine Schrift *Von den Größen und Entfernungen der Sonne und des Mondes,* in der er die Radien der Sonne und des Mondes im Verhältnis zu dem der Erde bestimmte und ihre Entfernungen in Erdradien geometrisch errechnete. Die erste Erkenntnis war, dass Sonne und Mond am Himmel etwa gleich groß erscheinen, so dass sich ihre Durchmesser proportional zu ihrer Entfernung zur Erde verhalten müssen. Die zweite bestand in der Messung der Dichotomie des Mondes (d.h. der winkligen Teilung von Sonne und Mond bei Halbmond) und die dritte war die Schätzung der Breite des Erdschattens, durch den sich der Mond zum Zeitpunkt einer Mondfinsternis bewegt. Die Ergebnisse dieser Messungen führten Aristarch zu der Schlussfolgerung, dass die Sonne ungefähr 19 Mal so weit von der Erde entfernt ist wie der Mond, dass die Sonne annähernd 6,45 Mal so groß ist wie die Erde und dass der Mond ungefähr ein Drittel der Größe der Erde hat. Aufgrund ungenauer Beobachtungen sind bei ihm alle Werte viel zu klein, doch die angewandten geometrischen Methoden waren überzeugend.

Der einzige Astronom der Antike, von dem man weiß, dass er die heliozentrische Theorie des Aristarch übernahm, war Seleukos von Babylon, der im 2. Jahrhundert v. Chr. lebte. Die geringe Akzeptanz der Theorie erklärt sich daher, dass sie der vorherrschenden religiösen Überzeugung widersprach, wonach die Erde der unbewegliche Mittelpunkt des Kosmos war. Kleanthes von Assos, der in der Mitte des 3. Jahrhunderts v. Chr. wirkte, schrieb in einem Traktat gegen die Theorie, dass bei Aristarch die Erde nicht nur auf ihrer Umlaufbahn um die Sonne wanderte, sondern noch dazu auf ihrer Achse rotierte. In seinem von Plutarch zitierten Werk merkt Kleanthes an, dass Aristarch wegen Gottlosigkeit angeklagt werden sollte, »weil er den Herd der Welt umstürze: sintemal dieser Mensch, darauf ausgehend, den Augenschein zu retten, die Vermuthung aufstelle, daß der Himmel unbeweglich bleibe, und nur die Erde es sey, die sich durch den schiefen Zirkel des Thierkreises bewege, während sie sich um die Achse dreht.«

Der einzige mit Archimedes vergleichbare hellenistische Mathematiker ist sein jüngerer Zeitgenosse Apollonios von Perge. Apollonios wurde um 262 v. Chr. in Perge an der Mittelmeerküste Kleinasiens geboren. In jungen Jahren wurde er zum Studium nach Alexandria geschickt, wo er während der Regentschaft Ptolemaios' III. und Ptolemaios' IV. Philopator (reg. 221–203 v. Chr.) tätig war. Er war auch Ehrengast am Hof Attalos' I. (reg. 241–197 v. Chr.) von Pergamon im westlichen Kleinasien, das sich zu einem Zentrum der griechischen Kultur entwickelt hatte und vor allem für seine Bibliothek berühmt war.

Das einzige größere erhaltene Werk des Apollonios ist seine Abhandlung *Die Kegelschnitte,* doch auch davon ist das letzte Buch verlorengegangen. Es war die erste umfassende und systematische

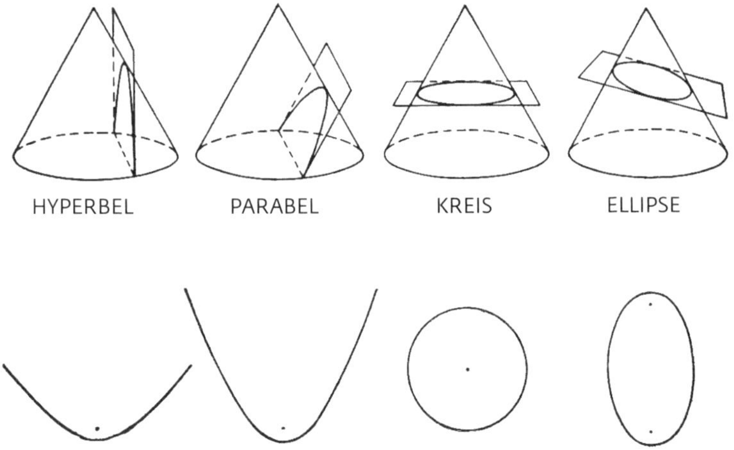

Die Kegelschnitte.

Analyse der drei Typen von Kegelschnitten: der Ellipse (mit dem Kreis als Spezialfall), der Parabel und der Hyperbel.

Apollonios gilt auch als der Erste, der eine mathematische Theorie zur scheinbar rückläufigen Bewegung der Planeten formulierte. Nach einer dieser Theorien bewegt sich ein Planet auf dem Kreisumfang eines als Epizykel bezeichneten Kreises, dessen Mittelpunkt sich wiederum um den Kreisumfang eines anderen Kreises, des Deferenten, bewegt, in dessen Mitte sich die Erde befindet. Bei der zweiten Theorie bewegt sich ein Planet auf dem Kreisumfang eines exzentrischen Kreises, dessen Mitte nicht mit der Erde übereinstimmt. Apollonios zeigte auch, dass die Epizykel- und die Exzentertheorie gleichwertig sind und somit beide Modelle die rückläufige Planetenbewegung beschreiben.

Neben den großen Theoretikern des Hellenismus gab es auch einige begnadete Erfinder, deren Arbeit für die Entwicklung der angewandten Wissenschaften entscheidend war.

Ktesibios von Alexandria, Sohn eines Barbiers, soll um 270 v. Chr. gewirkt haben und war ein anerkannter Erfinder von pneumatischen Spielsachen und Geräten. Er gilt auch als Erfinder der Druck-

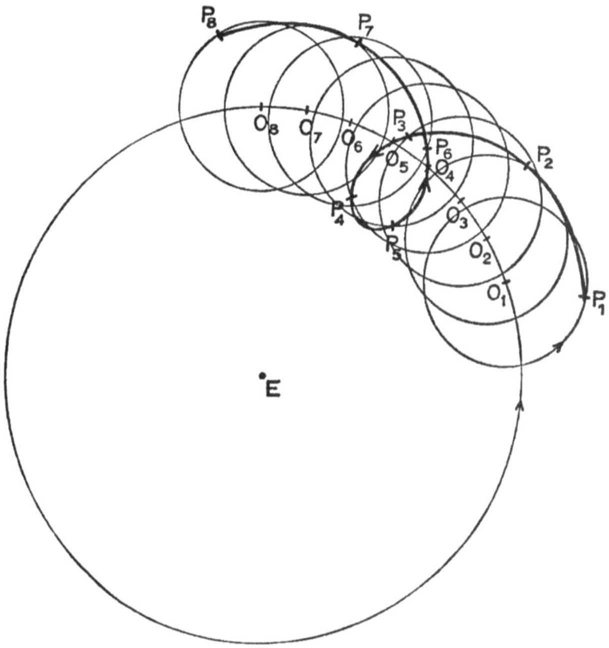

Die Epizykeltheorie des Apollonios; das Modell diente zur Erklärung der rückläufigen Bewegung von Planet P.

pumpe, des Katapultgeschützes, der Feuerspritze, der Wasseruhr, der Wasserorgel sowie einer singenden Statue, die er für die Königin Arsinoë, die Schwester und Gemahlin Ptolemaios' II., anfertigte. Die kunstvollste seiner Wasseruhren zeigte die Uhrzeit anhand von Figuren an, zum Beispiel sich bewegenden Puppen und pfeifenden Vögeln, und war somit ein Vorläufer der Kuckucksuhr. Seine Schriften sind verlorengegangen, doch seine Ideen und Erfindungen wurden von Philon von Byzanz und Heron von Alexandria, seinen beiden berühmtesten Anhängern, wieder aufgegriffen.

Philon von Byzanz wirkte um 250 v. Chr. Zu seinen überlieferten Schriften gehören drei Bücher einer großen Arbeit zur Mechanik: *Katapulte*, *Pneumatik* und *Belagerung und Verteidigung von Städten*. Im ersten dieser Bücher erzählt Philon, wie man ihm auf einer Reise

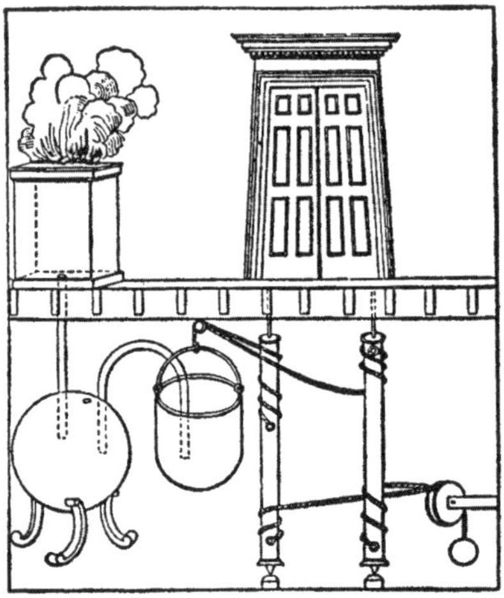

Erfindungen Herons: Oben: Tempeltüren, die durch Feuer auf einem Altar geöffnet werden. Unten: Eine Dampfmaschine.

nach Alexandria über das von Ktesibios gebaute Katapult mit Bronzefedern berichtete. Im zweiten Buch beschreibt er mehrere Anwendungen, die mit großer Sicherheit von Ktesibios übernommen wurden, darunter verschiedene pneumatische Spielzeuge. Im dritten Buch geht es um die Belagerung von befestigten Städten, auch unter Einsatz von Katapulten und anderer Kriegsmaschinerie, aber auch um Kriegslisten wie geheime und verschlüsselte Nachrichten und Gifte.

Heron von Alexandria wirkte um 62 n. Chr. Das bei weitem umfangreichste seiner überlieferten Werke, *Pneumatika* (Druckwerke) behandelt, so ein moderner Historiker, »hauptsächlich Apparatschaften für Zauberkünstler«. Eine davon ist seine berühmte Dampfmaschine, bei der eine Glasglocke durch zwei an gegenüberliegenden Enden entweichende Dampfströme in Rotation versetzt wird. In den ersten Kapiteln, die weitgehend auf Philon aufbauen, beschreibt er Experimente, mit denen er beweist, dass die Luft – entgegen der aristotelischen Lehre – ein Körper ist und dass ein Vakuum möglich ist. Eine der von Heron beschriebenen Beweisführungen leitet sich womöglich direkt von Straton dem Physiker her. Dort heißt es: »Nimmt man ein sehr leichtes Gefäß mit enger Mündung, hält es an den Mund, saugt die Luft aus und lässt es dann los, so bleibt das Gefäß an den Lippen hängen; denn das Vakuum zieht das Fleisch an, um den leeren Raum wieder zu füllen. Daraus ergiebt sich für das Gefäß ein kontinuierliches Vakuum.«

Weitere Erfindungen hat Heron in seiner Abhandlung *Automata* (Automatentheater) beschrieben, vor allem die *thaumata,* »staunenerregende« Geräte wie jenes, bei dem sich die Tempeltüren mit Hilfe des Luftdrucks öffnen und schließen. Zu den bestechendsten Automata gehören zwei Marionettenspiele: Das eine zeigt Dionysos, wie er vor einem Tempel ein Trankopfer ausgießt, während Bacchantinnen zu Trommelwirbel und Trompeten um ihn herumtanzen; ein anderes stellt eine Seeschlacht dar, in der Athene mit Donner und Blitz die Schiffe des Ajas zerstört. Auch auf den Gebieten der Optik und der angewandten Mathematik erzielte Heron große Fortschritte.

Hipparch, der größte beobachtende Astronom der Antike, wurde in Nikaia im nordwestlichen Kleinasien geboren. Seine Lebensdaten lassen sich anhand der Daten seiner ersten bekannten

Beobachtung, der Herbsttagundnachtgleiche am 26.–27. September 147 v. Chr., und der letzten, einer Mondposition am 7. Juli 127 v. Chr., in etwa ableiten. Das Ende seiner Laufbahn verbrachte er offenbar auf Rhodos, wo er zwischen 141 und 127 v. Chr. Beobachtungen anstellte. Das Wenige, das über sein Leben bekannt ist, stammt von dem Geographen Strabon, der erwähnt, dass Hipparch die Bibliothek in Alexandria nutzte, sowie von dem Astronomen Ptolemaios, der häufig auf Hipparchs Beobachtungen verweist und ihn direkt zitiert.

Sämtliche Schriften des Hipparch sind verloren, mit Ausnahme eines Kommentars zu den *Phainomena* des Aratos von Soloi (um 310–um 240 v. Chr.), einem griechischen Lehrgedicht, das die Sternbilder beschreibt. Dieser Kommentar diente dazu, die Namen der Sterne und der Sternbilder bekannt zu machen, von denen viele auch heute noch verwendet werden. Er umfasste einen Katalog von etwa 850 Sternen, für die Hipparch jeweils die Himmelskoordinaten angab, einschließlich denen einer »Nova«, eines neuen Sterns, der 134 v. Chr. plötzlich im Sternbild Skorpion auftauchte. Er bewertete auch die Helligkeit der Sterne und teilte jedem von ihnen eine »Größe« zu, die im Falle der hellsten Sterne 1 war und bei den schwächsten 6 betrug, ein Einteilung, die auch heute noch in der Astronomie üblich ist.

Zu den verlorenen Schriften des Hipparch gehört ein Buch über die Größe und Entfernung der Sonne und des Mondes, in dem er anscheinend gegenüber Aristarch entscheidende Fortschritte erzielte. Diese und andere Messungen und Theorien des Hipparch fanden bei Ptolemaios Anwendung, der seinen Vorgänger dementsprechend würdigte.

Hipparch ist auch für die Entdeckung der Präzession der Äquinoktien bekannt – die langsame Kreisbewegung des Himmelspols um die Ekliptiknormale. Die Präzession der Erde zeigt sich als ein allmähliches Vorrücken der Frühlingstagundnachtgleiche entlang der Ekliptik, was eine schrittweise Verschiebung der ekliptikalen

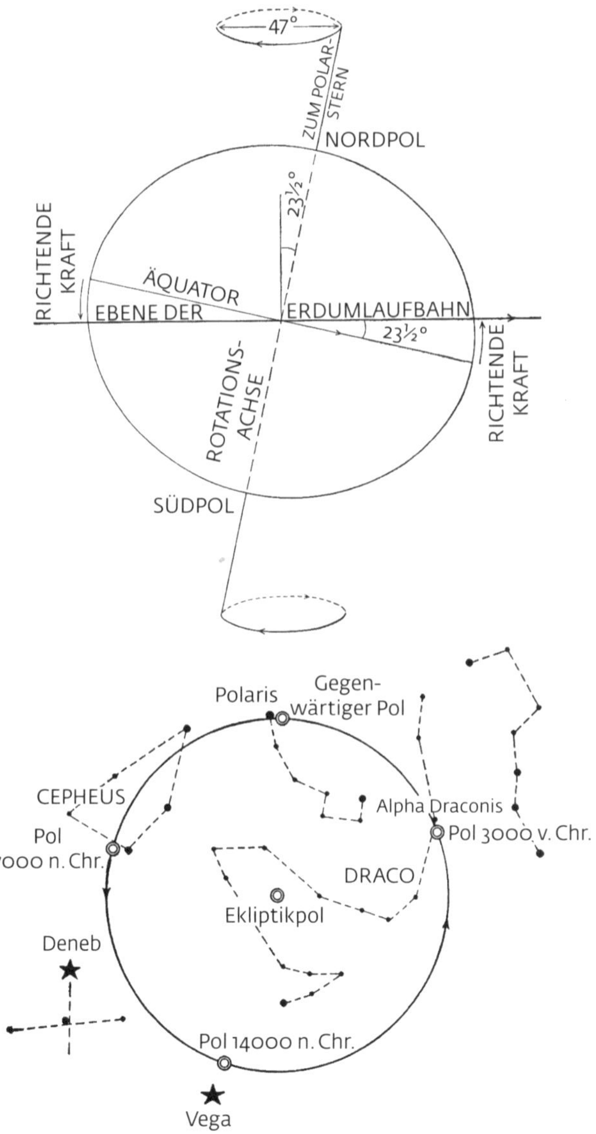

Die Präzession der Tagundnachtgleichen. Oben: Durch die Kräfte der Sonne und des Mondes auf der Äquatorwulst der Erde verursachte Präzession. Unten: Die Bahn des nördlichen Himmelspols in der Himmelssphäre. Der Himmelspol beschreibt einen Radius von 23,5 Grad um den Ekliptikpol.

Länge der Sterne bewirkt. Hipparch entdeckte dieses Phänomen durch den Vergleich seines Sternenkatalogs mit Beobachtungen, die der Astronom Timocharis 128 Jahre zuvor angestellt hatte. Daraus schloss er, dass sich die ekliptikale Länge des Sterns Spika im Sternbild Jungfrau in jenem Zeitraum um 2 Grad verschoben hatte, was einer jährlichen Präzession von 45,2 Bogensekunden entsprach. Das ermöglichte ihm die genaue Berechnung des sogenannten tropischen Jahres durch Messung des Zeitraums zwischen zwei Sommersonnenwenden; die eine hatte Aristarch 280 v. Chr. beobachtet und die andere beobachtete er selbst 135 v. Chr. Der ermittelte Wert betrug 365,2467 Tage, eine bedeutende Verbesserung gegenüber dem früheren Wert von 365,25 Tagen, der sich ohne Berücksichtigung der Präzession der Äquinoktien ergab. Der heute akzeptierte Wert des tropischen Jahres liegt bei 365,242 190 Tagen; Hipparchs Messung wich also nur knapp ein Zehntausendstel davon ab.

Auch als Mathematiker wird Hipparch verehrt, insbesondere auf dem Gebiet der sphärischen Trigonometrie, die er auf die Fragestellungen der Astronomie anwandte.

Theodosios von Bithynien (um 100 – 60 v. Chr.), ein jüngerer Zeitgenosse Hipparchs, ist für seine *Sphaerica* bekannt, eine Abhandlung über die Anwendung der sphärischen Geometrie auf die Astronomie, die ins Arabische und später ins Lateinische übersetzt wurde und bis zum 17. Jahrhundert in Gebrauch blieb.

Als Ptolemaios XII. im Jahr 51 v. Chr. starb, folgte ihm seine älteste Tochter, Kleopatra VII., gemeinsam mit ihrem jüngeren Bruder Ptolemaios XIII., auf den Thron. Zwischen Kleopatra und ihrem Bruder brach ein Krieg aus; nach seinem Sieg über Pompeius, der in Ägypten erschlagen wurde, nahm Cäsar die beiden Herrscher 48 v. Chr. gefangen. Cäsars kleine Armee sah sich einer deutlich größeren ägyptischen Streitmacht gegenüber: Während der Kämpfe kam es zu einem Brand, der viele Gebäude im Hafenviertel Alexandrias vernichtete, darunter zumindest Teile der Bibliothek. Sieben Jahre später versprach Marcus Antonius der Kleopatra, den Verlust wieder gut zu machen, indem er ihr 200 000 Werke aus der Bibliothek von Pergamon schenkte. In jedem Fall hat die Bibliothek von Alexandria den Brand überlebt, denn in der römischen Kaiserzeit wurde sie mehrfach erwähnt.

Die ptolemäische Dynastie endete 30 v. Chr. mit dem Selbstmord Kleopatras in Alexandria, nachdem Octavian sie und Marcus Antonius in der Schlacht bei Actium besiegt hatte. Alexandria kam damit unter römische Herrschaft, und im Jahr 27 v. Chr., als Octavian sich *princeps* nannte und den Ehrennamen Augustus erhielt, begann in Rom die Kaiserzeit.

Der griechische Geograph Strabon erlebte das Ende der ptolemäischen Herrschaft und das erste halbe Jahrhundert der Römischen Kaiserzeit. Er stammte aus Amaseia an der Schwarzmeerküste, studierte in jungen Jahren zunächst in Nysa in Kleinasien, später in Alexandria und zuletzt in Rom. In Alexandria lernte er offenbar die Werke des Eratosthenes und anderer griechischer Geographen kennen, auf die er sich bezieht. Seine früheren historischen Werke sind verloren, aber seine bedeutende, 17 Bücher umfassende *Erdbeschreibung* ist überliefert.

Strabon folgte dem Vorbild des Eratosthenes, ergänzte jedoch seine geographischen Darstellungen durch enzyklopädische Beschreibungen »der Tiere auf der Erde und im Meere, der Pflanzen und Früchte und alles übrigen, was bei jedem Volke zu schauen ist«. Ihm zufolge bildete Irland, das er Ierne nannte, die nördliche Grenze der bewohnten Welt »ein Wohnsitz ganz wilder und der Kälte wegen kümmerlich lebender Menschen«. Er fuhr fort, dass »ihre Bewohner noch roher sind als die Briten, indem sie sowohl Menschen- als Vielfresser sind und es für rühmlich halten, ihre verstorbenen Eltern zu verzehren und sich öffentlich zu begatten, sowohl mit anderen Frauen, als mit ihren Müttern und Schwestern«.

Auch Dioskurides Pedanios (tätig 50–70 n. Chr.) aus Anazarba im Südwesten Kleinasiens kam zum Studium nach Alexandria.

Später diente er unter den Kaisern Claudius (reg. 41–54 n. Chr.) und Nero (reg. 54–68 n. Chr.) als Arzt in der römischen Armee. Dioskurides gilt als Begründer der Pharmakologie und ist für sein Werk *De materia medica* berühmt, eine systematische Beschreibung von rund 600 Heilpflanzen und fast 1000 Arzneimitteln.

Nikomachos von Gerasa (tätig um 100 n. Chr.) ist für seine *Einführung in die Arithmetik* bekannt, eine grundlegende Darstellung der Bereiche der Mathematik, die zum Verständnis der pythagoreischen und platonischen Philosophie nötig waren. Das Buch ist voller Fehler und Unzulänglichkeiten; dennoch blieb es bis ins 16. Jahrhundert maßgeblich und verschaffte Nikomachos ganz zu Unrecht den Ruf, ein bedeutender Mathematiker gewesen zu sein.

Die antike griechische Astronomie fand in den Forschungen Klaudios Ptolemaios' (um 100–um 170 n. Chr.) ihren Höhepunkt. Über sein Leben ist nur so viel bekannt, dass er während der Regie-

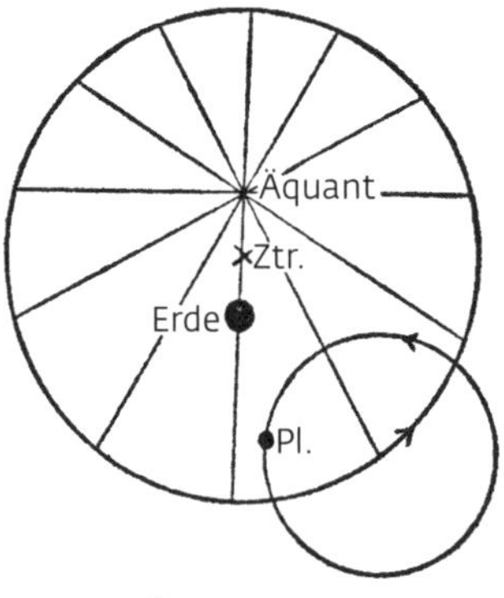

Ptolemaios' Darstellung des Äquanten: In dem Diagramm bewegt sich der Planet (Pl.) auf einem Epiyzkel, dessen Zentrum einen exzentrischen Kreis beschreibt, dessen Mittelpunkt (Ztr.) also außerhalb der Erde liegt. Der Mittelpunkt des Epizykels bewegt sich in Bezug auf den Äquanten gleichförmig. Der Äquant und die Erde haben den gleichen Abstand vom Mittelpunkt des exzentrischen Kreises auf den gegenüber liegenden Seiten eines Durchmessers.

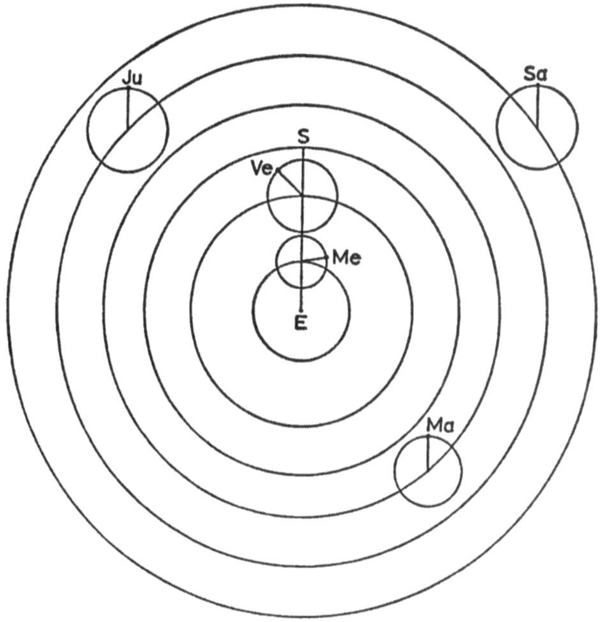

Darstellung der Beziehung zwischen den Planeten und der Sonne im ptolemaischen System (stark vereinfacht, nicht maßstabgerecht und unter Vernachlässigung von Exzentrität und Äquant): Die Mittelpunkte der Epizykeln des Merkur (Me) und der Venus (Ve) befinden sich auf der Verbindungslinie zwischen der Erde E und der Sonne S. Für die äußeren Planeten – Mars (Ma), Jupiter (Ju) und Saturn (Sa) – bleibt die Verbindungslinie zwischen dem Planeten und dem Mittelpunkt des Epizykels parallel zu ES.

rungszeiten der Kaiser Hadrian (reg. 117–138 n. Chr.) und Antoninus Pius (reg. 138–161 n. Chr.) in Alexandria wirkte. Seine einflussreichste Schrift ist die *Mathematische Syntaxis,* besser bekannt unter ihrem arabischen Namen: *Almagest.* Es ist das umfassendste astronomische Werk, das aus der Antike überliefert ist.

In den 13 Büchern des *Almagest* sind die Themen in logischer Folge abgearbeitet. Buch I beginnt mit einer allgemeinen Darstellung der Astronomie und Ptolemaios' Auffassung, dass die Erde feststehe und »die Mitte des ganzen Himmelsgewölbes« einnehme. Die übrigen Kapitel von Buch I sowie Buch II sind vor allem der Entwicklung der Sehnentrigonometrie gewidmet, die sich durch das gesamte Werk zieht. Buch III befasst sich mit der Bewegung der Sonne und Buch IV mit der Bewegung des Mondes, die in Buch V auf höherem Niveau fortgeführt wird, neben der Sonnen- und Mondparallaxe. Buch VI behandelt die Finsternisse; Buch VII und VIII die Fixsterne, und die Bücher IX bis einschließlich XIII beschäftigen sich mit den Planeten.

Die Trigonometrie des Ptolemaios und sein Sternkatalog beruhen auf der Arbeit Hipparchs; seine Theorie der Epizykeln und Exzenter ist von Apollonios abgeleitet. Ptolemaios' wichtigste Abänderung besteht darin, dass sich der Mittelpunkt des Epizykels gleichförmig in Bezug auf einen Äquanten genannten Punkt bewegt, der aus der Mitte des Deferenten verlegt wird, ein Trick, der später für reichlich Kontroverse sorgen sollte.

Zu Ptolemaios' überlieferten Schriften gehören noch weitere Abhandlungen zur Astronomie: *Handliche Tafeln, Hypothesen der Planeten, Phasen der Fixsterne, Analemma und Planisphaerium*; außerdem ein astrologisches Werk unter dem Titel *Tetrabiblos* und Werke mit den Titeln *Optik, Geographie* und *Harmonik;* letzteres ist der Musiktheorie gewidmet.

Ptolemaios' *Tetrabiblos* ist das klassische griechische Werk zur Astrologie, der Pseudowissenschaft der astronomischen Vorhersagen, die auf der Annahme beruht, dass die Gestirne das Schicksal des Menschen beeinflussen. Einige Auffassungen der Astrologie betrachtete Ptolemaios mit Skepsis und bemerkt in Buch III des *Tetrabiblos*: »Wir werden den überflüssigen Unsinn vieler Leute, dem jegliche Plausibilität fehlt, zugunsten der grundlegenden natürlichen Ursachen ablehnen.«

Ptolemaios' Studien zum Licht finden sich in dem Werk *Optik*. Das Reflexionsgesetz, das schon Euklid bekannt war, formuliert er hier in der korrekten Form: Der einfallende und der reflektierte

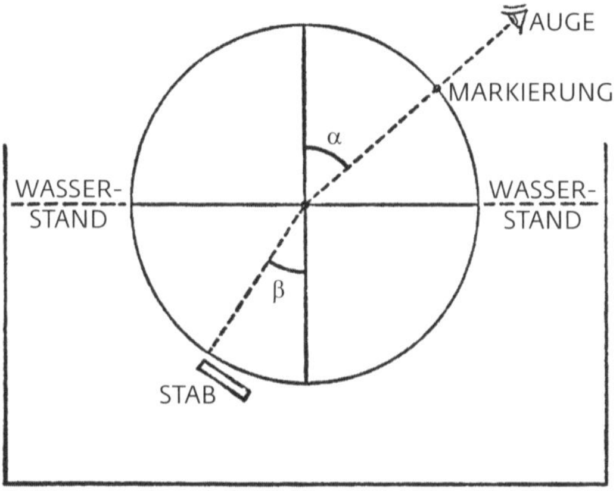

Ptolemaios' experimentelle Untersuchung der Brechung: α ist der Einfallswinkel, β der Brechungswinkel.

Strahl bilden den gleichen Winkel zum Einfallslot, das am Auftreffpunkt senkrecht zum Spiegel steht. Seine Experimente führten ihn zu einem empirischen Verständnis des Gesetzes der Refraktion, d.h. der Brechung des Lichts, wenn es von einem Medium in ein anderes übergeht. Beim Übergang des Lichts in ein dichteres Medium, wie aus Luft in Wasser oder Glas, so bemerkte er, bildet der gebrochene Strahl einen kleineren Winkel mit dem Einfallslot als der einfallende Strahl. Anhand dieser Gesetze bestimmte er dann den Ort, die Größe und die Form der durch die Reflexion und Brechung erzeugten Bilder.

Ptolemaios' *Geographie* ist die umfassendste Erdkunde, die aus der antiken Zeit überliefert ist. Sie hat allerdings einige Mängel: Den Wert für den Erdumfang setzt der Autor um ein Drittel zu gering an, während sich auf seiner Landkarte der *Oikumene,* der bewohnten Welt, die eurasische Landmasse über 180 Grad statt 120 Grad Länge erstreckt. Dennoch gilt sie als das beste geographische Werk der Antike.

Galen(os) von Pergamon (130–nach 204 n.Chr.), ein jüngerer Zeitgenosse des Ptolemaios, war der wichtigste medizinische Autor der Antike. Er stammte aus Pergamon und studierte dort wie auch in Smyrna, Korinth und Alexandria. Seine medizinischen Lehrjahre absolvierte er am Heiligtum des Asklepios in Pergamon, wo er verwundete Gladiatoren behandelte und sich auf diese Weise ein einzigartiges Wissen über die menschliche Anatomie, Physiologie und Neurologie aneignete. Im Jahr 161 zog er nach Rom und arbeitete dort als Leibarzt der Kaiser Mark Aurel (reg. 161–180 n. Chr.), Lucius Verus (Mitkaiser 161–169 n. Chr.) und Commodus (reg. 180–192 n. Chr.).

Galens Schriften, die später auch ins Arabische und Lateinische übersetzt wurden, waren bis ins 17. Jahrhundert Standardwerke zur Anatomie und Physiologie des menschlichen Körpers und trugen ihm den Ruf als »König der Ärzte« ein. Eine seiner Abhandlungen heißt *Dass der vorzügliche Arzt Philosoph sein muss*. Auch in seinen medizinischen Schriften zeigt sich dieses philosophische Interesse, wenn er die Werke Platons, Aristoteles', Epikurs und anderer interpretiert, oder auch in seinen Abhandlungen *Über wissenschaftliche Beweise* und *Einführung in die Logik*. Er beschäftigte sich auch mit der Psychologie und verfasste – 1700 Jahre vor Sigmund Freud – eine originelle Traumdeutung. Zu den beschriebenen psychischen Leiden gehörte der Liebeskummer, den er für eine Hauptursache bei Schlaflosigkeit hielt: Aufschluss darüber gebe »das Beschleunigen des Pulses beim Namen des geliebten Menschen«.

Der letzte bedeutende Mathematiker der Antike war Diophant von Alexandria (tätig 250 n. Chr.), der für die Algebra und die Zahlentheorie das leistete, was Euklid für die Geometrie tat. Über sein Leben ist fast nichts bekannt, außer den reinen Fakten, die ein in der *Anthologia Graeca* überliefertes Rechenrätsel aus dem 5. oder 6. Jahrhundert anführt:

> Knabe zu sein gewährte ein Sechstel des Lebens der Gott ihm, / Als dann ein Zwölftel dahin, ließ er ihm sprossen die Wang'; / Noch ein Siebtel, da steckt' er ihm an die Fackel der Hochzeit, / Und fünf Jahre darauf teilt' er ein Söhnlein ihm zu. / Weh! Unglückliches Kind!

Halb hatt' es das Alter des Vaters / Erst erreicht, da nahm's Hades, der schaurige, auf. / Noch vier Jahre ertrug er den Schmerz, der Wissenschaft lebend, / Und nun sage das Ziel, welches er selber erreicht.

Geht man davon aus, dass die biographischen Angaben in diesem Rätsel korrekt sind, dann wurde Diophant 84 Jahre alt. Seine wichtigste Abhandlung heißt *Arithmetika* und umfasste ursprünglich 13 Bücher, von denen sechs überliefert sind. Das Werk wurde 1621 ins Lateinische übersetzt; sechs Jahre später entwickelte der französische Mathematiker Pierre Fermat daraus die moderne Zahlentheorie. Als er Diophants Lösung für die Teilung eines Quadrats in die Summe zweier Quadrate gelesen hatte, was dem Satz des Pythagoras entspricht, notierte Fermat in seinem Exemplar der *Arithmetika*: »Es ist unmöglich, einen Kubus in zwei Kuben zu zerlegen, oder ein Biquadrat in zwei Biquadrate, oder allgemein irgendeine Potenz größer als die zweite in Potenzen gleichen Grades.« Er bemerkte weiter: »Ich habe hierfür einen wahrhaft wunderbaren Beweis gefunden, doch ist der Rand hier zu schmal, um ihn zu fassen.« Den Beweis für den sogenannten »Großen Fermatschen Satz« sollte er nie erbringen. Dies gelang schließlich im Jahr 1995 Andrew Wiles, einem britischen Mathematiker in Princeton, der damit einer langen Kette mathematischer Schlüsse ihr letztes Glied hinzufügte, die im antiken Alexandria ihren Anfang genommen hatte. Diophants Werk ist heute noch Teil der modernen Mathematik und findet unter dem Titel »Diophantische Gleichungen« Anwendung.

Pappos von Alexandria, der in der ersten Hälfte des 4. Jahrhunderts n. Chr. tätig war, ist bekannt für seine Arbeiten zu Mathematik, Astronomie, Musik und Geographie. Seine Abhandlung mit dem Titel *Synagogé* (Sammlung) ist eine wichtige Quelle für das Wissen um die Leistungen vieler seiner Vorgänger aus spätgriechischer Zeit, vor allem Euklid, Archimedes, Apollonios und Ptolemaios. Seine Arbeit in der Mathematik beeinflusste Descartes wie auch Newton, und eine seiner Entdeckungen, heute als der Satz von Pappos bekannt, wird immer noch in Mathematikkursen unterrichtet. In einem seiner Werke sinniert er über die Mathematik in der Natur und stellt fest: »Durch einen gewissen geometrischen Vorbedacht … wissen … die Bienen, dass das Sechseck größer ist als das Quadrat und das Dreieck und dass es bei gleichem Materialaufwand mehr Honig aufnehmen kann.«

Auch ein mit »Pappos, Philosoph« unterzeichneter Eid in einer Sammlung zur Alchemie wird Pappos von Alexandria zugeschrieben. Sollte dem so sein, dann erhielten wir Einblick in seine religiösen Ansichten, offenbar eine Mischung aus christlichen, pythagoreischen, alchemistischen und astrologischen Überzeugungen. Dort heißt es: »Ich schwöre Dir deshalb, wer Du auch bist, den großen Eid, ich erkläre Gott als einzig in der Form, aber nicht an der Zahl, den Schöpfer von Himmel und Erde so wie auch der aus ihnen geformten Tetrade der Elemente und Dinge, und der weiterhin auch unsere rationalen und intellektuellen Seelen mit unseren Körpern in Einklang gebracht hat, der auf den Wagen der Cherubim getragen und von Engelscharen besungen wird.«

In der hellenistischen Epoche entwickelten die Pseudowissenschaften Alchemie und Astrologie enge Verbindungen zur Magie, einem mystischen Einfluss, der sich im Islam und im mittelalterlichen Europa fortsetzen sollte. Die daraus entstandene Lehre findet sich zum großen Teil im sogenannten Corpus Hermeticum, einer Sammlung von Schriften zur Alchemie, Astrologie und Magie, die nach Hermes Trismegistos (dreimal größter Hermes) benannt ist, einer synkretistischen Verschmelzung des griechischen Gottes Hermes mit dem ägyptischen Gott Thot. Die meisten dieser Schriften, die man früher für antiken ägyptischen Ursprungs hielt, werden jetzt ungefähr auf das 2. Jahrhundert n. Chr. datiert. Die früheste vollständige Beschreibung des Corpus Hermeticum findet sich in den *Stromata* des Clemens von Alexandria (um 150–um

220), wo es heißt, dass vier der 42 Bücher astrologische Themen enthalten und die übrigen sich mit religiösen, philosophischen und medizinischen Fragen befassen, jeweils mit einem Hauch des Okkulten, wie in diesem Fragment, wo es heißt: »Die Philosophie und die Magie nähren die Seele.«

Die Bibliothek im Serapeion bestand fast bis zum Ende des 4. Jahrhunderts, während das Museion damals vermutlich schon nicht mehr existierte. Kaiser Theodosios I. verfügte in einem Erlass des Jahres 391 die Zerstörung der heidnischen Tempel im gesamten Reich. Bischof Theophilos von Alexandria ergriff die Gelegenheit und zerstörte mit seinen fanatischen Anhängern das Serapeion, einschließlich der Bibliothek.

Die letzte zeitgenössische Beschreibung der Bibliothek stammt von Aelius Festus Aphthonius, der ihre Bedeutung für Alexandria als Zentrum der griechischen Kultur nach 391 wie folgt würdigte: »... auf der Innenseite der Kolonnade waren Räume gebaut, von denen einige als Buchmagazine dienten und denjenigen offen standen, die ihr Leben der Gelehrsamkeit widmeten. Es waren diese Studienräume, die die Stadt zur ersten in der Philosophie machten. Einige andere Räume waren für die Verehrung der alten Götter hergerichtet.«

Der letzte Gelehrte, der nachweislich im Museion und in der Bibliothek arbeitete, war Theon von Alexandria, der in der zweiten Hälfte des 4. Jahrhunderts n. Chr. Kommentare zu Euklids *Elementen* und zur *Optik* verfasste wie auch zum *Almagest* und den *Handlichen Tafeln* des Ptolemaios. Eine Passage im Kommentar des Theon zu den *Handlichen Tafeln* hatte eine interessante Entwicklung in der arabischen Astronomie zur Folge. Dort behauptet Theon, »gewisse ältere Astrologen« glaubten, dass die Punkte der Frühlings- und Herbsttagundnachtgleichen auf der Ekliptik vor und zurück schwankten und sich dabei über einen Zeitraum von 640 Jahren um 8 Grad bewegten. Diese irrige Auffassung wurde in der »Trepidationstheorie« arabischer Astronomen wieder aufgegriffen und sollte in verschiedenen Formen bis ins 16. Jahrhundert überdauern, als Kopernikus sie analysierte.

Theon war der Vater der Hypatia (um 370–415), der ersten Frau der Wissenschaftsgeschichte. Hypatia war Professorin für Philosophie und Mathematik und wurde um 400 Direktorin der Platonischen Schule in Alexandria. Sie überarbeitete das dritte Buch von Theons Kommentaren zu Ptolemaios' *Almagest* und verfasste (heute verschollene) Kommentare zu den Arbeiten von Apollonios und Diophant. Ihre Vorlesungen zur heidnischen Philosophie erregten den Zorn des heiligen Kyrill, Patriarch von Alexandria, der im Jahr 415 fanatische Christen zu einem Aufruhr anstiftete, bei dem Hypatia getötet wurde.

Der letzte heidnische Direktor der Platonischen Schule von Alexandria war Ammonios, der sie von 485 bis zu seinem Tod (zwischen 517 und 526) leitete. Als eminenter Philosoph, Astronom und Mathematiker war er besonders für seine Kommentare zu Aristoteles bekannt. Obwohl er und einige seiner Kollegen nicht zum Christentum übergetreten waren, pflegte er gute Beziehungen zu den christlichen Behörden in Alexandria. Einer seiner beiden bedeutendsten Schüler, der Philosoph Johannes Philoponos, der ihn als Leiter der Platonischen Schule ablöste, war von Geburt an Christ. Der andere, der durch einen Aristoteleskommentar bekannt gewordene Simplikios, blieb offenbar Heide.

Auch Eutokios von Askalon (geb. um 480) war Schüler des Ammonios und widmete diesem seinen Kommentar zum ersten Buch von Archimedes' *Über Kugel und Zylinder*. Später kommentierte er zwei weitere Werke des Archimedes – zur *Kreismessung* und zum *Gleichgewicht der Ebenen* – sowie die ersten vier Bücher der *Kegelschnitte* des Apollonios. Diese Kommentare waren für die Überlieferung entscheidend.

Ammonios war der letzte heidnische Philosoph von Alexandria, denn zu seinen Lebzeiten hatte sich das Christentum schon durchgesetzt: gegen die alten Götter, die im Serapeion angebetet wurden, und gegen die griechischen Philosophen, deren Werke man im Museion und in der Bibliothek studierte. Schon 200 Jahre zuvor hatte der Kirchenschriftsteller Tertullian eine Verteidigungsschrift gegen die heidnische Philosophie verfasst, in der er die Naturwissenschaft zugunsten der christlichen Offenbarung zurückwies:

> Was haben also Athen und Jerusalem gemeinsam, was die Akademie und die Kirche, was Häretiker und Christen? Unsere Unterweisung stammt aus der ›Halle Salomos‹, der dazu in eigener Person gelehrt hatte, dass man den Herrn in der Einfalt des Herzens suchen müsse ... Für uns ist Wissbegierde keine Notwendigkeit seit Jesus Christus, Forschung kein Bedürfnis seit dem Evangelium. Indem wir glauben, verlangen wir, nichts darüber hinaus zu glauben. Dies nämlich glauben wir zunächst: dass es nichts gibt, was wir darüber hinaus glauben müssen.

Die Ruinen der alten Bibliothek von Alexandria wurden in den 1990er-Jahren von italienischen Archäologen freigelegt. Zugleich waren in der Nähe des ursprünglichen Standorts bereits Bauarbeiten im Gange, um die Bibliothek im Rahmen eines UNESCO-Projekts neu erstehen zu lassen. Sie wurde am 16. Oktober 2002 unter dem Namen Bibliotheca Alexandrina eröffnet und führt die überlieferten Werke aller Gelehrten und Forscher, die mit der ptolemäischen Bibliothek verbunden waren, zum Beispiel Euklid und Archimedes, einige davon in den arabischen und lateinischen Übersetzungen des Mittelalters, durch die sie nach Westeuropa übermittelt wurden – Fasern des Ariadnefadens, der das wissenschaftliche Denken der antiken Welt mit dem der Moderne verbindet.

4

VON ATHEN NACH ROM, KONSTANTINOPEL UND GONDISCHAPUR

In Rom erlebte die Philosophie und Wissenschaft nie eine solche Blüte wie in Athen und Alexandria. Doch für die geistige Entwicklung im mittelalterlichen Europa waren einige römische Philosophen und Wissenschaftler von großer Bedeutung.

Um die Mitte des 2. Jahrhunderts v. Chr. beherrschte Rom den größten Teil der griechischsprachigen Welt, den übrigen Teil eroberten römische Heere im Jahrhundert darauf. Zugleich war die griechische Kultur Teil der römischen Kultur geworden, wie an der Entwicklung der römischen Literatur nach hellenischen Vorbildern abzulesen ist.

Nach 155 v. Chr. intensivierte sich dieser kulturelle Austausch, als eine athenische Gesandtschaft in Rom eintraf, um in einem Streitfall mit der attischen Stadt Oropos gegen ein Urteil Einspruch einzulegen. Die Abgesandten waren die Oberhäupter von drei der vier wichtigsten Athener Schulen: Karneades von Kyrene als Leiter der Akademie, Kritolaos von Phaselis als Leiter des Lykeions und Diogenes von Babylon als Oberhaupt der Stoa. Der Einspruch blieb erfolglos und die Gesandten kehrten nach Athen zurück; erreicht hatten sie in Rom allerdings nichts Geringeres als die Anregung des philosophischen Diskurses. Die epikureische Schule war nicht vertreten, vielleicht weil es die Epikureer in ihrer Glückssuche vermieden, am öffentlichen Leben teilzunehmen.

Ein Jahrzehnt später kam der stoische Philosoph Panaitios von

Rhodos (um 185–109 v. Chr.) aus Athen nach Rom und blieb bis zu seiner Rückkehr nach Athen im Jahre 129 v. Chr., als er die Leitung der Stoa übernahm. Cicero, der von Panaitios zutiefst beeinflusst war, schreibt über ihn: »Er floh vor dem Trübsinn und der Härte [der unerbittlichen Stoiker] und hieß ihre dornigen Streits nicht gut. In einem Zweig der Philosophie [Ethik] war er gemäßigter, in den anderen [Physik und Logik] klarer. Immer zitierte er Platon, Aristoteles, Xenokrates, Theophrast, Dikaiarchos, wie seine Schriften deutlich zeigen.«

Poseidonios, einer der letzten originellen Denker der stoischen Schule, studierte in Athen bei Panaitios, bevor er nach Rhodos zog. Dorthin folgten ihm einige Schüler aus Rom, darunter auch Cicero, und auf ihren Reisen in den Osten des Imperiums besuchten ihn einige führende Köpfe Roms, zum Beispiel Pompeius. Auf einer Gesandtschaft nach Rom 87 v. Chr. vertrat er Rhodos, und seine ausgedehnten Reisen führten ihn sogar bis nach Gadeira (Cádiz) auf der Iberischen Halbinsel, wo er die Wasserbewegungen des Atlantik beobachtete. In seiner Abhandlung *Über den Ozean* beschrieb er die Gezeiten und erklärte das Phänomen aus dem Zusammenspiel von Sonne und Mond. Von seinen breit gefächerten Werken zu den verschiedensten Themen sind nur Fragmente überliefert, doch auf die Geistesgeschichte der römischen Welt und des mittelalterlichen Europa übte er großen Einfluss aus.

Vom römischen Dichter Lukrez (um 94–um 50 v. Chr.) heißt es, er habe die epikureische Maxime »Lebe im Verborgenen!« so gewissenhaft befolgt, dass über sein Leben praktisch nichts bekannt ist. Der Kirchenvater Hieronymus erwähnt, dass Lukrez 94 v. Chr. geboren wurde, dass er durch einen Liebestrank dem Wahnsinn verfallen sei, dass er in den Momenten der Klarheit mehrere Bücher verfasst habe, die Cicero später herausgab, und dass er im Alter von 44 Jahren Selbstmord beging.

Bekannt ist Lukrez für sein brillantes Lehrgedicht *De rerum natura* (Von der Natur der Dinge). Es besteht aus sechs Büchern und beruht auf dem Atomismus und den Lehren Epikurs. Im ersten Buch enthüllt Lukrez seine Absicht, mit der Atomtheorie gegen den Irrglauben anzugehen, denn »öfter sogar hat jene Religion Schandtat und Verbrechen geboren«. Aufgrund der Beständigkeit der atomischen Materie verneint er die Schöpfung und behauptet: »Nichts entsteht aus nichts, wenn selber die Götter es wollten.« Die Leere biete den Rahmen, in dem sich die Atome bewegen, und »… auch bestehet die Zeit für sich nicht; erst aus den Dingen / Selber ergibt der Begriff sich von dem, was früher geschehen, was jetzt eben geschieht und was in der Folge gescheh'n wird.« Wir müssen beim Studium der Natur auf unsere Sinne vertrauen, denn, so fragt er: »Auf was könnten wir halten, auf was uns sicherer stützen / Als auf die Sinne? Was sollen wir Wahrheit nennen, was Irrtum?«

Das zweite Buch des Lehrgedichts befasst sich mit der Kinetik der Atomtheorie, mit den willkürlichen Bewegungen und Zusammenstößen der Atome, deren Gruppierungen und Trennungen die verschiedenen in der Natur vorhandenen Körper hervorbringen. Lukrez folgte Epikur in seiner Erklärung für den Zusammenstoß der Atome: »weder in sicherer Zeit, noch auch am sicheren Orte / Durch ihr eigen Gewicht von der Bahn abtreiben ein wenig, / so viel nur, als die mindeste Veränderung du nennen könntest.« Später interpretierte man das so, dass die Atomtheorie keine deterministische Theorie sei, weil das »Abtreiben« die Bewegung der Atome unvorhersagbar mache. Auf diese Weise wurde der Atomismus auch für Christen eher annehmbar, denn er räumte die Möglichkeit des freien Willens im menschlichen Handeln ein. So fand *De rerum natura* im Europa des Mittelalters weite Verbreitung, was schließlich im 17. Jahrhundert zur Wiederaufnahme der Atomtheorie führte.

Der römische Architekt und Ingenieur Vitruv(ius) Pollio war im 1. Jahrhundert v. Chr. tätig. Über sein Leben ist fast nichts bekannt, außer den Angaben in seinem einzigen bekannten Werk *De architectura* (Baukunst), einer Abhandlung zu Architektur und Ingenieurwesen, die teils auf seinen eigenen Studien und teils auf den

Arbeiten früherer, meist griechischer Architekten beruht. Es ist enzyklopädischen Umfangs und befasst sich nicht nur mit der Geschichte und den Grundlagen der Architektur, sondern auch mit Militärtechnik und Bauingenieurwesen, mit Physik und Astronomie, einschließlich des Baus von Sonnenuhren. In der europäischen Renaissance wurde das Werk wieder aufgegriffen und ist bis heute für das Studium der Architektur von Bedeutung.

Plinius der Ältere (um 23–79) wurde in Comum (Como) geboren und wuchs vermutlich in Rom auf. Er war Kommandant der römischen Flotte und starb, als diese Flotte beim Ausbruch des Vesuvs 79 n. Chr. zur Evakuierung von Flüchtlingen im Einsatz war. Sein einziges überliefertes Werk heißt *Naturalis historia* (Naturgeschichte), das er im ersten Buch wie folgt beschreibt: »Zwanzigtausend merkwürdige Gegenstände (…), gesammelt durch das Lesen von etwa zweitausend Büchern … von Hundert der besten Schriftsteller, habe ich in XXXVI Bänden zusammengefasst …« Plinius der Jüngere, sein Neffe und Adoptivsohn, bezeichnete die *Naturgeschichte* als »ein allumfassendes Werk, hochgelehrt und nicht weniger abwechslungsreich als die Natur selbst«. Trotz ihrer uneinheitlichen Qualität und ihres geringen Anspruchs war die *Naturgeschichte* im mittelalterlichen Europa sehr bekannt, denn sie enthielt einen großen Teil des zur damaligen Zeit verfügbaren Wissens.

In den ersten Kapiteln von Buch XXX der *Naturgeschichte* berichtet Plinius über den Ursprung und die Geschichte der Magie, die durch die Werke des Pythagoras, Empedokles, Demokrit und Platon in der griechischen Welt verbreitet worden seien. Über die Magie heißt es: »Niemand darf sich wundern, dass sie in solchem Ansehn gestanden, denn sie allein ist es, welche drei andere, den menschlichen Geist am meisten beherrschende Fächer umfasst und in sich vereinigt« – Medizin, Religion und Weissagung, vor allem Astrologie –, »denn ein Jeder ist begierig, sein zukünftiges Schicksal zu erfahren, und glaubt, dies könnte ihm am sichersten vom Himmel verheissen werden.«

Der römische Stoiker Seneca, der im 1. Jahrhundert n. Chr. wirkte, ist vor allem durch seine Dialoge, Briefe und Tragödien bekannt, aber wegen seiner *Naturwissenschaftlichen Untersuchungen* ist er auch für die Wissenschaftsgeschichte von Interesse. Das Werk befasst sich hauptsächlich mit Themen der Physik, Meteorologie und Astronomie und beruft sich vor allem auf Aristoteles und Theophrast. Er beklagt den niedrigen Stand, auf den die Astronomie gesunken sei, seit die alten Griechen »Zahl und Namen den Sternen bestimmt« hatten, und stellt fest: »… heute noch gibt es Völker, die den Himmel nur vom Anschauen kennen und noch nicht wissen, warum der Mond verfinstert und verdeckt wird.« Doch er ist auch voller Hoffnung: »Es wird eine Epoche kommen, wo die Zeit und die Forschung langer Jahrhunderte das heute Verborgene ans Licht bringen wird.«

Im frühen Mittelalter vertraten christliche Gelehrte die Haltung, ein Studium der Naturwissenschaften sei nicht erforderlich, weil der Glaube an Gott für das Seelenheil ausreiche. Der Kirchenvater Augustinus von Hippo (354–430) schrieb in seinem *Enchiridion*: »Für den Christen ist es genug, wenn er den Grund alles Geschaffenen, sei es im Himmel oder auf der Erde, sei es Sichtbares oder Unsichtbares, in gläubiger Gesinnung nirgends anderswo sieht als in der Güte des Schöpfers, welcher der eine und wahre Gott ist, und wenn er glaubt, daß es keine Wesenheit gibt, die er [Gott] nicht entweder selbst ist oder die nicht von ihm stammt …«

Der griechische Philosoph Plotin (205–270) stammte offenbar aus Ägypten; er studierte in Alexandria und zog im Alter von 40 Jahren nach Rom. In seinen Werken behandelt er die ganze Bandbreite der Philosophie, einschließlich der Kosmologie und Physik. Sie bieten eine Synthese aus platonischem, pythagoreischem, aristotelischem und stoischem Denken, die man später Neuplatonismus nannte und die über die Antike hinaus bis ins Mittelalter die in der griechisch-römischen Welt vorherrschende philosophische Richtung war.

Iamblichos (250- um 325), ein Gelehrter syrischer Herkunft, studierte in Rom bei dem neuplatonischen Philosophen Porphyrios und gründete später in Syrien eine eigene Schule. Sein überliefertes Werk besteht aus neun Büchern über die Pythagoreer, auch zu ihrer Zahlenmystik, sowie Arbeiten zur Anwendung der Arithmetik in Physik, Ethik und Theologie. Iamblichos fordert eine vollständige Mathematisierung der Natur und geht damit noch weiter als Platon, weil er meinte, die Mathematik sei der Schlüssel zum Verständnis nicht nur der Gestirne, sondern auch der irdischen Phänomene.

Der römische Philosoph Calcidius, der im 4. Jahrhundert tätig war, ist für seine lateinische Übersetzung von Platons *Timaios* bekannt sowie für seinen Kommentar zu diesem Werk. Im frühmittelalterlichen Europa waren dies die einzigen verfügbaren Quellen zu Platons Kosmologie. Calcidius war zudem von den Ideen des Aristoteles beeinflusst und gab diese an das mittelalterliche Europa weiter, wenn auch in leicht abgewandelter Form. Zwei der wichtigsten auf diese Weise übermittelten Ideen der aristotelischen Naturwissenschaft waren die Theorie der vier Elemente und die astronomische Idee der homozentrischen Sphären, die die Dichotomie zwischen den irdischen und den himmlischen Regionen umfasste. Calcidius bezieht sich auf die astronomischen Theorien des Herakleides Pontikos, der auch bei den römischen Neuplatonikern Macrobius und Martianus Capella Erwähnung findet.

Macrobius, möglicherweise aus Nordafrika stammend, war Anfang des 5. Jahrhunderts tätig. Neben seiner Erwähnung der Theorien des Herakleides schreibt Macrobius auch über die Zahlenmystik der Pythagoreer und merkt an, verschiedene Platoniker hätten angenommen, dass die Abstände zwischen den Planeten der Erzeugung harmonischer Beziehungen dienten, der berühmten »Sphärenharmonie«.

Martianus Capella war nordafrikanischer Abstammung und zwischen 410 und 439 tätig. Er verfasste ein allegorisches Werk über die sieben freien Künste mit dem Titel *Die Hochzeit der Philologie mit Merkur*. In Buch VIII, einer Einführung in die Astronomie, behauptet er, dass Merkur und Venus die Sonne umkreisen; diese Theorie schreibt er wohl zu Unrecht Herakleides Pontikus zu. Im frühen Mittelalter war sein Werk in Europa sehr bekannt, und es wurden mehrere Kommentare dazu verfasst.

Proklos (um 410–485), der letzte bedeutende neuplatonische Philosoph, geboren in Konstantinopel, zog in seiner Jugend nach Athen, um an der Akademie zu studieren. Mit Ausnahme eines kurzen Exils auf Grund seines Heidentums lebte er bis an sein Lebensende in Athen und wurde in späteren Jahren Direktor der Akademie. Er war der letzte große Vertreter der griechischen Philosophie und prägte das Denken des Mittelalters und der Renaissance. Zu seinen Werken gehört ein Kommentar zu Buch I von Euklids *Elementen* mit einer umfangreichen Geschichte der griechischen Geometrie und eine Abhandlung mit dem Titel *Kurze Darstellung astronomischer Hypothesen*, einer Zusammenfassung der Theorien von Hipparch und Ptolemaios.

Der römische Gelehrte Boëthius (um 480–524) bekleidete verschiedene hohe Ämter unter dem Ostgotenkönig Theoderich, der ihn später einkerkern und hinrichten ließ. Sein bekanntestes Werk ist *Trost der Philosophie*, das er während der Haftzeit vor der Hinrichtung verfasste. Seine übrigen Werke fallen in zwei Kategorien: Übersetzungen der logischen Werke des Aristoteles vom Griechischen ins Lateinische sowie eigene Arbeiten zu Logik, Theologie, Musik, Geometrie und Arithmetik. Bei der Vermittlung der aristotelischen Logik und der elementaren Arithmetik spielten seine Schriften eine entscheidende Rolle.

Ein weiterer Römer, der bei den Ostgoten ein hohes Amt bekleidete, war Cassiodor. In seiner *Einführung in die geistlichen und weltlichen Wissenschaften* forderte er die Mönche des Klosters auf dem Monte Cassino, das Benedikt von Nursia im Jahr 529 gegründet hatte, auf, die in ihren Bibliotheken als kulturelles Erbe aufbewahrten Klassiker der antiken Wissenschaft sorgfältig zu kopieren. Er nannte verschiedene wichtige wissenschaftliche Werke, die seines Erachtens aufbewahrt werden sollten, und beschrieb und überlieferte damit die Grundlagen der aristotelischen Einteilung der Wissenschaften. Diese Klassifizierung teilt die Philosophie in theoretische und praktische Bereiche ein. Die theoretischen Bereiche sind Metaphysik, Physik und Mathematik, wobei letztere weiter in Arithmetik, Musik, Geometrie und Astronomie unterteilt ist; zu den praktischen Bereichen gehören Ethik, Ökonomie und Politik. Die mathematischen Abschnitte des Buches sind kürzer und einfacher gehalten und befassen sich vorwiegend mit Definitionen. Außerdem gibt es einen Teil zur Medizin; hier gibt Cassiodor Ratschläge zur Anwendung von Heilkräutern und legt den Mönchen die Werke des Hippokrates, des Dioskurides und Galens ans Herz.

Isidor von Sevilla (560–636), ein Bischof der Westgoten, verfasste die erste europäische Enzyklopädie, die *Etymologiae*, in der er das Wissen aller ihm verfügbaren römischen Autoren zusammentrug. Trotz des niedrigen wissenschaftlichen Niveaus erfreute sich dieses Werk im mittelalterlichen Europa großer Beliebtheit als Nachschlagewerk für Wissen aller Art, von der Astronomie bis zur Medizin.

Beda Venerabilis, »der Ehrwürdige« (674–735), ein angelsächsischer Benediktinermönch, ist für sein Werk *De rerum natura* bekannt. Es beruht in weiten Teilen auf den *Etymologiae*, denen er die *Naturgeschichte* Plinius' des Älteren hinzufügte, die Isidor nicht zur Verfügung stand. Dennoch ist *De rerum natura* den *Etymologiae* und der *Naturgeschichte* weit überlegen, weil Beda wesentlich kritischer vorgeht als Isidor und Plinius. Das zeigt sich auch in seinem Werk *De temporum ratione*, in dem er seine Forschungen zu den Sonnen- und Mondzyklen darlegt, auf deren Grundlage er die Daten für das Osterfest in den kommenden Jahren berechnete; damit konnte er auch das Phänomen der Gezeiten auf den Einfluss von Sonne und Mond zurückführen. Für seine Zeit waren diese beiden

Werke beachtliche Leistungen; auch noch Jahrhunderte später dienten sie in ganz Europa als wichtigste Quelle für das Wissen über die Natur.

Bedas Werke standen in einer Tradition, die sich in angelsächsischen und irischen Klöstern schon frühzeitig etabliert hatte: dem Studium der Naturwissenschaften neben der Theologie einen Ehrenplatz einzuräumen, so wie an den schon im 6. Jahrhundert in Clonard, Bangor und Iona gegründeten Schulen. Unterstützt wurde diese Tradition durch zwei griechischsprachige Mönche – Theodor von Tarsus und Adrianus Africanus –, die Papst Vitalian (reg. 657–668) nach Britannien entsandt hatte und die so im nördlichen Europa das Studium der griechischen Sprache und Kultur einführten.

Diese kulturelle Erneuerung hatte zur Folge, dass auf der Britischen Insel und dem europäischen Festland Domschulen gegründet wurden. Alkuin (735–804) spielte eine besonders wichtige Rolle bei dieser Erneuerungsbewegung, und seine Berufung von der Domschule in York an den Hof Karls des Großen markiert den Beginn der karolingischen Renaissance.

Inzwischen hatte sich das Zentrum des Römischen Reiches nach Osten verlagert. Offiziell wurde diese Verschiebung im Jahr 330, als Konstantin der Große seine Hauptstadt von Italien in die griechische Stadt Byzanz am Bosporus verlegte, in das »neue Rom«, das bald danach Konstantinopel genannt wurde. Kurz vor seinem Tod sieben Jahre später wurde Konstantin getauft, ein erster Schritt zur Etablierung des Christentums als Staatsreligion des Reiches, doch dieser Prozess war erst in der zweiten Hälfte des 5. Jahrhunderts weitgehend abgeschlossen.

Die Herrschaft über das Reich war damals zeitweise unter den Kaisern der westlichen und der östlichen Hälfte aufgeteilt, und das Oströmische Reich wurde von Konstantinopel aus regiert. Im westlichen Teil des Reiches war besonders das dritte Viertel des 5. Jahrhunderts eine Zeit des Chaos, in der sich zehn Männer als

Kaiser abwechselten; der letzte von ihnen, Romulus Augustulus, wurde 476 gestürzt. Bis dahin hatte das Römische Reich weite Teile Westeuropas an germanische Invasoren verloren, so blieb nur der Kaiser in Konstantinopel als Herrscher übrig.

Konstantin der Große hatte in Konstantinopel eine Universität gegründet, die 425 unter Theodosios II. neu organisiert wurde. Die neue Universität, das wichtigste geistige Zentrum im Reich, hatte anfangs 20 Lehrstühle für Grammatik, zu gleichen Teilen unter Griechisch und Latein aufgeteilt, acht Lehrstühle für Rhetorik, davon fünf in Griechisch und drei in Latein, sowie zwei Professuren in Jura und eine in Philosophie. Ab dem darauf folgenden Jahrhundert wurde Latein in Konstantinopel nicht mehr gesprochen und die gesamte Lehre an der Universität war griechischsprachig. Dies war Teil der großen kulturellen Spaltung, die sich im frühen Mittelalter zwischen dem lateinisch geprägten Abendland und dem griechischen Orient herausbildete, eine Zweiteilung, die alle neu entstehenden Kulturen Westeuropas von der byzantinischen Welt des Balkans und Kleinasiens trennte.

Konstantin hatte das erste ökumenische Konzil der Kirche einberufen, das 325 in Nikaia abgehalten wurde. Das zweite ökumenische Konzil fand 381 in Konstantinopel statt, das dritte 431 in Ephesos und das vierte 451 in Chalkedon, einem Vorort Konstantinopels auf der asiatischen Seite. Hauptthema bei all diesen Synoden waren Fragen des Dogmas, besonders das Wesen Christi betreffend. Das Konzil von Chalkedon formulierte die spätere orthodoxe Christologie: dass Jesus Christus Mensch und Gott zugleich und seine beiden Naturen ungeteilt und ungetrennt seien. Zugleich wurden alle als Häretiker verurteilt, die anders dachten, etwa die Monophysiten, die glaubten, Christus habe eine einzige Natur, oder die Nestorianer, die glaubten, er habe eine duale Natur. Monophysiten wie Nestorianer, deren Gläubige hauptsächlich im südöstlichen Kleinasien, Syrien, Mesopotamien, Persien und Ägypten lebten, gründeten daraufhin eigenständige Kirchen.

Die Nestorianer hatten schon im nördlichen Mesopotamien, in Edessa (dem türkischen Urfa) und Nisibis, bedeutende Schulen gegründet, mit dem Syrischen, einer vom Aramäischen abgeleiteten semitischen Sprache, als Unterrichtssprache. An diesen Schulen wurden auch ins Syrische übersetzte griechische Abhandlungen als Lehrwerke verwendet, vor allem die Werke des Aristoteles zur Logik. Die Schule in Edessa wurde 489 von Kaiser Zenon geschlossen, und die nestorianischen Gelehrten zogen in das weiter östlich gelegene Nisibis, das damals zu Persien gehörte.

Auf ihrem Weg nach Osten gelangten die Nestorianer schließlich in die sassanidische Residenzstadt Gondischapur im westlichen Persien. Dort gehörten sie seit dem Ende des 5. Jahrhunderts der von König Schapur (reg. 241–272) gegründeten medizinischen Fakultät an und lehrten griechische Philosophie, Medizin und Naturwissenschaft in syrischen Übersetzungen. Die Fakultät entwickelte sich zu einem Zentrum der Übersetzung von Werken der Medizin, Kosmologie, Astronomie und der Philosophie des Aristoteles; zu verschiedenen Zeiten wurde dort Griechisch, Syrisch, Sanskrit, Pahlavi und schließlich Arabisch übersetzt.

Der beste der frühen syrischen Übersetzer war Sergius von Reschaina (gest. 536), ein monophysitischer Priester und Arzt, der an der Platonischen Schule des Ammonios in Alexandria studiert hatte. Zu seinen Übersetzungen aus dem Griechischen ins Syrische gehörten einige der logischen Werke des Aristoteles, die Boëthius ungefähr zur gleichen Zeit vom Griechischen ins Lateinische übertragen hatte. Er verfasste auch selbst zwei Bücher zur Astronomie, *Über den Einfluss des Mondes* und *Über die Bewegung der Sonne,* die beide offenbar auf griechischen Quellen beruhen. Ein späterer syrischer Autor beschrieb Sergius als »eloquent und sehr bewandert in den Büchern der Griechen und Syrer und ein hochgelehrter Arzt des menschlichen Körpers. Seine Überzeugungen waren orthodox … doch seine Sitten waren verweichlicht, lasterhaft und von Wollust und Habsucht gezeichnet«.

Der eminenteste syrische Gelehrte des frühen Mittelalters war Severus Sebokt (gest. 667), ein nestorianischer Bischof, der sich sowohl mit naturwissenschaftlichen als auch mit theologischen Themen befasste. Zu seinen wissenschaftlichen Schriften zählten Werke zu Logik und Astronomie sowie die erste bekannte Abhandlung zum Astrolab, einem astronomischen Instrument, das höchstwahrscheinlich hellenistischen Ursprungs ist. Er wendete auch als erster das indisch-arabische Zahlensystem an. Im Jahr 662 lobte er die Hindus und sprach »von einer beredten Methode der Arithmetik und der Kalenderrechnung der Hindus, die über das Wort hinausgeht, da sie aus neun Zeichen besteht«, ein Hinweis darauf, dass das Zeichen für die Null noch nicht eingeführt war.

Mit dem 6. Jahrhundert hatte sich das Römische Reich im Vergleich zur augusteischen Epoche grundlegend verändert: Griechisch hatte Latein als vorherrschende Sprache in der Hauptstadt abgelöst und das Christentum hatte über die alten griechisch-römischen Götter den Sieg davongetragen. Moderne Historiker betrachten das 6. Jahrhundert als Einschnitt in der Geschichte des Reiches und die meisten bezeichnen es ab dieser Zeit eher als Byzantinisches und nicht mehr als Römisches Reich. Der Patriarch Gennadios sagte in den letzten Tagen des Byzantinischen Reiches in der Mitte des 15. Jahrhunderts: »Obwohl ich meiner Sprache nach Hellene bin, würde ich doch niemals sagen, daß ich Hellene sei, denn ich glaube nicht an das, woran die Hellenen glaubten. Ich möchte meinen Namen nach meinem Glauben wählen und, falls mich irgend jemand fragte, was ich bin, antworten: ›Ein Christ.‹ … Wenn mein Vater auch in Thessalien lebte, nenne ich mich doch nicht einen Thessalier, sondern einen Byzantiner, denn ich bin von Byzantion.«

Seine größte Blüte und Machtentfaltung erreichte das Byzantinische Reich unter Justinian I. (reg. 527–565), der viele verlorene Herrschaftsgebiete zurückeroberte, so dass das Mittelmeer wieder ein Römisches Meer wurde. Justinian durchtrennte die letzte direkte Verbindung mit der klassischen Vergangenheit, als er 529 ein Edikt erließ, das den Heiden das Lehren untersagte. Daraufhin schloss die Platonische Akademie in Athen nach 900 Jahren für immer ihre Pforten und ihre Lehrer gingen in den Ruhestand oder ins Exil.

Ins Exil gingen unter anderem Damaskios, der letzte Direktor der Akademie, sowie Isidor von Milet, sein Vorgänger, und Simplikios aus Kilikien. Ihnen und vier anderen Gelehrten der Akademie gewährte der persische König Chosroes (reg. 531–579) im Jahr 531 Asyl und berief sie an die Medizinschule von Gondischapur. Im folgenden Jahr konnten alle sieben aus dem Exil zurückkehren, sechs von ihnen gingen wieder nach Athen, während sich Isidor in Konstantinopel niederließ.

Simplikios ist für seine Kommentare zu Aristoteles bekannt, die viele wertvolle Materialien enthalten, die anderweitig nicht mehr verfügbar sind, darunter Fragmente vorsokratischer Philosophen. Er war ein treuer Verfechter des Aristoteles, während Johannes Philoponos, Ammonios' Nachfolger als Leiter der Platonischen Schule in Alexandria, einige von dessen Ideen kritisierte. So kam es am Ausgang der Antike zu einer großen Debatte über das aristotelische Weltbild, das von Johannes Philoponos angegriffen und von Simplikios verteidigt wurde. Der interessanteste Aspekt dieser Debatte befasste sich mit der Frage, warum ein Geschoss, zum Beispiel ein Pfeil, sich nach Erhalt des Anfangsimpulses weiter bewegt. Philoponos wies die von Simplikios vertretene aristotelische Theorie zurück, wonach die durch den Pfeil verdrängte Luft zurückfließt und dann von hinten stößt, was man als *Antiperistasis* bezeichnet. Stattdessen behauptete Philoponos, dass der Pfeil beim Abschuss eine »immaterielle eingeprägte Kraft« erhält, eine Theorie, die in Persien von Ibn Sina und später im mittelalterlichen Europa als »Impetustheorie« wieder aufgenommen wurde.

Justinian ernannte Isidor zum obersten kaiserlichen Baumeister.

Gemeinsam mit Anthemios von Tralleis plante und erbaute er die Hagia Sophia in Konstantinopel, deren Grundstein 532 gelegt wurde. Anthemios starb im ersten Baujahr, doch Isidor führte den Bau zur Vollendung, den Justinian am 26. Dezember 537 weihte. Die Hagia Sophia, die manche für das bedeutendste Bauwerk der Welt halten, steht noch heute – ein Symbol des goldenen Zeitalters des Byzantinischen Reiches unter Justinian.

Isidor und Anthemios studierten und lehrten die Werke des Archimedes sowie die Kommentare des Eutokios von Askalon zu Archimedes. Isidor war vermutlich Herausgeber der ersten Sammlung zumindest der drei von Eutokios kommentierten Werke des Archimedes – *Über Kugel und Zylinder, Über die Kreismessung* und *Über das Gleichgewicht von Ebenen* – sowie der Kommentare selbst.

Spätere byzantinische Autoren erweiterten diese Edition, vor allem Leon der Mathematiker (um 790–um 869). Leons Ausgabe der Schriften des Archimedes umfasste alle heute bekannten Werke, mit Ausnahme von *Über schwimmende Körper, Über die Methode, Ostomachion* und *Das Rinderproblem*. Er fertigte auch eine Abschrift des *Almagest* an sowie die als *Kleine Astronomie* bekannte Sammlung der mathematischen und astronomischen Schriften des Ptolemaios.

Einen der Schüler Leons nahm im Jahr 830 das arabische Heer gefangen, so kam er an den Hof des abbasidischen Kalifen Al-Mamun (reg. 813–833). Durch ihn erfuhr der Kalif, ein Förderer der Übersetzungen von Werken der antiken Naturwissenschaft und Mathematik ins Arabische, von den Leistungen Leons und lud diesen nach Bagdad ein. Doch der byzantinische Kaiser Theophilos (reg. 829–842) hielt Leon dadurch in Konstantinopel, dass er ihn zum Direktor der neuen Schule für Philosophie und Wissenschaft ernannte, wo er seine Schüler Kopien von Handschriften des Archimedes und des Euklid anfertigen ließ.

So brachte die Diaspora der klassischen Gelehrsamkeit das griechische Denken von Athen nach Rom, nach Konstantinopel und nach Gondischapur. Dort, in Westeuropa, in Byzanz und in der islamischen Welt, schlug dieses Wissen in den neu entstehenden Kulturen Wurzeln – drei Kulturen, die im Verein miteinander letztendlich eine Renaissance der Wissenschaften herbeiführen sollten.

5

BAGDADS HAUS DER WEISHEIT: VOM GRIECHISCHEN INS ARABISCHE

Mit der Flucht des Propheten Mohammed von Mekka nach Medina im Jahr 622 begann die islamische Ära. Unter Führung der ersten Kalifen eroberten arabische Streitmächte im Jahr 637 Syrien, 639 Ägypten, 640 Persien, 647 Tripolitanien und 670 Nordwestafrika. 674 griff eine arabische Flotte Konstantinopel an und unterwarf die Stadt einer erfolglosen vierjährigen Belagerung. Im folgenden halben Jahrhundert eroberten die Heere des Islam die Provinz Sindh in Westpakistan und Transoxanien in Zentralasien; sie setzten auf die Iberische Halbinsel über und stürmten über die Pyrenäen, bis ihnen Karl Martell im Jahr 732 in der Schlacht von Tours Einhalt gebot.

661 übernahm Mu'awiya, das Oberhaupt des Geschlechts der Umayyaden, das Kalifat in Jerusalem und zog gleich darauf nach Damaskus um. Dies war der Beginn der Dynastie der Umayyaden, deren Kalifen vorwiegend von Damaskus aus regierten. 749 wurden die Umayyaden nach einem vierjährigen Bürgerkrieg gestürzt. Abu'l-Abbas as-Saffah wurde Kalif und begründete damit die Dynastie der Abbasiden, die über 500 Jahre währen sollte. Auf Abu'l-Abbas folgte 745 sein Bruder Abu Jafar al-Mansur, der zwischen 762 und 765 Bagdad als seine neue Hauptstadt errichten ließ und somit die glanzvollste Epoche in der Geschichte des Islam einleitete.

Unter al-Mansur (reg. 754–775) und den drei Generationen seiner

Nachfolger, vor allem al-Mahdi (reg. 775–785), Harun ar-Raschid (reg. 786–809) und al-Ma'mun (reg. 813–833) entwickelte sich Bagdad zu einem wichtigen kulturellen Zentrum. Wie der Historiker al-Masudi (gest. 956) berichtet, war al-Mansur »der erste Kalif, der Bücher aus einer fremden Sprache ins Arabische übersetzen ließ«, darunter »Bücher von Aristoteles zur Logik und anderen Themen, … und andere antike Bücher aus dem klassischen Griechisch, dem byzantinischen Griechisch, Pahlavi, Neupersisch und Syrisch«. Zudem sei er der erste Kalif gewesen, »der Astrologen den Vorrang gab und auf der Basis von astrologischen Prognosen handelte«. Am Hof des Kalifen gab es drei Astronomen, die ihm auch als Astrologen dienten: Nawbacht, der Zoroastrier, Ibrahim al-Fazari und Ali ibn Isa, der Astrolabist.

Nawbacht war al-Mansurs erster Hofastrologe, und anhand seiner Beobachtungen der Himmelszeichen riet er dem Kalifen, am 30. Juli 762 mit der Erbauung von Bagdad zu beginnen. Ibrahim al-Fazari, der erste Hofastronom der abbasidischen Kalifen, arbeitete an einer Kalenderreform. Ali ibn Isa gilt als der Erste in der islamischen Ära, der ein Astrolab herstellte, ein aus dem antiken Griechenland stammendes Instrument, das viele islamische Astronomen verwendeten. Er war auch Arzt und ist für sein *Erinnerungsbuch für Augenärzte* bekannt, die früheste bedeutende Abhandlung im Islam zur Struktur und zu den Krankheiten des Auges.

Nawbacht wurde von seinem Sohn Abu Sahl ibn Nawbacht als Hofastrologe abgelöst, dem Verfasser des *Kitab an Nahmutan*. Es ist die erste astrologische Geschichte auf Arabisch, eine dynastische Chronik in zyklischen Zeiträumen von unterschiedlicher Länge, die von den Gestirnen beherrscht werden. Er schreibt: »Die Menschen eines jeden Zeitalters und jeder Ära erwerben neue Erfahrungen, und ihr Wissen wird gemäß dem Gebot der Sterne und der Sternzeichen erneuert, einem Gebot, das die Zeit nach dem Befehl des allmächtigen Gottes bestimmt.« Abu Sahls Absicht war es, zu

zeigen, dass die abbasidische Nachfolge in der Herrschaft durch die Sterne und Gott vorbestimmt und dass es jetzt an ihrer Dynastie sei, das Wissen zu erneuern.

Theophil von Edessa (gest. 789), ein nestorianischer Christ, der bei al-Mahdi als Hofastrologe tätig war, bezeichnete die Astrologie als die »höchste aller Wissenschaften«, denn für die Abbasiden war die astrologische Geschichte von großer Bedeutung, und die Kalifen gaben auch Horoskope in Auftrag. Unter al-Mansurs Herrschaft wurde auch der *Tetrabiblos* des Ptolemaios, das bedeutendste astrologische Werk der Antike, durch den christlichen Gelehrten al-Bitriq vom Griechischen ins Arabische übersetzt.

Der berühmteste Astrologe der frühen abbasidischen Zeit war Mash'allah, ein Jude aus Basra, dessen Befragung der Himmelszeichen zur Gründung von Bagdad beitrug. Seine Horoskope lassen sich auf die Zeit um 762–809 datieren, und von al-Mansur bis al-Ma'mun diente er allen Kalifen als Astrologe. Er schrieb über die verschiedenen Aspekte der Astrologie, doch die astrologische Geschichte ist sicherlich sein interessantestes Werk. Seine Schriften wurden ins Lateinische übersetzt, und Kopernikus bezieht sich auf ihn.

Gabir ibn Hayyan (um 721–um 815), im Abendland als Geber der Weise bekannt, gilt in der muslimischen Welt als Begründer der Alchemie. Er wurde in Kufa im südlichen Mesopotamien geboren und zog in seinen späteren Jahren nach Bagdad, wo er bei Harun ar-Raschid Hofastrologe wurde. Das *Corpus Gabirianum* enthält gewissermaßen alles, was über die Alchemie im Islam in der Abbasidenzeit bekannt ist. Von den antiken Griechen hatten die muslimischen Alchemisten die Vorstellung übernommen, man könne Stoffe wie Schwefel und Quecksilber in Gold umwandeln. Die islamische Alchemie befasste sich zudem mit der Astrologie, der Astrokosmologie, der Magie und anderen okkulten Wissenschaften. Diese Wissenschaftszweige fasste man unter den »verborgenen« *(khafiyyah)* Wissenschaften zusammen, im Gegensatz zu den »offenen« *(jaliyyah)* Wissenschaften wie der Mathematik.

Griechische Werke wurden auch deshalb ins Arabische übersetzt, weil die Verwaltung des Abbasidenreichs Sekretäre brauchte, die ausgebildet werden mussten. Das liest man zum Beispiel in den Schriften Ibn Kutaibas (gest. 889), dessen *Adab al-Katib* (Buch über die Ausbildung der Sekretäre) alle Fächer aufzählt, in denen Staatssekretäre ausgebildet werden sollten, darunter in Arithmetik, Geometrie und Astronomie, aber auch in praktischen Fertigkeiten wie Landvermessung, Maß- und Gewichtskunde und Bauingenieurwesen. Die erforderlichen Lehrbücher dazu hielt die griechische Wissenschaft bereit.

Al-Mansur litt unter chronischen Verdauungsbeschwerden und bald nach seinem Umzug in die neue Hauptstadt suchte er Hilfe bei den Ärzten der Medizinischen Fakultät in Gondischapur. Geheilt wurde er durch den Direktor des Krankenhauses, Giwargis ibn Bukhtishu, einen nestorianischen Christen, der danach in Bagdad als al-Mansurs Leibarzt diente. Die Bukhtishus wurden zu den führenden Medizinern Bagdads und dienten den Kalifen über mehrere Generationen als Leibärzte. Der Historiker Ibn-Usaybi'a berichtet, dass al-Mansur bei Giwargis ibn Bukhtishu viele Übersetzungen griechischer Werke in Auftrag gab. Übersetzt wurden sie aus dem Syrischen von nestorianischen Gelehrten in Gondischapur, dessen medizinisches Zentrum schließlich nach Bagdad verlegt wurde, wo es das erste Krankenhaus und die erste islamische Medizinfakultät der abbasidischen Hauptstadt war.

Al-Mansurs Sohn und Nachfolger al-Mahdi führte das Übersetzungsprogramm fort. Laut Abdallah ibn abi-Zayd, einem tunesischen Gelehrten des 10. Jahrhunderts, war die Gewohnheit der Abbasiden, griechische Bücher aus dem Byzantinischen Reich zu beziehen, dem Wesir des neuen Kalifen, Yahya ibn Chalid ibn Barmak, zu verdanken.

Die wichtigste wissenschaftliche Einrichtung in Bagdad zur Zeit der Abbasiden war das berühmte Bait al-Hikma, das Haus der Weisheit, das ursprünglich vor allem eine Bibliothek gewesen sein muss. Dort bewahrte man Handschriften auf Pahlavi auf und übersetzte einige davon zu Beginn der Abbasiden-Herrschaft ins Arabische. Der Chronist Ibn al-Nadim berichtet, dass Harun ar-Raschid den Hofastrologen Abu Sahl ibn Nawbacht am Bait al-Hikma einstellte, und »er übersetzte vom Persischen ins Arabische und berief sich in seinen Forschungen auf die Bücher des Iran«. Während der Regierungszeit al-Ma'muns waren verschiedene Astronomen und Mathematiker mit dem Bait al-Hikma verbunden, das damals wahrscheinlich sowohl Forschungsinstitut als auch Bibliothek war. Ebenfalls nach Berichten von Ibn al-Nadim war der berühmte Mathematiker und Astronom Muhammad ibn Musa al-Chwarizmi (tätig um 828) »ganztägig im Dienste von al-Ma'mun im Bait al-Hikma angestellt«.

Berühmt ist Al-Chwarizmi für sein *Kitab al-Dschabr wa'l-Muqabala*, bekannt unter dem einfacheren Titel *Algebra*, denn aus diesem Werk übernahmen die Europäer später den danach benannten

Zweig der Mathematik. In seinem Vorwort berichtet der Autor, Kalif al-Ma'mun »ermunterte mich, ein kurz gefasstes Werk zur Algebra zu verfassen, das sich auf die feinen und wichtigen Teile ihrer Berechnung beschränkt, so wie man sie ständig benötigt: im Falle von Erbschaften, Hinterlassenschaften, Aufteilungen, Gerichtsprozessen und im Handel, sowie in jeglichem Umgang miteinander oder wo es um das Vermessungswesen, das Graben von Kanälen, geometrische Berechnungen und andere Dinge verschiedener Art und Weise geht«.

Von einem weiteren mathematischen Werk al-Chwarizmis ist nur ein einziges Exemplar in lateinischer Übersetzung mit dem Titel *De numero indorum* (Über das Rechnen mit indischen Ziffern) erhalten, das arabische Original ist verlorengegangen. Dieses Werk, das vermutlich auf arabischen Übersetzungen von Werken des indischen Mathematikers Brahmagupta (tätig 628) beruht, beschreibt die indischen Ziffern, aus denen schließlich die Zahlen wurden, die wir heute in der westlichen Welt verwenden. Die neue Schreibweise setzte sich als die des al-Chwarizmi durch und wurde dann zu »Algorismus« oder »Algorithmus« abgewandelt. Heute bedeutet Algorithmus ein Verfahren zur Lösung einer mathematischen Aufgabe in endlich vielen Schritten, häufig unter Wiederholung eines Verfahrens.

Al-Chwarizmi ist der Verfasser des ersten überlieferten Werks der islamischen Astronomie, des *Zij al-Sindhind* (*Zij* ist ein astronomisches Handbuch mit Tafeln). Dabei handelt es sich um Planetentafeln unter Verwendung früherer indischer und griechischer Elemente der Astronomie, darunter der Epizykeltheorie. Al-Chwarizmi und Fadil ibn al-Nawbacht gelten auch als die Erbauer des ersten islamischen Observatoriums, das während der Regentschaft al-Ma'muns um 828 in Bagdad entstand. Darüber hinaus schrieb Al-Chwarizmi die erste umfassende Abhandlung zur Geographie in der islamischen Welt, wobei er einen großen Teil des Werks von Ptolemaios aktualisierte und neue Karten erarbeitete.

Die erste Übersetzung der *Elemente* des Euklid ins Arabische entstand zur Regierungszeit Harun ar-Raschids mit Förderung des Wesirs Yahya ibn Chalid ibn Barmak. Angefertigt wurde sie von dem Mathematiker al-Hajjaj ibn Matar (tätig um 786–833). Für al-Ma'mun erarbeitete Al-Hajjaj eine verbesserte und gekürzte Fassung der *Elemente*, offenbar zur Verwendung als Schulbuch.

Im Auftrag al-Mahdis entstand eine Übersetzung von Aristoteles' *Topik* ins Arabische aus dem Syrischen, in das es zuvor aus dem Griechischen übersetzt worden war. Später wurde das Werk direkt aus dem Griechischen ins Arabische übersetzt. Anlass für die Übersetzung der *Topik* war, dass darin die Kunst der systematischen Argumentation gelehrt wird, die im Diskurs zwischen muslimischen Gelehrten und Gelehrten anderer Glaubensrichtungen unerlässlich war, ebenso für die Bekehrung von Ungläubigen zum Islam, der unter den Abbasiden Staatsreligion geworden war. Die *Physik* des Aristoteles wurde unter Harun ar-Raschid zum ersten Mal ins Arabische übersetzt; vermutlich wollte man sie bei theologischen Disputationen zur Kosmologie zu Rate ziehen.

In Bagdad zur Zeit Harun ar-Raschids spielen auch die Geschichten in *Tausendundeine Nacht*, deren »Erzählung von Aladin und der Wunderlampe« über die Wunder der neuen Wissenschaft berichtet und von den erstaunlichen Erfindungen und Entdeckungen, die man »Zauberern der Wissenschaft« andichtete. Denn im Volk entsprach das Bild des islamischen Wissenschaftlers im Mittelalter dem des niederträchtigen Mohren, der Aladin zu der Lampe führte. Scheherazade sagt über ihn: »Von seiner frühesten Jugend an hatte er die Zauberkunst und Zauberformeln, die Geomantie und Alchemie, die Astrologie, Ausräucherung und Verzauberung studiert, so dass er nach dreißig Jahren der Hexerei von der Existenz einer mächtigen Lampe an einem unbekannten Ort erfahren hatte, mächtig genug, um ihren Besitzer über die Könige und die Mächtigen der Welt zu erheben.«

Harun ar-Raschids Sohn al-Ma'mun führte das Übersetzungsprogramm seiner Vorfahren weiter. Über al-Ma'muns Interesse an der Astrologie und seine Förderung intellektueller Forschung schreibt al-Masudi: »Zu Beginn seiner Regierungszeit ... widmete er sich einige Zeit der Untersuchung astrologischer Urteile und Weissagungen, um dem von den Sternen vorgeschriebenen Weg zu folgen und sich nach dem Vorbild der vergangenen sassanidischen Kaiser ... zu verhalten ... Er ließ Juristen und allgemein gebildete Männer an seinen Sitzungen teilnehmen, er ließ solche Männer aus verschiedenen Städten bringen und ihnen Bezüge auszahlen.«

Die islamische Astronomie war stark von Ptolemaios beeinflusst, dessen Werke ins Arabische übersetzt und außerdem in Zusammenfassungen und Kommentaren verbreitet wurden. Die erste Übersetzung des *Almagest* von al-Hajjaj ibn Matar entstand in der ersten Hälfte des 9. Jahrhunderts. Das beliebteste Handbuch zur ptolemäischen Astronomie stammte von al-Farghani (gest. nach 861), der den *Almagest* anhand von Erkenntnissen früherer islamischer Astronomen korrigierte. Habash al-Hasib (gest. um 870) erstellte ein astronomisches Tafelwerk, in dem er die Winkelfunktionen Sinus, Kosinus und Tangens einführte, die bei Ptolemaios noch nicht auftauchen.

Mit der Übersetzungsbewegung, an der Philosophen wie Naturwissenschaftler beteiligt waren, machte auch die islamische Wissenschaft rasche Fortschritte. Als Begründer der islamischen Philosophie gilt Abu Yusuf ibn Ishaq al-Kindi (um 801–866), lateinisch Alkindus, der im Abendland »der Philosoph der Araber« genannt wird. Al-Kindi stammte aus einer wohlhabenden arabischen Familie in Kufa im heutigen Irak und ging zum Studium nach Bagdad. Dort arbeitete er im Bait al-Hikma als Protegé al-Ma'muns und seiner unmittelbaren Nachfolger.

Dank der Übersetzungsbewegung wurde al-Kindi, der selbst nicht übersetzte, der erste islamische Philosoph und Naturwissenschaftler und der Begründer der aristotelischen Denkschule im

Islam. Er war ein Universalgelehrter und verfasste Schriften zu Geographie, Politik, Philosophie, Kosmologie, Physik, Mathematik, Meteorologie, Musik, Optik, Theologie, Alchemie und Astrologie. Er war auch der erste Musiktheoretiker des Islam und stand in der pythagoreischen Tradition. In seinem Werk zur Optik folgte er in der Untersuchung der Ausbreitung des Lichts und der Schattenbildung Theon von Alexandria; seine Theorie der Aussendung und Übertragung von Licht beruhte auf der Lehre des Euklid. Mit seiner Theorie der visuellen Wahrnehmung, in der er von Aristoteles abwich, und mit seinen Studien zur Reflexion des Lichts schuf er die Grundlage für die Gesetze der Perspektive in der Malerei der europäischen Renaissance. Das Studium der Naturwissenschaft machte ihn zu einem Verfechter des rationalen Denkens, und so wurde er als erster bekannter islamischer Philosoph von fundamentalistischen muslimischen Geistlichen angegriffen. In seinem *Traktat über die Methoden zur Vertreibung der Trauer* heißt es, dass die Melancholie geheilt wird, wenn man sich dem einzig Beständigen widmet – der Welt des Intellekts.

Al-Kindi verfasste auch ein Werk mit dem Titel *Theorie der Zauberkunst oder über Planetenstrahlen* (De radiis), das nur in lateinischen Handschriften aus dem Mittelalter überliefert ist. Er beginnt seine Abhandlung mit der Behauptung, dass die Himmelskörper Strahlen aussenden und alles im Universum, einschließlich der Menschheit, beeinflussen; folglich könnten die Astrologen durch das Studium des Himmels die Zukunft vorhersagen. Er schließt mit einer Darstellung der Zauberkraft der Amulettinschriften, einer im Islam immer noch praktizierten okkulten Kunst. »Die Weisen«, schreibt er, »haben in zahlreichen Experimenten bewiesen, dass von Menschenhand auf verschiedene Materialien absichtsvoll und bei entsprechend feierlichem Ort und Zeit und anderen Umständen eingeschriebene Zahlen und Buchstaben ewige Dinge in Bewegung versetzen.«

Die wichtigsten Förderer der Wissenschaft unter al-Ma'mun

und seinen unmittelbaren Nachfolgern waren die Banu Musa, drei Brüder namens Muhammad, Ahmad und al-Hasan, die Söhne des Musa ibn Shakir, eines ehemaligen Wegelagerers, der sich später als Astrologe in Merw mit al-Ma'mun anfreundete, bevor dieser 813 n. Chr. Kalif wurde. Nach Musas Tod adoptierte al-Ma'mun dessen drei Söhne und ließ sie nach seiner Ernennung zum Kalifen in Bagdad ausbilden. Nach Beendigung ihrer Studien dienten die Banu Musa dem Kalifen und seinen Nachfolgern in verschiedener Form und wurden reich und mächtig dabei. Einen Großteil ihres Reichtums investierten sie in das Sammeln von alten Handschriften; sie unterstützten auch eine Gruppe von Übersetzern in Bagdad. Den Banu Musa selbst werden etwa 20 Bücher zu Astronomie, Mathematik und Ingenieurwesen zugeschrieben, von denen drei überliefert sind, darunter eine Abhandlung von Ahmad über ausgeklügelte mechanische Apparaturen nach dem Modell der *Automata* im hellenistischen Griechenland.

Ibn Challikan berichtet auch, wie al-Ma'mun die Banu Musa anwies, den Erdumfang zu messen und damit die Berechnungen des Eratosthenes und anderer Wissenschaftler der griechischen Antike zu überprüfen. Die Banu Musa gingen wie folgt vor: Sie maßen die Nord-Süd-Entfernung zwischen zwei Punkten in der Wüste Sindschar, an denen die Höhe des Polarsterns um 1 Grad abwich, und multiplizierten diese mit 360. Der auf diese Weise ermittelte Wert für den Erdumfang, so Ibn Challikan, betrug 8000 *Farsach,* etwa 38 654 Kilometer – der heute gültige Wert beträgt 38 772 Kilometer.

Die beiden berühmtesten Übersetzer Bagdads waren damals Hunain ibn Ishaq und Thabit ibn Qurra, die, so der Chronist Abu-Sulayman al-Sigistani, bei den Banu Musa als »professionelle Übersetzer« angestellt waren und ein Gehalt bezogen, das dem der höchsten Staatsbeamten entsprach.

Hunain ibn Ishaq (808 – 873), lateinisch Johannitus, wurde in al-Hira im südlichen Irak als Sohn eines nestorianischen Apothekers geboren. Er studierte in Bagdad unter dem nestorianischen Arzt

Yuhannah ibn Masawayh (gest. 857), dem Leibarzt al-Ma'muns und seiner Nachfolger. Hunain sprach damals nur Syrisch und war enttäuscht, als ihm Ibn Masawayh auf seine Frage hin von griechischen Texten zur Medizin abriet. Laut seiner Autobiographie, der *Risala*, ging Hunain dann ins »Land der Griechen« (*bilal-al-Rum*, vermutlich Byzanz), wo er solide Griechischkenntnisse erwarb. Danach lebte er einige Zeit in Basra und lernte dort Arabisch. Schließlich zog er nach Bagdad, wo er zusammen mit seinen Schülern, darunter sein Sohn Ishaq ibn Hunain und sein Neffe Hubais, genaue Übersetzungen aus dem Griechischen ins Syrische sowie ins Arabische anfertigte. Sie übersetzten unter anderem die medizinischen Werke von Hippokrates und Galen, Euklids *Elemente* sowie Dioskurides' Abhandlung *De materia medica*, die die Grundlage für die islamische Pharmakologie bildete. Ishaqs überlieferte Übersetzung der *Physik* des Aristoteles ist die letzte und beste Fassung dieses Werks in arabischer Sprache. Zu seinen Übersetzungen gehörte auch Ptolemaios' *Almagest*, und sein Vater, Hunain, überarbeitete den *Tetrabiblos*. Hunain bearbeitete auch frühere Galen-Übersetzungen von Yahya ibn al-Bitriq (gest. 820). Dabei handelte es sich um Synopsen, die auch Platons Dialoge *Der Staat*, *Timaios* und *Die Gesetze* umfassten, die erste Übertragung platonischer Texte ins Arabische.

Unermüdlich auf der Suche nach griechischen Handschriften schrieb Hunain über Galens Schrift *De demonstratione*: »Ich habe ernsthaft danach gesucht und bin dafür in die Länder Syrien, Palästina und Ägypten gereist, bis ich Alexandria erreichte, habe aber nichts finden können, außer etwa der Hälfte davon in Damaskus.«

Hunain war ein hervorragender Arzt und verfasste zwei auf Arabisch vorliegende Bücher zur Medizin, eines davon eine Medizingeschichte, das andere eine Abhandlung mit dem Titel *Über die Ernährung*, die auf Galen und anderen griechischen Autoren aufbaut. Er schrieb auch über Philosophie, Astronomie, Mathematik, Optik, Augenheilkunde, Meteorologie, Alchemie und Magie. Darüber hinaus gilt er als der Schöpfer einer Fachsprache für die arabische Wissenschaft.

Einer der wichtigen Übersetzer und Wissenschaftler, Thabit ibn Qurra (um 836–901), wurde in der mesopotamischen Stadt Harran geboren. Die Stadt war ein Zentrum des antiken Sabierkults, einer Astralreligion, in der die Sonne, der Mond und die fünf Planeten als Gottheiten verehrt wurden. Harran hatte seine hellenistische literarische Kultur bewahrt, und demzufolge sprachen gebildete Sabier wie Thabit fließend Griechisch, Syrisch und Arabisch. Thabit arbeitete in Harran als Geldwechsler, als er von Muhammad ibn Musa, einem der Banu-Brüder, »entdeckt« wurde, der sich gerade auf der Rückkehr von einer Expedition nach antiken griechischen Handschriften im Byzantinischen Reich befand. Muhammad nahm den jungen Thabit mit nach Bagdad und stellte ihn fest als Übersetzer ein. Nachdem sich Thabit etabliert hatte, folgten ihm einige andere Sabier nach Bagdad und begründeten eine Schule der Mathematik, Astronomie und Astrologie, die über drei Generationen Bestand hatte.

Thabit übersetzte verschiedene Werke aus dem Syrischen und Griechischen ins Arabische, unter anderem die *Einführung in die Arithmetik* von Nikomachos sowie verbesserte Ausgaben der *Elemente* von Euklid und des *Almagest* von Ptolemaios. Auch seine Nachkommen fertigten arabische Übersetzungen an, insbesondere von Schriften des Archimedes und des Apollonios von Perge.

Thabit verfasste auch einen Kommentar zur *Physik* des Aristoteles und schrieb eigene Werke zu Physik, Astronomie, Astrologie, Dynamik, Mechanik, Optik und Mathematik, darunter ein Buch mit dem Titel *Das Wesen und der Einfluss der Sterne*, in dem er die ideologischen Grundlagen für die islamische Astrologie legte, und ein umfassendes Werk über den Bau und die Theorie von Sonnenuhren.

Auch die irrige »Theorie der Trepidation« des Theon von Alexandria nahm Thabit wieder auf. Diese ging von einer Schwankung des Himmelspols aus, während die zuerst von Hipparch aufgestellte richtige Theorie besagte, dass der Himmelspol auf einer kreisförmigen Bahn präzediert. Thabit stellte sich die Planeten als in feste Kugelschalen gebettet vor und zwischen den Himmelskörpern und den exzentrischen Kreisen eine komprimierbare Flüssigkeit. Seine Planetentheorie enthält auch eine mathematische Analyse der Bewegung, die sich auf die Geschwindigkeit eines sich bewegenden Körpers an einem bestimmten Ort und zu einer bestimmten Zeit bezieht, was heute Teil der Kinematik ist. In der Mathematik gelang ihm die Berechnung des Volumens eines Paraboloids, und er fand geometrische Lösungen für einige quadratische und kubische Gleichungen. Er formulierte auch einen erstaunlichen Satz zu den sogenannten befreundeten Zahlen, wonach jede Zahl eines »befreundeten« Paares die Summe der echten Teiler (aller ihrer Faktoren außer ihr selbst) der anderen ist, wobei das kleinste Paar solcher Zahlen aus 220 und 284 besteht.

Ein weiterer bedeutender Vertreter der Übersetzungsbewegung war Qusta ibn Luqa, ein griechischsprachiger Christ aus dem Libanon, der bis zu seinem Tod im Jahr 913 in Bagdad als Arzt, Wissenschaftler und Übersetzer tätig war. Er übersetzte Werke von Aristarch, Heron und Diophant und verfasste Kommentare zu Euklids *Elementen* und zu *De materia medica* von Dioskurides. Seine eigenen Abhandlungen beschäftigen sich mit Astronomie, Metrologie, Optik und Medizin. So schrieb er ein Buch zur Sexualhygiene und eines über Medizin für Pilger.

Qusta verfasste auch eine Abhandlung über die Magie mit dem Titel *Epistel über Zauberformeln, Beschwörungen und Amulette,* deren lateinische Übersetzung Albertus Magnus im 13. Jahrhundert erwähnt. Wie er selbst zur Magie stand, verrät die Geschichte von »einem gewissen großen Edelmann in unserem Lande«, der glaubte, eine Hexe hätte ihn impotent gemacht: Qusta riet dem Herrn zu einer Einreibung aus einem Gemisch von Krähengalle und Sesam und machte ihm weis, es handle sich dabei um ein Aphrodisiakum. Dies verlieh dem Mann ein solches Selbstvertrauen, dass er sein eingebildetes Leiden überwand und seine Manneskraft wiedererlangte.

Das Übersetzungsprogramm wurde bis Mitte des 11. Jahrhunderts fortgesetzt, im Orient wie auch im muslimischen Spanien. Bis dahin lagen die meisten bedeutenden Werke der griechischen Wissenschaft und Philosophie in arabischer Übersetzung vor, ebenso wie Kommentare zu diesen Werken und Originalabhandlungen von islamischen Wissenschaftlern, die inzwischen entstanden waren. Im Austausch mit den umliegenden Kulturen wurden die arabisch schreibenden Gelehrten bald führend in Wissenschaft und Philosophie. Sie verarbeiteten das von den Griechen erworbene Wissen und fügten eigene Erkenntnisse hinzu; dadurch leiteten sie eine islamische Renaissance ein, deren Früchte schließlich ins Abendland gelangten. Muslimische Gelehrte datierten den Beginn dieses Zeitalters der Aufklärung auf die Regentschaft Harun ar-Raschids, so wie auch der Dichter Mossuli in diesem Loblied:

> Hast du nicht gesehen, daß die bis dahin fahl scheinende Sonne mit der Thronbesteigung Haruns begann, die Fluten ihres Lichts zu verströmen?

6

DIE ISLAMISCHE RENAISSANCE

Die islamische Renaissance begann bereits vor dem Ende der Übersetzungsbewegung und brachte Werke in allen schon bei den Griechen bekannten Wissenszweigen hervor. Sie verbreitete sich ostwärts nach Zentralasien und westwärts nach Nordafrika und auf die Iberische Halbinsel. Die meisten frühen Vertreter dieser Renaissance waren in der Region zwischen Bagdad und Zentralasien tätig, wo die arabische Wissenschaft, insbesondere die Astronomie, noch lange Zeit gedieh, nachdem sie anderswo in der islamischen Welt schon ihren Niedergang erlebt hatte.

Mit der raschen Ausbreitung des Islam und folglich dem muslimischen Gebot der Pilgerfahrt nach Mekka wuchs unter arabischen Gelehrten das Interesse an der Geographie und der Naturgeschichte. Die bekanntesten frühen islamischen Arbeiten auf diesem Gebiet stammen von Abu'l Hasan al-Masudi, der auch als der »muslimische Plinius« bezeichnet wird.

Al-Masudi wurde gegen Ende des 9. Jahrhunderts in der Nähe von Bagdad geboren, wo er auch studierte. Er reiste durch Asien und Teile Europas, und die Europäer beschrieb er so: »Der warme Humor fehlt ihnen; ihre Körper sind groß, ihr Charakter derb …« Die letzten zehn Jahre seines Lebens verbrachte er in Syrien und Ägypten, wo er 956 starb. In seinem bekanntesten Werk, *Das Buch der goldenen Wiesen*, zeigt er sich als Reisender, Chronist, Geograph, Geologe und Naturhistoriker. Sein letztes Werk war das *Buch der Anzeichen und Wiederholungen*, in dem er seine Betrachtungen und seine Philosophie der Natur und der Geschichte zusammenfasste. Darüber hinaus arbeitete er zur Musiktheorie und pries den Nutzen der Musiktherapie; er brachte auch die Idee der menschlichen Evolution auf. Vor der unkritischen Übernahme der »Alten« warnte er, denn Fortschritte, so seine Überzeugung, mache die Wissenschaft durch neue Entdeckungen.

Die Astronomie stand unter den Wissenschaften im Islam immer an erster Stelle, und arabische Astronomen priesen den Nutzen und die Gottesfurcht ihrer Disziplin mit aller Redegewandtheit. Muhammad ibn Dschabir al-Battani (858–929) eröffnet sein *Zij al-Sabi* mit einem Vers aus dem Koran, der ein Loblied auf die Astronomie singt: »Er ist es, der die Sonne zur Helligkeit (am Tag) und den Mond zu Licht (bei Nacht) gemacht und Stationen für ihn bestimmt hat, damit ihr über die Zahl der Jahre und die Berechnung (der Zeit) Bescheid wißt.«

Al-Battani, lateinisch Albategnius, war ein Sabier aus Harran, der in der syrischen Stadt Ar-Raqqa ein privates Observatorium hatte. Seine Schrift *Zij al-Sabi*, in der lateinischen Übersetzung als *De scientia stellarum* (Über die Wissenschaft der Sterne) bekannt, wurde in Europa bis zum Ende des 18. Jahrhunderts verwendet. Im Vorwort schreibt al-Battani, die Fehler in früheren astronomischen Abhandlungen hätten ihn dazu geführt, das ptolemäische Modell durch neue Theorien und Beobachtungen zu ergänzen, so wie es Ptolemaios auch mit dem Werk Hipparchs und anderer Vorgänger tat. Aufgrund seiner Beobachtungen der wechselnden Position des Himmelspols verwarf er Thabits Theorie der Trepidation und griff stattdessen auf Hipparchs Präzessionstheorie zurück. Ptolemaios hatte eine Präzession von 1 Grad in 100 Jahren gemessen, al-Battani ermittelte nun einen Wert von 1 Grad in 66 Jahren: Der tatsächliche Wert beträgt 1 Grad in 72 Jahren.

Viele arabische Astronomen waren auch als Astrologen tätig, weil die Astrologie sich in allen Gesellschaftsschichten der islamischen Welt großer Beliebtheit erfreute. Und das trotz der entschiedenen Opposition der Theologen, die den Gläubigen mit Versen aus dem Koran erklärten: »Die im Himmel und auf der Erde sind, haben (alle) keine Kenntnis vom Verborgenen außer Gott.« Der Dichter Sa'di von Schiraz erzählt folgende Begebenheit, um die Behauptung, die Astrologie könne die Zukunft vorhersagen, ins Lächerliche zu ziehen: Eines Tages kehrte ein Astrologe nach Hause zurück und traf seine Frau mit einem anderen Mann an. Als er sich darüber erboste, verspottete ihn ein Nachbar mit den Worten: »Weiß denn ein Mann, was in des Himmels Höh geschieht, / wenn er, was in dem eignen Haus passiert, nicht sieht?«

Auch bedeutende arabische Philosophen wandten sich gegen die Astrologie, der Erste war Abu Nas al-Farabi (um 870–950). Al-Farabi, lateinisch Alpharabius, war ein Türke aus Transoxanien, einer Region jenseits des Flusses Oxus (dem heutigen Amudarja) in Zentralasien. Dort verbrachte er die erste Hälfte seines Lebens. Die Ausbildung absolvierte er in Bagdad, wo er Logik studierte, unter anderem bei einem syrischsprachigen nestorianischen Gelehrten namens Yuhanna ibn Haylan. Nach zwei Jahrzehnten in Bagdad ging er an den Hof des Saif al-Daulah in Damaskus und blieb dort für den Rest seines Lebens.

Al-Farabis Angriff auf die Astrologie findet sich in der Einleitung zu seinem Buch *Über die Wissenschaften*, ins Lateinische als *De scientiis* übersetzt. Es ist die erste überlieferte Einteilung der Wissenschaften des Mittelalters, die von nachfolgenden arabischen Gelehrten modifiziert und weiterentwickelt wurde. Obwohl al-Farabi die Astrologie ablehnte, fasste er sie in dem Abschnitt »Die Teile der Naturwissenschaft« unter der Rubrik *Vom Himmel* mit der beobachtenden und mathematischen Astronomie zusammen.

Nach al-Kindi war al-Farabi der zweite aristotelische Wissenschaftler und Philosoph des Islam. Aber er war auch stark von Platon beeinflusst und versuchte, platonische und aristotelische Ideen dort zu vereinbaren, wo sie sich widersprachen. Seine Schrift *Al-Madina al-Fadila (Die Prinzipien der Ansichten der Bewohner der vortreff-*

lichen Stadt) ist ein Versuch, den Zusammenhang zwischen Platons idealem Gemeinwesen im *Staat* und der Scharia, dem heiligen Gesetz des Islam, aufzuzeigen. Al-Farabi gilt auch als Begründer der islamischen politischen Philosophie und Logik, und seine wissenschaftlichen Arbeiten umfassen Kommentare zu Euklids *Elementen* und Ptolemaios' *Almagest.* Seine Schrift zur Musik ist die früheste islamische Studie zu diesem Thema und den Werken im lateinischen Abendland weit überlegen. Al-Farabi war auch Komponist. Einige seiner Werke wurden bei den Riten der Sufi-Bruderschaften gespielt, manche haben sich bis heute bei den Derwisch-Orden in der Türkei erhalten.

Auch die Medizin war ein im Islam hoch geschätzter Wissenschaftszweig. Das zeigt sich in einem Hadith, der »Überlieferung«, die auf den Propheten Mohammed zurückgehen soll: »Das beste Geschenk Allahs ist Gesundheit. Jeder sollte dieses Ziel erreichen, indem er sie für jetzt und für die Zukunft bewahrt.«

Der erste bedeutende Autor der islamischen Medizin war Abu Bakr Muhammad ibn Zakariya al-Razi (um 854–um 930), lateinisch Rhazes, der in der persischen Stadt Ray geboren wurde. Im Orient wie im Okzident als Arzt berühmt, nannte man ihn auch »den arabischen Galen«. Er studierte in Ray und wurde dann Direktor des dortigen Krankenhauses. Als er später das Krankenhaus in Bagdad leitete, kamen die Studenten von weit her, um bei ihm zu lernen. Die meisten seiner angeblich 232 Werke sind verschollen, darunter auch alle philosophischen Abhandlungen. Überliefert sind einige Werke zur Medizin, etwa *Al-Hawi,* im Lateinischen *Continens* betitelt, das längste erhaltene arabische Werk zur Heilkunst, sowie die Abhandlung *Über die Pocken und Masern,* auf Lateinisch *De peste,* die in mehrere westeuropäische Sprachen übersetzt wurde und zwischen dem 15. und dem 19. Jahrhundert in 40 Ausgaben erschien. Al-Razis Schriften konzentrieren sich vor allem auf die Beobachtungsdiagnose und die Therapie, weniger auf eine theoretische Analyse der Krankheiten und deren Heilung. Titel wie *Über die Tatsache, dass sogar fähige Ärzte nicht alle Krankheiten heilen können* oder *Warum die Menschen Quacksalber und Scharlatane fähigen Ärzten vorziehen* zeigen, dass er sich der Grenzen und des möglichen Missbrauchs der Medizin durchaus bewusst war.

Eines von al-Razis Büchern, die *Spirituelle Physik,* befasst sich mit der Diagnose und Behandlung von Krankheiten, die den Körper und die Seele betreffen. Jedes Kapitel in diesem Buch behandelt eine von 20 psychosomatischen Erkrankungen; das 14. Kapitel »Über die Trunkenheit« endet mit einem arabischen Gedicht über die Übel des Trinkens:

Wann wird es in deiner Macht sein
die guten Dinge, die Gott regnen lässt, zu ergreifen,
seien sie auch nur eine Strecke von dir,
wenn du all deine Nächte mit Trinkgelagen
verbringst und morgens aufstehst
mit Dünsten des Trinkens in deinen Augen
und schwer von dessen Wind, kehrst du
vor Mittag zu deines Trinkers Segen zurück?

Auch für seine alchemistischen Schriften ist al-Razi bekannt, besonders für *Geheimnis der Geheimnisse.* Hier interessierte ihn weniger der esoterische philosophische Hintergrund der Alchemie als die konkreten chemischen Substanzen, Reaktionen und Laborausrüstungen. Zu den behandelten Substanzen gehört *naft,* das Petroleum, das in der heutigen Zeit für einige islamische Länder des Nahen Ostens die Hauptquelle ihres Reichtums ist. Er experimentierte zum Beispiel mit Öllampen, *nafata,* für die er sowohl Pflanzenöle als auch raffiniertes Petroleum als Brennstoff verwendete.

Al-Razis Arbeiten über Magie, Astrologie und Alchemie beeinflussten die ersten Naturphilosophen in Westeuropa. Eines seiner Werke mit dem Titel *Exorzismus, Faszinationen und Verzauberungen* beschreibt die Anwendung solcher okkulten Praktiken für die Verursachung und die Heilung von Krankheiten. Seine Leser begaben sich mit ihm auf die Suche nach dem Lebenselixier, dem Stein der Weisen, Talismanen und den magischen Eigenschaften von Pflanzen und Mineralien, die angeblich Krankheiten heilen konnten.

Der bedeutendste islamische Arzt der Generation nach al-Razi war Ali ibn al-Abbas al-Magusi (um 925–994), lateinisch Haly Abbas. Magusi bedeutet »Zoroastrier«, aber er selbst war Muslim aus der Gegend um Schiraz. Sein Hauptwerk *Kitab al-Maliki* (Königliches Buch), in lateinischer Übersetzung *Liber regius,* ist heute vor allem deshalb von Interesse, weil al-Magusi darin seine griechischen und arabischen Vorgänger, darunter al-Razi, würdigt.

Al-Magusi erkannte die Bedeutung der Psychotherapie für die Behandlung psychosomatischer Erkrankungen, wozu er auch den Liebeskummer zählte. Seine Forschungen zu Giften, ihren Symptomen und Gegengiften bildeten den Anfang der mittelalterlichen Toxikologie. In seiner allgemeinen Darstellung der Medikamente schrieb er auch über die Anwendung von Opiaten und über Probleme der Drogensucht und unterstrich die Rolle der Therapie mit chemischen Substanzen. Al-Magusi verurteilte Methoden der Schwangerschaftsverhütung und Medikamente zur Abtreibung, außer wenn die körperliche und geistige Gesundheit der Frau gefährdet war. Er stellte die höchsten Anforderungen an die medizinische Ethik und verwies seine Kollegen auf den Hippokratischen Eid.

Der persische Astronom Abd ar-Rahman as-Sufi (903–986) war im Abendland als Azophi bekannt. Über sein Leben und Wirken weiß man nur so viel, dass er mit den bujidischen Herrschern verbunden war, die Bagdad 945 einnahmen und über ein Jahrhundert lang Protektoren der abbasidischen Kalifen waren, die als reine Marionetten agierten. As-Sufis berühmtestes Werk ist sein *Buch der Fixsterne,* eine kritische Überarbeitung des Sternkatalogs des Ptolemaios auf der Grundlage eigener Beobachtungen. Mehrere Jahrhunderte lang war es ein Klassiker der arabischen Astronomie und

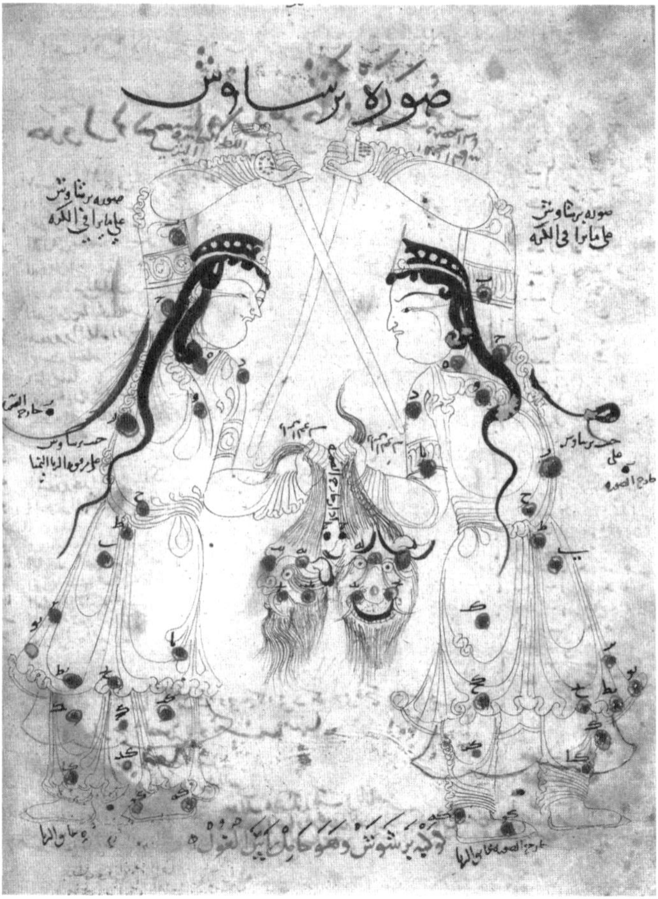

Die Fixsternkonstellation Perseus, abgebildet in as-Sufis *Abhandlung über die Konstellationen der Fixsterne* (arabische Handschrift, 10. Jhdt.).

setzte sich später in einer kastilischen Übersetzung im Abendland durch. Die traditionellen arabischen Namen der Sterne, die er verwendete, wurden von den meisten nachfolgenden islamischen Astronomen übernommen und gehören heute zum Fachwortschatz der Astronomie. Die illuminierten Handschriften des *Buchs der Fixsterne* zählen zu den schönsten der islamischen Wissenschaft:

Die Buchmalereien zeigen 48 Sternbilder, mit Tafeln, die Position, Helligkeit und Farbe der Sterne verzeichnen. Jede einzelne Konstellation ist in zwei gegenüberstehenden Ansichten abgebildet – so wie sie ein Betrachter auf der Erde sehen würde und wie sie für einen Betrachter außerhalb in der Himmelssphäre erschiene. Die mythischen Figuren sind in orientalische, nicht in griechische Kostüme gekleidet: Perseus im Sternbild seines Namens trägt ein fließendes arabisches Gewand, schwingt in der einen Hand ein Schwert und hält in der anderen den abgetrennten Kopf der Medusa an ihrem langen Haar.

Einige der renommiertesten Vertreter der islamischen Renaissance waren Universalgelehrte, die sich mit vielen verschiedenen Wissenszweigen befassten, einschließlich der Astronomie und gelegentlich auch der Astrologie.

Abu Raihan al-Biruni (973–1050) werden 146 Werke zugeschrieben, darunter Arbeiten zu Astronomie, Astrologie, Chronologie, Zeitmessung, Geographie, Geodäsie, Kartographie, Mathematik (einschließlich der Arithmetik, Geometrie und Trigonometrie), Mechanik, Medizin, Pharmakologie, Mineralogie (einschließlich Edelsteinen), Geschichte, Philosophie, Religion, Literatur und Magie, sowie genaue Beschreibungen seiner Beobachtungsinstrumente und Erfindungen. Vermutlich türkischer Abstammung, wurde er in Zentralasien in einer Choresm genannten Region (im heutigen Usbekistan) geboren und studierte bei dem Astronomen und Mathematiker Abu Nasr Mansur. Später diente er Sultan Mahmud von Ghazna (im heutigen Afghanistan) auf dessen Eroberungszügen in Zentralasien und nach Indien.

Das Wissen, das al-Biruni auf diesen Feldzügen erwarb, verarbeitete er in seinem wichtigsten Werk, *Das Buch Indiens*. Es ist ein Fundus an Informationen zu Geschichte, Geographie, Wissenschaft, Religion und an Forschungen über den Menschen und die Gesellschaft. Sein Werk war auch entscheidend für die Einführung der indischen Mathematik in der islamischen Welt, von wo aus dieses

Wissen später nach Europa gelangte. In *Chronologie orientalischer Völker* beschreibt er die Kalender und die religiösen Feste verschiedener Völker der Antike. Seine Schrift *Al-Quanun al-Mas'udi* (Mas'udischer Kanon) wurde zum Grundlagenwerk der islamischen Astronomie, so wie sein *Buch der Unterweisung in die Anfänge der Kunst der Sterndeutung* auf diesem Gebiet als Standardwerk diente. Dennoch betonte al-Biruni, dass er eigentlich nicht an die Astrologie glaubte, denn für ihn war in den exakten Wissenschaften kein Platz für das »Gebot der Sterne«.

Weitere Leistungen al-Birunis sind die genaue Messung des Erdumfangs, ein mechanischer Kalender zur Anzeige der Bewegung der Sonne und des Mondes unter den Tierkreiszeichen, ein Gerät zur genauen Messung der Dichte von Flüssigkeiten, ein mechanisches Triangulationsgerät zur Vermessung von Entfernungen, zum Beispiel der Breite eines Flusses oder der Höhe eines Minaretts, eine mathematische Methode zur Bestimmung der *Qibla*, der Richtung nach Mekka von jedem Punkt aus, eine Betrachtung zur Erdrotation sowie Beobachtungen zu technischen Prozessen wie dem Eisengießen, der Stahlherstellung, dem Abbau und der Reinigung von Gold, wobei letzteres und viele andere Verfahren im *Kitab al-Dschamahir* beschrieben sind. Doch al-Birunis Werke wurden nie ins Lateinische übersetzt, deshalb blieb sein Einfluss auf die nachfolgende Entwicklung der Naturwissenschaften in Europa gering.

Seine Überlegungen zu den Himmelsbewegungen sind äußerst interessant, denn er widerspricht Aristoteles' Lehre vom natürlichen Ort und von der natürlichen Bewegung und behauptet stattdessen, dass die Himmelskörper eine Schwerkraft (d.h. ein Gewicht) haben, obwohl sie sich auf kreisförmigen Umlaufbahnen und nicht zum Zentrum hin bewegen. Seine Überlegungen über die Himmelsbewegungen und andere Themen legt er in seinem Briefwechsel mit Abu 'Ali al-Husain ibn Sina dar, an den er mehrere Fragen richtete; die erste bezieht sich auf »die mögliche Schwere des

Himmels, seine Kreisbewegung und die Verneinung des natürlichen Ortes der Dinge«.

Ibn Sina (980–1037) wurde in der Nähe von Buchara (im heutigen Usbekistan) geboren und ausgebildet. Später lebte er in den persischen Städten Ray und Hamadan, wo er auch starb. Er soll rund 200 Werke verfasst haben, darunter eine Autobiographie, die sein Schüler al-Juzjani fertigstellte. Seine bekanntesten Werke sind der *Kanon der Medizin* und das *Buch des Heilens*, die beide auch Kapitel zu Logik, Ethik, Mathematik, Physik, Optik, Chemie, Biologie, Botanik, Geologie, Mineralogie, Meteorologie und Seismologie enthalten. Er befasste sich auch mit der Einteilung der Wissenschaften und erklärte die Philosophie zur »Königin der Wissenschaften«. Seine medizinischen Schriften wurden gemeinsam mit denen von al-Razi ins Lateinische übersetzt und galten bis ins 17. Jahrhundert an den medizinischen Fakultäten Europas als Grundlagenwerke. Der *Kanon der Medizin* war seiner Zeit weit voraus, denn es ging darin um Themen wie die Behandlung von Krebs, Umwelteinflüsse, die positiven Auswirkungen körperlicher Ertüchtigung und den Nutzen der Psychotherapie. Ähnlich wie al-Magusi erläuterte er auch den Zusammenhang zwischen emotionalen und körperlichen Zuständen einschließlich der Leiden des Liebeskummers.

Als erster muslimischer Wissenschaftler griff Ibn Sina die Impetustheorie von Johannes Philoponos wieder auf, ein Versuch zu erklären, warum sich ein Geschoss nach dem Abschuss weiterbewegt. Er beschreibt diesen Impetus als »geliehene Kraft«, die dem Geschoss von der Bewegungsquelle verliehen wird, »so wie dem Wasser von einem Feuer Hitze gegeben wird«.

Ibn Sina übte weitreichenden Einfluss auf die nachfolgende Entwicklung der Naturwissenschaften aus, sowohl in der islamischen Welt als auch im lateinischen Abendland, wo er unter dem Namen Avicenna als »Fürst der Ärzte« bekannt war. Seine Ideen, die platonische mit aristotelischen Auffassungen kombinierten, prägten das abendländische Denken des 13. Jahrhunderts, als aus den griechisch-arabischen Quellen eine neue Wissenschaft entstand.

Ibn Sinas einflussreichster Schüler war Sayyid Zayn al-Din Ismail al-Juzjani (gest. um 1070), der in der zentralasiatischen Region Choresm lebte. Sein Hauptwerk ist *Der Schatz, dem König von Choresm gewidmet*, eine auf Persisch verfasste medizinische Enzyklopädie, die auf Ibn Sinas *Kanon* aufbaut, der die Fachterminologie der Medizin wie auch der Pharmakologie festgelegt hatte. Weitere Schriften sind *Medizinische Memoranda* und *Die Ziele der Medizin*, die, wie auch der *Schatz*, die wichtigsten Quellen für die Vermittlung der medizinische Lehre des Ibn Sina und seiner Vorgänger waren. Al-Juzjani verfasste auch eine Schrift zur Astronomie, *Der Aufbau der Himmelssphären*, in der er sich mit Ptolemaios' umstrittenem Begriff »Äquant« auseinandersetzt. Wie im *Almagest* erklärt, ist der Äquant ein Punkt, um den sich die Planeten mit konstanter Geschwindigkeit bewegen; diese Vorstellung wiesen viele islamische Astronomen zurück.

Eine Ausnahmeerscheinung in der Geschichte der islamischen Mathematik war Abu'l Fath Umar ibn Ibrahim al-Hayyami (um 1048–um 1130), im Abendland als Omar Chajjam bekannt, der »Zeltmacher«. Hayyam wurde im persischen Nischapur geboren, kurz bevor die seldschukischen Türken einen großen Teil des früheren Abbasiden-Reiches eroberten und schließlich im Jahr 1055 in Bagdad einzogen.

Hayyams mathematisches Hauptwerk ist die *Algebra*, die als Höhepunkt der islamischen Forschung auf diesem Gebiet gilt und über al-Chwarizmi hinausgeht, indem sie kubische Gleichungen einbezieht. Auf die Lösung von quadratischen Gleichungen wandte er sowohl arithmetische als auch geometrische Methoden an, und für die Auflösung von kubischen Gleichungen fand er eine Konstruktion aus Kegelschnitten – ein Ansatz, mit dem Archimedes bereits experimentiert hatte. Als erster erkannte er auch die Äquivalenz zwischen Algebra und Geometrie, die Descartes schließlich im 17. Jahrhundert festschrieb.

Hayyam forschte auf dem Gebiet der Physik und erfand eine Wasserwaage, die lange Zeit unter seinem Namen bekannt war. Er arbeitete auch an einer Kalenderreform, die der seldschukische Sultan Malik Shah (reg. 1072–1092) angeordnet hatte. Der von ihm und seinen Kollegen geschaffene Dschalali-Kalender wird heute noch im Iran und in anderen Teilen der islamischen Welt verwendet. Auf diese Arbeit verweist er in einem der Vierzeiler aus *Rubaijat*, einem Gedichtband, für den er im Abendland wesentlich bekannter ist als für seine Mathematik.

> Ah, doch meine Berechnungen, sagen die Leute,
> Verringern das Jahr zur besseren Berechnung? Nein
> Vom Kalender wurde nur gestrichen
> Das ungeborene Morgen und das tote Gestern.

Die islamische Theologie erreichte ihren Höhepunkt mit Abu Hamid al-Ghazali (1058–1111), lateinisch Algazel. Sein wichtigstes Werk ist *Die Inkohärenz der Philosophen*, ein Angriff auf den Rationalismus der neuplatonischen und aristotelischen Physik und Metaphysik, in dem er einige von Ibn Sina und al-Farabi vertretene Ansichten kritisierte. Mit seinen Schriften wuchs die Beliebtheit der Mystik im Islam und demzufolge auch die Ablehnung der rationalen Philosophie und Naturwissenschaft. Der Niedergang der arabischen Wissenschaften, der im 12. Jahrhundert einsetzte, wird zuweilen auf den Einfluss al-Ghazalis zurückgeführt. Dennoch wurde auch in der Zeit danach, zumindest auf den Feldern der Mechanik und der Astronomie, weiterhin auf hohem Niveau gearbeitet und geforscht, vor allem in Zentralasien.

Man führte die archimedische Tradition fort, das belegen die Schriften von Abdarrahman al-Hazini, der in der ersten Hälfte des 12. Jahrhunderts in Merw, im heutigen Turkmenistan, wirkte. Eigentlich ein Sklavenjunge byzantinischer Herkunft, möglicherweise ein Kastrat, diente er unter Sanjar ibn Malik Shah als hoher Regierungsbeamter. Ibn Malik Shah war der erste Emir von Chorasan (reg. 1097–1118) und der spätere Sultan des seldschukischen Reiches (reg. 1118–1157). Während seiner Regentschaft entwickelte sich Merw zu einem Zentrum der Literatur und der Wissenschaften.

Al-Hazinis bekanntestes Werk ist *Das Buch des Gleichgewichts der Weisheit*, eine Enzyklopädie der mittelalterlichen Mechanik und Hydrostatik, mit Kommentaren zu den Schriften früherer Gelehrter zurück bis zu Euklid und Archimedes. Die Enzyklopädie behandelt unter anderem folgende Themen: Theorien zum Schwerpunkt, Messungen zur Wichte von 50 flüssigen wie auch festen Stoffen, die Bestimmung der Inhaltsstoffe einer Legierung und die Mechanismen der Schnellwaage und anderer Waagen, einschließlich der Wasserwaage des Umar Hayyam und einer anderen, die auf Archimedes zurückgehen soll. Die Enzyklopädie führt auch Messungsstandards ein, beschreibt die Kapillarwirkung sowie originelle mechanische *Automata*. Besonders interessant ist, dass al-Hazini die Erdanziehung als eine universelle Kraft behandelt, die alle irdischen Körper (aber nicht die Himmelskörper) zur Erdmitte anzieht, wobei sich die Anziehungskraft proportional zum Gewicht des Körpers verhält. Ebenso wusste er, dass auch Luft ein Gewicht hat und dass ihre Dichte mit der Höhe geringer wird.

Ein bedeutender Astronom war al-Hazini auch. *Sanjar Zij*, die astronomischen Tafeln, die er für den Sultan Sanjar ibn Malik Shah zusammenstellte, enthalten zudem interessante Angaben über verschiedene Kalender sowie Verzeichnisse mit den religiösen Feiertagen, Fastenzeiten, Herrschern und Propheten sowie Tabellen zu astrologischen Eigenschaften. Eine weitere Schrift zur Astronomie ist die *Abhandlung über die Instrumente*. Jeder der sieben Teile dieser Schrift ist einem astronomischen Instrument gewidmet und enthält Anweisungen für die Anwendung sowie Erklärungen des zugrunde liegenden geometrischen Prinzips.

Eine weitere Tradition der griechischen Wissenschaft, die in den spätmittelalterlichen islamischen Ländern florierte, war das Konstruieren von *Automata*. Herausragend auf diesem Gebiet waren die Erfindungen von Badi al-Zaman Abu'l Izz Ismail ibn al-Razzaz al-Dschazari (tätig um 1200), der in der Tradition von Ktesibios, Heron von Alexandria und Philon aus Byzanz stand.

Über al-Dschazaris Leben ist nur das bekannt, was er in der Einleitung zu seinem überlieferten Werk erwähnt. Dort heißt es, dass er das Buch im Dienst von Nasr al-Din geschrieben habe, dem Herrscher des turkmenisch-ortoqidischen Emirats mit seiner Hauptstadt Diyarbakir im südöstlichen Anatolien. Das überlieferte Werk trägt den Titel *Buch des Wissens von sinnreichen mechanischen Vorrichtungen* und war das Standardwerk der Mechanik und der *Automata* in der islamischen Welt.

Manche Erfindungen al-Dschazaris wurden später im Abendland wieder aufgegriffen, etwa das Kegelventil bei Leonardo da Vinci. Einige hatten konkrete Anwendungen, zum Beispiel Pumpen oder Schöpfwerke. Andere dienten zur Dekoration oder zur Unterhaltung, wie Springbrunnen, musikalische *Automata* und Wasseruhren sowie verschiedene Trinkgefäße, und alle wurden sie in Miniaturen illustriert.

Mit der Eroberung Bagdads durch die Mongolen unter Hülegü Khan, einem Enkel des Dschingis Khan, ging die Abbasiden-Dynastie im Jahr 1258 unter. Hülägü ließ den letzten Kalifen hinrichten, auch einen großen Teil der Bevölkerung Bagdads. Ganze Stadtteile wurden geplündert und zerstört, darunter die Große Moschee und die schiitische Goldene Moschee im Stadtteil Kadhimain. Chronisten zufolge wurden stapelweise Handschriften verbrannt, darunter viele aus dem Haus der Weisheit.

Nie wieder sollte Bagdad die Hauptstadt des Islam werden. Als Provinzstadt existierte es weiter und war den verschiedenen durchziehenden Eroberern ausgeliefert, bis es 1393 an Timur Lenk fiel. Von da an blieb islamischen Gelehrten nur die Erinnerung an den vergangenen Ruhm der abbasidischen Hauptstadt, die der Geo-

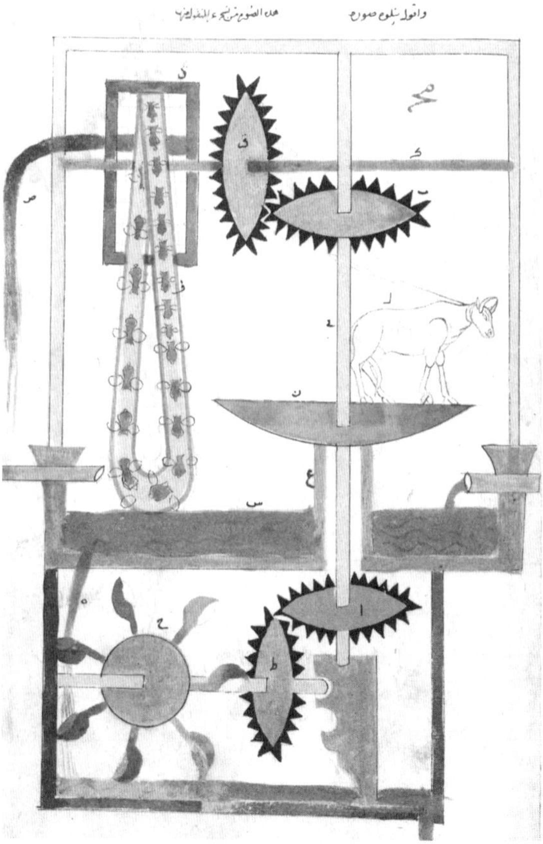

Ein Wasserfördergerät aus dem *Buch des Wissens über geniale geometrische Geräte* von al-Dschazari (arabische Handschrift, 14. Jhdt.).

graph Ya'qubi im 10. Jahrhundert in einem Loblied auf die Stadt Harun ar-Raschids mit den Worten pries: »Bagdad hat weder im Morgenland noch im Abendland seinesgleichen.«

7

KAIRO UND DAMASKUS

Nach 969 stieg Kairo zum kulturellen Zentrum des Islam auf. Es war die neue Hauptstadt der Dynastie der Fatimiden, die in den folgenden zwei Jahrhunderten Nordafrika, Ägypten und Syrien beherrschte. Unter den Kalifen al-Mu'izz (reg. 969–975), al-Aziz (reg. 975–996) und al-Hakim (reg. 996–1021) wurde das fatimidische Kalifat in Ägypten zum mächtigsten islamischen Staat der Welt. Kairo konnte es nun an Glanz mit Bagdad aufnehmen.

Das überdauernde Symbol der Fatimiden-Dynastie ist die grandiose al-Azhar-Moschee, 972 unter al-Mu'izz errichtet, aus der später die erste islamische Universität entstand, die es noch heute gibt. Die Entwicklung Kairos zur Kulturstadt war al-Hakim zu verdanken, dem Begründer des Dar al-'Ilm, des Hauses der Wissenschaft, einer Bibliothek, deren Ruhm nur von Bagdads Bait al-Hikma, dem Haus der Weisheit, übertroffen wurde. Al-Maqrizi zufolge, einem ägyptischen Historiker des 15. Jahrhunderts, hatte die Kairoer Bibliothek 40 Räume. Zu ihrer Sammlung gehörten 18 000 Handschriften, die sich mit der »Wissenschaft der Alten« befassten. Wie die antike Bibliothek in Alexandria war auch das fatimidische Dar al-'Ilm sowohl Forschungszentrum als auch Bildungsstätte, dort arbeiteten Mathematiker, Astronomen und Ärzte sowie Bibliothekare, Grammatiker, Lexikographen, Kopisten und Koranleser.

Der erste bedeutende islamische Wissenschaftler im fatimidischen Kairo war der Astronom Abd ar-Rahman ibn Yunus (gest. 1009). Er wurde in Fustat, dem Vorläufer von Kairo, geboren und erlebte die Eroberung Ägyptens durch die Fatimiden ebenso wie die Gründung der neuen Hauptstadt. 977, zwei Jahre nachdem al-Aziz Kalif geworden war, begann er mit seinen astronomischen Forschungen. 996, im Alter von elf Jahren, übernahm al-Hakim das Kalifat, und da er ein leidenschaftliches Interesse für die Astrologie hegte, förderte er Ibn Yunus, der seine Beobachtungen bis 1003 fortführte. In den letzten sechs Jahren seines Lebens arbeitete Ibn Yunus an der Fertigstellung der *Hakimitischen Planetentafeln*, die dem Kalifen al-Hakim gewidmet sind. Sie gelten als die genauesten astronomischen Tafeln, die die islamische Wissenschaft hervorgebracht hat, und ihre illuminierten Handschriften sollen in ihrer Schönheit denen von al-Sufi gleichen.

Ibn Yunus war auch ein bedeutender Astrologe. Die astrologischen Vorhersagen in seiner Abhandlung *Über die Erzielung des Verlangens* basieren auf den heliakischen Aufgängen des Sirius (d.h. den Aufgängen kurz vor Sonnenaufgang), wenn der Mond in jedem der zwölf Tierkreiszeichen steht, sowie auf dem Wochentag, mit dem das koptische Jahr anfängt.

Sein Zeitgenosse al-Musabbihi verfasste eine Biographie des Ibn Yunus, die in den Werken späterer Autoren erhalten ist. Die Biographie zeigt Ibn Yunus als Exzentriker, der nicht auf sein Äußeres achtete – die Leute in Kairo hielten ihn für wunderlich. Eines Tages, offenbar bei guter Gesundheit, erklärte er, dass er sieben Tage später sterben werde, schloss sich in sein Haus ein und begann seine Papiere zu ordnen. Dann rezitierte er den Koran unaufhörlich, bis zu seinem Tod, und zwar genau am vorhergesagten Tag. Sein Sohn verkaufte danach seine Handschriften pfundweise auf dem Seifenmarkt in Kairo.

Der bekannteste der im fatimidischen Kairo wirkenden Wissenschaftler war Abu 'Ali al-Hasan ibn al-Haitham (um 965 – um 1041), im Abendland Alhazen genannt. Ibn al-Haitham wurde in Basra im Irak geboren und studierte dort Mathematik und Naturwissenschaften, bevor er nach Ägypten ging.

Was die Einzelheiten seines Lebens nach dem Verlassen Basras betrifft, sind sich die Biographen uneinig. Ibn al-Qifti (gest. 1248) zufolge ging Ibn al-Haitham während der Regierungszeit von Kalif al-Hakim nach Ägypten, weil er dem Kalifen ein System zur Regulierung des Nils vorgeschlagen hatte. Bei seiner Ankunft in Ägypten war Ibn al-Haitham von den vielen antiken Bauwerken entlang des Nils zutiefst beeindruckt und ihm wurde rasch klar, dass die alten Ägypter, wenn es denn möglich wäre, solch ein Projekt zur Flussregulierung schon vor langer Zeit umgesetzt hätten. Obwohl er al-Hakim dies bei ihrem Zusammentreffen eingestand, bot ihm dieser einen Posten als Regierungsbeamter an. Aus Angst, den Kalifen zu beleidigen, einen blutrünstigen Tyrannen, der viele seiner Berater und Befehlshaber hatte hinrichten lassen, nahm Ibn al-Haitham die Stelle an. Er vermied jedoch jeglichen Kontakt mit al-Hakim und gab vor, geisteskrank zu sein, woraufhin man ihn in seinem Haus einsperrte. Dort blieb er bis 1021, als der Kalif eines Tages in die Wüste hinausritt und nie wieder gesehen ward. Daraufhin legte Ibn al-Haitham seine vorgeschobene Geisteskrankheit ab und ließ sich in der Nähe der Al-Azhar-Moschee nieder. Seinen Lebensunterhalt verdiente er, indem er unterrichtete und Abschriften von Euklids *Elementen* und Ptolemaios' *Almagest* anfertigte; gleichzeitig ging er seinen Forschungen nach.

Laut einem anderen Biographen, Ibn Abi Usaybi (gest. 1227), beschloss Ibn al-Haitham in späteren Jahren, den Rest der Menschheit zu ignorieren und sich stattdessen auf den sichersten Weg zur Erlangung der Gunst Gottes zu begeben, die Wahrheitssuche – ein Entschluss, den er auf »Glück oder göttliche Inspiration oder eine Art Verrücktheit« zurückführte. Zunächst widmete er sich dem Studium der Theologie, das er als fruchtlos empfand. So gelangte er zu der Überzeugung, dass nur »Lehren, deren Inhalt vernunftbezogen und deren Form rational« war, die Wahrheit enthielten. Solche Lehren, schloss er, waren in den Schriften des Aristoteles zu finden und in Werken zu Mathematik, Physik und Metaphysik. Ibn

Abi Usaybi gibt auch eine Liste von al-Haithams Werken bis zum 2. Oktober 1038, etwa drei Jahre vor seinem Tod, die aus 92 Titeln besteht, darunter alle 55 überlieferten Werke. Doch dieses Verzeichnis ist möglicherweise unvollständig, denn Ibn al-Qifti behauptet, ein Buch zur Geometrie zu besitzen, das Ibn al-Haitham vermutlich kurz vor seinem Tod beendet und 1040–1041 n. Chr. mit eigener Hand als A. H. 432 signiert hatte.

Ibn al-Haithams Werke zu Logik, Ethik, Politik, Lyrik, Musik und Theologie sind nicht erhalten, ebenso wenig seine Zusammenfassungen der Schriften von Aristoteles und Galen. Die überlieferten Werke befassen sich mit Gebieten, auf denen er – wie allgemein bestätigt – seine bedeutendsten und nachhaltigsten Leistungen erzielte: mit Astronomie, Mathematik und insbesondere Optik.

Ibn al-Haithams Meisterwerk, sein *Schatz der Optik*, gilt als eines der wichtigsten und einflussreichsten Werke der islamischen Wissenschaft und stellt gegenüber den antiken Griechen einen entscheidenden Fortschritt in der Erforschung des Lichts dar. Ende des 12. oder Anfang des 13. Jahrhunderts wurde die *Optik* unter dem Titel *Perspectiva* ins Lateinische übersetzt. Bis ins 17. Jahrhundert blieben die *Perspectiva* Gegenstand von Studien und Kommentaren und beflügelten das Studium der Optik im lateinisch geprägten Abendland.

In Buch I der *Optik* präsentiert Ibn al-Haitham seine allgemeine Theorie des Lichts und des Sehens. Diese beruht auf »Lichtstrahlen«, die geradlinig von jedem Punkt der Oberfläche eines leuchtenden Körpers auf einen entsprechenden Punkt in den Pupillen projiziert werden. Diese wiederum fungieren als Linsen, von denen die Sehnerven die »unverwechselbare Form« des Gegenstands an das Gehirn weiterleiten, das daraus ein Bild formt. Buch II enthält seine Erkenntnistheorie auf der Grundlage der Sehwahrnehmung, die für abendländische Philosophen des 14. Jahrhunderts von Einfluss war. In Buch III behandelt er das Binokularsehen und seine Störungen, zum Beispiel die Diplopie (Doppeltsehen). Die nächsten drei Bücher befassen sich mit der Katoptrik, d. h. den Phänomenen der Spiegelung, die schon Ptolemaios untersucht hatte, wenn auch nicht so detailliert und erschöpfend wie Ibn al-Haitham.

Das siebente und letzte Buch ist der Dioptrik gewidmet, Phänomenen der Lichtbrechung, die auch Ptolemaios schon untersucht hatte. Ausführlich beschreibt Ibn al-Haitham seine verbesserte Version von Ptolemaios' Instrument zur Bestimmung der Lichtbrechung und wendet dieses auf die Untersuchung der Brechung an ebenen und Kugelflächen mit Luft/Wasser-, Luft/Glas- und Wasser/Glas-Übergängen an. Die Ergebnisse seiner Experimente formuliert er zu acht Regeln über das Verhältnis von einfallendem und gebrochenem Strahl mit dem Einfallslot, d. h. mit dem senkrecht zur Oberfläche befindlichen Lot. Die letzten beiden Regeln besagen, dass ein dichteres Brechungsmedium das Licht zum Einfallslot hin bricht, während ein dünneres Medium es davon weg bricht. Wie schon Ptolemaios, so führte auch Ibn al-Haitham diese beiden Regeln darauf zurück, dass die Lichtgeschwindigkeit in dem dünneren Medium größer sei als in dem dichteren. Doch Ibn al-Haithams Theorie beruht auf einer neuen Methode: Die Lichtgeschwindigkeit wird in zwei unabhängige Komponenten aufgespalten, eine entlang des Einfallslots und die andere im rechten Winkel dazu, wobei sich die erste Komponente durch die Brechung veränderte, während die zweite konstant blieb. Dieses als »Parallelogrammmethode« bezeichnete Verfahren verwendeten verschiedene europäische Physiker seit dem 13. Jahrhundert zur Erforschung des Lichts wie auch der Bewegung.

Ibn al-Haitham bezieht sich auf die Arbeit eines älteren Zeitgenossen mit Namen Abu Sa'd al-'Ala Ibn Sahl, Autor einer kürzlich entdeckten Abhandlung zur Optik, die auf 983–985 datiert ist. Darin wie auch aus einem Verweis seitens Ibn al-Haithams wird deutlich, dass schon Ibn Sahl das Brechungsgesetz richtig angegeben hatte, das man in Europa erst im 17. Jahrhundert entdeckte.

Obwohl Ibn al-Haitham von Ibn Sahls Entdeckung wusste, wandte er sie nicht auf seine eigenen Forschungen zur Brechung an.

Außerdem sind von Ibn al-Haitham neun kleinere Werke zum Thema Licht überliefert: *Über das Licht des Mondes, Der Regenbogen und der Halo, Über runde Brennspiegel, Die Schattenbildung, Über das Licht der Sterne, Diskurs über das Licht, Die brennende Kugel, Die Sonnenstrahlen* und *Die Form der Eklipse.* Dieses ist von besonderem Interesse, denn darin beschreibt er die Camera obscura, die Lochkamera – die erste Erwähnung eines solchen Apparats, der letztendlich zur Entwicklung der Fotografie führte.

Überliefert sind auch 20 Schriften Ibn al-Haithams zur Astronomie, darunter das Buch *Über den Aufbau der Welt,* das ins Kastilische, Hebräische und Lateinische übersetzt wurde. Dieses Werk enthält die Darstellung des astronomischen Systems des Ptolemaios anhand eines physikalischen Modells statt einer mathematischen Theorie, eines Systems, das »den tatsächlich existierenden Zustand genauer beschreiben und leichter verständlich sein« sollte. Dazu bediente er sich des Modells der homozentrischen Sphären des Eudoxos und beschrieb es umfassend und klar, ohne unnötige technische Details, was dem Werk vermutlich zu seiner Beliebtheit verhalf.

Ebenfalls überliefert ist Ibn al-Haithams astronomische Schrift, die in der lateinischen Übersetzung *Dubitationes in Ptolemaeum* (Einwände gegen Ptolemaios) heißt, eine kritische Auseinandersetzung mit drei Werken des Ptolemaios: dem *Almagest,* den *Planetenhypothesen* und der *Optik.* Bezüglich des *Almagest* richtete sich Ibn al-Haithams Haupteinwand gegen den Äquanten, weil er doch nur die Tatsache verschleiere, dass sich die Planeten in Ptolemaios' Modell nicht mit gleichförmiger Geschwindigkeit um die Erde als Mittelpunkt bewegten.

Ibn al-Haithams Ruhm als Mathematiker gründet vor allem in seiner Lösung der sogenannten Alhazenschen Aufgabe in Buch V der *Optik.* Diese besteht darin, von zwei Punkten außerhalb eines

Kreises und in seiner Ebene Geraden zu ziehen, die am Kreisumfang zusammentreffen und an diesem Punkt mit dem Einfallslot, d.h. der Senkrechten, gleiche Winkel bilden. Dies führt zu einer Gleichung vierten Grades, die Ibn al-Haitam löste, indem er die Schnittpunkte eines Kreises und einer Hyperbel fand.

Neben den in der *Optik* enthaltenen mathematischen Analysen sind 20 Schriften ausschließlich zur Mathematik überliefert, die meist sehr kurz und von sehr unterschiedlicher Bedeutung sind. Eine der längsten und wichtigsten dieser Schriften trägt den Titel *Lösung der Schwierigkeiten in Euklids Elementen.* Darin versuchte er sich – wie vor und nach ihm andere islamische Mathematiker – unter anderem an der Lösung von Euklids fünftem Postulat, der Definition paralleler Geraden. Ein zweites längeres Werk, *Über die Analyse und Synthese,* erläutert die für das Finden und Beweisen von Sätzen und Konstruktionen notwendigen Methoden, indem es ihre Anwendungen in Arithmetik, Geometrie, Astronomie und Musik darstellt; besonderes Augenmerk liegt dabei auf der »wissenschaftlichen Intuition«.

Die fatimidische Herrschaft endete 1171 mit der Eroberung Kairos durch den berühmten kurdischen Kriegsherrn Salah al-Din ibn Ayyub, der in Europa als Saladin, Begründer der Ayyubiden-Dynastie, bekannt ist. Saladin (reg. 1171–1193) befestigte Kairo, indem er eine eindrucksvolle Zitadelle errichtete, die heute noch steht, wie auch die Festungsmauern, die zu seiner Zeit die Innenstadt umschlossen. Mit Ägypten als Machtbasis unterwarf er auch Syrien und Mesopotamien, besiegte die Kreuzfahrer 1187 in der Schlacht bei Hattin und eroberte Jerusalem für den Islam zurück.

Der führende Denker und Intellektuelle in Kairo zu Beginn der ayyubidischen Zeit war der jüdische Philosoph Rabbi Moses ben Maimon, im Abendland als Maimonides bekannt (1135–1204). Er wurde in Córdoba geboren, doch seine Familie zog bald darauf in die marokkanische Stadt Fes, wo er seine weltliche Bildung erhielt und an der muslimischen Universität Philosophie, Recht und Medizin studierte. 1166 ließ er sich in Ägypten nieder, zunächst in Alexandria und dann in Fustat in Kairo, wo er als Richter arbeitete und als inoffizielles Oberhaupt der Kairoer Juden fungierte.

Nach der Errichtung der Ayyubiden-Dynastie wurde Maimonides 1171 Leibarzt von Saladins Wesir Al-Fadr al-Baisami und später von Saladins Sohn und Nachfolger Sultan al-Aziz (reg. 1193–1198). Zugleich kümmerte er sich um die Kranken in Kairo, Muslime wie Juden. Neben seinen Pflichten als Jurist und Mediziner widmete er seine gesamte Freizeit dem Studium und dem Schreiben, so wie er es seit seiner frühen Jugend getan hatte.

Im Alter von nur 15 Jahren verfasste Maimonides seine erste Schrift, *Einführung in die Logik*, auf Arabisch, wie alle seine Bücher. Die einzige Ausnahme war die *Mischneh Tora*, eine auf Hebräisch geschriebene Kodifizierung des talmudischen Gesetzes in 14 Bänden, an der er zehn Jahre lang arbeitete und die er 1180 fertigstellte. Zu seinen früheren Schriften gehört ein astronomisches Werk mit dem Titel *Traktat über den jüdischen Kalender* (1158) und sein *Kommentar zur Mischna* (1168). Letzteres enthält neben der Behandlung des talmudischen Gesetzes auch reichliches Material zu naturwissenschaftlichen Themen aus Zoologie, Botanik und Naturgeschichte sowie zur Psychologie.

Im Jahr 1185 begann Maimonides mit der Arbeit an seinem eigentlichen Meisterwerk: *Wegweiser für die Verwirrten*, eine Erklärung der grundlegenden Theologie und Philosophie des Judentums, die er ungefähr fünf Jahre später beendete. Hier, so Maimonides, ist es seine Absicht zu zeigen, dass die rationale Philosophie nicht mit dem jüdischen Glauben im Widerspruch steht, sondern dem Gläubigen hilft, den höchsten Glückszustand zu erreichen – die Perfektion des Intellekts zum Zwecke der Kontemplation des Göttlichen.

Seine zahlreichen Briefe zeugen von der Bewunderung, die Maimonides für die Philosophen der griechischen Antike und des islamischen Mittelalters hegte, insbesondere Aristoteles, Platon, al-

Farabi, Ibn Sina und Ibn Baddscha, einen andalusischen Wissenschaftler. Die aristotelische Physik akzeptierte er für die irdische Welt, wenn auch nicht für das Himmelreich, von dem er glaubte, dass es sich jenseits des menschlichen Begriffsvermögens befand. Ein weitaus größeres Problem war jedoch für ihn der offensichtliche Widerspruch zwischen Aristoteles' astronomischem Modell der homozentrischen Sphären und Ptolemaios' mathematischer Theorie der Epizykel, Exzentrik, Deferenten und Äquanten, und kein einziger Versuch der islamischen Philosophen und Astronomen, die sich um eine Lösung dieser Fragen bemühten, konnte ihn überzeugen.

Zwei hebräische Übersetzungen des *Wegweisers für die Verwirrten* entstanden kurz nach dessen Fertigstellung, die eine von Samuel ibn Tibbon und die andere von al-Harizi. In den nächsten drei Jahrhunderten sollte das Buch bei den philosophischen Auseinandersetzungen im Judentum eine zentrale Rolle spielen, wobei Maimonides' Anhänger seine Ideen vehement gegen seine Kritiker verteidigten, von denen einige das Buch verbieten lassen wollten.

Im 13. Jahrhundert wurde der *Wegweiser für die Verwirrten* ins Lateinische übersetzt und beeinflusste die damals aufkommende sogenannte scholastische Philosophie, wie in den Werken des Thomas von Aquin ersichtlich. Sogar noch zu Lebzeiten Spinozas (1632–1677) war der *Wegweiser für die Verwirrten* in Westeuropa von Bedeutung: Spinoza, auch wenn er Maimonides heftig kritisierte, teilte dessen Auffassung, dass vollkommener Frieden auf Erden durch die Vernunft zu erreichen sei, denn so werde, wie Spinoza glaubte, das messianische Zeitalter anbrechen.

Maimonides schrieb auch zahlreiche Abhandlungen zur Medizin, insbesondere über die Ernährung, psychologische Behandlungen und die Anwendung von Medikamenten, und zehn dieser Werke sind erhalten. Wie alle Ärzte des Mittelalters fühlte er sich Galen verpflichtet. Dennoch führte er in seinen *Medizinischen Aphorismen* 40 Widersprüche in den Schriften Galens auf, den er auch wegen seines Unwissens auf dem Gebiet der Philosophie und Theologie tadelte.

Arabische Quellen bezeichnen Maimonides als einen der bedeutendsten Mediziner aller Zeiten, insbesondere wegen seines Könnens bei der Behandlung psychosomatischer Erkrankungen. In einem arabischen Lobgesang heißt es: »Galens Medizin ist nur für den Körper, aber die von [Maimonides] ist sowohl für den Körper als auch für die Seele.«

Maimonides war nicht der einzige Gelehrte in der islamischen Welt, der von West nach Ost zog. Der Pharmakologe und Botaniker Ibn al-Baitar (um 1190–1248) wurde in Malaga geboren und studierte in Sevilla, bevor er nach Kairo zog; er starb in Damaskus. Während seines Aufenthalts in Kairo diente Ibn al-Baitar unter dem Ayyubiden-Sultan al-Kamil (reg. 1218–1238) und dessen Sohn und Nachfolger al-Salih (reg. 1240–1249) als oberster Naturheilkundler.

Ibn al-Baitars Arbeiten zur Pharmakologie stützen sich auf die Schriften von Dioskurides und Galen sowie auf die Arbeiten seiner arabischen Vorläufer. Seine beiden bekanntesten Werke sind *Al-Mughni,* das einfache Medikamente für verschiedene Krankheiten beschreibt, und *Al-Jami,* eine alphabetische Liste von ungefähr 1400 Medikamenten auf der Grundlage seiner eigenen Forschungen und der Erkenntnisse seiner griechischen und arabischen Vorgänger. Ibn al-Baitars wichtigster Beitrag bestand in der Systematisierung der 300–400 Medikamente, die arabische Wissenschaftler zu den rund 1000 seit der Antike bekannten hinzugefügt hatten. *Al-Jami* wurde vom Arabischen ins Armenische übersetzt und war deshalb im Orient unter Muslimen wie auch unter Christen äußerst erfolgreich, aber im Abendland war es kaum bekannt.

Die Ayyubiden-Dynastie hielt sich bis zum Jahr 1250, als der Sultan von den Mamelucken gestürzt wurde, türkischen Militärsklaven, die im ägyptischen Heer die Oberhand gewonnen hatten. In einer großen Schlacht in Syrien acht Jahre später schlug der mameluckische General Baibars die Mongolen vernichtend. Es war die erste größere Niederlage für die Nomaden aus Zentralasien, die sich daraufhin nach Anatolien zurückzogen und Ägypten nie wieder bedrohten. Bei seiner Rückkehr nach Ägypten ermordete Baibars den Sultan Qutuz und riss den Thron an sich. Es war der Beginn einer der längsten und ereignisreichsten Regentschaften (1260–1276) in der Geschichte der Mamelucken-Dynastie, die bis zu ihrer Beseitigung durch die osmanischen Türken 1517 andauerte.

Sultan Baibars' Leibarzt war Ala al-Din ibn an-Nafis (um 1208–1288), der in Transoxanien geboren wurde und in Damaskus Medizin studierte. Neben seiner Tätigkeit als Leibarzt lehrte Ibn an-Nafis auch Recht an der al-Masruriyya-Schule in Kairo. Während man ihn im Islam als den »zweiten Ibn Sina« bezeichnete, waren sich westliche Historiker seiner Bedeutung als Arzt meist nicht bewusst, weil viele seiner medizinischen Schriften bis vor kurzem unbekannt waren. Sein *Kitab al-Shamil fi l'Sinaa al-Tibbiyya* (Umfassendes Buch über die Kunst der Medizin), ein 80-bändiges Kompendium, das er im Alter zwischen 30 und 40 verfasste, galt als verschollen, bis man 1952 Fragmente eines Bandes in der Bibliothek der Cambridge University fand; drei weitere Bände wurden in der medizinischen Bibliothek an der Stanford University entdeckt, von denen einer auf 1243/4 datiert ist. In einem der interessantesten Teile dieser Fragmente beschreibt Ibn an-Nafis minuziös seine chirurgischen Techniken, gibt Beispiele für spezifische Operationen und erörtert die Pflichten des Chirurgen sowie die Beziehung zwischen Ärzten, Krankenpflegern und Patienten.

Ibn an-Nafis ist der Entdecker des sogenannten kleinen Blutkreislaufs – dem zwischen Herz und Lunge. Dass ihm diese Entdeckung gelang, war bis 1924 unbekannt. Damals fand der ägyptische Arzt Dr. Muhyi el-Din Tatawi eine Handschrift mit dem Titel *Die Epitome des Kanons*, eine Einführung in das Werk von Ibn Sina, in der Ibn an-Nafis erstmals den Lungenkreislauf beschreibt.

Es ist durchaus möglich, dass europäische Mediziner durch eine

Übersetzung von Andrea Alpago aus Belluno (gest. 1520) von dieser Entdeckung erfuhren. Als erster Europäer schrieb Michael Servet[us] (um 1510–1553) über den kleinen Blutkreislauf, ein Arzt und Theologe aus Aragon, den Calvin wegen seiner unorthodoxen religiösen Auffassungen verurteilte und der in Genf auf dem Scheiterhaufen starb. Die endgültige Theorie des Blutkreislaufs legte der englische Arzt William Harvey (1578–1657) in seinem Werk *Exercitacio anatomica de motu cortis et sanguinis* vor, das 1628 veröffentlicht wurde und gemeinhin als Beginn der modernen Medizin gilt.

Der Nachfolger des Ibn an-Nafis war sein Schüler Ibn al-Quff, der sich als Chirurg und Autor verdient machte; seine bekannteste Abhandlung trägt den Titel *Der Pfeiler betreffs der Kunst der Chirurgie*. Ibn al-Quff gilt als der Erste, der die Existenz von Kapillaren im Blutkreislauf ableitete. Im Jahr 1661 gelang es Marcello Malpighi aus Bologna (1628–1694) als dem ersten europäischen Wissenschaftler, mit Hilfe eines Mikroskops die Kapillaren nachzuweisen und ihre Funktion im Blutkreislauf zwischen den Arterien und Venen zu erklären.

Während der Mameluckenzeit war Damaskus die zweitgrößte Stadt des Reiches. In der zweiten Hälfte des 14. Jahrhunderts machte es Kairo sogar seinen Ruf als Zentrum der Wissenschaft streitig, als es einen der berühmtesten Astronomen in der Geschichte der islamischen Wissenschaften hervorbrachte, Ibn asch-Schatir (um 1305–um 1375).

Ibn asch-Schatir wurde vermutlich um 1305 in Damaskus geboren. Als er sechs Jahre alt war, starb sein Vater und er wuchs bei seinem Großvater auf, der ihm die Kunst der Elfenbeinintarsien beibrachte. Mit ungefähr zehn Jahren zog er zum Studium der Astronomie nach Kairo, wo ihn die Arbeit von Abu Ali al-Marrakuschi inspirierte, der um 1280 ein Kompendium zur mathematischen Astronomie und zu den mathematischen Instrumenten verfasst hatte.

Nach Abschluss seines Studiums kehrte Ibn asch-Schatir nach

Damaskus zurück, wo er zum ersten Astronomen der Umayyaden-Moschee ernannt wurde. Seine wichtigste Aufgabe war die genaue Bestimmung der fünf täglichen Gebetszeiten sowie von Beginn und Ende des heiligen Monats Ramadan. Darüber hinaus konstruierte er astronomische Instrumente und stellte Beobachtungen und Berechnungen für astronomische Tafeln an.

Die ersten Tafeln des Ibn asch-Schatir, die allerdings nicht überliefert sind, beruhten offenbar auf eigenen Beobachtungen, auf die er das gängige ptolemäische Modell zur Berechnung der Angaben für Sonne, Mond und Planeten anwendete. Doch in seinem späteren Werk *Kitab nihayat al-sul fi tashih al-usul* (Endgültige Untersuchung zur Richtigstellung von Prinzipien) entwickelte er ein neues Planetenmodell, das sich deutlich von dem des Ptolemaios unterscheidet und auf Grundlage dessen er dann in *al-Zij al-Jadid* (Neues astronomisches Handbuch) neue Tafeln erstellte. Im Vorwort berichtete er über den Anstoß zu diesem Werk: Er hatte die Bücher früherer islamischer Astronomen gelesen, die zwar Zweifel am ptolemäischen Planetenmodell geäußert hatten, aber es war ihnen nicht gelungen, eine alternative Theorie zu formulieren.

> Deshalb bat ich den allmächtigen Gott um Inspiration und mir dabei zu helfen, Modelle zu finden, die das Erforderliche leisten würden, und Gott – er sei gelobt und gepriesen, alle Lobpreisung und Dank gilt ihm – machte es mir möglich, ein universales Modell für die Planetenmodelle in Längenkreis und Breitenkreis zu erfinden und alle anderen Eigenschaften ihrer Bewegungen, Modelle, die – dank Gott – frei waren von den Zweifeln, mit denen frühere Modelle behaftet waren.

Ibn asch-Schatirs neues Planetenmodell verwendete zusätzliche Epizykel anstelle der von Ptolemaios verwendeten Äquanten, exzentrischen Deferenten und Epizykeln. Ihm ging es dabei vor allem darum, dass sich die Planeten in gleichförmigen Kreisbewegungen auf ihren Umlaufbahnen bewegen konnten, und weniger darum, die Theorie an seine Beobachtungen anzunähern. Hinsichtlich der

Sonne brachte dieses Modell keinerlei Verbesserung gegenüber der ptolemäischen Theorie, doch was den Mond angeht, war es eindeutig überlegen.

Es gibt keinen Hinweis darauf, dass nach Ibn asch-Schatir ein arabischer Astronom eine neue, vom ptolemäischen Modell abweichende astronomische Theorie formuliert hätte. *Al-Zij al-Jadid* war mehrere Jahrhunderte lang in Damaskus richtungsweisend, und es war Gegenstand von Kommentaren und Überarbeitungen, von denen eine zur Anwendung in Kairo übernommen wurde. Diese war so beliebt, dass noch Mitte des 19. Jahrhunderts in Kairo ein Kommentar dazu veröffentlicht wurde. Untersuchungen, die Wissenschaftshistoriker 1957 begannen, haben gezeigt, dass sich das Mondmodell des Ibn asch-Schatir kaum von dem 1543 von Kopernikus verwendeten Modell unterschied, auch wenn die Forschung bisher keinerlei Aufschluss darüber geben konnte, wie die neue astronomische Theorie im Lauf von 200 Jahren von Damaskus nach Polen gelangt war.

8

AL-ANDALUS, DAS MAURISCHE SPANIEN

Die muslimische Eroberung der Iberischen Halbinsel begann im Frühjahr 711, als Musa ibn Nusair, der arabische Gouverneur des Maghreb im nordwestlichen Afrika, ein Heer unter Befehl von Tariq ibn Ziyad über die Straße von Gibraltar sandte. Die Iberische Halbinsel befand sich damals unter westgotischer Herrschaft; ihr König Roderich wurde besiegt und im Juli 711 von Tariq getötet, der daraufhin Córdoba und Toledo, die Hauptstadt des Westgotenreichs, eroberte.

Musa überquerte die Straße von Gibraltar mit einem noch größeren Heer, und nachdem er Sevilla und andere Festungen und Städte eingenommen hatte, schloss er sich Tariq in Toledo an. Der Umayyaden-Kalif rief Musa daraufhin nach Damaskus zurück und überließ die eroberten Territorien seinem Sohn Abd al-Aziz. In den drei Jahren als Statthalter (712–715) dehnte dieser seine Herrschaft über fast die gesamte Iberische Halbinsel aus, die bei den Arabern Al-Andalus genannt wurde.

Der erste abbasidische Kalif, Abu'l-Abbas al-Saffah (reg. 749–754), versuchte seine Macht zu konsolidieren, indem er alle Mitglieder der Familie der Umayyaden niedermetzelte, doch einem von ihnen, dem jungen Prinzen Abd ar-Rahman, gelang die Flucht in den Maghreb und dann auf die spanische Halbinsel, wo er sich 756 in Córdoba niederließ und den Titel *Amir* (Emir) annahm. So begann dort die Umayyaden-Dynastie, die Al-Andalus bis 1031 regieren sollte. Abd ar-Rahman I. (reg. 756–788) machte Córdoba zu seiner Hauptstadt und errichtete in den Jahren 784–786 die Große Moschee, die von seinen Nachfolgern umgebaut und erweitert wurde.

Ihren Höhepunkt erreichte die Umayyaden-Dynastie in Al-Andalus unter Abd ar-Rahman III. (reg. 912–961), der 912 den Titel eines Kalifen annahm, um gegenüber dem Abbasiden-Kalifat im Orient die Unabhängigkeit seines Landes Al-Andalus zu unterstreichen. So begann das goldene Zeitalter des muslimischen Córdoba, das bei arabischen Chronisten als »Andalusiens Braut« bekannt wurde – und das Roswitha von Gandersheim als »Zierde der Welt« beschrieb. Das goldene Zeitalter währte auch unter dem Sohn und Nachfolger von Abd ar-Rahman, al-Hakam II. (reg. 961–976), und seinem Enkel Hischam II. (976–1009), der eine Marionette seines Wesir al-Mansur, lateinisch Almansor, war.

Für den Bau der prächtigen Palaststadt von Madinat az-Zahra, »die Glänzende«, wählte Abd ar-Rahman einen Standort außerhalb Córdobas. In Córdoba ließ Al-Hakam eine der größten Bibliotheken der islamischen Welt erbauen, die denen in Bagdad und Kairo gleichkam. Die Bibliothek des Kalifen wie auch die weiteren 27 freien Schulen, die er in der Hauptstadt gründete, trugen Córdoba den Ruf einer Stadt der Gelehrsamkeit ein, der sich in ganz Europa verbreitete und christliche Gelehrte wie auch Muslime anzog, ganz abgesehen von den unter islamischer Herrschaft lebenden Juden. Der maghrebinische Historiker al-Maqqari schrieb später über das Córdoba des 10. Jahrhunderts: »In vier Dingen übertrifft Córdoba die Hauptstädte der Welt. Darunter sind die Brücke über den Fluss und die Moschee. Das sind die ersten beiden; das dritte ist Medina Azahara; aber das größte aller Dinge ist das Wissen – und das ist das vierte.«

Nach al-Mansurs Tod 1002 ging das Kalifat an verschiedene Anwärter in den wichtigsten Städten von Al-Andalus und wurde 1031 schließlich vollständig abgeschafft. Dem Fall des Kalifats folgte ein Zeitraum von 60 Jahren, in dem Al-Andalus in ein Mosaik von kleinen muslimischen Staaten zerfiel. Dies gestattete es den christlichen Königreichen im Norden der Halbinsel, nach Süden vorzurücken und damit die später als Reconquista bezeichnete Rückeroberung einzuleiten. Im Jahr 1085 errangen die Christen ihren ersten größeren Sieg, als Alfons VI. (reg. 1072–1109), König von Kastilien und León, Toledo eroberte.

Die Einnahme Toledos führte dazu, dass die muslimischen Fürsten den Almoraviden-Herrscher in Marokko, den mächtigen Yusuf ibn Taschfin (reg. 1061–1106), um Hilfe ersuchten. Yusuf drang 1086 in Al-Andalus ein, besiegte Alfons' Heer, und verhinderte auf diese Weise, dass der Süden wieder in christliche Hände fiel. So erlangten die Almoraviden in Al-Andalus die Vorherrschaft, die bis Mitte des 12. Jahrhunderts andauerte, als sie durch eine andere mächtige Dynastie im Maghreb, die Almohaden, verdrängt wurden. Während der Regentschaft von Abd al-Mu'min (reg. 1130–1163) weiteten die Almohaden ihre Macht über den gesamten Maghreb und Al-Andalus aus. 1212 erlitten die Almohaden eine schwere Niederlage gegen die vereinigten christlichen Königreiche, die innerhalb der nächsten 50 Jahre die größten muslimischen Städte in Al-Andalus eroberten und im Jahr 1236 Córdoba einnahmen. Das Königreich der Nasriden in Granada war fast das einzige, das vom muslimischen Spanien übrig blieb, bis es durch Ferdinand II. von Aragon und Isabella von Kastilien, die »katholischen Könige« erobert wurde; sie vertrieben die letzten Mauren aus Spanien.

Die Entwicklung der Wissenschaft in Al-Andalus nahm mit Abd ar-Rahman II. (reg. 822–852) ihren Ausgang, der einen Agenten in den Orient schickte, um dort Bücher zu erwerben. Nach Aussage eines anonymen maghrebinischen Chronisten befanden sich darunter auch astronomische Tafeln sowie Werke zu Astronomie, Philosophie, Medizin und Musik. Der Emir interessierte sich sehr für Astronomie und Astrologie, möglicherweise ausgelöst durch eine totale Sonnenfinsternis am 17. September 833, die die Menschen in Córdoba so in Angst und Schrecken versetzt hatte, dass sie sich rasch in der Großen Moschee versammelten und zu Allah um Erlösung beteten.

Der Hofdichter und Astrologe des Emirs war Abbas ibn Firnas (gest. 887), der eine Fassung von al-Chwarizmis astronomischen Tafeln einführte, den *Zij al-Sindhind*. Im Auftrag des Emirs erbaute Ibn Firnas in Córdoba eine Sternwarte mit einem Planetarium, einer Weltmaschine und einer Wasseruhr, die die Gebetszeiten anzeigte. Er unternahm auch Flugversuche, indem er mit einem Flugapparat aus eigener Konstruktion vom Dach des Rusafa-Palasts sprang. Offenbar gelang es ihm, eine gewisse Strecke zu gleiten, doch bei der harten Landung wurde er verletzt. Seine Kritiker führten dies darauf zurück, dass er nicht berücksichtigt hatte, wie die Vögel ihre Schwanzfedern zur Landung auf einem Ast einsetzen.

Córdoba war im 10. Jahrhundert für seine Medizinschule berühmt, die der jüdische Arzt Chasdai Ben Shaprut leitete, Wesir Abd ar-Rahmans III. und späterer Leibarzt Hischams II. Chasdai leitete zudem die Übersetzungsaktivitäten und versah im Namen des Kalifats diplomatische Aufgaben. Dazu gehörte auch die Begrüßung eines Botschafters aus Konstantinopel, der Hauptstadt des Byzantinischen Reiches, im Jahr 949. Der Gesandte überbrachte Geschenke des Kaisers Konstantin VII. Porphyrogennetos (reg. 913–959) an Abd ar-Rahman III., darunter eine prachtvolle griechische Handschrift von Dioskurides' Abhandlung *De materia medica*.

In Córdoba konnte niemand ausreichend Griechisch, um die Handschrift zu lesen, deshalb richtete es der Botschafter so ein, dass ein byzantinischer Mönch namens Nikolaus nach Córdoba entsandt wurde. Gemeinsam mit einem griechischsprachigen Araber aus Sizilien traf er im Jahr 951 ein. Nikolaus und der Araber erläuterten dort einer Gruppe von Gelehrten unter der Leitung von Chasdai das Werk des Dioskurides und begründeten damit das Studium der Pharmakologie in Al-Andalus. *De materia medica* wurde später aus dem Arabischen ins Lateinische übersetzt und im christlichen Europa für die Ausbildung von Apothekern und Ärzten verwendet.

Die wichtigste Informationsquelle über die Medizinschule in Córdoba ist Ibn Gulgul al-Andalusi (944–um 994), der im Alter von 14 bis 24 Jahren dort Medizin studierte. Sein Werk *Generationen von Ärzten und Weisen* ist die vollständigste vorhandene Überblicksdarstellung über die Geschichte der Medizin, die auf Arabisch verfasst wurde. Darin berichtet er, dass die meisten der bis zur Zeit Abd ar-Rahmans III. in Al-Andalus praktizierenden Mediziner Mozaraber waren, also Christen, die unter arabischer Herrschaft lebten und ihr Wissen hauptsächlich aus »einem der Bücher der Christen, die übersetzt wurden«, bezogen – eben dem Buch des Dioskurides.

Ibn Gulgul schrieb auch eine Abhandlung über Dioskurides' *De materia medica*, vermutlich anhand der aus Konstantinopel gesandten Handschrift. Die Arbeiten Ibn Gulguls blieben in Al-Andalus über Jahrhunderte bekannt; eine davon wurde möglicherweise ins Lateinische übersetzt, denn Albertus Magnus zitiert aus einem Text, den er einem gewissen »Gilgil« zuschreibt, vermutlich eine Verfälschung von »Gulgul«.

Der Mediziner Abu'l Qasim al-Zahrawi (um 936-um 1013), lateinisch Albucasis, war ein Zeitgenosse von Ibn Gulgul. Er lebte in der Residenz Madinat az-Zahra bei Córdoba, und seine Familie stammte von den arabischen Kriegern ab, die Al-Andalus ursprünglich erobert hatten. Sein einziges bekanntes Werk ist das *Kitab al-Tasrif*, eine medizinische Enzyklopädie in 30 Bänden, die er um das Jahr 1000 beendete und die seine fast 50-jährige ärztliche Berufserfahrung spiegelt. Die Enzyklopädie behandelt alle Aspekte der Medizin, zum Beispiel: die Konstruktion und Herstellung von chirurgischen Instrumenten, Geburtshilfe, pharmazeutische Präparate, Ernährung, Hygiene, medizinische Terminologie, Maße und Gewichte, medizinische Chemie, Anatomie und Physiologie des Menschen, Therapeutik und Psychotherapie. Al-Zahrawi legte besonderen Wert auf den Umgang mit den Kranken und das Verhältnis zwischen Arzt und Patient: »Nur durch wiederholte Besuche am Krankenbett kann der Arzt den Fortschritt der medizinischen Behandlung verfolgen.«

Al-Zahrawi war auch ein Pionier bei der Anwendung von Medikamenten in der Psychotherapie, und er stellte ein Medikament auf der Basis von Opium her, das er wie folgt beschrieb: »ein Bringer von Freude und Frohsinn, denn es entspannt die Seele, vertreibt trübsinnige Gedanken und Sorgen, mäßigt das Temperament und hilft gegen Melancholie.«

Die Entwicklung der Astronomie in Al-Andalus beginnt mit der Arbeit des Abu Maslama al-Madschriti, der in Madrid geboren wurde und in Córdoba studierte, wo er 1007 starb. Gemeinsam mit seinem Studenten Ibn al-Saffar (gest. 1034) verbesserte er die astronomischen Tafeln von al-Chwarizmi und adaptierte sie für den Breitengrad von Córdoba, ein Werk, das in einer lateinischen Übersetzung von Adelard von Bath im christlichen Europa bekannt wurde. Zwei weitere überlieferte Werke von al-Madschriti sind die *Kommerzielle Arithmetik* und die kurze *Abhandlung über das Astrolabium*, während seine arabische Übersetzung von Ptolemaios' *Planisphaerium* in der lateinischen Fassung von Hermann von Kärnten überliefert ist. Ibn Sa'id aus Toledo, ein Historiker des 11. Jahrhunderts, berichtet über al-Madschriti: »er widmete sich der Beobachtung der Himmelskörper und dem Verständnis des Buches von Ptolemaios mit dem Titel *Almagest*« und er war »der Autor einer Zusammenfassung des Teils von al-Battanis Tabelle, der die Gleichung der Planeten betrifft«.

Ein weiteres Werk, das al-Madschriti zugeschrieben wird, ist *Ghayat al-Hakim* (Das Ziel der Weisen), das 1256 im Auftrag Alfons' X., des Königs von Kastilien, ins Kastilische übersetzt wurde. Unter dem Titel *Picatrix* wurde es später ins Lateinische übertragen, einer Verfälschung von Buqratis, dem arabischen Namen des Hippokrates, in der Annahme, dass dieser und nicht al-Madschriti der

Verfasser war, der auf der Titelseite als »sehr weise«, »ein Philosoph«, »äußerst fähig in der Mathematik« und »sehr gebildet in der Kunst der Nekromantik« beschrieben wird.

Picatrix ist »ein Kompendium der Magie, der Kosmologie, der astrologischen Praxis und der esoterischen Weisheit im Allgemeinen« und vermittelt »das vollständigste Bild des Aberglaubens im Islam des 11. Jahrhunderts«. In seinem Werk *A History of Magic and Experimental Science* (Geschichte der magischen und experimentellen Wissenschaft) widmet Lynn Thorndike dem *Picatrix* ein ganzes Kapitel und beschreibt es als »eine konfuse Zusammenstellung von Auszügen aus okkulten Schriften und ein Sammelsurium von zahllosen magischen und astrologischen Rezepten«.

Al-Madschriti hatte mehrere Schüler, die sein wissenschaftliches wie auch sein magisches Wissen in Al-Andalus und darüber hinaus verbreiteten. Die bekanntesten waren Ibn al-Samh aus Granada (gest. 1035), al-Kirmani aus Saragossa (gest. 1055) und Ibn al-Saffar. Offensichtlich gelangte dieses Wissen auch in die ostislamische Welt, denn fast 400 Jahre später erwähnte ihn Ibn asch-Schatir aus Damaskus als einen der Gelehrten, deren astronomisches Modell sich von der üblichen ptolemäischen Theorie unterschied.

Der führende Astronom im Jahrhundert nach al-Madschriti war Ibn Muadh al-Jayyani (gest. 1093), dessen Nachname darauf verweist, dass er aus Jaén, östlich von Córdoba, stammt. Sein bekanntestes Werk sind die *Tabulae Jahen*, ein astronomisches Tafelwerk auf der Grundlage von al-Chwarizmis *Zij al-Sindhind*, angepasst auf die geographische Länge von Jaén. Diese Tabellen bedeuteten gegenüber dem *Sindhind* eine Verbesserung, denn er berücksichtigte die Präzession der Äquinoktien, die Al-Chwarizmi unbeachtet ließ, und er wandte die Fortschritte in den astronomischen Theorien von al-Biruni und den anderen Vorgängern darauf an. Die *Tabulae Jahen* geben auch detaillierte Anweisungen für so praktische Dinge wie die Bestimmung der Gebetszeiten, der Gebetsrichtung nach Mekka, des Beginns der islamischen Monate und die Erstellung von

Horoskopen; so war es für die Astronomen der Moscheen eine nützliche Handreichung.

Zu Ibn Muadhs weiteren Arbeiten gehören Schriften zu Astronomie und Mathematik. In der Astronomie schrieb er eine Abhandlung zur Dämmerung und zur falschen Dämmerung, die in lateinischer Übersetzung vom Mittelalter bis in die Renaissance Anwendung fand. Eines seiner mathematischen Werke beschäftigt sich mit der sphärischen Trigonometrie, ein weiteres mit dem Titel *Über Ratio* verfasste er, »um zu erklären, was aus dem fünften Buch von Euklids Schriften möglicherweise nicht klar ist, denen, die damit nicht zufrieden sind«.

Ins christliche Europa gelangte Ibn Muadhs Abhandlung zur sphärischen Trigonometrie auf indirektem Wege, nämlich über ein Werk von Dschabir ibn Aflah, einem Astronomen und Mathematiker, der in der ersten Hälfte des 12. Jahrhunderts in Sevilla lebte. Ibn Aflahs wichtigstes Werk trägt den Titel *Islah al-Madschisti* (Korrektur des *Almagest*) und ist eine Überarbeitung der astronomischen Theorie des Ptolemaios, in der er Ibn Muadhs Methoden der sphärischen Trigonometrie aufnahm und ergänzte. Das *Islah* wurde ins Lateinische und Hebräische übersetzt und fand bis ins 17. Jahrhundert bei muslimischen, jüdischen und christlichen Astronomen und Mathematikern Verwendung.

Ein weiteres astronomisches Tafelwerk wurde um 1069 für die Koordinaten von Toledo zusammengestellt. Es waren die berühmten *Toledaner Tafeln*, die nur in einer lateinischen Übersetzung vorliegen, von der zahlreiche Abschriften überliefert sind. Die Tafeln basierten auf Werken von Ptolemaios bis zu al-Chwarizmi und al-Battani und wurden von einer Gruppe von Astronomen erstellt, von denen Abu'l Qasim Sa'id, *Qadi* (Kadi, Richter) von Toledo (gest. 1070), der bekannteste war.

Zu dieser Gruppe gehörte auch Ibn al-Zarqali (gest. 1100), lateinisch Arzachel, ein Autodidakt, der für Abu'l-Qasim Sa'id astronomische Instrumente und Wasseruhren anfertigte. Nach dessen Tod wurde al-Zarqali Direktor der Gruppe, die die neuen astronomischen Tafeln fertigstellte. Die *Toledaner Tafeln* wurden in Al-Andalus wie auch im christlichen Europa verwendet. Um 1140 wurden sie als *Marseiller Tafeln* ins Lateinische übertragen und blieben bis ins 14. Jahrhundert in Gebrauch. Eine lateinische Fassung der *Toledaner Tafeln* wurde schließlich ins Griechische übersetzt und schloss damit auf bemerkenswerte Weise einen kulturellen Kreis. Die Tafeln sind in Geoffrey Chaucers »Erzählung des Gutsbesitzers« erwähnt, einer der *Canterbury-Erzählungen*. Eine der Figuren ist ein Magier und Astrologe aus Orléans, der für sein himmlisches Handwerk gerüstet ist:

> Die Tafeln von Toledo, korrigiert
> In jedem Punkt, hat er mit sich geführt,
> Mit Jahren, Jahressummen, Wurzeldaten
> Sowie mit allen andren Apparaten.

Al-Zarqali führte die Beobachtungen für die *Toledaner Tafeln* noch drei weitere Jahrzehnte lang fort, bis er Toledo wegen der wiederholten Angriffe des christlichen Königs Alfons VI. um 1078 verließ und nach Córdoba zog, wo er bis ans Ende seiner Tage lebte. Die in Toledo von al-Zarqali angefertigten Wasseruhren wurden bis 1133 verwendet, als König Alfons VII. von Kastilien und Léon sie auseinandernehmen ließ, um nachzuschauen, wie sie funktionierten. Es gelang nämlich nicht, sie wieder zusammenzusetzen. Wasseruhren des von al-Zarqali gebauten Typs, die die Bewegung der Himmelskörper zeigten, waren im 17. Jahrhundert in ganz Europa verbreitet.

Zu den Werken von al-Zarqali gehören auch sechs Abhandlungen zur mathematischen Astronomie und zu astronomischen Instrumenten. Eine dieser Abhandlungen ist eine Überarbeitung eines astronomischen Werks von Ammonios aus Alexandria mit dem Titel *Almanach*. Darin greift er auf die babylonische Astronomie ebenso zurück wie auf Zeichnungen aus den Werken von

Hipparch und Ptolemaios. Der *Almanach* wurde ins Lateinische, Hebräische, Portugiesische, Katalanische und Kastilische übersetzt und blieb bis ins 15. Jahrhundert in Gebrauch. In einer anderen astronomischen Schrift beschreibt er die Umlaufbahn des Merkur als oval und nicht kreisförmig, was ein moderner islamischer Gelehrter als eine Vorwegnahme von Keplers Theorie der elliptischen Umlaufbahnen gedeutet hat, aber das ist sehr unwahrscheinlich.

Der erste Vertreter der arabischen Philosophie in Al-Andalus war Ibn Hazm (994–1064). Vater und Großvater waren in Córdoba, wo er geboren wurde, Beamte am Hof der Umayyaden, auch er verbrachte den größten Teil seines Lebens dort. Neben zahlreichen philosophischen Werken – am bekanntesten ist sein *Buch über die Einteilung der Wissenschaften* – verfasste er auch Lyrik und Abhandlungen zu Geschichte, Rechtswissenschaft, Ethik und Theologie. Bis heute berühmt ist das Buch *Tawq al-Hamama* (Das Halsband der Taube), ein Traktat über die Kunst der Liebe, die der Autor als eine »schwere Krankheit« bezeichnet.

Ich kenne einen Kranken, dessen Leid den Arzt verwirrt,
Ein Leid, das mich gewiss zu meiner Wahlstatt Tränke führt.
Ich trag es willig, dass mich tötet seiner Liebe Pein
Gleich dem, der einen Gifttrank schluckt vermischt mit klarem
Wein.
Was ist mit meiner Zeit? Wie ist sie doch an Scham so arm!
Wie trachtet sie nach jedem Herz voll heisser Sehnsucht Harm!

Ibn Hazm hielt sich für besonders geeignet, ein Buch über die Kunst der Liebe zu schreiben, weil er bis zum Alter von 14 Jahren in einem Harem, den Frauengemächern des elterlichen Hauses, aufgewachsen war: »Ich habe selber die Frauen beobachtet und ihre Geheimnisse in einem Maße kennengelernt wie kaum ein anderer, weil ich an ihrem Busen aufgewachsen und unter ihnen großgeworden bin. Ich habe nur Frauen gekannt …« Er fährt fort: »Frauen haben mich den Koran gelehrt, mir viele Gedichte überliefert und mich im Schreiben unterwiesen.«

Die islamischen Schulen in Córdoba beschäftigten damals Dutzende von Kopistinnen ebenso wie der Buchmarkt der Stadt. Besonders gebildete Frauen arbeiteten als Lehrerinnen oder Bibliothekarinnen, einige waren sogar als Medizinerinnen und Juristinnen tätig.

Der nächste namhafte andalusische Philosoph nach Ibn Hazm war Ibn Baddscha, lateinisch als Avempace bekannt. Ibn Baddscha wurde um 1070 in Saragossa geboren und diente zwischen 1110 und 1118 dem Statthalter der Almoraviden in dieser Stadt, Ibn Tifilwit, als Wesir. Nach der Eroberung Saragossas durch die Christen verbrachte er den Rest seines Lebens auf almoravidischem Gebiet in Almería, Granada und Sevilla. In Sevilla war er eingekerkert, bevor er dank der Fürsprache von Ibn Ruschd al-Dschadd, dem Großvater des Philosophen Averroës, freigelassen wurde. Nach seiner Freilassung zog er zunächst nach Jaén und dann in das marokkanische Fes, wo er 1128 starb – angeblich an einer von seinen Rivalen, den Gelehrten am Almoraviden-Hof in Fes, vergifteten Aubergine.

Von Ibn Baddschas Werken sind 37 überliefert, viele davon Kommentare zu Aristoteles, Euklid, Galen und al-Farabi, außerdem drei eigene Werke. Seine Ideen beeinflussten das Denken von Ibn Tufail (Abubacer), Ibn Ruschd (Averroës), Maimonides und, in lateinischer Übersetzung, Thomas von Aquin.

Ibn Baddscha wandte sich offenbar als erster arabischer Wissenschaftler in Al-Andalus gegen das ptolemäische Planetenmodell. Er wies die Anwendung der Epizykel als unvereinbar mit der aristotelischen Lehre von den Himmelsbewegungen zurück, wonach sich die Planeten in vollendeten Kreisen um die Erde bewegen, die im Mittelpunkt feststeht.

Ibn Baddschas Ideen zur Dynamik finden sich in seinen Notizen zu Aristoteles' *Physik*, wo er das aristotelische Bewegungsgesetz verwarf, das wie folgt lautet: Die Geschwindigkeit eines Körpers ist direkt proportional zur einwirkenden Kraft und umgekehrt proportional zum Widerstand des Mediums, durch das er sich bewegt. Stattdessen schließt er sich Johannes Philoponos an und behauptet, dass es nur dann zu einer Bewegung kommt, wenn die Geschwindigkeit proportional zur Differenz zwischen der Kraft und dem Widerstand sei. Das würde bedeuten, dass sich ein Körper in einem Vakuum mit endlicher Geschwindigkeit bewegt und nicht unendlich schnell. Er argumentierte weiterhin, dass auch in einem Vakuum der Körper eine bestimmte Strecke in einer beliebigen Zeit durchqueren musste, so dass seine Geschwindigkeit endlich wäre, unabhängig davon, wie schnell er sich bewegt. Dies stand im Gegensatz zu Aristoteles' Auffassung, dass die Geschwindigkeit eines Körpers in einem Vakuum unendlich wäre, was unmöglich war, so dass ein Vakuum unmöglich existieren konnte.

Ibn Baddscha war auch ein ausgewiesener Musiker und Lyriker. Al-Tifaschi, ein tunesischer Schriftsteller des 13. Jahrhunderts, schrieb über Ibn Baddscha: »Er kombinierte die Lieder der Christen mit denen des Orients und erfand dabei einen Stil, den man nur in Andalus vorfand, dem das Temperament der Menschen zugeneigt war, so dass sie alle anderen zurückwiesen.«

Abu Marwan ibn Zuhr (um 1092–1162), lateinisch Avenzoar, war das bekannteste Mitglied einer Medizinerfamilie aus Sevilla, die unter der Almoraviden-Herrschaft in Al-Andalus und im Maghreb wirkte. Ibn Zuhr diente dem Emir Ali ibn Taschfin (reg. 1106–1143) in seinem Palast in Marrakesch, wurde aber auf Grund eines Missverständnisses von seinem Gönner eingesperrt. Als die Almoraviden von den Almohaden gestürzt wurden, rehabilitierte ihn der neue Herrscher Abd al-Mu'min (reg. 1145–1163) und ernannte ihn zum Hofarzt und persönlichen Berater im Rang eines Emirs.

Ibn Zuhrs medizinische Schriften stützten sich auf die Werke von Hippokrates, Galen und seinen arabischen Vorgängern, aber auch auf seine eigenen Forschungen. Sein bekanntestes Werk *Wegbereitung von Therapie und Diät* wurde ins Hebräische und Lateinische übersetzt und fand noch in der europäischen Renaissance Anwendung. Ibn Zuhr galt gemeinhin als einer der besten Mediziner in Al-Andalus, insbesondere als Klinikarzt und medizinischer Therapeut.

Abu Bakr Muhammad ibn Tufail (um 1110–1185), ein Schüler von Ibn Baddscha, war Leibarzt und Wesir des almohadischen Kalifen Abu Ya'qub Yusuf (reg. 1163–1184), Erbauer der großen Moschee in Sevilla, seiner Hauptstadt. Ibn Tufail führte die Tradition seines Lehrers Ibn Baddscha fort und wandte sich gegen die Planetentheorie des Ptolemaios, indem er offenbar ein Planetenmodell formulierte, das die Exzenter und Epizykel des Ptolemaios vermied. Er war der erste andalusische Denker, der sich auf die Werke von Ibn Sina berief, wenn auch mit gewissen Abweichungen: So glaubte er zum Beispiel, es gebe keinen Beweis dafür, dass die Welt ewig und nicht in der Zeit entstanden ist.

Ihren Zenit erreichte die arabische Philosophie mit Ibn Ruschd, lateinisch Averroës (1126–1198), der aus einer angesehenen Juristenfamilie in Córdoba stammte. Er wurde nach seinem Großvater benannt, war Imam der großen Moschee und *Qadi*, wie zuvor auch sein Vater. Studiert hatte er Theologie, Jura, Medizin und Philosophie, insbesondere Aristoteles' Schriften zur Physik und zu den Naturwissenschaften.

Im Jahr 1152, während der Regentschaft des Almohaden Abd al-Mu'min, hielt sich Ibn Ruschd in Marrakesch auf, als er offenbar gerade seine ersten astronomischen Beobachtungen angestellt hatte. Möglicherweise traf er dort auf Ibn Tufail, der später eine wichtige Rolle in seinem Leben spielen sollte, indem er ihn dem Kalifen Abu Ya'qub Yusuf vorstellte. Laut Bundud ibn-Yahya, einem Schüler von Ibn Ruschd, beklagte sich der Kalif bei Ibn Tufail darüber, wie schwer ihm die Lektüre der Werke des Aristoteles fiel und dass er einen Kommentar zur Erläuterung brauche. Ibn Tufail, selbst zu alt und zu beschäftigt für diese Aufgabe, schlug Ibn Ruschd vor, der daraufhin mit seiner monumentalen Aristoteles-Kommentierung begann.

Nach Ibn Tufails Tod wurde Ibn Ruschd Leibarzt von Abu Ya'qub Yusuf und zum *Qadi* ernannt, zunächst in Sevilla, dann in Córdoba und dann wieder in Sevilla. Auch unter Abu Ya'qub Yusufs Sohn und Nachfolger Abu Yusuf Ya'qub al-Mansur (reg. 1184–1199) behielt er seine Posten, allerdings verbannte ihn der Kalif 1195 für zwei Jahre in die Stadt Lucena bei Córdoba, weil fundamentalistische islamische Gelehrte seine philosophischen Lehren verurteilt hatten. Anfang 1198 rehabilitierte ihn der Kalif und nahm ihn mit an seinen Hof in Marrakesch. Doch Ibn Ruschd konnte seine Freiheit nur für kurze Zeit genießen, denn er starb im Dezember desselben Jahres. Seine sterblichen Überreste wurden zur Beisetzung nach Córdoba überführt.

Ibn Ruschds philosophische Schriften lassen sich in zwei Gruppen einteilen: die Aristoteles-Kommentare und die eigenen Abhandlungen zur Philosophie unter den Titeln *Die entscheidende Abhandlung und Urteilsfällung über das Verhältnis von Gesetz und Philosophie*, *Die Erklärung der Beweismethoden hinsichtlich der Glaubensvorstellungen der Religion* und *Die Inkohärenz der Inkohärenz*. Die letzte Schrift verfasste er als Widerspruch zu al-Ghazalis Angriff gegen die rationale Philosophie, besonders gegen die Werke von al-Farabi und Ibn Sina, die beiden führenden muslimischen Interpreten des Aristoteles. In Verteidigung des Aristotelismus zeigte Ibn Ruschd auf, wie al-Farabi und Ibn Sina häufig von den Ideen des Aristoteles abwichen, um den Disput zwischen muslimischen Theologen und Philosophen aufzulösen und die scheinbaren Widersprüche zwischen dem Koran und der Wissenschaft in Einklang zu bringen. In seiner Kommentierung unternahm er den Versuch, Aristoteles' eigenen Ideen im islamischen Denken wieder zu ihrem Recht zu verhelfen und den Neuplatonismus von al-Farabi und Ibn Sina zu verdrängen. Er betrachtete die Philosophie des Aristoteles als das letzte

Wort, soweit der menschliche Verstand die Wahrheit überhaupt erfassen kann.

Maimonides war von Ibn Ruschds Schriften zutiefst beeindruckt und durch ihn auch andere jüdische Gelehrte, die seine Werke auf Arabisch lasen. Anfang des 13. Jahrhunderts galt Ibn Ruschd als der herausragende Interpret des Aristoteles. Seine Werke wurden ins Hebräische übersetzt, und bis zum Ende des Jahrhunderts war auch fast die Hälfte seiner Kommentare ins Lateinische übertragen worden, so dass er im Abendland als »der Kommentator« bekannt wurde.

Früheren arabischen Philosophen folgend interpretierte Ibn Ruschd den Begriff Schöpfung auf eine Weise, die nicht nur dem Menschen, sondern auch Gott einen freien Willen absprach. Ibn Ruschd zufolge war die Welt aus einer Hierarchie der notwendigen Ursachen entstanden, mit Gott beginnend und absteigend durch die verschiedenen die Himmelssphären bewegenden »Intelligenzen« in dieser Hierarchie. Jede der acht Sphären – der Sterne, der Sonne, des Mondes und der fünf Planeten – hatte ihre eigene körperlose Intelligenz, die als ihr eigenes »Objekt des Verlangens« diente, wie es Ibn Ruschd bezeichnete, weil jede ihre eigene, einzigartige Bewegung ausführte.

Ibn Ruschd akzeptierte Aristoteles' Planetenmodell der homozentrischen Sphären und lehnte die ptolemäische Theorie der Exzentriken und Epizykel ab. Im Kommentar zu Aristoteles' *Metaphysik* berichtet er über seine astronomischen Forschungen und erklärt die vorherrschende ptolemäische Theorie zu einer mathematischen Fiktion, die nichts mit der Wirklichkeit zu tun habe.

Im Kommentar zu Aristoteles' *Physik* griff er Ibn Baddschas Theorie der Bewegung an, insbesondere die Vorstellung, das Medium behindere die natürliche Bewegung. Stattdessen unterstützte er Aristoteles' Theorie, dass die Geschwindigkeit eines Körpers proportional zu der auf ihn einwirkenden Kraft sei, geteilt durch die Widerstandskraft des Mediums. Beide Theorien sind allerdings falsch; die erste korrekte Erklärung lieferten erst Newtons Bewegungsgesetze von 1687.

Ibn Ruschds wichtiges Werk zur Medizin trägt den Titel *Al-Kulliyat* (Das Buch der Gesamtheiten), das auf Galens Schriften beruht. Eine enge Freundschaft verband ihn mit Ibn Zuhr, der ihm sein Buch *Al-Taisir* widmete. Beide Werke waren als umfassende medizinische Lehrbücher gedacht, und einige lateinische Ausgaben enthalten sie zusammengebunden als ein Buch, das mancherorts Ibn Sinas *Kanon* ersetzte. Bei seinen medizinischen Forschungen entdeckte Ibn Ruschd unter anderem, dass die Netzhaut und nicht die Linse der empfindliche Bestandteil des Auges ist, eine Erkenntnis, die in Vergessenheit geriet, bis sie der Anatom Felix Platter (1536–1615) wieder aufnahm.

Als erster Autor überhaupt beklagte Ibn Ruschd die Diskriminierung der Frau, für ihn eines der gravierendsten Probleme der muslimischen Gesellschaft.

> In diesen [heutigen] Städten freilich ist die Fähigkeit der Frauen unbekannt, weil sie dort nur zum Gebären benützt werden und deshalb ihren Männern dienen, gebären, aufziehen und säugen müssen. Dies aber hebt ihre anderen Tätigkeiten auf. Weil die Frauen in diesen Städten nicht für die menschlichen Tugenden vorbereitet sind, kommt es oft vor, dass sie in diesen Städten Pflanzen gleich geachtet werden. Dass sie in diesen Städten den Männern zur Last fallen, ist eine der Ursachen der Armut dieser Städte. Frauen gibt es dort doppelt so viele wie Männer; nur dass sie nicht an der Ausführung der notwendigen Arbeiten beteiligt sind …

Die astronomischen Forschungen des Ibn Tufail setzte sein Schüler al-Bitrudschi, lateinisch Alpetragius (tätig um 1190), fort; von ihm ist nur das *Kitab al-Hay'ah* (Buch der Astronomie) bekannt. Darin bestätigte Al-Bitrudschi zwar, dass die Theorie des Ptolemaios eine exakte mathematische Beschreibung der Planetenbewegung darstellte. Dennoch hielt er das ptolemäische Modell für unbefriedigend, weil seine Exzenter, Epizykel und Äquanten mit Aristoteles' physikalischer Auffassung der homozentrischen Sphären nicht vereinbar waren. Also unternahm er den Versuch, ein Modell aus einem einfachen System konzentrischer Sphären zu formulieren, eine Sphäre für jeden Planeten, und dieses Modell entsprach Ptolemaios' Theorie.

Das *Kitab al-Hay'ah* wurde ins Hebräische und Lateinische übersetzt, so dass die Ideen al-Bitrudschis zwischen dem 13. und dem 17. Jahrhundert in weiten Teilen Europas Verbreitung fanden. Seine Planetentheorie sprach diejenigen an, die das aristotelische Modell der homozentrischen Sphären gegenüber den Verfechtern von Ptolemaios' exzentrischen Epizykeln und Äquanten vertraten. Und so war es vermutlich al-Bitrudschi, den Isaak Israeli (tätig 1310) aus Toledo als einen »Mann, dessen Theorie die Welt erschütterte«, beschrieb. In seiner heliozentrischen Theorie von 1543 bezog sich Kopernikus hinsichtlich der Anordnung der Planeten Merkur und Venus auf al-Bitrudschi.

Als Córdoba 1252 an die Christen gefallen war, wurde die westarabische Wissenschaft in Granada – dem letzten muslimischen Königreich in Al-Andalus – und im Maghreb weiter betrieben, allerdings in wesentlich kleinerem Umfang.

Der Mathematiker Ibn al-Banna al-Marrakuschi (1256–1321), gebürtig aus Granada, verbrachte offenbar den größten Teil seines Lebens in Marrakesch, wie sein Name andeutet. Er studierte dort wie auch in Fes, wo er an der Madrasa al-Attarin Mathematik und Astronomie lehrte. Von seinen 82 bekannten Werken ist die *Zusammenfassung der arithmetischen Operationen* das wichtigste, ein Kompendium der verlorenen Schriften des Mathematikers al-Hassar (tätig um 1200).

Al-Qalasadi (um 1412–um 1506) ist der letzte arabische Mathematiker, von dem man weiß, dass er in Al-Andalus und im Maghreb lebte. Er stammte aus Basta (jetzt Baza) in Spanien, doch als das Heer der Königin Isabella von Kastilien die Stadt im Jahr 1486 einnahm, musste er in den Maghreb fliehen, wo er in Beja in Tunesien starb. Zu seinen Werken gehört ein Kommentar zu Ibn al-Bannas *Zusammenfassung der arithmetischen Operationen.* Die erste seiner eigenen Schriften war die *Erklärung der Wissenschaft der Arithmetik,* auf die eine vereinfachte Version mit dem Titel *Enthüllung der Wissenschaft der Arithmetik* folgte und dann eine Kurzfassung seines Werks mit dem Titel *Darlegung der Geheimnisse der Verwendung von Staubziffern* (d.h. Hindu-Zahlen). Die letzten beiden Werke wurden noch Generationen nach al-Qalasadi in marokkanischen Schulen verwendet.

Al-Qalasadi starb nur wenige Jahre nach der Eroberung Granadas im Jahr 1492, die das Ende der Geschichte von Al-Andalus bedeutete. Letztendlich ist vom geistigen Leben des muslimischen Granada nur das Casa de la Ciencia (Haus der Wissenschaft) übrig geblieben, das 1349 unter dem Emir Yusuf I. (reg. 1334–1354) begründet wurde. Nur Reste des maurischen Gebäudes sind erhalten, doch es trägt noch heute seinen ursprünglichen Namen, La Madraza, von *madrasa,* dem arabischen Wort für eine muslimische Hochschule. La Madraza war die letzte Hochschule in Al-Andalus und Vorläufer der Universität von Granada, die 1531 von Kaiser Karl V. gegründet wurde, als man im christlichen Spanien das Studium der Wissenschaften an der Stelle wieder aufnahm, bis zu der es das muslimische Al-Andalus vorangetrieben hatte.

9

VON TOLEDO BIS PALERMO: ARABISCH INS LATEINISCHE

Die islamische Wissenschaft in Al-Andalus stand in voller Blüte, als die ersten christlichen Gelehrten zum Studium auf die Halbinsel kamen. Dort studierten sie die Naturwissenschaften in arabischen Quellen und übersetzten diese ins Lateinische, häufig in Zusammenarbeit mit den vielsprachigen Schreibern vor Ort, meist Juden, von denen einige freiwillig zum Christentum konvertiert waren. Von Toledo bis Palermo fertigten Gelehrte Übersetzungen vom Arabischen ins Lateinische an und arbeiteten an eigenen wissenschaftlichen Werken.

Der erste Beleg für die europäische Aneignung der islamischen Wissenschaft ist eine lateinische Handschrift aus dem 10. Jahrhundert. Sie stammt aus der Bibliothek des Klosters Santa María de Ripoll in Katalonien und befindet sich heute im Archiv der Krone Aragón in Barcelona. Die Handschrift beginnt mit einem kurzen Aufsatz über das Astrolab und enthält eine Tafel der hellsten Sterne, die mit den arabischen Namen bezeichnet sind, unter denen wir sie noch heute kennen, zum Beispiel Altair, Vega, Rigel, Aldebaran und Algol. Eine weitere Handschrift aus dem 10. Jahrhundert, die in der Bibliothèque Nationale in Paris aufbewahrt ist, trägt den Titel *Mathematica alhandrei summi astrologi* (Mathematik von Alhandreus, dem Meister aller Astrologen). »Alhandreus« ist offenbar eine Verfälschung von »Alkindes«, lateinisch für al-Kindi, den islamischen Philosophen aus dem 9. Jahrhundert. Im Vorwort heißt es: »Dies sind die 28 Hauptteile der Sterne (d. h. Konstellationen), die das Schicksal aller Menschen unzweifelhaft vorbestimmen und aussprechen, die Zukunft wie auch die Gegenwart. Jeder kann eifrig Fortgänge und Heimkehren vorhersagen, Anfänge und Enden, mit Hilfe dieser äußerst dienlichen Horoskope.«

Die erste bedeutende Persönlichkeit in der europäischen Aneignung der griechisch-arabischen Wissenschaft war Gerbert d'Aurillac (um 945–1003), der spätere Papst Silvester II. (reg. 999–1003). Unter Gerberts schriftlichen Dokumenten findet sich ein Brief, mit dem er im Mai 984 an einen gewissen Lupitus von Barcelona die Bitte richtete, ihm eine Übersetzung, vermutlich eines arabischen Werks, zuzusenden, die dieser von einer Abhandlung zur Astrologie angefertigt hatte.

Gerbert selbst soll ein Traktat zum Astrolab mit dem Titel *De astrolabia* verfasst haben, sowie den ersten Teil des Werks *De utilitatibus astrolabii*, beide unter arabischem Einfluss. Zu seinen Schriften gehören nachweislich auch Werke zur Mathematik, darunter eine Abhandlung zum Abakus, einem Rechengerät, von dem man annimmt, dass es aus China, wo es noch immer in Gebrauch ist, in die islamische Welt kam. Er konstruierte auch ein Gerät zur Darstellung der Himmelssphäre, das er in seinen Astronomiekursen an der Kathedralschule zu Reims anwendete. Seine Schüler unterrichteten später an acht anderen Schulen in Nordwesteuropa, wo sie – ganz nach dem Vorbild ihres Lehrers – den Schwerpunkt auf die mathematischen Wissenschaften legten, die dieser aus islamischen Quellen in Spanien kennengelernt hatte.

Später gelangte Gerbert in den Ruf eines Zauberers, eine Legende, die in der ersten Hälfte des 12. Jahrhunderts mit Wilhelm von Malmesbury ihren Ausgang nahm. Nach dessen Bericht floh Gerbert aus dem Kloster, um bei den Sarazenen Astrologie und die schwarzen Künste zu studieren, wo er »lernte, was Gesang und Flug der Vögel bedeute, wie man Gestalten aus der Unterwelt berufe, und was sonst Schädliches oder Heilsames der menschliche

Fürwitz gefunden hat«. In einer Handschrift aus dem 13. Jahrhundert in der Bodleian Library in Oxford wird behauptet, Gerbert sei mit Hilfe von Dämonen Erzbischof und Papst geworden und habe einen Geist in einem goldenen Kopf zur Verfügung, den er bei der Lösung schwieriger mathematischer Aufgaben zu Rate ziehe.

Hermann der Lahme (1013–1054), ein Sohn des Grafen Wolfrat von Altshausen in Süddeutschland, spielte ebenfalls eine wichtige Rolle bei der anfänglichen Übermittlung der arabischen Wissenschaften ins lateinische Abendland. Als einer der ersten lateinischen Autoren führte er drei in der islamischen Welt weit verbreitete astronomische Instrumente im Abendland ein: das Astrolab, den Chilinder und den Quadranten. Diese Geräte sind in *De mensura astrolabii* und *De utilitatibus astrolabi* beschrieben; beide Schriften werden Hermann zugeschrieben, obwohl der erste Teil der späteren Schrift möglicherweise von Gerbert d'Aurillac stammt. Alle drei Instrumente fanden daraufhin auch im Abendland bei astronomischen Beobachtungen und Berechnungen breite Anwendung.

Hermann verfasste auch ein Lehrbuch für das Erlernen der Multiplikation und Division mit dem Abakus, unter alleiniger Verwendung römischer Zahlen. Und er schrieb die früheste bekannte Abhandlung zur *Rithmomachie*, einem komplizierten Brettspiel auf der Basis der pythagoreischen Zahlen, das im Europa des Mittelalters sehr beliebt war.

Der erste wichtige Übersetzer der griechisch-islamischen Wissenschaften aus dem Arabischen ins Lateinische war Konstantin der Afrikaner (um 1020–1085). Eine Darstellung seiner jungen Jahre findet sich bei einem Mediziner aus dem 12. Jahrhundert aus Salerno, der nur als Magister Mathaeus F. bekannt ist. Diesem Bericht zufolge war Konstantin ein muslimischer Kaufmann aus dem nordafrikanischen Karthago, der bei seinem Besuch am langobardischen Hof in Salerno erfuhr, dass es keine medizinische Literatur in lateinischer Sprache gab. Er kehrte nach Nordafrika zurück und studierte drei Jahre lang Medizin, um dann, vielleicht schon 1065, mit einer Sammlung medizinischer Schriften auf Arabisch nach Salerno zurückzukehren. Einige Jahre später konvertierte er zum Christentum und wurde Mönch in der Benediktinerabtei Monte Cassino. Dort lebte er bis an sein Lebensende unter dem berühmten Abt Desiderius, dem späteren Papst Viktor III., und fertigte lateinische Übersetzungen und »Kompilationen« arabischer Medizintexte an.

Petrus Diaconus, der Historiker des Klosters Monte Cassino, erwähnt 20 Übersetzungen Konstantins, darunter Werke von Hippokrates und Galen sowie des jüdischen Mediziners Isaak Israeli und der arabischen Autoren Ibn al-Jazzar und al-Magusi. Sein ambitioniertestes Werk war al-Magusis *Kitab al-Maliki*, das er mit dem lateinischen Titel *Liber pantegni* übersetzte, unterteilt in zwei Teile mit je 10 Kapiteln: »Theorica« und »Practica«. Dabei unterschlug er allerdings den Namen des Autors und machte sich somit des Plagiats schuldig. Konstantin übersetzte vermutlich nur etwa die Hälfte des Werks und sein Schüler Johannes Afflacius beendete die Arbeit.

Es gibt keinen Hinweis darauf, dass Konstantin etwas mit der Medizinschule von Salerno zu tun hatte, die Mitte des 11. Jahrhunderts gegründet wurde. Johannes Afflacius unterrichtete offenbar dort und nahm Konstantins Übersetzungen unter dem Titel *Ars medicine* oder *Articella* in den Lehrplan auf; bis ins 16. Jahrhundert galten diese beiden Schriften in Europa als wichtige Grundlagenwerke für die Medizinerausbildung. Konstantin hatte immer betont, die Medizin solle als Bestandteil der Naturphilosophie gelehrt werden, die »Theorica« im *Liber pantegni* bot eine gute Basis für ein solches integriertes Studium.

Der jüdische Gelehrte Isaak Israeli wirkte in der ersten Hälfte des 10. Jahrhunderts in Tunesien als Leibarzt des letzten aghlabidischen Emirs und des fatimidischen Kalifen, seines Nachfolgers. Seine drei wichtigsten medizinischen Werke sind das *Buch der Fieber*, das *Buch über den Harn* und das *Buch über die Diäten*, die allesamt von Konstantin dem Afrikaner ins Lateinische übersetzt wurden. Die ersten beiden waren als Lehrbücher weit verbreitet und wurden auch ins Hebräische übersetzt. Isaak schrieb auch einige kurze Abhandlungen zur Philosophie. Das bekannteste davon war das *Buch der Definitionen und Beschreibungen,* das im Wesentlichen auf der Arbeit von al-Kindi beruht: Gerhard von Cremona übersetzte es ins Lateinische, und an den ersten europäischen Universitäten war es ein Standardlehrwerk. Das Buch ist eine Sammlung von 57 Definitionen, von denen die meisten Umschreibungen oder Zitate der Terminologie bei al-Kindi entnommen sind, die sowohl auf irdische Phänomene als auch auf Himmelskörper angewendet wurde.

Der erste Kreuzzug, der 1096 begann, führte zur Gründung von Kreuzfahrerstaaten in Edessa, Antiochia und Jerusalem, die eine wichtige Rolle bei der Öffnung der islamischen Kultur für das Abendland spielten. Zu den frühesten Beispielen dieses kulturübergreifenden Kontakts gehören die Arbeiten des Stephanus von Antiochien, eines Übersetzers, der in der ersten Hälfte des 12. Jahrhunderts tätig war. Wie Matthias von Ferrara berichtet, stammte Stephanus aus Pisa und begab sich nach Syrien, vermutlich in die pisanische Ansiedlung in Antiochia, wo sein Onkel als römisch-katholischer Patriarch residierte.

In Antiochien lernte Stephanus Arabisch und übersetzte al-Magusis medizinisches Werk *Kitab al-Maliki* unter dem Titel *Regalis dispositio* ins Lateinische, das er 1127 fertigstellte. Als Beweggrund für die Neuübersetzung gab Stephanus an, er habe die frühere Übertragung durch Konstantin den Afrikaner für unvollständig und ungenau befunden. Dem zweiten Teil dieser Abhandlung fügte er – zum besseren Verständnis der arabischen Begriffe in Dioskurides' Schrift *De materia medica* – einen Prolog hinzu, eine dreispaltige Liste von Fachbegriffen auf Arabisch, Lateinisch und Griechisch. Dort heißt es auch, der Leser könne bei Schwierigkeiten mit den lateinischen Begriffen Experten heranziehen, »denn in Sizilien und Salerno, wo Studenten dieser Fächer vor allem zu finden sind, gibt es sowohl Griechen als auch Männer, die des Arabischen mächtig sind«.

Stephanus zufolge war die *Regalis dispositio* sein erstes Werk und er hoffte, einen Teil »aller Geheimnisse der Philosophie, die in der arabischen Sprache verborgen sind«, zu übersetzen. Dies führte zu der Annahme, dass er möglicherweise mit Stephanus Philosophus identisch ist, der auf der Grundlage arabischer und griechischer Quellen verschiedene Werke zur Astronomie verfasste.

Adelard von Bath (um 1080–1152) war eine Schlüsselfigur in der europäischen Aneignung der arabischen Wissenschaft. In der Einleitung zu den *Quaestiones naturales*, die er an seinen Neffen richtete, berichtet Adelard, er sei »des Studiums wegen lange fern der Heimat« gewesen, zuerst in Frankreich, wo er in Tours studierte und in Laon unterrichtete. Dann ging er nach Salerno, nach Sizilien, Kleinasien, Syrien und vermutlich Palästina und Al-Andalus. Arabisch lernte Adelard offenbar bei letzterem Aufenthalt, denn die Übersetzung von al-Chwarizmis *Sindhind* fertigte er von der bearbeiteten Fassung des andalusischen Astronomen Maslama al-Majriti an. Adelards Übersetzung, die 37 einführende Kapitel und 116 Listeneinträge von Himmelsdaten umfasste, eröffnete dem christlichen Europa den Zugang zum Wissen der griechisch-arabisch-indischen Astronomie und Mathematik. Darunter befanden sich die ersten auf Latein veröffentlichten Tafeln der trigonometrischen Sinusfunktion.

Von Adelard stammt auch die erste vollständige Übersetzung der *Elemente* des Euklid ins Lateinische, die unter anderem dazu beitrug, dass Euklids Lehrsätze die europäische Mathematik des Mittelalters prägten. Insgesamt fertigte er drei Fassungen der *Elemente* an, die erste von der arabischen Version des al-Hadschadsch, der sie wiederum für den Kalifen Harun ar-Raschid aus dem Griechischen übersetzt hatte. Die zweite war eine gekürzte Version, die Adelard *Commentum* nannte. Darin machte er, neben anderen Ausführungen, auch »Aussagen« (Erklärungen) über die Definitionen, Postulate, Axiome und Propositionen im Buch I der *Elemente*. Die dritte Fassung, von Roger Bacon als *editio specialis* bezeichnet, enthält zusätzliche *commenta*, neben vollständigen Beweisen für alle aufgestellten Behauptungen.

Campanus von Novara überarbeitete Adelards zweite Fassung und erstellte eine Übersetzung der *Elemente*, die als die beste Übersetzung vom Arabischen ins Lateinische gilt; von dieser ist noch ein Exemplar von 1259 erhalten. Diese und die erste 1505 von Bartolomeo Zamberti angefertigte Übersetzung der *Elemente* vom Griechischen ins Lateinische bildeten die Grundlage für die meisten nachfolgenden Fassungen, darunter Übersetzungen in die Volkssprachen Europas. Die erste englischsprachige Einführung in die *Elemente* findet sich in *The Pathway to Knowledge* (Der Weg zum Wissen) von Robert Recorde, das 1551 in London veröffentlicht wurde. Recorde wusste sehr gut, dass Euklids Lehrsätze die mathematischen Fähigkeiten der »einfachen unwissenden« Menschen, die das Buch lasen, übersteigen mussten: »Denn es gibt es keinen fremdartigeren Gegenstand in der englischen Sprache als diesen, über den bisher noch nie ein Buch in jener Sprache geschrieben wurde.« Die erste vollständige englische Übersetzung, 1570 in London veröffentlicht, wurde von Sir Henry Billingsley, dem späteren Bürgermeister von London, angefertigt und enthält ein »sehr fruchtbares Vorwort« von John Dee, der betont, das Buch enthalte »vielerlei Ergänzungen, Scholien, Annotationen und Erfindungen, die den berühmtesten und wichtigsten Mathematikern entnommen wurden, sowohl aus alten Zeiten als auch unserer Zeit«.

Adelard verfasste die *Quaestiones naturales*, um »etwas Neues aus seinen arabischen Studien vorzutragen«. Es sind 76 Fragen; davon befassen sich 1–6 mit Pflanzen, 7–14 mit Vögeln, 15–16 mit der Menschheit im Allgemeinen, 17–32 mit der Psychologie, 33–47 mit dem menschlichen Körper und 48–76 mit der Meteorologie und Astronomie. Durchweg sucht er eher nach natürlichen und nicht nach übernatürlichen Ursachen für bestimmte Phänomene; dieses

Verfahren übernahmen spätere europäische Autoren. Seine Beobachtungen sind größtenteils akkurat, und er merkt an, er ziehe die Vernunft der Autorität vor.

In einer besonders interessanten Passage fragt ihn sein Neffe, ob denn nicht »die Wirkung in ihrer Gesamtheit letztlich auf Gott zurückgeführt werden müsste«. Adelard antwortet: »Ich nehme Gott nichts weg. Alles nämlich, was ist, ist von ihm und durch ihn. Aber es ist nicht verworren, und es ist nicht ohne Unterscheidung, die wir, soweit das menschliche Wissen darin gelangt, vernehmen müssen. Nur wo dieses Wissen vollständig versagt, sollte man eine Sache auf Gott zurückführen.«

Die *Quaestiones naturales* blieben bis zum Ende des Mittelalters weit verbreitet: Drei Auflagen erschienen vor 1500, und es gab eine hebräische Fassung. Adelards weitere Werke reichten von der Trigonometrie bis zur Astrologie und von der platonischen Philosophie bis zur Falknerei. Auch in seiner letzten Schrift, die sich mit dem Astrolab befasst, erklärt er noch einmal »die Meinungen der Araber«, hier in Bezug auf die Astronomie. Er beschreibt die Funktionsweise des Astrolabs und seine verschiedenen Anwendungen bei Himmelsmessungen. Dabei verwendet er zahlreiche arabische Begriffe und zitiert aus seinen anderen Werken, insbesondere aus den Übersetzungen von Euklids *Elementen* und der Planetentafeln des al-Chwarizmi.

Als Alfons VI., König von Kastilien und León, die Mauren im Jahr 1085 besiegt hatte – es war der erste größere Erfolg der Reconquista, der christlichen Rückeroberung von Al-Andalus –, entwickelte sich Toledo zum Zentrum der Übersetzertätigkeit aus dem Arabischen ins Lateinische. Der Impuls für diese Übersetzungsbewegung ging offenbar von Raimund, dem Erzbischof von Toledo (1125–1151), aus, wie den Widmungen eines zeitgenössischen Übersetzers aus Toledo, Dominicus Gundissalinus (um 1110–um 1190), zu entnehmen ist.

Gundissalinus, Erzbischof von Segovia, fertigte verschiedene

Übersetzungen und Adaptionen arabischer Philosophie an, darunter Werke von al-Kindi, Ibn Ruschd, al-Farabi, al-Ghazali und Ibn Sina, außerdem ein Buch des jüdischen Mediziners Isaak Israeli. Gundissalinus fertigte die ihm zugeschriebenen Übersetzungen vermutlich in Zusammenarbeit mit anderen Übersetzern an, die des Arabischen mächtig waren, obwohl bei nur einem Werk, *De anima* von Ibn Sina, ein Koautor genannt wird. Dabei handelte es sich um einen konvertierten Juden namens Abraham ibn Dawud, lateinisch Avendehut, der üblicherweise mit dem als Johannes von Sevilla bekannten Übersetzer identifiziert wird.

Gundissalinus verfasste fünf eigene Werke zur Philosophie, die weitgehend auf seinen aus lateinischen Quellen übersetzten Büchern aufbauten. Ihm verdankt man die Einführung des arabisch-jüdischen Neuplatonismus im lateinischen Abendland, den er mit dem christlichen Neuplatonismus des Augustinus und des Boëthius verband. Seine Schrift *De divisione philosophiae* (Über die Einteilung der Philosophie), die auf Modellen des Aristoteles sowie des al-Farabi und anderer beruht, bietet eine Einteilung der Wissenschaften, die die traditionelle Aufteilung des Studiums in das *Trivium* (Grammatik, Rhetorik und Logik) und das *Quadrivium* (Arithmetik, Geometrie, Astronomie und Musiktheorie) überwindet und spätere Klassifikationsmodelle beeinflusste.

Plato von Tivoli ist nur über sein Werk bekannt, das er zumindest teilweise zwischen 1132 und 1146 in Barcelona verfasste. Sein Name erscheint als Herausgeber von Übersetzungen aus dem Arabischen und aus dem Hebräischen, die in Zusammenarbeit mit dem jüdischen Mathematiker und Astronomen Abraham bar Chijja ha-Nasi entstanden, den man auch als Abraham Judaeus oder lateinisch als Savasorda kannte.

Savasordas wichtigste Leistung ist die Übersetzung einer hebräischsprachigen Schrift zur angewandten Geometrie ins Lateinische, die er zusammen mit Plato von Tivoli 1145 unter dem Titel *Liber embadorum* herausbrachte. Es war eines der frühesten Werke zur arabischen Algebra und Trigonometrie, die im lateinischen Europa veröffentlicht wurden, und enthält die erste im Abendland bekannte Lösung für eine einfache quadratische Gleichung. Es war auch das erste Werk, das sich mit Euklids Schrift *Von der Teilung der Figuren* befasste, die auf Griechisch gar nicht und auf Arabisch nur teilweise erhalten ist. Unter ihrem Einfluss widmete Leonardo da Pisa, genannt Fibonacci, der Teilung von geometrischen Figuren in seiner *Practica geometriae* von 1220 einen ganzen Abschnitt.

Auch bei der Übersetzung der *Sphaerica* von Theodosios von Bithynien arbeitete Savasorda mit Plato von Tivoli zusammen, und möglicherweise haben sie auch Bücher von Ptolemaios und al-Battani sowie Abu Maslamah al-Madschritis Abhandlung zum Astrolab gemeinsam übersetzt. Plato soll sieben weitere Werke, mit oder ohne Savasorda, aus dem Arabischen übersetzt haben, davon fünf zur Astrologie, eines zu Weissagungen und eines zur Medizin, das nicht überliefert ist. Eines dieser Werke ist Ptolemaios' große Arbeit zur Astrologie, der *Tetrabiblos*, den er unter dem Titel *Tetrapartitum* ins Lateinische übersetzte. Es war die erste lateinische Übersetzung eines Werks von Ptolemaios, und sie erschien vor der Übersetzung des *Almagest* und der *Geographie*, ein Hinweis auf die große Beliebtheit der Astrologie im europäischen Mittelalter. Man vermutet auch, dass Plato die lateinische Übersetzung von Archimedes' *Kreismessung* aus dem Arabischen anfertigte. Fibonacci und Albertus Magnus benutzten Platos Übersetzungen, und Ende des 15. und Anfang des 16. Jahrhunderts erschienen von einigen Übersetzungen gedruckte Ausgaben.

Platos Übersetzung von al-Madschritis Abhandlung zum Astrolab ist »Johannes, Sohn Davids« gewidmet. Dabei handelt es sich wahrscheinlich um Johannes von Sevilla, der zwischen 1135 und 1153 um die 20 Werke aus dem Arabischen übersetzte, die meisten davon astrologischen Inhalts, darunter aber auch ein astronomisches Handbuch von al-Farghani und eine Abhandlung zur Arithmetik von al-Chwarizmi.

Bekannt ist Johannes von Sevilla aber vor allem durch die Übersetzung des medizinischen Teils des pseudo-aristotelischen Werks *Secretum secretorum* (Das Geheimnis der Geheimnisse). Dieses apokryphe Werk soll Aristoteles für Alexander den Großen verfasst haben, und ein legendärer muslimischer Weiser namens Ibn Jahja al-Batrik übersetzte es vom Griechischen ins Chaldäische und später ins Arabische. Eine vollständigere Übersetzung erstellte Philipp von Tripoli, der in seinem Vorwort beschreibt, wie er in Antiochien »diese Perle der Philosophie … dieses Buch, das etwas Nützliches über fast jede Wissenschaft enthält«, entdeckte.

Zwischen 1119 und 1151 förderte auch der Bischof Michael von Tarazona die Übersetzungsarbeit, wie aus einer Widmung von Hugo Sanctallensis an ihn hervorgeht. Diese findet sich in Hugos Übersetzung einer gekürzten Fassung von Ptolemaios' *Tetrabiblos* aus dem Arabischen, die den lateinischen Titel *Centiloquium* trägt. Im Vorwort heißt es, Michael von Tarazona habe das *Centiloquium* in Auftrag gegeben; es sollte als Einführung zu den zahlreichen astrologischen Werken dienen, die dem Bischof vorlagen. Hugo fertigte weitere Übersetzungen arabischer Vorlagen an, vor allem zur Astrologie und zu verschiedenen Formen der Weissagung, darunter der Aeromantie, der Hydromantie und der Pyromantie, also Vorhersagen durch Beobachtung von Erscheinungen in der Luft, im Wasser oder im Feuer, dazu zwei kurze Abhandlungen zur Spatulamantie; hier wird die Zukunft aus den Schulterblättern geschlachteter Tiere gelesen.

Gerhard von Cremona (1114–1187) war der bei weitem produktivste aller Übersetzer ins Lateinische. Das Wenige, das über sein Leben bekannt ist, stammt vorwiegend aus einem kurzen biographischen Nachruf, den Toledaner Kollegen nach seinem Tod verfassten, inklusive einem Verzeichnis seiner 71 Übersetzungen. Diese Liste war am Ende von Gerhards letzter Übersetzung eingefügt, und zwar von Galens *Tegni* mit dem Kommentar von 'Ali ibn Ridwan. Darin heißt es, Gerhard habe seine Ausbildung an den

Schulen der Lateiner erworben, bevor er spätestens im Jahr 1144 im Alter von 30 Jahren nach Toledo kam. Seine Liebe zum *Almagest* des Ptolemaios habe ihn nach Toledo gezogen, weil er wusste, dass dieses Werk auf Lateinisch nicht erhältlich war, und »dort sah er die ganze Fülle der Bücher in Arabisch zu allen Fachgebieten … er lernte die arabische Sprache, um sie übersetzen zu können«.

Gerhard hielt auch Vorlesungen zur arabischen Wissenschaft, wie aus dem Zeugnis des englischen Gelehrten Daniel von Morley zu ersehen ist, der zunächst nach Paris gegangen, aber enttäuscht wieder abgereist war und schließlich nach Toledo aufbrach, um »die weisesten Philosophen der Welt« zu hören, wie er in seinem Werk *Philosophia* anmerkt. Detailliert berichtet Daniel über sein Zusammentreffen mit »Gerhard von Toledo« (Gerardus tholetanus) und über die öffentlichen Vorlesungen zu Abu Ma'schars *Großer Einführung in die Wissenschaft der Astrologie*. Er besuchte auch die Vorlesungen des Gallipus, eines Mozarabers, der gemeinsam mit Gerhard an der Übersetzung des *Almagest* arbeitete, die sie offenbar im Jahr 1175 abgeschlossen hatten. Sonst arbeitete Gerhard allem Anschein nach allein, denn bei keiner anderen Übersetzung ist ein Mitverfasser aufgeführt.

Zu Gerhards Übersetzungen gehörten arabische Fassungen der Schriften von Aristoteles, Euklid, Archimedes, Ptolemaios und Galen sowie Werke von al-Kindi, al-Chwarizmi, al-Razi, Ibn Sina, Ibn al-Haitham, Thabit ibn Qurra, al-Farghani, al-Farabi, Qusta ibn Luqa, Gabir ibn Hayyan, al-Zarqali, Jabir ibn Aflah, Mascha'allah, den Brüdern Banu Musa und von Abu Ma'schar. Unter diesen Übersetzungen waren 24 Bücher zur Medizin, 17 zu Geometrie, Mathematik, Optik, Dynamik und den Gewichten, 14 zu Philosophie und Logik, zwölf zu Astronomie und Astrologie und sieben zu Alchemie, Wahrsagekunst und Geomantie, der Wahrsagung aus geographischen Gegebenheiten.

Möglicherweise verfasste Gerhard auch eigene Werke; einige hat man ihm vorläufig zugeschrieben, darunter zwei Glossare zu medizinischen Texten des Isaak Israeli sowie zwei Schriften mit den Titeln *Geomantia astronomica* und *Theorica planetarum*. Es gibt Grund zu der Annahme, dass das letztere Werk von Johannes von Sevilla stammt, dessen Stil Gerhard in seinen Übersetzungen übernahm.

Durch Gerhard gelangte mehr arabisches Wissen in das Abendland als aus jeder anderen Quelle. Seine Übersetzungen hatten großen Einfluss auf die Entwicklung der europäischen Naturwissenschaft, besonders der Medizin, denn hier profitierten die Studenten im lateinischen Abendland vom zu jener Zeit fortgeschritteneren Stand der medizinischen Forschung im Islam. Auch seine Übersetzungen von Lehrwerken der Astronomie, Physik und Mathematik hatten großen Einfluss, denn sie waren von einem bestimmten wissenschaftlichen Ansatz, dem Studium der Natur, geprägt und nicht von philosophisch-theologischen Methoden, die im Abendland maßgebend waren.

Unter Gerhards Zeitgenossen in Toledo war der jüdische Universalgelehrte und Dichter Abraham ibn Esra (1086–1164), lateinisch Avenezra. Er war häufig auf Reisen und brachte die andalusische jüdisch-muslimische Kultur ins christliche Europa. Sein Besuch in London 1158–1159 trug zur Einführung der arabischen Astrologie in England bei. Seine hebräische Übersetzung von al-Birunis *Kommentar zu den Tafeln des al-Chwarizmi,* dessen arabisches Original verschollen ist, enthält interessante Informationen über den Einfluss indischen Ideenguts auf die arabische Mathematik und Astronomie im 8. Jahrhundert. Zu Ibn Esras eigenen Schriften gehören Abhandlungen zu Mathematik, Astrologie, Chronologie und zum Astrolab wie auch ein Werk mit Bibelkommentaren, das Spinoza später sehr bewunderte. Seine mehr als 50 astrologischen Werke waren im mittelalterlichen Europa sehr verbreitet und wurden ins Französische, Katalanische und Lateinische und später in noch weitere Sprachen übersetzt.

Der als Hermann von Kärnten bekannte Gelehrte des 12. Jahrhunderts lernte vermutlich in Spanien Arabisch, möglicherweise in Toledo. Er ist für die Übersetzung der arabischen Fassung von Ptolemaios' *Planisphaerium* bekannt, die er auf der Grundlage des arabischen Texts von Abu Maslama Madschriti anfertigte. Hermanns Übersetzung stammt von 1143 und ist die einzige vorhandene Quelle für das *Planisphaerium*, das sich mit dem Problem der Übertragung der Kreise der Himmelssphäre auf eine ebene Fläche befasst, also mit der mathematischen Grundlage des Astrolabs. Zu Hermanns weiteren Schriften gehören Abhandlungen zum Astrolab und zur Astrologie, ein Kommentar zu Euklid und anderen mathematischen Werken sowie eine Übersetzung der astronomischen Tafeln des al-Chwarizmi.

Einige Übersetzungen Hermanns entstanden in Zusammenarbeit mit dem englischen Gelehrten Robert von Chester, einem jüngeren Zeitgenossen Adelards. Sie arbeiteten an verschiedenen Orten in Südfrankreich und Spanien zusammen, darunter auch in Toledo. Zu den von Robert allein angefertigten Übersetzungen gehören al-Chwarizmis *Algebra* (datiert Segovia, 1145), eine Abhandlung zum Astrolab (London, 1147), ein astronomisches Tafelwerk für die geographische Länge von London (1149–1150), das auf den Tafeln von al-Zarqali und al-Battani beruhte, und eine Überarbeitung, auch für den Londoner Meridian, von Adelards Version der Tafeln des al-Chwarizmi.

Robert übersetzte auch *De compositione alchemiae* von Romanus Morienus, eines der ersten Werke zur Alchemie, das ins Lateinische übertragen wurde, datiert auf 1144. Dieses apokryphe Werk soll von Morienus verfasst worden sein, einem christlichen Einsiedler in Jerusalem, dem die »Geheimnisse der gesamten Gottheit« angeblich von einem Mystiker namens Adfar von Alexandrien enthüllt wurden; dieser hatte die sogenannten hermetischen Schriften des legendären Hermes Trismegistos aufgefunden und entschlüsselt.

Eine überlieferte Handschrift von Roberts Überarbeitungen des Werks von al-Chwarizmi enthält astronomische Tafeln für die geographische Länge des englischen Hereford, datiert auf 1178, die dem englischen Astronomen des 12. Jahrhunderts Roger von Hereford zugeschrieben wurden. Roger verfasste zwischen 1170 und 1180 mehrere Bücher zu Astronomie und Astrologie. Eines davon, *Liber de divisione astronomiae,* beginnt mit dem Satz »Im Namen Gottes, des allbarmherzigen Erbarmers«, der traditionellen Einleitung einer muslimischen Schrift, was darauf hindeutet, dass es sich dabei um eine Übersetzung aus dem Arabischen handelt; der Verfasser ist jedoch unbekannt.

Alfred von Sareshel, auch ein englischer Gelehrter des 12. Jahrhunderts, widmete eine seiner Übersetzungen Roger von Hereford. Alfred fertigte von verschiedenen Werken des Aristoteles Übersetzungen aus dem Arabischen an, ergänzt durch Kommentare, und er übertrug auch den geologischen und alchemistischen Teil aus Ibn Ruschds *Kitab al-Schifa,* dem er den Titel *De mineralibus* gab. Alfred lernte offenbar in Spanien Arabisch, wo er vermutlich seine Übersetzung des Ibn Ruschd verfasste. Allem Anschein nach griff er auch auf griechische Quellen zurück, insbesondere in seinen Werken zu Aristoteles, dessen Naturphilosophie und Metaphysik er nach England brachte.

Die wichtigste Schnittstelle zwischen der griechischen, der lateinischen und der arabischen Kultur war im 12. Jahrhundert das normannische Reich in Süditalien und Sizilien. Die Normannen hatten die Byzantiner von ihren letzten Außenposten in Süditalien vertrieben und dann in Sizilien die Sarazenen bezwungen. Als Graf Roger I. 1091 Palermo eroberte, war es fast 200 Jahre lang unter muslimischer Herrschaft gewesen. Er machte die Muslime zu Leibeigenen, außer in der Hauptstadt Palermo, wo die Begabtesten von ihnen Amtsträger blieben; deshalb wurde am normannischen Hof griechisch, lateinisch und arabisch gesprochen und in den königlichen Erlassen und Verzeichnissen verwendet. Unter seinem Sohn Roger II. (reg. 1130–1154) entwickelte sich Palermo zum kulturellen Zentrum für Christen wie für Muslime gleichermaßen, es wurde nur von Córdoba und Toledo übertroffen. Unter Roger II. sowie unter seinen Nachfolgern förderte der Hof von Palermo zahlreiche Übersetzungen aus dem Griechischen und Arabischen ins Lateinische.

Roger II. interessierte sich besonders für Geographie, war allerdings mit den vorhandenen griechischen und arabischen Werken unzufrieden. So schrieb er 1138 an al-Idrisi (1100–1166), den eminenten muslimischen Geographen und Kartographen, der damals in Ceuta lebte, und lud ihn nach Palermo ein: »Wenn Sie unter Muslimen leben, werden Ihre Könige darauf sinnen, Sie zu töten, doch wenn Sie bei mir bleiben, werden Sie sicher sein.« Al-Idrisi nahm das Angebot an und lebte bis zu Rogers Tod 1154 in Palermo. Danach kehrte er nach Ceuta zurück und verbrachte dort seinen Lebensabend.

Roger beauftragte al-Idrisi mit der Erstellung einer großen kreisförmigen Reliefkarte der Welt in Silber. Die Angaben dafür stammten aus griechischen und arabischen Quellen, vorwiegend aus Ptolemaios' *Geographie,* aber auch von Reisenden und Gesandten des Königs. Die Silbertafel ist schon seit langem verloren, aber die geographischen Einzelheiten übernahm al-Idrisi vermutlich in den Ausschnittskarten seines arabischsprachigen Kompendiums der Geographie, *Reise des Sehnsüchtigen, um die Horizonte zu durchqueren,* das überliefert ist. Dieses Kompendium befasst sich mit der physischen wie auch der beschreibenden Geographie und bietet Informationen zur politischen, wirtschaftlichen und sozialen Situation in den Ländern um das Mittelmeer und im Vorderen Orient – eine wahre Enzyklopädie der mittelalterlichen Welt. Über mehrere Jahrhunderte war al-Idrisis Werk in Europa ein beliebtes Lehrbuch, auch einige gekürzte Fassungen wurden veröffentlicht, die erste 1592 in Rom. 1619 erschien in Paris eine lateinische Übersetzung, und zwischen 1830 und 1840 entstand eine zweibändige Übersetzung ins Französische unter dem Titel *Géographie d'Édrisi.*

Friedrich II. (reg. 1212–1250), Kaiser des Heiligen Römischen

Reiches und König von Sizilien, war ein Enkel des Kaisers Friedrich I. Barbarossa und des normannischen Königs Roger II. Man nannte ihn *stupor mundi,* »das Staunen der Welt«, denn er war als Kind von sieben bis zwölf Jahren in Palermo aufgewachsen, wo er arabisch und sizilianisch sprach sowie Latein und Griechisch lernte. Als er 1211 im Alter von 14 Jahren zum Kaiser gewählt wurde, wandte er sich von seinen nördlichen Herrschaftsgebieten ab und dem Königreich Sizilien zu, wo er wie seine normannischen Vorfahren, die »getaufte Sultane« waren, im Stil eines orientalischen Potentaten in seinem Harem schwelgte.

Der Kaiser zeigte großes Interesse an den Naturwissenschaften und der Mathematik und lud verschiedene Gelehrte, die er als »Philosophen« bezeichnete, an seinen glanzvollen Hof, darunter Johannes von Palermo, Magister Theodorus und Michael Scotus. Er förderte auch ihre wissenschaftlichen Schriften und ihre Übersetzungen, zu denen Aristoteles' Werke zur Physik und zur Logik gehörten, und schenkte im Jahr 1232 einige davon den Professoren an der Universität Bologna. In dem Brief, der dem Geschenk beilag, berichtete der Kaiser, wie er das Lernen seit seiner Jugend geliebt hatte und dass er sich neben den Staatsangelegenheiten noch die Zeit nahm, in seiner Bibliothek zu lesen, wo Handschriften aller Art »wohlgeordnet Unsere Schränke zieren«.

Von Friedrichs Gelehrtentum zeugt auch sein berühmtes Buch zur Falkenjagd, *De arte venandi cum avibus* (Die Kunst des Jagens mit Vögeln). Es ist nicht nur ein wissenschaftliches Buch zur Ornithologie, sondern zugleich ein detailliertes und schön illustriertes Handbuch zur Falknerei als Kunst und nicht als Sport. Friedrich sah sich in der Nachfolge von Aristoteles' *Zoologie,* die Michael Scotus Anfang des 13. Jahrhunderts übersetzt hatte. Allerdings kritisierte er auch einige Aspekte des Werks, so im Vorwort des Handbuchs: »Wir sind dem Aristoteles gefolgt, wenn es sich schickte, aber in vielen Fällen, und besonders, wenn er von der Natur einiger Vögel schreibt, scheint er von der Wahrheit abgewichen zu sein. So konnten Wir Uns dem Fürsten der Philosophen nicht immer anschließen, da er ja selten oder nie die Jagd betrieben hat, die Wir seit jeher geliebt und geübt haben.«

Friedrich II. führte unter anderem einen Briefwechsel mit dem berühmten Mathematiker Leonardo da Pisa, genannt Fibonacci (um 1170 – nach 1240), der ihm vorgestellt wurde, als er im Jahr 1225 in Pisa Hof hielt. Fibonacci hatte damals gerade sein *Liber quadratorum,* ein Buch über Zahlentheorie, abgeschlossen, das er dem Kaiser widmete: »Ich habe vom Podesta von Pisa gehört, daß es Euch gefällt, von Zeit zu Zeit der subtilen Beweisführung der Geometrie und der Arithmetik zu lauschen.«

Im Vorwort zu seinem berühmtesten Werk, *Liber abbaci,* dem Rechenbuch, schreibt Leonardo da Pisa über sein Leben. Sein Vater, ein Staatsbeamter der Republik Pisa, wurde um 1192 zum Leiter der pisanischen Handelskolonie in der algerischen Stadt Bugia (heute Bejaia) ernannt. Er nahm den Sohn mit nach Bugia, um ihn dort in der Kunst des Rechnens ausbilden zu lassen, das er »mit den neuen indischen Ziffern« erlernte, den sogenannten hindu-arabischen Ziffern, die er mit dem *Liber abbaci* in Europa einführte. Sein Vater schickte ihn auch auf Geschäftsreisen in die Provence, nach Sizilien, Ägypten, Syrien und Konstantinopel, wo er lateinische, griechische und arabische Mathematiker kennenlernte. Um 1200 kehrte er nach Pisa zurück, wo er bis ans Ende seines Lebens mathematische Schriften verfasste, die ihn zum bedeutendsten Mathematiker des Mittelalters machten.

Von Fibonacci sind fünf Werke überliefert: außer dem erwähnten *Liber abbaci,* 1202 zuerst veröffentlicht und 1228 überarbeitet, *Practica geometriae* (1220 – 1221), ein Werk zur angewandten Geometrie, eine Abhandlung mit dem Titel *Flos* (1225) für Kaiser Friedrich II., die er in Antwort auf verschiedene mathematische Fragestellungen verfasste, die Johannes von Palermo anlässlich des Besuchs des Kaisers in Pisa an Fibonacci gerichtet hatte; ein undatierter Brief an Magister Theodorus, einen der »Philosophen« am

Hof Friedrichs II., und eben *Liber quadratorum* (1225). Im *Liber abbaci* findet sich die berühmte »Kaninchenaufgabe«: »Wie viele Kaninchenpaare stammen am Ende eines Jahres von einem Kaninchenpaar ab, wenn jedes Paar, beginnend am Ende des zweiten Lebensmonats, jeden Monat ein neues Paar gebiert?« Die Lösung dieser Aufgabe führte zu den sogenannten Fibonacci-Zahlen, einer Abfolge, bei der jede Zahl die Summe der beiden vorhergehenden Zahlen ist (z. B. 1, 1, 2, 3, 5, 8, 13, 21 …), ein mathematisches Wunder, das die Mathematiker bis heute fasziniert. Soweit man es nachvollziehen kann, stützte sich Leonardo auf griechische, römische, indische und arabische Quellen. Indem er diese zu einer Synthese zusammenführte und mit seinem eigenen schöpferischen Genie

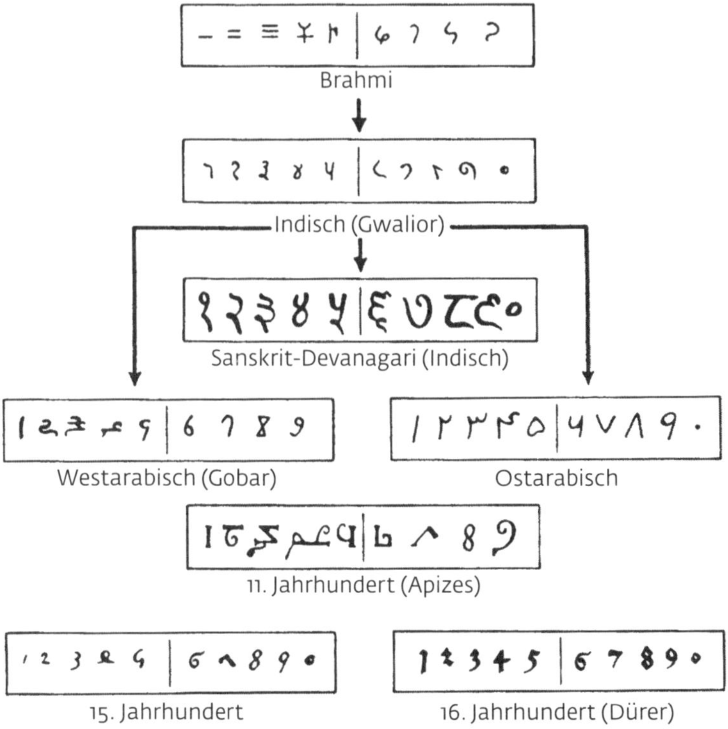

Die Entwicklung der hindu-arabischen Ziffern.

darauf aufbaute, gab er die Initialzündung für eine neue europäische Mathematik.

Leonardo widmete sein Buch *Flos* Johannes von Palermo, den er auch in der Einleitung zum *Liber quadratorum* erwähnte. Johannes' einziges bekanntes Werk ist die lateinische Übersetzung einer arabischen Abhandlung zur Hyperbel, die möglicherweise von einem Werk des Ibn al-Haitham hergeleitet war.

Magister Theodorus, gewöhnlich »der Philosoph« genannt, stammte aus Antiochia. Er diente dem Kaiser als Sekretär, Botschafter, Astrologe und Übersetzer vom Griechischen und Arabischen ins Lateinische, zudem war er der oberste Zuckerbäcker des Kaisers. Eines seiner Werke ist eine Übersetzung eines arabischen Lehrbuchs zur Falknerei. Bis zu seinem Tod um 1250 stand er im Dienste des Kaisers; danach vergab dieser das Lehen weiter, das »der verstorbene Theodor, unser Philosoph, besessen hatte, solange er lebte«.

Theodor war vermutlich der Nachfolger des Hofastrologen Michael Scotus. Michael wurde in den letzten Jahren des 12. Jahrhunderts geboren, vermutlich in Schottland, obwohl er möglichweise irischer Abstammung war. Über seine Universitätsstudien ist nichts bekannt, doch aus seinen Verweisen auf Paris kann man schließen, dass er womöglich dort studierte und lehrte, wie auch in Bologna, wo er 1220 oder 1221 medizinische Forschungen betrieb. Arabisch und etwas Hebräisch lernte er möglicherweise in Toledo, wo er um 1217 al-Bitrudschis Lehrwerk *Über die Sphäre* übersetzte, mit Unterstützung durch Abuteus Levita, einen später zum Christentum konvertierten Juden. Bis 1220 hatte er nicht nur aus al-Bitriqs arabischer Fassung des 9. Jahrhunderts die lateinische Standardausgabe von Aristoteles' *Über Tiere* angefertigt, sondern auch *De caelo* und *De anima* mit Ibn Ruschds Kommentaren übersetzt. 1224 wurde er zum Priester geweiht; Papst Honorius II. setzte ihn als Erzbischof von Cashel in Irland ein und sprach ihm in England Pfründen zu. Michael lehnte das Amt des Erzbischofs mit der Begründung ab, dass er die irische Sprache nicht beherrsche, und erhielt dann vom Erzbischof von Canterbury weitere Pfründen in England und Schottland.

Als Fibonacci 1228 seine überarbeitete Fassung des *Liber abbaci* abgeschlossen hatte, sandte er sie an Michael, der damals offenbar schon sein Amt als Hofastrologe beim Kaiser angetreten hatte. Michael verfasste für ihn eine lateinische Zusammenfassung von Ibn Ruschds *De animalibus* sowie eine umfangreiche Abhandlung unter dem Titel *Liber introductorius* (Einführung in die Astrologie). Sie behandelt alle Aspekte der Astrologie und der Wahrsagungen, darunter die Nekromantie, die Beschwörung der Seelen der Toten, um sie zu Voraussagen für die Zukunft zu befragen oder um den Lauf künftiger Ereignisse zu beeinflussen, wie auch die Nigromantie, die schwarze Magie, die sich mit okkulten Praktiken befasst, die in der Nacht und nicht am Tage ausgeführt werden.

Michael verurteilte die Nekromantie und die schwarze Magie, aber mit großem Vergnügen erzählte er Geschichten von Nigromantikern und Magiern. Danach war ein Hofbeamter namens Gilbertus, vermutlich Gerbert d'Aurillac, der beste Nigromantiker in Frankreich, der, wie er behauptete, Dämonen beschwor, die ihm die Verwendung des Astrolabs und die Grundlagen der Astronomie erklärten, woraufhin er bekehrt und schließlich Bischof von Ravenna und am Ende sogar Papst wurde.

Friedrich richtete eine lange Liste von außergewöhnlichen Fragen an Michael, der diesen Fragebogen einem *Liber particularis* hinzufügte. Das kaiserliche Interesse an der Nekromantie zeigt sich in folgender Frage: »Und wie kommt es, daß die Seele eines lebendigen Menschen, wenn sie in ein anderes Leben als das unsrige übergeht, weder durch die erste Liebe noch durch den Haß zur Rückkehr gezwungen werden kann, als sei nichts gewesen, als ob sie sich um das, was sie zurückgelassen hat, nicht kümmert?« Michael brüstete sich damit, dass er alle Fragen des Kaisers beantworten könne, einschließlich der Frage, »ob eine Seele im Jenseits eine andere kennt und ob man zu diesem Leben zurückkehren kann, um zu sprechen oder sich zu zeigen, und wie viele Höllenqualen es gibt«.

All dies trug Michael postum den Ruhm eines Magiers ein und trübte seinen Ruf als Wissenschaftler und Übersetzer, der durchaus umstritten ist. Roger Bacon nannte Michael »einen bemerkenswerten Erkunder der Materie, der Bewegung und des Verlaufs der Konstellationen«, doch zugleich bezeichnete er ihn als einen jener Übersetzer, die »weder von Wissenschaft noch von Sprachen eine Ahnung hatten, nicht einmal Latein«, und behauptete, seine Übersetzungen seien größtenteils von einem Juden namens Andreas ausgeführt worden. Bacon schreibt Michael die Einführung der Naturphilosophie des Aristoteles im lateinischen Abendland zu, obwohl dieser eigentlich nur *De animalibus* übertragen hatte.

Wie über Gerbert d'Aurillac hieß es auch über Michael, er habe für das Wissen um die schwarze Magie und die Magie der Wissenschaften seine Seele an den Teufel verkauft. Dante beschreibt ihn im 20. Gesang des *Inferno*, wo er sich im vierten Graben im achten Kreis der Hölle unter den anderen Wahrsagern befindet:

Der andere, so hagere Geselle
War Michael Scotus, der es nicht verschmäht',
Zu treiben einst das Gaukelspiel der Hölle.

Michaels Ruf als Magier der schwarzen Künste hielt sich bis in moderne Zeiten, vor allem in Schottland, wo man seine Befähigung zur schwarzen Magie in einem Knüttelvers besingt:

Ein Zaubrer, gefürchtet weit und breit.
Wenn seinen Zauberstab er schwang
Zu Salamanca, so erklang
Der fernen Notre Dame Geläut.

10

PARIS UND OXFORD I: ARISTOTELES WIRD NEU GELESEN

Beflügelt durch die Fülle lateinischer Übersetzungen griechisch-arabischer Werke befand sich die europäische Wissenschaft Anfang des 13. Jahrhunderts im Aufschwung. Diese Übersetzungen wurden an den neuen Universitäten verwendet, die in ganz Europa aus dem Boden schossen und die Domschulen des frühen Mittelalters ersetzten.

Die Universität Bologna, im Jahr 1088 gegründet, war die erste, gefolgt von den Universitäten in Paris (um 1150), Oxford (1167), Salerno (1173, eine Neugründung der Medizinschule), Palenzia (um 1178), Reggio (1188), Vicenza (1204), Cambridge (1209), Salamanca (1218) und Padua (1222), um nur die ersten zehn zu nennen; im Lauf des 13. Jahrhunderts kamen noch einmal zehn hinzu. Im 14. Jahrhundert entstanden 25 neue Universitäten und im 15. weitere 35; also waren es im Jahr 1500 in Europa 80 Universitäten, ein Anzeichen für die erstaunliche Wiederbelebung der Wissenschaften im Abendland, die mit der Aneignung des griechisch-arabischen Wissens im 12. Jahrhundert ihren Ausgang genommen hatte.

Für nachfolgende Universitäten in Südeuropa wurde Bologna zum Vorbild; Paris und Oxford für die Gründungen im nördlichen Teil des Kontinents. Berühmt war Bologna für sein Studium der Rechte und der Medizin, Paris für Logik und Theologie und Oxford für Philosophie und Naturwissenschaften. Die Medizinerausbildung stützte sich vorwiegend auf die Lehre des Hippokrates und

Galens; das Studium der Logik, der Philosophie und der Naturwissenschaften beruhte auf den entsprechenden Werken des Aristoteles und den Kommentaren dazu, die zunächst aus dem Arabischen und später aus dem Griechischen ins Lateinische übersetzt wurden.

Aristoteles' Werke bildeten zwar die Grundlage für die meisten nichtmedizinischen Studiengänge an den neuen Universitäten, aber einige seiner naturphilosophischen Ideen, insbesondere in der Interpretation der Kommentare des Averroës (Ibn Ruschd), stießen bei den Theologen auf heftige Ablehnung. Ein Kritikpunkt war die Auffassung des Aristoteles, dass das Universum ewig sei, wodurch die Schöpfung durch Gott verneint wird; ein weiterer war der Determinismus seines Prinzips von Ursache und Wirkung, das keinen Raum für das Eingreifen Gottes oder andere Wunder gestattete. Ein weiterer Einwand lautete, Aristoteles' Naturphilosophie sei pantheistisch, setze also Gott mit der Natur gleich, was aus der neuplatonischen Interpretation des Aristotelismus von Avicenna (Ibn Sina) abgeleitet war.

Dies führte 1210 zu einem Erlass eines bischöflichen Konzils zu Paris, der die Lehre der Naturphilosophie des Aristoteles an der Artistenfakultät der Universität verbot. Das Verbot wurde 1231 von Papst Gregor IX. bestätigt, der verfügte, dass Aristoteles' Werke zur Naturphilosophie an der Pariser Universität nicht gelesen werden sollten, »bis sie geprüft und von Irrthümern gereinigt seien«. Offenbar war es nicht einmal 25 Jahre lang wirksam, denn eine Lektüreliste der Pariser Universität von 1255 führt sämtliche Werke des Aristoteles auf, soweit sie erhältlich waren.

Der Streit entbrannte erneut, als der Bischof von Paris, Étienne Tempier, 13 Thesen verbot, die aus der Philosophie des Aristoteles oder von aristotelischen Kommentaren des Averroës abgeleitet waren. Es galt die Lehre der »doppelten Wahrheit«, d.h., eine These konnte auf Grund von Beweisen in Physik und Metaphysik für wahr erklärt werden, während unabhängig davon ein gegensätzlicher Begriff in der Theologie und in der Religionslehre für wahr gehalten werden konnte. Papst Johannes XXI., der den Rat von Theologen eingeholt hatte, ließ im Jahr 1277 219 Thesen indizieren, einschließlich der 13 ursprünglich von Étienne Tempier aufgeführten, und drohte jedem mit Exkommunikation, der auch nur einen einzigen irrigen Lehrsatz vertrat. Tempier erließ im selben Jahr ein ähnliches Verbot sowie auch der Erzbischof von Canterbury, Robert Kilwardby, dessen Edikt 1284 von seinem Nachfolger John Pecham bestätigt wurde. Daraufhin wurden mehrere Thesen für irrig erklärt, weil ihr Determinismus die Macht Gottes einschränke.

Indessen verarbeiteten die europäischen Gelehrten das erworbene griechisch-arabische Wissen, aus dem sie ihre neue Naturphilosophie entwickelt hatten. Diese beruhte zwar weitgehend auf der Lehre des Aristoteles, wich aber auch von Beginn an davon ab.

Robert Grosseteste (um 1168–1253) leistete Entscheidendes für die Entwicklung der neuen europäischen Naturphilosophie. Aus ärmlichen Verhältnissen in Suffolk stammend, erhielt er seine Ausbildung an der Kathedralschule von Lincoln und dann an der Universität Oxford, wo er auch lehrte. Schließlich erwarb er einen Magisterabschluss in Theologie, vermutlich an der Pariser Universität. Er wurde zum Kanzler der Universität Oxford ernannt, wo er wohl auch theologische Vorlesungen hielt, und begann, Griechisch zu lernen. Als 1224 die ersten Franziskanermönche nach Oxford kamen, wurde Grosseteste ihr Lesemeister. 1235 verließ er die Universität schließlich, als er zum Bischof von Lincoln ernannt wurde; Oxford mit seinen Instituten gehörte zu seiner Diözese.

Seine Werke kann man nach zwei Lebensstationen unterteilen: der ersten als Kanzler in Oxford und der zweiten als Bischof von Lincoln. Zu seinen Schriften in der ersten Phase gehören die Kommentare zu Aristoteles und zur Bibel und die meisten eigenständigen Abhandlungen, während er in der zweiten Phase hauptsächlich Übersetzungen aus dem Griechischen erstellte: *Nikomachische Ethik* und *Über den Himmel* von Aristoteles, letztere mit seiner Fassung eines Kommentars von Simplikios; außerdem mehrere theologische Werke.

Grossetestes Kommentare zu Aristoteles' *Zweiter Analytik* und *Physik* gehörten zu den ersten und einflussreichsten Interpretationen dieser Werke, und sie legten seine Theorie der Wissenschaft dar, die er in zahlreichen eigenen Schriften in die Praxis umsetzte. Er schrieb sechs Bücher zur Astronomie und eines zur Kalenderreform, außerdem kleinere Abhandlungen wie *De generatione stellarum* (Die Entstehung der Sterne), *De generatione sonorum* (Über den Klang), *De impressionibus elementorum* (Eindrücke der Elemente), *De cometis* (Kometen), *De calore solis* (Die Hitze der Sonne), *De colore* (Farbe), *De iride* (Über den Regenbogen) und *De fluxu et refluxu maris* (Die Gezeiten), in dem er den Mond als den Verursacher der Gezeiten bezeichnet.

Als erster Gelehrter des Mittelalters befasste sich Grosseteste mit der wissenschaftlichen Methodologie, die für ihn zwei sehr unterschiedliche Schritte umfasste. Der erste war eine Kombination aus Deduktion und Induktion, die er »Resolution und Komposition« nannte, eine Methode zur Formulierung von Definitionen: »Diese Methode umfasst zwei Verfahren, eines davon durch Komposition und das andere durch Resolution. Aristoteles lehrt zunächst die Methode, wie man durch Komposition zu einer Definition gelangt, weil seine Methode wie eine Progression vom Allgemeineren und Einfacheren zum Komplexeren ist. Die Methode der Resolution ist das Gegenteil davon.«

Der zweite Schritt war nach Grosseteste die Verifikation und die Falsifikation, ein notwendiges Verfahren zur Unterscheidung der wahren Ursache von anderen möglichen Ursachen. Mit der Anwendung von Verifikation und Falsifikation stützte er sich auf zwei Prämissen zum Wesen der physischen Realität. Die erste war das Prinzip der Uniformität der Natur; zur Bestätigung dieses Prinzips zitierte er Aristoteles: »Die gleiche Ursache kann, auf die gleiche Weise wirkend, bei dem gleichen Objekt keine entgegengesetzten

Wirkungen hervorrufen.« Das zweite war das Prinzip der Ökonomie, wonach die beste Erklärung die einfachste ist, d.h. diejenige, die unter gleichen Bedingungen mit weniger Annahmen und Axiomen auskommt. Auch hier zitierte er Aristoteles, der behauptete, die Kraft wirke bei natürlichen Ursachen in einer geraden Linie, denn: »Die Natur wirkt auf die kürzestmögliche Weise.« Ausgehend von diesen Annahmen bestand Grossetestes Methode darin, zwischen möglichen Ursachen »mit Hilfe von Experiment und Verstand« zu unterscheiden, und wies damit Theorien zurück, die faktischen Beweisen oder einer etablierten und durch Experimente überprüften Theorie widersprechen.

Grosseteste glaubte, man könne die physische Welt ohne Mathematik überhaupt nicht verstehen. Hierzu bemerkte er: »Die Wissenschaft, die sich mit dem Studium leuchtender Geraden und Figuren befasst (d.h. die Optik), fällt unter die Geometrie ...; die Wissenschaft der Konstruktion von Maschinen, wie auch Architektur und andere mechanische Künste, fällt unter die Wissenschaft der geometrischen Körper; die Wissenschaft der Harmonien fällt unter die Arithmetik, und die Wissenschaft, die die Seeleute anwenden, um nach dem Aussehen der Sterne den Kurs der Schiffe zu leiten, ordnet sich der Geometrie unter.«

Bei der Anwendung der Mathematik mussten unweigerlich Messungen durchgeführt werden, die eine Zahl zum Ergebnis hatten, obwohl darin eine unausweichliche Ungenauigkeit lag, die alle Messungen des Menschen konventionell machte, im Gegensatz zur Gewissheit der Geometrie. Doch auch wenn die Geometrie zum Beispiel das »weshalb« (propter quid) angeben konnte – insofern sie ein Phänomen in der Optik wie zum Beispiel die Reflexion des Lichts beschrieb –, konnte sie nicht mit den dazu beitragenden physikalischen Ursachen dienen. Somit erfordert die vollständige Erklärung optischer Phänomene nicht nur der Geometrie, sondern auch des Wissens über die physische Beschaffenheit des Lichts, auf Grund derer sich das Licht bei der Reflexion in einem Spiegel so bewegt, dass der Einfallswinkel und der Reflexionswinkel gleich sind.

Für Grosseteste war das Studium der Optik der Schlüssel zum Verständnis der physischen Welt, und dies führte zur Entstehung seiner neuplatonischen »Metaphysik des Lichts«. Er meinte, das Licht sei die grundlegende körperliche Substanz der materiellen Dinge und bringe ihre räumlichen Dimensionen hervor, zugleich sei es das erste Prinzip der Bewegung und der *causa efficiens* (Wirkursache). Gemäß seiner optischen Theorie breitet sich das Licht in gerader Linie durch mehrere Wellen oder Pulse aus und kann wegen seiner geradlinigen Bewegung geometrisch beschrieben werden. Dies ähnelte seiner akustischen Theorie, die er in seinem Kommentar zu Aristoteles' *Zweiter Analytik* darlegte, wo es heißt: »Wenn daher der tönende Körper angeschlagen wird und vibriert, muß eine ähnliche Vibration und ähnliche Bewegung stattfinden in der umgebenden angrenzenden Luft, und diese Erzeugung schreitet nach allen Richtungen geradlinig fort.«

Grosseteste zufolge konnte dieselbe Theorie, die er als »Multiplikation der Species« bezeichnet, die Ausbreitung einer jeglichen Störung erklären, sei es Licht, Schall, Wärme, mechanische Einwirkung oder sogar ein astrologischer Einfluss. Somit war das Studium des Lichts von entscheidender Bedeutung für das Verständnis der Natur. Das Licht – für ihn nicht nur die sichtbare Strahlung, sondern ebenso das göttliche Urlicht – war die Art und Weise, wie Gott das Universum schuf, und durch das Licht standen Körper und Seele des Menschen in Wechselwirkung.

Das Studium der Optik unterteilte Grosseteste in drei Teile: Phänomene des Sehens, der Spiegelung (Katoptrik, Reflexion) und der Linsen (Dioptrik, Brechung). Der dritte Teil ist ausführlicher als die beiden anderen, weil das Thema, wie er bemerkt, »bis heute unberührt und unbekannt geblieben« war, und schlug Anwendungsmöglichkeiten der Lichtbrechung vor, die schließlich im 17. Jahrhundert durch die Erfindung des Teleskops und des Mikroskops realisiert wurden. »Dieser Teil der Optik nämlich zeigt, wenn er vollständig bekannt ist, wie man Dinge, die sehr weit weg sind, so erscheinen lässt, als seien sie ganz nah, als wenn sie in der Nähe platziert wären … kleine Dinge in der Ferne erscheinen so groß, wie es uns gefällt …, so dass es uns möglich sein könnte, die kleinsten Buchstaben auf unglaubliche Entfernungen zu lesen oder Sand oder Körner oder Samen oder jegliche Art kleinster Gegenstände zu zählen.«

Mit seiner Theorie der Lichtbrechung versuchte er, die Bündelung des Lichts durch ein »Brennglas« oder eine sphärische Linse zu erklären. Ein Experiment hätte ihm gezeigt, dass sein Brechungsgesetz fehlerhaft war, doch vermutlich hat er es nie überprüft. Dabei war es ein Prinzip seiner wissenschaftlichen Methode, dass eine Theorie hinfällig ist, wenn ihr die reale Beobachtung widerspricht.

Seine wissenschaftliche Methode wird in der Abhandlung *Der Regenbogen* deutlich, in der er mit der aristotelischen Theorie brach, indem er behauptete, der Regenbogen sei auf gebrochenes und nicht auf reflektiertes Licht zurückzuführen. Obwohl seine Theorie irrig war, stellte er die Problematik auf eine Art und Weise dar, die seine Nachfolger durch die Kritik dieser Bemühungen der richtigen Lösung näher brachte. Den französischen Dichter Jean de Meung inspirierte *Der Regenbogen* im Jahr 1270 in seiner Fortsetzung zum *Rosenroman* von Guillaume de Lorris zu einigen Versen. Dort erzählt er, wie die Wolken, »um die Welt zu erfreuen«,

… einen Bogen in die Faust zu nehmen pflegen
oder auch zwei oder drei, wenn sie wollen,
die Regenbogen genannt werden,
von denen niemand weiß, es sei denn ein guter Magister,
der die Optik zu lehren versteht,
wie die Sonne sie bemalt,
wie viele und welche Farben sie haben
und warum so viele und warum diese,
und die Ursache ihrer Gestalt …

In Grossetestes Schriften finden sich nur wenige Hinweise, dass der Verfasser Christ und Bischof war, doch in seiner Abhandlung *De finitate motus et temporis* wich er von der aristotelischen Lehre ab, dass das Universum ewig sei, denn das widersprach seinem Glauben an die Schöpfung Gottes. Sein christlicher Glaube zeigt sich auch in der Schrift *De ordine emanandi causatorum a Deo,* wo er seinem Wunsch Ausdruck verleiht, dass die Menschen aufhören sollten, die biblische Schöpfungsgeschichte in Frage zu stellen.

Unter den schon erwähnten Schriften zur Astronomie ist eine der wichtigsten *De sphaera,* in der er Elemente der aristotelischen wie auch der ptolemäischen theoretischen Astronomie erörtert. Um die aristotelische und ptolemäische Astronomie geht es auch in dem Buch zur Kalenderreform, *Computus correctorius,* wo er Ptolemäus' System der Exzenter und Epizykel auf die Berechnung der Planetenbahnen anwendet, wobei er anmerkt: »Diese Arten der Himmelsbewegung sind nach Aristoteles nur in der Phantasie möglich und in der Natur unmöglich, weil nach seiner Ansicht alle neun Sphären konzentrisch sind.« In seiner Schrift *Über die Prognostizierung* schrieb Grosseteste auch über astrologische Einflüsse, doch später verurteilt er die Astrologie und bezeichnet sie als Betrug und eine listige Täuschung des Satans.

Grossetestes *De sphaera* entstand ungefähr um dieselbe Zeit wie ein Werk gleichen Titels von seinem Zeitgenossen John von Holywood, besser bekannt unter seinem lateinischen Namen Johannes de Sacrobosco. Über dessen Leben ist wenig bekannt, außer dass er Mönch im Augustinerkloster in Holywood war und nach dem Studium in Oxford 1221 an der Universität von Paris zugelassen wurde, wo man ihn später zum Professor der Mathematik wählte.

Zu Sacroboscos wichtigsten erhaltenen Werken gehören drei einführende Lehrbücher zur Mathematik und Astronomie: *De sphaera, De computo ecclesiastico* und *De algorismo,* die häufig in einer Handschrift zusammengebunden waren. Sacroboscos Ruhm gründet sich vor allem auf *De sphaera,* einen astronomischen Text, der auf

Ptolemaios und seinen arabischen Kommentatoren beruht, vor allem al-Farghani. Das Buch wurde zuerst an der Universität von Paris verwendet und schließlich an allen Universitäten in ganz Europa, wo es bis zum Ende des 17. Jahrhunderts in Gebrauch blieb. Sein Werk *De computo ecclesiastico* zeigt die Fehler des julianischen Kalenders auf und schlägt eine Lösung vor, die die Kalenderreform Gregors XIII. 350 Jahre später vorwegnimmt. *De algorismo*, ein Lehrbuch für das Rechnen mit positiven ganzen Zahlen, war im Mittelalter das meistbenutzte Handbuch der Arithmetik und blieb bis zum 16. Jahrhundert in Gebrauch.

Grossestestes Versuche, eine neue Naturphilosophie zu entwerfen, hat Albertus Magnus (um 1200–1280) fortgeführt. Er entstammte einer Familie aus dem bayerischen Militäradel und studierte an der Universität Padua Geisteswissenschaften, wo ihn Jordan von Sachsen, der Ordensmeister der Dominikaner, für den Dominikanerorden gewinnen konnte. Danach studierte Albertus in Deutschland Theologie und lehrte dort, bevor er sich um 1241 an der Universität Paris einschrieb, wo er später sieben Jahre lang Theologievorlesungen hielt. Dann sandte man ihn zur Gründung einer Schule nach Köln. Zu seinen Schülern gehörte Thomas von Aquin, der aus Italien gekommen war, um bei ihm entweder in Paris oder in Köln zu studieren. 1253 wurde Albertus zum Provinzial der deutschen Dominikaner ernannt und 1260 zum Bischof von Regensburg. Zwei Jahre später verzichtete er auf dieses Amt und widmete den Rest seines Lebens der Predigt und der Lehre.

Albertus spielte eine wichtige Rolle bei der Wiederentdeckung des Aristoteles und trug erheblich zur Akzeptanz der Naturphilosophie im christlichen Abendland bei. Das größte Problem für die Christen bestand dabei in dem Konflikt zwischen Glauben und Verstand, besonders in der averroistischen Auslegung der Lehre des Aristoteles, d. h. mit dessen Determinismus und seiner Auffassung von der Ewigkeit des Kosmos. Albertus suchte nach einer Lösung dieses Konflikts, indem er Aristoteles als Wegweiser zur Vernunft und nicht als absolute Autorität betrachtete und erklärte, dass dieser irrte, wenn seine Thesen der religiösen Offenbarung oder den Beobachtungen entgegenstanden. Nach seiner Auffassung sprachen die Naturphilosophie und die Theologie oft auf unterschiedliche Weise von derselben Sache. Also teilte er jeder der beiden Richtungen ihren eigenen Bereich und ihre Methoden zu und glaubte damit jeden Widerspruch zwischen Vernunft und Offenbarung ausschließen zu können.

Da auch seine Glaubensbrüder die aristotelische Weltsicht verstehen wollten, machte sich Albertus auf ihr Ersuchen an die Deutung des Aristoteles. Im Prolog zu seinem Kommentar zu Aristoteles' *Physik* erklärt er seine Absicht, »alle Teile der Philosophie den Lateinern einsichtig [zu] machen«.

Seine originellsten Leistungen betreffen die Botanik und die Biowissenschaften, in denen er sich durch Beobachtungsgabe und die Fähigkeit zur Klassifizierung auszeichnete. Seine Haltung zur wissenschaftlichen Methode zeigt sich im Kommentar zu der pseudoaristotelischen Schrift *De plantis,* bis in das 16. Jahrhundert die Hauptquelle für botanisches Wissen. Dort heißt es in Bezug auf die ihm bekannten einheimischen Pflanzen: »In diesem 6. Buch wollen wir mehr die Wißbegierde der Studierenden als die Philosophie befriedigen … Man kann keine Syllogismen machen über individuelle Naturdinge, über die allein die Erfahrung *(experimentum)* Gewißheit gibt.«

Albertus war zwar in seinem wissenschaftlichen Denken sehr modern, aber in seinen Ansichten zu Magie, Wahrsagerei und Astrologie blieb er ganz dem Mittelalter verhaftet. In der *Summa theologica* schreibt er von seiner Überzeugung, dass die Magie auf Dämonen zurückgehe, »denn die Heiligen sagen es deutlich und es ist die allgemeine Meinung aller Personen und es wird in dem Teil der Nekromantik gelehrt, der sich mit Bildern und Ringen und Spiegeln der Venus und Dämonensiegeln befasst«. In fast allen wissenschaftlichen Abhandlungen äußert er sich auch zur Astrologie und beschreibt die Auswirkungen von Himmelsphänomenen wie Planetenkonjunktionen, die er als die Ursache für »große Zufälle und große Wunder und eine allgemeine Veränderung des Zustands der Elemente und der Welt« betrachtet.

Ulrich Engelbert von Straßburg, ein Schüler von Albertus, sagte über ihn: »Er war in jeder Wissenschaft so göttlich, dass er zu Recht das Staunen erregende Wunder unserer Zeit genannt werden kann.« Auch Thomas von Aquin hegt große Bewunderung für ihn: »Was für ein Wunder, dass ein Mann mit einer so aufrichtigen Hingabe und Frömmigkeit so übermenschliche Leistungen in der Wissenschaft zeigen sollte.« Am 16. Dezember 1931 wurde Albertus von Papst Pius XI. heiliggesprochen, zehn Jahre später erklärte ihn Pius XII. zum Schutzpatron der Naturwissenschaftler.

Thomas von Aquin (um 1225–1274) wurde in der Nähe von Monte Cassino in Süditalien geboren; sein Vater diente Kaiser Friedrich II. im Krieg gegen das Papsttum. Er begann seine Ausbildung in der Benediktinerabtei Monte Cassino und besuchte dann die neugegründete Universität von Neapel, wo er die Werke des Aristoteles kennenlernte. Nachdem er in den Dominikanerorden eingetreten war, ging er zum weiteren Studium nach Köln und dann nach Paris, wo Albertus Magnus zu seinen Lehrern gehörte.

Thomas von Aquin lehrte 1256–1259 und 1269–1272 an der Universität von Paris, in der Zwischenzeit war er mit der päpstlichen Kurie unter Alexander IV., Urban IV. und Clemens IV. verbunden. 1272 kehrte er nach Neapel zurück, wo er eine Dominikanerschule aufbaute, die er bis wenige Monate vor seinem Tod im Jahr 1274 leitete. Am 18. Juli 1323 wurde er von Papst Johannes XXII. heiliggesprochen. Für die römisch-katholische Kirche war er danach der würdigste Vermittler ihrer Lehre. Noch heute sind seine Schriften Lehrstoff an katholischen Universitäten.

Wie Albertus Magnus bemühte sich auch Thomas, den Konflikt zwischen Theologie und Wissenschaft aufzulösen und zu zeigen, dass zwischen Offenbarung und Verstand eigentlich kein Gegensatz bestehe. Anderen Gelehrten, für die die Naturphilosophie mit dem christlichen Glauben unvereinbar war, hielt er in seinem Kommentar zum Trinitätstraktat des Boëthius folgendes Argument entgegen: »Und obgleich das natürliche Licht des menschlichen Geistes ungeeignet ist, um das aufzuzeigen, was durch den Glauben sichtbar wird, ist es dennoch unmöglich, dass das, was uns von Gott her durch den Glauben überliefert wird, im Gegensatz zu dem steht, was uns durch die Natur eingegeben ist, sonst müsste eines von beiden falsch sein. Und da beides in uns von Gott ist, wäre Gott für uns der Urheber von Falschheit, und das ist unmöglich.«

In den Disput über die aristotelische Philosophie, der 1267 an der Universität von Paris entbrannte, versuchte Thomas 1269/70 vermittelnd einzugreifen. Möglicherweise richtete sich die Verurteilung averroistischer Thesen durch den Bischof von Paris 1270 auch gegen einige seiner Lehren, zum Beispiel, dass die Erschaffung der Welt nicht nur mit dem Verstand erklärt werden kann. Diese und andere Auslegungen waren seine Lösung für das Problem der Anpassung des Aristotelismus an die christliche Theologie und führten zur Schaffung eines als Thomismus bezeichneten philosophischen Systems.

Wie weitreichend seine Bemühungen waren, kann man an dem Versuch ablesen, die biblische Erzählung von Christi Himmelfahrt in den aristotelischen Kosmos einzufügen. Nach Epheser 4,10 ist Christus der, »der aufgefahren ist über alle Himmel, auf dass er alles erfüllte«. Es war schwierig für Thomas, dies mit der Philosophie des Aristoteles und seinem Modell der homozentrischen kristallinen Sphären in Einklang zu bringen.

Unterdessen wurden im 13. Jahrhundert weitere Übersetzungen aus dem Arabischen ins Lateinische angefertigt. Einige entstanden im Auftrag Alfons' X. (1221–1284), des Königs von Kastilien und León, mit dem Beinamen el Sabio, der Weise. Mit seinem lebhaften Interesse an der Wissenschaft förderte der König die Übersetzung arabischer Werke zu Astronomie und Astrologie, darunter eine neue Ausgabe der *Toledaner Tafeln* von al-Zarquali, dem Astronomen, der im 11. Jahrhundert in Córdoba wirkte. Diese Ausgabe, als *Alfonsinische Tafeln* bekannt, bietet einige neue Beobachtungen, behält allerdings das ptolemäische System der Exzenter und Epizykel bei.

Grossetestes namhaftester Schüler war Roger Bacon (um 1219–1292); sein Interesse an Naturphilosophie und Mathematik wurde während des Studiums in Oxford geweckt. Den Magistertitel erwarb er um 1240 entweder in Oxford oder in Paris, und danach hielt er an der Universität von Paris Vorlesungen zu verschiedenen Werken des Aristoteles. Um 1247 kehrte er nach Oxford zurück, wo er Grosseteste kennenlernte und sich dessen Kreis anschloss.

Bacon wurde um 1257 Franziskaner und geriet kurz darauf in Schwierigkeiten, vermutlich auf Grund eines Dekrets, das die Veröffentlichung von Werken ohne vorherige Zustimmung des Ordens untersagte. Am 22. Juni 1266 gab Clemens IV. ein Apostolisches Mandat heraus, mit dem er Bacon um ein Exemplar seiner philosophischen Schriften bat. Bacon sollte nicht nur das Buch senden, sondern auch angeben, »welche Mittel Ihrer Meinung nach in diesen Angelegenheiten Anwendung finden sollten, die, wie Sie kürzlich andeuteten, von so großer Bedeutung wären« und »dies ohne Verzögerung so geheim wie möglich zu tun«.

Bacon antwortete schließlich mit drei Werken – *Opus maius, Opus minus* und *Opus tertium* –, begleitet von einem Brief, in dem er eine Reform der Lehre der katholischen Kirche vorschlug. Nach seiner Auffassung gab es zwei Arten von Erfahrung: eine durch mystische Inspiration erlebte und eine andere durch die Sinne, die mit Hilfe von Instrumenten und der Mathematik quantifiziert werden konnte. Er empfahl ein Bildungsprogramm, das Sprachen, Mathematik, Optik, die experimentelle Naturwissenschaft und Alchemie umfasste, gefolgt von der Metaphysik und der Moralphilosophie, die, angeleitet von der Theologie, zu einem Verständnis der Natur und dadurch zum Wissen über den Schöpfer führen würden.

In den nächsten Jahren verfasste Bacon drei weitere Werke: *Communia naturalium, Communia mathematica* und *Compendium studii philosophie*; in letzterem geißelte er die Erziehungsmethoden der Franziskaner und der Dominikaner. Zwischen 1277 und 1279 wurde er von den Franziskanern verurteilt und in Paris unter Arrest gestellt, möglicherweise weil sie häretisches averroistisches Gedankengut unterdrücken wollten. Bis 1292, als er sein letztes Werk *Compendium studii theologiae* schrieb, ist sonst nichts über sein Leben bekannt.

Bacon übernahm weitgehend Grossetestes Theorie der »Metaphysik des Lichts« mit ihrer »Multiplikation der Species«, und wie sein Mentor betonte er die Bedeutung der Mathematik, insbesondere der Geometrie. In seinem *Opus maius* behauptet Bacon: »... in den Dingen dieser Welt gibt es, was die Wirkursachen anbetrifft, nichts, was ohne die Macht der Geometrie erkannt werden könnte«. Er sagte auch: »Jede Multiplikation entspricht entweder Geraden oder Winkeln oder Figuren.« Auch in der Optik greift er die Ideen von Grosseteste wieder auf. Aber in seinem Kommentar zu Alhazen (Ibn al-Haitham) geht er über diesen hinaus, insbesondere in seiner Theorie des Auges als kugelförmiger Linse; bei seinen anatomischen Beschreibungen bezieht er sich auf Hunayn ibn Ishaq und Avicenna (Ibn Sina).

In Teil VI seines *Opus maius*, »Scientia experimentalis«, der ebenfalls auf Grosseteste beruht, erläutert Bacon seine wissenschaftliche Methode. Er beschreibt die »drei großen Vorzüge« der experimentellen Wissenschaft, wovon der erste darin besteht, »dass sie per Experiment die edlen Schlussfolgerungen aller Naturwissenschaften untersucht«. Der zweite Vorzug ist laut Bacon darin zu sehen, dass das Experiment den bestehenden Naturwissenschaften Wissen hinzufügt, und der dritte, dass dadurch völlig neue Wissensgebiete entstehen. Er betont auch die entscheidende Bedeutung der Mathematik in der Wissenschaft, weil schließlich »keine [Wissenschaft] ohne Mathematik auskommen kann«.

Bacon wandte seine wissenschaftliche Methode auch auf das

Studium des Regenbogens an. Dabei verbesserte er Grossetestes Theorie, indem er dieses Phänomen auf die Wirkung der einzelnen Regentropfen zurückführte. Allerdings irrte er darin, dass er die Lichtbrechung als Teil des Vorgangs ausschloss.

In der *Epistola de secretis operibus artis et naturae et de nullitate magiae* hat Bacon schließlich auch wunderbare Geräte wie selbstangetriebene Schiffe, Kraftwagen, Flugmaschinen und U-Boote beschrieben.

> Es ist möglich, Segelgeräte ohne Ruderer zu bauen, mit denen große Schiffe unter der Führung eines einzigen Mannes über Flüsse und Meere schneller fahren können, als seien sie voll mit Männern. Ebenso ist es möglich, Wagen zu bauen, die nicht von Tieren gezogen werden, und sich mit unberechenbarer Geschwindigkeit bewegen … Es ist möglich, Flugmaschinen zu bauen, in deren Mitte ein Mann sitzt, und an einigen Apparaten dreht, mit deren Hilfe künstliche Flügel durch die Luft flattern, wie ein Vogel im Flug … Und man kann Geräte bauen, mit denen man im Meer oder in Flüssen laufen kann und bis zum Grund hinab gehen kann, ohne Schaden zu erleiden.

Zu einem anderen Thema schreibt Bacon, »es hätten bestimmte Experimente bewiesen«, dass das Leben »durch geheime Erfahrungen« sehr verlängert werden kann. Zu seinen Empfehlungen, wie man ein außergewöhnlich langes Leben erreichen kann, gehört der Verzehr von präpariertem Fleisch eines Flugdrachens, das auch »den Geist beflügeln« soll, jedenfalls wurde ihm das so berichtet »ohne Täuschung oder Zweifel von Männern mit erwiesener Vertrauenswürdigkeit«.

Solche Schriften trugen Bacon postum den Ruf eines Zauberers und Wahrsagers ein, der seine schwarzen Künste von Satan gelernt habe. Anfang des 17. Jahrhunderts erschien in London ein Buch mit dem Titel *Die berühmte Historie vom Mönch Bacon, enthaltend die wunderbaren Taten, die er während seines Lebens verrichtete, auch die Weise seines Todes, mit den Leben und dem Tod der beiden Geisterbeschwörer Bungey und Vandermast.* Der Verfasser gibt vor, die Geschichte von Bacons Leben und magischen Wundertaten zu erzählen, darunter auch, er habe einen metallenen Kopf erschaffen, der sprechen, die Zukunft vorhersagen und England vor Feinden schützen konnte. Nachdem Bacon und Bungey den »sprechenden Kopf« fertiggestellt hatten, warteten sie darauf, dass er anfangen würde zu sprechen, doch drei Wochen lang geschah nichts. Dann, »nach einigem Lärm sprach der Kopf diese beiden Wörter: ›ZEIT IST‹; und nach einer Weile: ›ZEIT WAR‹; und dann wieder: ›ZEIT IST VERGANGEN‹ und fiel damit hinunter, und gleich darauf folgte ein furchtbarer Lärm mit eigenartigen Feuerblitzen.«

II

PARIS UND OXFORD II: DIE ENTSTEHUNG DER EUROPÄISCHEN WISSENSCHAFTEN

Mit der Neuinterpretation des Aristoteles im 13. Jahrhundert entstand die neue europäische Wissenschaft, insbesondere in den Forschungen des Robert Grosseteste und seiner Anhänger in Paris und Oxford.

Zu den Pionieren dieser neuen Wissenschaft gehörte Jordanus Nemorarius (tätig um 1220), ein Zeitgenosse von Grosseteste. Über Jordanus' Leben weiß man fast nichts; bekannt ist er nur, weil seine Werke in die *Biblionomia* aufgenommen wurden, den Katalog der Bibliothek von Richard de Fournival, der irgendwann zwischen 1246 und 1260 angelegt wurde. Dort werden ihm zwölf Abhandlungen zugeschrieben.

Jordanus leistete einen wichtigen Beitrag zur mittelalterlichen »Wissenschaft von den Gewichten« *(scientia de ponderibus)*, die wir heute »Statik« nennen, das Studium der Kräfte im Gleichgewicht. Unter anderen führte er den Begriff *gravitas secundum situm* (das von der Lage abhängige Gewicht) ein, den er wie folgt erklärte: »Es [ein Gewicht] ist der Lage nach umso schwerer, je weniger schief seine Bewegung in dieser Lage ist.« Zum Beispiel ist bei einem Block auf einer geneigten Ebene das scheinbare Gewicht, also die Kraft, mit der er auf die Oberfläche drückt, umso größer, je kleiner der Winkel der schiefen Ebene ist. Dem entspricht die Auflösung des Gewichts in zwei Komponenten, die eine im rechten Winkel zur

Ebene, die das scheinbare Gewicht oder die »von der Lage abhängige Schwere« ist, und die andere parallel zur Oberfläche.

Diesen Begriff *gravitas secundum situm* (heute: Hangabtriebskraft) benutzte Jordanus in seiner Untersuchung des grundlegenden Problems der Statik, der Balkenwaage, bei der zwei Gewichte zu beiden Seiten eines Drehpunkts hängen. Jordanus behauptet: »Wenn die Balken der Waage ungleich sind und an beiden Enden gleiche Gewichte hängen, dann wird die Waage auf der Seite mit dem längeren Balken nach unten gedrückt werden.« Auch zum Beweis dieser Aussage findet der Begriff *gravitas secundum situm* Anwendung, der in diesem Fall gleich dem Gewicht des Gegenstands multipliziert mit dem Hebelarm ist, d.h., mit dem senkrechten Abstand des Drehpunkts von der Wirkungslinie des Gewichts. Das kennt man heute als »Kraftmoment« oder »Drehmoment«, ein Maß für den Wirkungsgrad bei der Drehung der Waage. Dabei entsteht ein Gleichgewicht, wenn die beiden Drehmomente gleich und gegenüberliegend sind.

Jordanus »bewies« dann das Hebelgesetz, das besagt, dass sich zwei Gegenstände im Gleichgewicht halten, wenn ihre Gewichte umgekehrt proportional zu ihren Hebelarmen sind. Hier verwendete er den Begriff »Arbeit«, das Produkt aus dem Gewicht eines Gegenstands und der Wegstrecke, über die er gehoben oder anderweitig bewegt wird, die erste klare Definition dieses grundlegenden Begriffs in der Physik. Er führte auch den Begriff »virtuelle Geschwindigkeit« ein, das ist eine verschwindend geringe Geschwindigkeit, weil in einem System im Gleichgewicht keine echte Bewegung stattfinden kann. Diesen Begriff benutzte er für die Untersuchung zweier an einem Hebel im Gleichgewicht befindlicher Gegenstände, wo in einer virtuellen Verrückung die geleistete positive Arbeit beim Anheben eines Gewichts der negativen Arbeit beim Absenken des anderen entspricht, was zu der Schlussfolgerung führt, dass sich das System im Gleichgewicht befindet. Sein Beweis enthält das, was man das »Axiom des Jordanus« nennt, wonach die Kraft, die eine bestimmte Last um eine gegebene Strecke anhebt, die k-fache Last auf 1/k-fache Höhe heben kann, wobei *k* eine beliebige Zahl ist.

Die gleichen Begriffe wendete Jordanus auf das Gleichgewicht zweier verbundener Gewichte auf schiefen Ebenen mit verschiedener Neigung an, was er als verallgemeinerten Fall des Hebelgesetzes betrachtete. Der Beweis bezieht sich auf ein Dreieck *ABC*, mit *BC* als Basis und im rechten Winkel mit A, wobei ein Flaschenzug zwei Gewichte verbindet, mit w(1) an der Seite AB und w(2) an der Seite AC. Er bewies, dass sich die beiden Gewichte im Gleichgewicht befinden, wenn ihre Hangabtriebskräfte gleich sind – d.h., wenn die Komponenten jedes Gewichts auf seiner Ebene dem der anderen in entgegengesetzter Richtung entsprechen. Das lässt sich mit der Gleichung $w(1)/w(2) = AB/AC$ darstellen, und somit dem Hebelgesetz.

In Jordanus' Arbeiten zur Mathematik ist kein islamischer Einfluss zu erkennen; hier steht er eher in der griechisch-römischen Tradition von Nikomachos und Boëthius. Als Erster verwendete er bei arithmetischen Aufgaben zur Verallgemeinerung die Buchstaben des Alphabets, und er befasste sich mit algebraischen Fragestellungen, die zu linearen und quadratischen Gleichungen führten. Er beschäftigte sich auch mit der Geometrie und folgte Archimedes in der Bestimmung des Schwerpunkts bei Dreiecken und anderen ebenen Figuren. Auch im Bereich der stereographischen Projektion war seine Forschung bahnbrechend.

Der als Gerhard von Brüssel bekannte Gelehrte, offenbar ein Kollege des Jordanus, war möglicherweise der erste Europäer, der sich mit der Kinematik, der rein mathematischen Beschreibung von Bewegung befasste. Seine Abhandlung zur Kinematik, *De motu*, die zwischen 1187 und 1260 entstand, war weitgehend von Euklid und Archimedes beeinflusst.

Im zweiten Viertel des 14. Jahrhunderts entwickelte eine Gruppe von Gelehrten am Merton College in Oxford die begrifflichen

Grundlagen und den Wortschatz für die neue Wissenschaft der Bewegung. Die Gruppe bestand aus Thomas Bradwardine, William Heytesbury, John Dumbleton und Richard Swineshead; sie setzte die von Robert Grosseteste begonnene wissenschaftliche Tradition Oxfords fort.

Thomas Bradwardine (um 1290–1349) erwarb zwischen 1321 und 1348 Baccalaureus-, Magister- und Doktorgrad in Oxford und war 1323–1335 Fellow am Merton College. 1339 wurde er Kaplan und möglicherweise auch Beichtvater Edwards III., denn 1346 begleitete er den König auf seinem Feldzug nach Frankreich. Am 4. Juni 1349 wurde er zum Erzbischof von Canterbury gewählt, starb aber schon am 26. August des Jahres an der Pest.

Bradwardines Hauptwerk ist der 1328 fertiggestellte *Tractatus proportionum*. Es war sein Versuch, die aristotelische Bewegungslehre mit einer passenden mathematischen Funktion darzustellen. In der Bewegungslehre des Aristoteles ist die Geschwindigkeit (v) eines Gegenstandes proportional zur Kraft (p) des Bewegers, geteilt durch den Widerstand (r) des Mediums. Bradwardine konzentrierte sich auf die Veränderung der Geschwindigkeit und nicht auf die Geschwindigkeit selbst und versuchte zu zeigen, wie diese sich zur Kraft und zum Widerstand verhielt. Mathematisch gesehen suchte er nach einem funktionalen Zusammenhang zwischen der abhängigen Variabel v und den beiden unabhängigen Variabeln p und r; es ging also darum, bei gegebenen Werten für p und r den entsprechenden Wert v zu ermitteln. Nachdem er mehrere Gleichungen ausprobiert und verworfen hatte, entschied er sich für ein Gesetz der Bewegung, das in heutigen Begrifflichkeiten besagt, dass sich die Geschwindigkeit proportional zum Logarithmus von p/r verhält. Bradwardine erprobte dieses Gesetz der Bewegung nie, denn sonst wäre ihm aufgefallen, dass es nicht korrekt ist. Trotzdem war seine Formulierung der Fragestellung als funktionaler mathematischer Zusammenhang ein wichtiger Fortschritt in der Wissenschaft der Dynamik, die dann von seinen Nachfolgern in

Oxford und in Paris weiterverfolgt wurde. Ihre Forschungen legten das Fundament für die spätmittelalterliche Tradition der *Calculatores,* die die quantitativen Abweichungen von Bewegung, Kraft und Eigenschaften in Zeit und Raum untersuchten.

Der Name von William Heytesbury erscheint in den Akten des Merton College von 1330 und 1338/9 in unterschiedlichen Schreibweisen; möglicherweise handelt es sich um William Heighterbury oder Hetisbury, der 1371 Kanzler der Universität war. Sein einflussreichstes Werk heißt *Regulae solvendi sophismata* und stammt aus dem Jahr 1335.

In den *Regulae* definiert Heytesbury eine konstante Beschleunigung als eine Bewegung, bei der sich die Geschwindigkeit konstant verändert, d.h. entweder erhöht oder verringert. Für eine solche Bewegung definierte er die Beschleunigung als die Veränderung der Geschwindigkeit innerhalb einer bestimmten Zeit, die im Fall einer Abnahme der Geschwindigkeit negativ wäre. Er führte auch den Begriff Momentangeschwindigkeit ein – die Geschwindigkeit zu einem bestimmten Moment – und definierte sie als die von einem Körper in einer bestimmten Zeit zurückgelegte Strecke, wenn sich der Körper mit der Geschwindigkeit, die er in diesem Moment hatte, weiterbewegen würde. Er zeigte, dass bei gleichförmig beschleunigter Bewegung die Durchschnittsgeschwindigkeit während eines Zeitintervalls gleich der Momentangeschwindigkeit im Mittel des entsprechenden Intervalls ist. Dies ist die Merton-Regel, die von Heytesburys Nachfolgern in Oxford und in Paris übernommen wurde.

John Dumbleton (tätig 1332–1349) wird zwischen 1338 und 1348 als Fellow am Merton College geführt. Seine bekannteste Schrift ist *Summa logicae et philosophiae naturalis,* ein umfassendes Werk, das sich mit den meisten Themen der Physik und Philosophie seiner Zeit kritisch auseinandersetzt. Er befasste sich mit Änderungsraten, einschließlich Bewegung, Qualitätsänderung und Wachstum, in Bezug auf einen festen Maßstab wie Entfernung oder Zeit.

Eine Veränderung galt als gleichförmig, wenn in gleichen Zeitintervallen gleiche Abweichungen auftraten, und als »ungleichförmig«, wenn die Abweichungen in der Zeit zu- oder abnahmen. Somit werden bei gleichförmiger Bewegung gleiche Entfernungen in gleichen Zeitintervallen zurückgelegt, während bei ungleichförmiger Bewegung die in nachfolgenden Zeitintervallen zurückgelegten Entfernungen zunehmen oder abnehmen.

Richard Swineshead, genannt »Calculator«, ist vor allem als Verfasser des *Liber calculationum* (um 1340–1350) bekannt, eines Werks, das für die weitgehende Anwendung der Mathematik auf die Physik berühmt ist. Es konzentriert sich auf die Berechnung der Werte physikalischer Variablen und die Lösung von Fragestellungen im Zusammenhang mit deren Veränderungen. Die Arbeit ist in 16 Abhandlungen aufgeteilt, von denen die letzten drei der »lokalen Bewegung« gewidmet sind; dort geht der Autor ausführlich auf Bradwardines Gesetz der Dynamik bei sämtlichen vorstellbaren Arten der Bewegung ein, von denen viele in der Natur gar nicht vorkommen. Das Werk wurde in ganz Europa vertrieben und in Padua (um 1477), Pavia (1498) und Venedig (1520) gedruckt. Die venezianische Ausgabe wurde später für den Mathematiker und Philosophen Gottfried Wilhelm Leibniz (1646–1716) transkribiert, und dieser würdigte Richard Swineshead für die Einführung der Mathematik in die scholastische Philosophie.

Auch in Paris wurden Fortschritte in der Theorie der Bewegung erzielt, zum Beispiel durch Jean Buridan (um 1295–um 1358). Über seine Herkunft ist wenig bekannt, außer dass er aus Béthune im Bistum Arras stammt. Kurz nach 1322 erwarb er den Magistertitel an der Universität von Paris, wo er zweimal zum Rektor gewählt wurde, zuerst 1328 und noch einmal 1340.

Zu Buridans überlieferten Schriften gehören Vorlesungen, die er an der Pariser Universität hielt, wo das Curriculum im Wesentlichen auf dem Studium der Werke des Aristoteles beruhte, neben Lehrbüchern zu Logik, Grammatik, Mathematik und Astronomie.

Buridan verfasste selbst ein Unterrichtswerk zur Logik sowie zwei gelehrte Abhandlungen zu diesem Thema. Darüber hinaus schrieb er Kommentare und Bücher zu den wichtigsten Werken des Aristoteles.

Buridans Philosophie der Wissenschaft ist in seinen *Fragen* zu Aristoteles' *Physik* und *Metaphysik* dargelegt. Dort unterscheidet er zwischen Annahmen, deren Notwendigkeit durch die Logik bestimmt ist, und solchen, die auf empirischen Beweisen beruhen, deren Notwendigkeit durch »die Annahme des allgemeinen Laufs der Natur« bedingt ist. Er befand die Prinzipien der Naturwissenschaften als solche des zweiten Typs und meinte, dass sie »nicht unmittelbar ersichtlich sind ... aber akzeptiert werden, weil sie in vielen Fällen als wahr und in keinem als falsch bestätigt wurden«.

Buridans wichtigster Beitrag zur Wissenschaft war seine sogenannte Impetustheorie, die Wiederaufnahme einer Theorie, die Johannes Philoponos schon im 6. Jahrhundert formuliert hatte. Er erklärte die fortgesetzte Bewegung eines Projektils als ausgelöst durch den Impetus, den es durch die Kraft des Abschusses erhält, und behauptet, sie würde für immer fortdauern, wenn sie nicht »durch einen Widerstand oder eine entgegengerichtete Neigung abgeschwächt, vernichtet oder behindert wird«. Buridan definiert Impetus als eine Funktion der »Quantität der Materie« und ihrer Geschwindigkeit, was heute dem Begriff Impuls entspricht, Masse × Geschwindigkeit, wobei die Masse die Trägheit der Materie ist, ihr Widerstand gegen die Veränderung ihres Bewegungszustands. Auf den freien Fall angewendet, erklärte Buridan, dass die Schwerkraft nicht nur die primäre Ursache für die Bewegung ist, sondern dem Körper beim Fall noch zusätzliche Impetuszuwächse übermittelt und ihn somit beschleunigt – also seine Geschwindigkeit erhöht.

Buridan erweiterte den Begriff Impetus auf die Erklärung der Himmelssphären, die in der aristotelischen Kosmologie mit konstanter Geschwindigkeit rotierten. In seinen Augen bedurfte es keiner immateriellen »Intelligenzen« als unbewegten Bewegern der Himmelssphären, wie bei Aristoteles angenommen, weil sie gemäß Trägheitsprinzip nach dem anfänglichen durch den Schöpfer erteilten Impetus ihre Bewegung fortsetzten. »Man könnte wohl sagen, daß Gott, als er das Weltall erschuf, jeden Himmelskörper nach seinem Gefallen in Bewegung setzte, indem er jedem einen Impetus mitgab, der ihn seither bewegt. Gott brauchte diese Himmelskörper darum jetzt nicht mehr zu bewegen …« Aus diesem Grund, so fuhr er fort, konnte Gott am siebenten Tag nach der Schöpfung ruhen, denn die Trägheit der Himmelssphären hielt sie ohne weitere göttliche Anstrengung in Bewegung.

In *De caelo et mundo* fragt Buridan unter anderem, ob Aristoteles' geozentrisches Modell bewiesen werden könne, bei dem sich die Erde in der Mitte des Kosmos im Ruhezustand befindet, während die Sterne und die übrigen Himmelskörper um sie herum rotieren. Er weist darauf hin, dass zu seiner Zeit viele das Gegenteil glaubten: dass die Erde sich um ihre Achse drehe und die Sternensphäre in Ruhe sei, und fügt hinzu, dass »es unwiderlegbar richtig ist, dass, sofern die Fakten so wären, wie es diese Theorie annimmt, dann alles im Himmel uns so erschiene, wie es uns jetzt erscheint«. Um die Theorie der Erdumdrehung zu stützen, sagte er, es sei besser, die Erscheinungen durch die einfachste Theorie zu erklären, und es sei vernünftiger, davon auszugehen, dass die um vieles größere Sternensphäre unbeweglich ist und dass sich die Erde bewegt, und nicht umgekehrt. Doch an seine Widerlegung der üblichen Argumente gegen die Erdrotation schließt Buridan mit der Aussage an, dass er selbst vom Gegenteil überzeugt sei. Dazu führt er das Argument an, dass ein senkrecht nach oben abgefeuertes Projektil auf seinen Ausgangspunkt zurückfällt – und dem ist so, zumindest annähernd, ob die Erde nun rotiert oder nicht.

Die Impetustheorie wurde von Buridans Schülern übernommen und verbreitete sich in ganz Europa, allerdings in abgewandelter

Form, die einige von Aristoteles' Thesen wieder aufnimmt. Darüber hinaus ist es Buridan zu verdanken, dass er Erklärungen mittels der aristotelischen Zweckursachen *(causa finalis)* aus der Physik verbannte. Bis zum 17. Jahrhundert waren seine Bücher an den Universitäten Pflichtlektüre; auch Kopernikus und Galilei müssen sie gelesen haben. Kopernikus übernahm einige von Buridans Argumenten zur Erklärung der Erdbewegungen, und Galilei hauchte der Impetustheorie in seinen eigenen Gesetzen der Kinematik und der Dynamik neues Leben ein.

Wie bei anderen namhaften Gelehrten des Mittelalters rankten sich um Buridan abenteuerliche Legenden. Eine davon hielt der französische Dichter François Villon in der berühmten Ballade *Ballade des dames du temps jadis* fest, das schmähliche Ende einer Affäre Buridans mit Margarete von Burgund: Die Königin habe ihn in einen Sack schnüren und in die Seine werfen lassen.

Sein berühmtester Schüler war Nikolaus von Oresme (um 1320–1382), der in den 1340er-Jahren bei Buridan an der Pariser Universität studierte. Er wurde zum Leiter des Kollegs von Navarra gewählt und drei Jahre später Sekretär des Kronprinzen, des späteren Königs Karl V. Seit etwa 1369 beschäftigte ihn Karl als Übersetzer der lateinischen Fassungen von Werken des Aristoteles ins Französische, und als Dank dafür wurde er 1377 auf Geheiß des Königs zum Bischof von Lisieux ernannt. Dieses Amt bekleidete er bis zu seinem Tod 1382.

Im *Tractatus de configurationibus qualitatum et motuum*, den er während seiner Zeit am Kolleg von Navarra in den 1350er-Jahren verfasste, bildet Nikolaus von Oresme die Merton-Regel der mittleren Geschwindigkeit anhand eines Diagramms ab. Darin ist die Geschwindigkeit (*v*) auf der vertikalen Achse in Abhängigkeit von der Zeit (*t*) auf der horizontalen Achse dargestellt, wie im Fall eines Körpers, der aus dem Ruhezustand beschleunigt wird, so dass sich seine Geschwindigkeit um 2 m pro Sekunde erhöht. Stellt man die Bewegung über einen Zeitraum von 4 Sekunden dar, so erhöht sich die Geschwindigkeit mit jeder Sekunde: von 0 auf 2, dann 6, und nach Ablauf von 4 Sekunden auf 8 m/sec. Das ergibt eine gerade Linie, die über einen Zeitraum von 4 Sekunden von 0 auf 8 m/sec steigt, so dass ein rechtwinkliges Dreieck entsteht, mit einer Höhe von 8 Metern und einer Basis von 4. Die Beschleunigung *(a)* ist gleich der Schräge der geraden Linie, die 8/4 oder 2 ist, in Einheiten von m/sec. Die durchschnittliche Geschwindigkeit entspricht der Hälfte der Endgeschwindigkeit, die 8/2 oder 4 m/sec beträgt. Die Merton-Regel ergibt die in 4 Sekunden zurückgelegte Entfernung *s* als 4 × 4, d.h. 16 Meter. Die Regel kann über jeden Zeitraum von einer Sekunde angewendet werden, so dass sich die Durchschnittsgeschwindigkeit in jeder Sekunde von 1 auf 3 auf 5 auf 7 Meter pro Sekunde erhöht. Die zurückgelegte Entfernung in Meter beträgt dann in der ersten Sekunde 1, in der zweiten 3, in der dritten 5 und in der vierten 7. Diese Ergebnisse kann man anhand der Gleichungen $v = a \times t$ und $s = a/2 \times t^2$ verallgemeinern. Es sind die kinematischen Gleichungen, die Galilei in *Unterredungen und mathematische Demonstration über zwei neue Wissenszweige, die Mechanik und die Fallgesetze betreffend* (1638) aufstellte, wo er Oresmes Darstellung der Merton-Regel in seinem Beweis übernahm.

Auch in der Astronomie war Oresme ein origineller Denker. Seine Ideen legte er in dem für Karl V. verfassten Buch *Livre du ciel et du monde d'Aristote* (1377) dar. Zum Beispiel vergleicht er die ewige Bewegung der Himmelssphären mit einer ewigen mechanischen Uhr, die von Gott im Moment der Schöpfung in Bewegung gesetzt wird: »Aber in Wahrheit ist es nicht unmöglich, wie wir im vorherigen Kapitel ausgeführt haben, daß die Himmel bewegt werden ohne Zwang oder Kraftaufwand durch eine ihnen gegenwärtige Kraft oder körperliche Qualität; denn der Widerstand des Himmels schwächt ihn nicht ab zu irgendeiner anderen Bewegung oder zum Stillstand, sondern verhindert nur, daß sie schneller bewegt werden.«

Oresme verwarf die aristotelische Vorstellung, dass die Erde das feststehende Zentrum des endlichen Kosmos und der Bezugspunkt für jegliche Bewegung und Gravitation sei. Er argumentierte, Bewegung, Schwerkraft und die Richtungen im Raum seien als relativ zu betrachten, und Gott könne in seiner Allmacht ein unendliches Weltall und so viele Universen schaffen, wie er wünsche. Auf diese Weise konnte Oresme die Vorstellung von der Erde als fixem Zentrum des Kosmos, auf das jegliche Gravitation ausgerichtet war, zurückweisen. Stattdessen stellte er die These auf, dass die Schwerkraft einfach nur auf die Tendenz der Körper zurückging, sich in kugelförmigen Massenverteilungen zur Mitte zu bewegen. Die Gravitationsbewegung war nur auf ein bestimmtes Universum bezogen; in Bezug auf den ganzen Weltraum hatte die Schwerkraft keine absolute Richtung.

Oresme führte aus: »Es scheint mir … mit dem nötigen Vorbehalt möglich, daß die Erde in täglicher Bewegung sei und der Himmel nicht, zu vertreten … Ich möchte erstens festhalten, dass man mit keiner Beobachtung das Gegenteil beweisen könnte, zweitens, daß dies auch mit Argumenten nicht möglich ist, und drittens werde ich erklären, weshalb.«

Oresmes Argumente für die Bewegung der Erde wurden später von Kopernikus und Galilei wieder aufgegriffen. Trotz all dieser Argumente wies Oresme, der damals gerade zum Bischof von Lisieux ernannt worden war, letztendlich die Idee der täglichen Erdumdrehung zurück, weil sie der christlichen Lehre widersprach. Er schrieb: »Denn Gott hat die Erde so angebracht, dass sie sich nicht bewegt, trotz all der Gründe für das Gegenteil.« Oresmes Haltung war unter seinen geistlichen Zeitgenossen durchaus üblich, denn in seiner Position als Bischof hatte er geschworen, die Lehre der Katholischen Kirche zu verteidigen, auch wenn sie mit seinen eigenen philosophischen Ansichten nicht übereinstimmte.

Indessen war es auf anderen Gebieten zu Fortschritten gekommen, nämlich in der Naturphilosophie, der Kosmologie, im Magnetismus, in der Astronomie und in der Optik sowie in der Mathematik und ihrer Anwendung auf die Astronomie und andere Wissenschaftszweige.

Aegidius Romanus (um 1247–1316) war ein Schüler des Thomas von Aquin in Paris. Als Étienne Tempier 1277 die zweite Verurteilung des Aristotelismus und des Averroismus bekanntgab, wurden Aegidius' Schriften verboten und er musste Paris verlassen. 1285 kehrte er auf Bitte von Papst Honorius IV. nach Paris zurück, nachdem er einige seiner Thesen widerrufen hatte, und 1295 ernannte ihn Papst Bonifaz VIII. zum Erzbischof von Bourges. Er starb 1316 während eines Aufenthalts am Hof des Papstes in Avignon.

Neuartig war unter anderem Aegidius' These von den *Minima naturalia* als den kleinsten Teilchen; eine noch kleinere physische Substanz könne es nicht geben, womit eine Atomtheorie der Materie impliziert ist. Er untersuchte das Vakuum durch Experimente mit einer Klepsydra, einem Schröpfglas und einem Siphon, und er zeigte, dass das Vakuum eine Saugkraft ausübt. Anders als Aristoteles und seine eigenen Zeitgenossen glaubte er, die himmlische Materie sei mit der auf der Erde identisch. Er verwarf Aristoteles' Modell der homozentrischen Sphären und sprach sich für die ptolemäische Theorie der Exzenter und Epizykeln aus. Der Streit zwischen den aristotelischen »Physikern« und den ptolemäischen »Mathematikern«, so meinte er, war nur anhand von durch Beobachtung erbrachten Beweisen zu klären. Eine Pluralität der Welten hielt er für möglich.

Die früheste erhaltene Abhandlung zum Magnetismus stammt von Peter Peregrinus (Pierre de Maricourt), von dem nichts sonst bekannt ist außer den Erwähnungen in seiner Arbeit und einigen möglichen Verweisen bei Roger Bacon. Peters Abhandlung – die eigentlich ein Brief ist – heißt *Epistola Petri Peregrini de Maricourt ad Sygerum de Foucaucourt, militem, de magnete* (Brief über den Magneten des Peter Peregrinus an Sygerus von Foucaucourt, Soldat) und schließt mit den Worten: »Beendet im Feldlager bei der Belagerung von Lucera am 8. August anno Domini 1269«. Peter gehörte damals zum Heer Karls von Anjou, des Königs von Sizilien, der gerade die Stadt Lucera in Süditalien belagerte.

Die *Epistola* besteht aus zwei Teilen, von denen der erste in zehn Kapiteln die Eigenschaften des Magnetsteins, also des magnetischen Eisenerzes, beschreibt. Der zweite Teil ist der Konstruktion von drei Instrumenten mit Magneten gewidmet. Auf Grund seiner Beobachtungen konnte Peter den magnetischen Nordpol vom magnetischen Südpol unterscheiden, stellte Regeln für die Anziehung und Abstoßung der magnetischen Pole auf, demonstrierte die Magnetisierung von Eisen, indem er es in Kontakt mit einem Magneten brachte, und bewies, dass eine zerbrochene Magnetnadel zwei eigenständige Magnete bildet. Er zeigte auch, dass sich eine Magnetnadel in Nord-Süd-Richtung ausrichtete, und erfand damit den Kompass, der, wie er meinte, für die Kartierung der Meridiane des Magnetfelds der Erde verwendet werden konnte. Irrtümlich nahm er an, dass die Pole einer Magnetnadel auf die Pole der Himmelssphäre zielen, die Punkte also, um die sich die Sterne zu drehen scheinen, die ja eigentlich Projektionen der Rotationsachse der Erde sind. Er versuchte, unter Verwendung von Magneten ein Perpetuum mobile zu konstruieren, und führte das Misslingen auf seine mangelnden Fähigkeiten zurück und nicht darauf, dass es keine ewige Energiequelle geben kann. Die *Epistola* wurde im Spätmittelalter viel gelesen, wie man daraus schließen kann, dass mindestens 31 Handschriftenkopien erhalten sind. Sie übte großen Einfluss auf William Gilbert aus, der Peter Peregrinus in seinem berühmten Werk *De magnete* (1600) würdigte und sich auf dessen Arbeit berief.

Campanus von Novara, der in der zweiten Hälfte des 13. Jahrhunderts lebte, ist vor allem wegen seiner Übersetzung von Euklids *Elementen* ins Lateinische bekannt, aber er war auch ein herausragender Astronom. Über sein Leben weiß man nur, dass er Kaplan der Päpste Urban IV., Nikolaus IV. und Bonifaz VIII. war und seine letzten Jahre im Augustinerkloster von Viterbo verbrachte, wo er 1296 starb.

Sein wichtigstes astronomisches Werk ist *Theorica planetarum,* eine Beschreibung der Struktur und der Dimensionen des Universums nach der ptolemäischen Theorie, begleitet von einer Anleitung zur Konstruktion eines Instruments, später als Äquatorium bezeichnet, mit dem man die Position eines Himmelskörpers zu einer bestimmten Zeit ermitteln kann. Campanus gründete seine Berechnungen auf das Werk des arabischen Astronomen Alfraganus (al-Farghani) aus dem 9. Jahrhundert, der sie wiederum von Ptolemaios' *Hypothesen über die Planeten* abgeleitet hatte. Campanus kannte das Äquatorium vermutlich aus einer arabischen Quelle, denn fast 200 Jahre zuvor hatten Ibn al-Samh und Ibn al-Zarquali in Al-Andalus Beschreibungen von Äquatorien verfasst.

Zu den bedeutendsten frühen europäischen Astronomen gehörte Guillaume de St. Cloud, der im ausgehenden 13. Jahrhundert in Frankreich wirkte. Das erste Datum seiner Tätigkeit ist der 28. Dezember 1285, als er eine Konjunktion von Saturn und Jupiter beobachtete, auf die er in seinem 1292 fertiggestellten *Almanach* Bezug nimmt. Sein zweites größeres Werk trägt den Titel *Calendrier de la reine,* ebenfalls aus dem Jahr 1292; es ist der Königin Maria von Brabant gewidmet, der Witwe Philipps des Kühnen. Auf Bitte Johannas von Navarra, der Gemahlin Philipps des Schönen, übersetzte er das Werk ins Französische.

Mit dem *Calendrier* der Königin Maria hat Guillaume versucht, den Kalender auf eine rein astronomische Basis zu stellen. So widersprach er den Berechnungen des Kirchenkalenders, den er sehr fehlerhaft fand, und wies darauf hin, dass eine Kalenderreform dringend notwendig sei. Der *Almanach* enthält Listen mit direkten Angaben der Positionen der Himmelskörper, im Gegensatz zu früheren Tafeln, die nur die Elemente für die Berechnung dieser Positionen boten. Er benannte die Fehler früherer Planetentafeln und zeigte, wie er sie korrigierte. Dabei handelte es sich um die Tafeln aus Toledo, die im muslimischen Kalender verwendet wurden, und die Tafeln von Toulouse, eine Bearbeitung der *Toledaner Tafeln* für den christlichen Kalender. Guillaume erwähnt im *Almanach* nicht die *Alfonsinischen Tafeln*; sie wurden in Paris nicht vor 1320 eingeführt.

Guillaumes Beobachtungen waren von bemerkenswerter Präzision und zeugen von dem hohen Niveau, das die europäische Astronomie zu diesem Zeitpunkt schon erreicht hatte. Anhand des Vergleichs seiner astronomischen Beobachtungen mit Werten aus der griechischen Antike konnte er die Veränderungen der Frühlingstagundnachtgleiche messen, die er als stetige Präzession interpretierte und nicht gemäß der von Theon von Alexandria eingeführten Trepidationstheorie.

1327 wurde ein neues astronomisches Tafelwerk von Johannes de Lineriis (Jean de Lignières) und seinen Studenten fertiggestellt, das weitgehend auf den *Toledaner Tafeln* beruhte. Diese *Großen Tafeln* enthielten einen Katalog der Positionen der 47 hellsten Sterne und waren in der Anwendung einfacher als alle früheren Tafeln. So setzten sie sich rasch durch, wurden allerdings in Paris schließlich durch die *Alfonsinischen Tafeln* abgelöst.

Levi Ben Gerson (1288–1344) war ein Universalgelehrter, der Bücher zur Astronomie, Physik, Mathematik und Philosophie verfasste wie auch Kommentare zur Bibel und zum Talmud. Er lebte in Orange und Avignon; beide Städte waren im Jahr 1306 nicht von der Vertreibung der französischen Juden durch Philipp den Schönen betroffen. Er pflegte auch gute Beziehungen zum päpstlichen Hof in Avignon, wie der Widmung eines seiner Werke an Papst Clemens IV. von 1342 zu entnehmen ist.

Levis bedeutendstes Werk war *Milhamot adonai* (Kämpfe Gottes), eine philosophische Abhandlung in sechs Büchern, von denen das fünfte der Astronomie gewidmet ist. Hier stellt Levi sein Modell des Universums vor, das auf verschiedenen arabischen Quellen beruht, vor allem al-Battani, Dschabir ibn Aflah und Ibn Ruschd. In einigen entscheidenden Aspekten wich sein Modell von dem des Ptolemaios ab, dessen Theorien nicht immer mit Levis Beobachtungen übereinstimmten. Das betraf insbesondere den Mars; nach Ptolemaios' Theorie variierte die scheinbare Größe des Planeten um einen Faktor 6, während Levis Beobachtung ergab, dass sie sich nur verdoppelte. Er verwendete auch ein Instrument eigener Erfindung, den »Jakobsstab«, ein Gerät zur Messung von Winkeln bei astronomischen Beobachtungen. Und er benutzte die – von Alhazen (Ibn al-Haitham) erfundene – Lochkamera zur Beobachtung der Eklipsen und zur Bestimmung der Exzentrizität des Sonnenlaufs. Sein astronomisches Werk war über 500 Jahre lang in Europa richtungweisend, und sein Jakobsstab wurde bis zur Mitte des 18. Jahrhunderts für die Navigation auf See benutzt.

In der ersten Hälfte des 14. Jahrhunderts entstand in Oxford eine bedeutende Schule der Astronomie. Der berühmteste dieser Oxforder Astronomen war Richard von Wallingford (um 1292–1336). Als Sohn eines Schmieds studierte er von ungefähr 1308 bis 1315 in Oxford und trat dann dem Benediktinerorden in der Abtei von St. Albans bei. Zwei Jahre später wurde er erneut zum Studium nach Oxford geschickt und blieb dort bis 1327, als er zum Abt von St. Albans ernannt wurde. Zur Einsetzung durch den Papst reiste er nach Avignon und musste bei seiner Rückkehr nach St. Albans feststellen, dass er sich mit Lepra infiziert hatte. 1336 starb er an dieser Krankheit.

Alle seine Werke verfasste Richard während seiner Jahre in Oxford, darunter das *Quadripartitum*, die erste umfassende Abhandlung zur sphärischen Trigonometrie im lateinischen Europa. Sein wichtigstes Werk war der *Tractatus albionis*, der sich mit der Theorie, Konstruktion und Anwendung eines von ihm erfundenen Instruments befasst, das er Albion nannte, eine Art Äquatorium, das für alle Arten von astronomischen Messungen und Berechnungen geeignet ist.

Er baute auch eine riesige mechanische Uhr, mit einem Durchmesser von über 3 Metern, die er an der Wand des südlichen Querschiffs in der Abteikirche anbringen ließ. Neben der Tageszeit zeigte sie auch die Bewegung der Himmelskörper, die Mondphasen und die Gezeiten an. Die Uhr wurde im 16. Jahrhundert zerstört, aber es sind Zeichnungen von Richards Entwürfen erhalten geblieben – die ältesten überlieferten Pläne für eine mechanische Uhr, der raffinierteste Zeitmesser des Mittelalters. (Die ersten mechanischen Uhren in Europa entstanden vermutlich im ausgehenden 13. Jahrhundert.) Mit der mechanischen Uhr setzte sich eine neue Auffassung von Zeit als physikalischer Quantität durch, die numerisch in Einheiten auf einer Skala ausgedrückt und in wissenschaftlichen Theorien verwendet werden konnte. Da Richards Uhr zugleich ein Planetarium enthielt, verlieh sie der Auffassung vom Universum als einem von Gott konstruierten Uhrwerk Glaubwürdigkeit.

Die erste Erwähnung einer mechanischen Uhr in der Literatur ist vermutlich eine Passage am Ende des 10. Gesangs in Dantes *Paradiso,* der zwischen 1316 und 1321 entstand, rund zehn Jahre bevor Richard seine Uhr baute.

> Drauf, wie die Uhr uns ruft mit dem Getriebe
> Zur Morgenzeit, wo Gottes Braut lobpreist
> Den Bräutigam, daß er sie wieder liebe,
> Und dann ein Teil den andern stößt und reißt,
> Und Glockenschlag erschallt mit solchem Klingen,
> Daß dann vor Liebe schwillt der fromme Geist,
> So sah ich das erlauchte Rad sich schwingen,
> Voll Eifer Stimm an Stimm anzugleichen,
> Voll Harmonie und Süße, wie sie singen
> Im Himmel, wo die Freuden nie verstreichen.

Auch im Bereich der Optik entwickelte sich die neue europäische Wissenschaft weiter, die mit der Arbeit Robert Grossetestes und seines Schülers Roger Bacon in Oxford ihren Anfang genommen hatte. Der polnische Gelehrte Witelo (um 1230/1235 – nach 1275) war der Erste, der auf diesem Gebiet neue bedeutende Fortschritte erzielte.

Witelos bekanntestes Werk trägt den Titel *Perspectiva* und beruht auf den Werken von Robert Grosseteste und Roger Bacon, aber auch von Alhazen, Ptolemaios und Heron von Alexandria. Die Abhandlung dürfte nicht vor 1270 geschrieben worden sein, denn Witelo verwendet Herons *Catoptrica*, und die Übersetzung dieses Werks durch Wilhelm von Moerbeke (1220/1235 – vor 1286) wurde erst am 31. Dezember 1269 fertiggestellt.

Witelo übernahm die »Metaphysik des Lichts« direkt von Grosseteste und Bacon und erläutert im Vorwort der *Perspectiva*, dass sichtbares Licht nur ein Beispiel für die Ausbreitung der Kraft ist, die allen natürlichen Ursachen zu Grunde liegt. Doch er widerspricht der Behauptung von Grosseteste und Bacon, dass sich vom Auge des Betrachters aus Lichtstrahlen zum sichtbaren Objekt bewegen, und schließt sich stattdessen Alhazen an, der behauptet, dass die Strahlen von dem Objekt ausgehen und mit dem Auge interagieren.

In *Perspectiva* beschreibt Witelo verschiedene Experimente, die er zur Untersuchung der Lichtbrechung durchführte. Seine Methode erinnert an Ptolemaios: Er misst den Brechungswinkel des Lichts, wenn es bei Einfallswinkeln zwischen 10 und 80 Grad von Luft in Glas übergeht, aber auch von Luft in Wasser. Zur Erklärung seiner Ergebnisse stellt er verschiedene mathematische Formeln auf und versucht, die unterschiedliche Lichtbrechung zur unterschiedlichen Dichte der beiden Medien ins Verhältnis zu setzen. Darüber hinaus zerlegte er Licht in die Spektralfarben, indem er es durch einen hexagonalen Kristall leitete und beobachtete, dass die blauen Strahlen stärker als die roten gebrochen wurden.

Auch mit der Brechung in Linsen befasste sich Witelo und verwendete dazu einen Begriff, der später als Prinzip des kürzesten Weges bekannt wurde. Er begründete dies mit der metaphysischen Vorstellung der Ökonomie: »Es wäre unsinnig, wenn irgendetwas in längeren Linien vonstatten ginge, wenn es besser und sicherer in kurzen Linien gelingt.«

Witelo schloss sich Grossetestes Auffassung an und meinte, »die Multiplikation der Species« könne dazu dienen, die Ausbreitung eines jeden Effekts zu erklären, darunter die Emanation Gottes und astrologische Einflüsse. Im Vorwort zu den *Perspectiva,* das an Wilhelm von Moerbeke gerichtet war, heißt es: »Für die körperlichen Einflüsse ist das sinnliche Licht das Medium«. Und: »Es liegt etwas Wundervolles in der Art, wie der Einfluss der Kraft Gottes in die Dinge der niederen Welt fließt und durch die Kräfte der höheren Welt hindurchgeht.«

Die nächsten Entdeckungen in der Optik gelangen Dietrich von Freiberg (um 1250–um 1311), mitunter auch Theodoricus genannt. Dietrich soll aus Freiberg in Sachsen stammen; er trat in den Dominikanerorden ein und lehrte vermutlich in Deutschland, bevor er um 1275–1277 an der Pariser Universität studierte. Sein Hauptwerk ist die Abhandlung *Über den Regenbogen und die durch Strahlen erzeugten Eindrücke*; mit »Eindrücke« meint er Erscheinungen, die in der oberen Atmosphäre durch die Einstrahlung der Sonne oder eines anderen Himmelskörpers hervorgerufen werden. Als erster er-

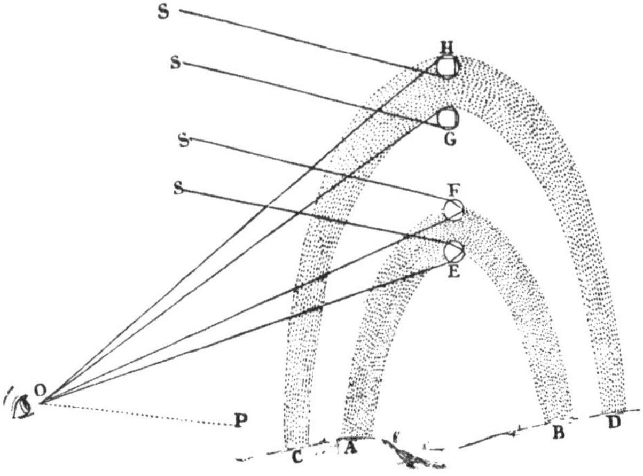

Die Entstehung des primären und des sekundären Regenbogens nach Newton.

kannte er, dass der Regenbogen aus den einzelnen Regentropfen entsteht und nicht aus der Wolke als Ganzes. So führte er anhand einer mit Wasser gefüllten Glasflasche Beobachtungen durch, die ihm als Modell eines Regentropfens diente, denn er schrieb: »Eine Wasserkugel kann man sich nicht als winzige kugelförmige Wolke, sondern als vergrößerten Regentropfen denken.« Durch Beobachtungen und geometrische Analyse gelangte er zu der Schlussfolgerung, dass das Licht gebrochen wird, wenn es in jeden einzelnen Regentropfen eindringt und wieder austritt, dass es bei dem ersten Bogen einmal darin reflektiert wird und für den doppelten Bogen zwei Mal, schließlich dass bei der zweiten Reflexion die Reihenfolge der Farben im Spektrum umgedreht ist. Bei der Analyse unterliefen ihm zwar einige Fehler, doch seine Theorie war denen seiner Vorgänger weit überlegen und bahnte seinen Nachfolgern den Weg für ihre Forschungen.

Dietrichs Theorie des Regenbogens ähnelt der seines persischen Zeitgenossen Kamal al-Din al-Farisi, dessen Werk Dietrich nicht erwähnt und vermutlich auch nicht kannte, denn es ist nie aus dem Arabischen ins Lateinische übersetzt worden. Unabhängig davon hatte die europäische Wissenschaft mit dem Beginn des 14. Jahrhunderts einen Stand erreicht, der dem der arabischen wissenschaftlichen Forschung ungefähr entsprach, zumindest in der Optik. Während jedoch al-Farisis Werk einen letzten Höhepunkt der arabischen Optik darstellte, waren Dietrichs Untersuchungen eine wichtige Etappe für die Weiterentwicklung der europäischen Wissenschaft des Lichts, die im 17. Jahrhundert die ersten korrekten Theorien des Regenbogens und anderer optischer Phänomene hervorbrachten.

12

VON BYZANZ NACH ITALIEN: GRIECHISCH INS LATEINISCHE

Das Byzantinische Reich mit seiner Hauptstadt Konstantinopel, dem alten Byzanz, war der einzige Staat des Mittelalters, den eine kulturelle Kontinuität mit der Welt der griechischen Klassik verband. Bisweilen hing diese Verbindung nur noch an einem seidenen Faden, so als das Reich beinahe von Invasoren überrannt wurde und weite Teile seines Territoriums in Europa und Asien verlor. 1204 wurde Konstantinopel durch das Heer des Vierten Kreuzzugs und die venezianische Flotte erobert und geplündert und das Byzantinische Reich auf verschiedene Kleinstaaten reduziert, zwei davon in Kleinasien. Einer dieser Kleinstaaten, der von der Dynastie der Laskariden regiert wurde, hatte seine Hauptstadt in Nikaia, während die Dynastie der Komnenen von ihrer Hauptstadt Trapezunt aus regierte. 1261 eroberten die Griechen von Nikaia Konstantinopel zurück, und es wurde wieder zur Hauptstadt des Byzantinischen Reiches, das an Größe und Macht allerdings gegenüber dem einstigen Imperium unter Justinian sehr reduziert war.

Im Jahrhundert vor dem Vierten Kreuzzug hatten mehrere italienische Stadtstaaten im Byzantinischen Reich Handelskonzessionen erworben, die es ihnen gestatteten, in Konstantinopel und anderen Städten des Reiches Handelsniederlassungen einzurichten. Genua, Venedig, Pisa und Amalfi besaßen Konzessionen in Konstantinopel, wo sie Docks und Lagerhäuser entlang des Goldenen Horns, aber auch Wohnhäuser und Kirchen für die Händler und ihre Familien erbauten. Diese lateinischen Konzessionen bestanden bis zum Ende des Byzantinischen Reiches und dienten nicht nur als Zentren des Handels zwischen dem griechisch geprägten Osten und dem lateinischsprachigen Westen, sondern auch als Zentren des kulturellen Austauschs.

Zu einem solchen kulturellen Austausch kam es zum Beispiel 1136, während der Regierungszeit des byzantinischen Kaisers Johannes II. Komnenos: Lothar III., Kaiser des Heiligen Römischen Reiches, sandte eine Delegation nach Konstantinopel, die dort die theologischen Differenzen zwischen der römisch-katholischen und der griechisch-orthodoxen Kirche besprechen sollte. Die Gesandtschaft leitete Anselm, Bischof von Havelberg und späterer Erzbischof von Ravenna. Nach der Ankunft in Konstantinopel ging er mit seinem Gefolge in das pisanische Viertel am Goldenen Horn, um mit einer Gruppe griechischer Geistlicher unter der Leitung des Niketas, des Erzbischofs von Nikomedia, Fragen der Theologie zu erörtern. Anselm berichtet:

> Nicht wenige Lateiner nahmen teil, unter ihnen drei weise Männer, die beide Sprachen [Latein und Griechisch] kannten und literarisch gebildet waren, einer namens Jacobus, ein Venezianer, einer namens Burgundio, ein Pisaner, und als dritter und hervorragendster der ob seiner griechischen und lateinischen literarischen Bildung bei beiden Völkern hochberühmte Moses, ein Italiener aus Bergamo. Dieser wurde von allen gewählt, dass er beiden Seiten ein treuer Dolmetscher sei.

Der erste dieser Gelehrten, Jakob von Venedig, heißt in latinisierter Form Iacobus Veneticus Grecus, möglicherweise ein Hinweis darauf, dass er der griechischen Gemeinde in Venedig angehörte. Auf alle Fälle sprach er fließend Griechisch und Latein, wie aus einem Eintrag für das Jahr 1128 in der Chronik des Robert von Torigni, des Abts von Mont Saint-Michel, hervorgeht: »Jakob, ein Angestellter aus Venedig, übersetzte einige Bücher des Aristoteles vom Griechischen ins Lateinische und kommentierte sie, im einzelnen *Topik*, die *Erste* und die *Zweite Analyse* und die [*Sophistici*] *Elenchi* (*Sophistische Überlegungen*), obwohl ihm eine frühere Übersetzung dieser Bücher zur Verfügung stand.«

Jakob war der erste europäische Gelehrte des 12. Jahrhunderts, der die Werke des Aristoteles ins lateinische Abendland brachte. Neben den von Robert von Torigni erwähnten Werken übersetzte er auch als Erster Aristoteles' *Physik, De anima, Metaphysica* und *Parva naturalia* aus dem Griechischen. Sein Kommentar zu den *Sophistici elenchi* verdeutlicht, dass er von der byzantinischen Forschung auf diesem Gebiet wusste, die eine einzigartige Quelle für die Werke des Aristoteles und anderer griechischer Autoren war. Zusammen mit ihren Überarbeitungen bildeten Jakobs Übersetzungen die Grundlage für einen Großteil der Aristoteles-Studien in Europa bis zum 16. Jahrhundert.

Burgundio der Pisaner reiste häufig von Pisa nach Konstantinopel und Sizilien, einer weiteren ergiebigen Fundgrube für griechische Handschriften. Zu seinen Übersetzungen aus dem Griechischen gehörten die *Aphorismen* des Hippokrates, zehn Werke von Galen sowie Aristoteles' *Meteorologie*.

Moses von Bergamo, der laut Anselm bei der theologischen Disputation 1136 als Dolmetscher fungierte, lebte damals im venezianischen Viertel von Konstantinopel. In einem Brief teilt er mit, er habe Griechisch gelernt, um bisher unbekannte Handschriften ins Lateinische übersetzen zu können. Jahrelang hatte er griechische Handschriften gesammelt, für die er, wie er selbst sagt, insgesamt drei Pfund Gold bezahlte, doch bei einem Brand 1130 gingen sie alle verloren. Von seinen Übersetzungen sind nur Werke griechischer Grammatiker und frühbyzantinischer Theologen erhalten.

Auch in Sizilien wurden Übersetzungen aus dem Griechischen ins Lateinische angefertigt, besonders während der Regentschaft Wilhelms I. (reg. 1154–1166), des Sohnes und Nachfolgers Rogers II., der ebenfalls die Gelehrsamkeit förderte. Die beiden wichtigsten

Übersetzer während seiner Regierungszeit waren Henricus Aristippus und Eugen von Palermo, genannt Emir. Beide gehörten der königlichen Regierung an, und beide hinterließen Grabreden auf Wilhelm, in denen sie seiner als eines Philosophen und Königs gedachten, der seinen Hof den führenden Gelehrten der Welt geöffnet hatte. Aristippus wurde 1156 Erzdiakon von Catania und übernahm vier Jahre später die Verantwortung für die gesamte Verwaltung des Königreichs Sizilien. Als Erster übersetzte er die platonischen Dialoge *Menon und Phaidon* sowie das vierte Buch von Aristoteles' *Meteorologie*, die allesamt bis in die frühe Renaissance verwendet wurden. Aristippus hielt sich auch als Gesandter am Hof Manuels I. Komnenos in Konstantinopel auf, wo der Kaiser ihm als Geschenk für König Wilhelm eine schöne Handschrift von Ptolemaios' *Almagest* überreichte. Die erste lateinische Übersetzung dieser Handschrift aus dem Griechischen wurde um 1160 in Palermo von einem anonymen Gastgelehrten angefertigt. Dieser Gelehrte übersetzte am sizilianischen Hof noch weitere Werke vom Griechischen ins Lateinische, darunter Euklids *Optika* und *Katoptrika, De motu* von Proklos und *Pneumatika* von Heron von Alexandria.

Der unbekannte Übersetzer merkte an, dass er von Eugen von Palermo Unterstützung erhalten hatte, »einer im Griechischen und Arabischen äußerst gelehrten Persönlichkeit und nicht unwissend im Lateinischen«. Wie aus seiner überlieferten Dichtung ersichtlich, war Eugen, der in der königlichen Verwaltung das Amt des Emirs bekleidete, vermutlich Grieche.

Der produktivste der gelehrten mittelalterlichen Übersetzer vom Griechischen ins Lateinische war der Dominikaner Wilhelm von Moerbeke aus Flandern. Es ist bekannt, dass er im Frühjahr 1260 Nikaia besuchte, als die Byzantiner ihre Hauptstadt noch dort hatten, weil sie Konstantinopel erst im folgenden Jahr zurückerobern konnten, und es ist durchaus möglich, dass er dort griechische Handschriften erwarb. Er nahm am Zweiten Konzil von Lyon

(Mai–Juni 1274) teil, das eine Wiedervereinigung der griechischen und der lateinischen Kirche herbeiführen sollte, und bei einer päpstlichen Messe sang er gemeinsam mit byzantinischen Geistlichen das *Credo* auf Griechisch.

Von Thomas von Aquin soll Wilhelm die Anregung erhalten haben, Aristoteles' Werke direkt aus dem Griechischen zu übersetzen. Er berichtet, dass er diese Aufgabe annahm, »trotz der schweren und öden Arbeit, die das bedeutet, um lateinischen Gelehrten neuen Stoff für ihr Studium zu bieten«.

Zu Wilhelms griechischen Übersetzungen zählten die Schriften des Aristoteles, Kommentare zu Aristoteles und Werke von Archimedes, Proklos, Heron von Alexandria, Ptolemaios und Galen. Wie beliebt diese Übersetzungen waren, zeigt sich an der Zahl der erhaltenen Exemplare, darunter Handschriftenkopien aus dem 13. bis 15. Jahrhundert, gedruckte Ausgaben ab dem 15. Jahrhundert, Fassungen auf Englisch, Französisch, Spanisch und sogar im modernen Griechisch, die vom 14. bis ins 20. Jahrhundert hinein angefertigt wurden. Seine Übersetzungen trugen auch zu einem besseren Verständnis vieler griechischer Texte bei, und in einigen Fällen sind sie der einzige Nachweis für verlorene griechische Originale, zum Beispiel für Herons *Katoptrik*.

Wilhelms einziges eigenes Werk ist eine Abhandlung über Weissagungen mit dem Titel *Geomantie*, die offenbar recht beliebt war, wie man an mehreren vorhandenen lateinischen Handschriften und einer französischen Übersetzung von 1347 erkennt. Witelo lobte ihn in seiner Widmung in *Perspectiva* für seine »okkulten« Forschungen über den Einfluss der göttlichen Macht auf den Menschen.

Ein weiterer bedeutender Gelehrter aus dem lateinischen Westen war in Konstantinopel auf der Suche nach antiken griechischen Handschriften: Peter von Abano (1250–um 1313); er fand dort unter anderem Werke von Aristoteles, Dioskurides und Galen vor. Seine Übersetzungen aus dem Griechischen umfassen einen Band mit den *Problemata* – die erste lateinische Übersetzung dieses Werks – und der *Rhetorik* von Aristoteles, *De materia medica* von Dioskurides und sechs Abhandlungen von Galen.

Das bekannteste von Peter selbst verfasste Werk hat den Titel *Conciliator differentiarum philosophorum et praecipue medicorum.* In diesem umfangreichen Band, den er 1303 fertigstellte, während er an der Universität von Paris lehrte, versucht er die widersprüchlichen Auffassungen der früheren medizinischen Autoren und Philosophen zu vereinbaren. *Conciliator* enthält über 200 Fragen oder »Differenzen«, die er, so Peter, mit seinen Kollegen seit zehn Jahren diskutiert hatte. In der 1. und der 18. Frage geht es zum Beispiel um die verschiedenen Auffassungen darüber, ob nun das Herz das Zentrum des menschlichen Nervensystems sei, wie Aristoteles behauptet, oder das Gehirn, wie Peter meint. Seine Schlussfolgerung hinsichtlich der ersten Frage ist, dass »die regulative Kraft des Körpers im Gehirn wohnt« und auf die 18. Frage erwidert er, dass »das Gehirn der Sitz der Empfindung und des Gefühls ist«. Frage 67 lautet: »Ist unterhalb des Äquators Leben möglich?« Diese Frage stellte sich Peter offenbar, nachdem er Marco Polo kennengelernt hatte, der 1295 von seiner berühmten Reise in den Fernen Osten nach Venedig zurückgekehrt war.

Bekannt ist auch *Lucidator dubitabilium astronomiae,* in dem Peter umstrittene Lehrmeinungen in Astronomie und Astrologie erörtert. Hier behauptet er, dass die Sterne nicht an der äußersten Himmelssphäre befestigt sind wie in Aristoteles' Modell des Kosmos, sondern sich frei im Raum bewegen, eine völlig neue Vorstellung, die später Teil der modernen Kosmologie wurde. Einige Abschnitte in diesem Werk lassen erkennen, dass Peter Geist und Intelligenz mit den Himmelskörpern assoziierte, von denen er einen wie folgt beschreibt: »ewig und unbestechlich, führt in aller Ewigkeit ein Leben, das sich selbst genügt, und wird auch niemals alt«.

Peters Schriften zur Astrologie und anderen okkulten Wissenschaften trugen ihm den Ruf eines Zauberers ein. Gabriel Naudé nannte ihn 1625 »einen Mann, der als Wunder und Mirakel in seiner Zeit erschien … er war der größte Zauberer seiner Zeit und lernte die sieben freien Künste von sieben vertrauten Geistern, die er in einem Kristall gefangen hielt.« Aber Naudé sagte auch, dass Peter im Verlauf seines Lebens »die müßige Neugier seiner Jugend hinter sich ließ, um sich ganz der Philosophie, Medizin und Astrologie zu widmen«.

Indessen erlebte Byzanz noch einmal einen kulturellen Aufschwung. Es war die Zeit der Palaiologen, der Dynastie, die das Byzantinische Reich nach der Rückeroberung Konstantinopels von den Lateinern seit 1261 regierte, bis es 1453 an die Türken fiel. Michael VIII. Palaiologos (reg. 1259–1282), der Begründer der Dynastie, veranlasste auch die Wiedereröffnung der Universität von Konstantinopel, die während der lateinischen Besatzung geschlossen worden war.

Der erste Rektor der wiedereröffneten Universität war Georgios Akropolites, der die Mathematik von Euklid und Nikomachos lehrte ebenso wie die Philosophie des Aristoteles. Er war ein Schüler des Nikephoros Blemmydes (um 1197–1272), der Handbücher zur Physik, Astronomie und Logik verfasst hatte, auch eine geographische Synopse und verschiedene theologische Kommentare, die allesamt an der Universität von Konstantinopel in Gebrauch waren. Ein weiterer Schüler des Blemmydes, der ebenfalls an der Universität unterrichtete, war Georgios Pachymeres (1242–1310); er war vor allem als Historiker tätig, beschäftigte sich aber auch mit Mathematik und Musiktheorie.

Mehrere Gelehrte aus Byzanz gingen in diplomatischer Mission ins Abendland oder um an europäischen Universitäten zu lehren. Unter den ersten gelehrten Diplomaten war der Mönch Maximos Planudes (1260–1310), der 1296 von Andronikos II. (reg. 1282–1328) nach Venedig entsandt wurde. Nach seiner Rückkehr nach Konstantinopel übersetzte Planudes einige Bücher, die er in Italien erworben hatte, vom Lateinischen ins Griechische, darunter

Werke von Cicero, Ovid, Augustinus und Boëthius. Die erstaunliche Menge erhaltener Handschriftenkopien seiner Übersetzungen belegt, dass sie an italienischen Universitäten häufig für die Lehre des Griechischen verwendet wurden, das mit dem italienischen Humanismus und seinem Interesse an der klassischen Gelehrsamkeit aufkam. Er verfasste auch zwei Werke zur Mathematik, eines davon ein Kommentar zu Diophants *Arithmetica* und das andere eine Abhandlung zur Verwendung der »Hindu«-Zahlen in der arabischen Mathematik, die erste Erwähnung dieses Zahlensystems bei einem byzantinischen Gelehrten.

Der italienische Humanismus orientierte sich zunächst vor allem an der lateinischen Gelehrsamkeit, bis Petrarca (1304–1374) und sein Schüler Boccaccio (1313–1375) sich aufmachten, Griechisch zu lernen, um Homer, Platon und andere griechische Autoren im Original lesen zu können. Petrarca lernte die Sprache zunächst in Avignon bei Barlaam von Kalabrien (gest. 1348), der als Gesandter des Kaisers Andronikos III. (reg. 1328–1341) am päpstlichen Hof weilte. Doch kurz darauf starb Barlaam, und Petrarca sollte nie richtig Griechisch lernen.

Der berühmte byzantinische Humanist Manuel Chrysoloras (um 1350–1417) wurde 1390 in diplomatischer Mission von Konstantinopel nach Venedig gesandt. Während seines Aufenthalts in der Lagunenstadt, der im folgenden Jahr endete, erhielt er das Angebot, in Florenz Griechisch zu unterrichten, und er lehrte dort von 1396 bis 1400. Zu den führenden Florentiner Staatsbeamten und Humanisten, die in seine Vorlesungen strömten, gehörte der Kanzler Leonardo Bruni. Er soll geäußert haben, dass er dank Chrysoloras' Anregung eine Sprache lerne, die seit 700 Jahren kein Italiener verstanden habe.

Das Lehrbuch, das Chrysoloras für seine Kurse verfasste, die *Erotemata* (Fragen), übersetzte Guarino von Verona (1374–1460) ins Lateinische, der zwischen 1403 und 1408 bei Chrysoloras in Konstantinopel Griechisch lernte. Anschließend lehrte Guarino Griechisch in Venedig, Florenz und Ferrara, wo er die letzten 30 Jahre seines Lebens verbrachte und Studenten aus so weit entfernten Gegenden wie England um sich scharte. Er war auch für seine Übersetzungen bekannt, darunter Homer, Herodot, Plutarch und Strabon, dessen *Erdbeschreibung* er in späteren Jahren übersetzte.

Chrysoloras war ein Zeitgenosse des Florentiner Humanisten Poggio Bracciolini, der 1417 den vollständigen Text von Lukrez' Lehrgedicht *De rerum natura* entdeckte; die Naturphilosophie in diesem Werk beruht auf Demokrits Atomtheorie. In der zweiten Hälfte des 15. Jahrhunderts erschien es zum ersten Mal im Druck, es folgten zahlreiche Nachdrucke. Damit lebte das Interesse an der Atomtheorie wieder auf, die seit der Antike in Vergessenheit geraten war.

Am Beginn des 14. Jahrhunderts erlebte Byzanz eine letzte Blütezeit, auch als das Reich bereits von immer neuen Wellen osmanischer Türken verschlungen wurde. Ihre erste Hauptstadt errichteten die Osmanen 1326 in Bursa, im nordwestlichen Kleinasien, 20 Jahre später drangen sie nach Europa vor, wo sie die Stadt Kallipolis (Gallipoli, heute Gelibolu) an den Dardanellen eroberten. Der byzantinische Gelehrte Demetrios Kydones hielt die türkische Eroberung von Kallipolis in seinen Aufzeichnungen fest; bekannt ist er für seine Übersetzungen aus dem Lateinischen ins Griechische, vor allem der *Summa theologica* des Thomas von Aquin. Laut Kydones setzte mit der Eroberung von Kallipolis der Exodus der byzantinischen Griechen ein: nach Italien, Spanien und sogar weiter »zum Meer jenseits der Säulen des Herakles [durch die Straße von Gibraltar]«.

Das Ausmaß dieser kulturellen Renaissance zur Zeit der Palaiologen lässt sich an den prächtigen Mosaiken und Fresken ablesen, die in der Kirche des Heilands von Chora erhalten sind, der heutigen Kariye Camii in Istanbul. Erbaut wurde sie zwischen 1315 und 1321 von Theodoros Metochites (um 1250–1332), dem Kanzler unter Andronikos II.

Metochites war einer der bedeutendsten Byzantiner seiner Zeit, Regierungschef ebenso wie herausragender Theologe, Philosoph, Astronom, Mathematiker, Physiker, Lyriker und Kunstmäzen, ein führender Kopf in der künstlerischen und geistigen Renaissance der frühen palaiologischen Ära. Sein Schüler und Protegé Nikephoros Gregoras schrieb über ihn voller Bewunderung: »Vom Morgen bis in den Abend war er mit rastlosem Eifer in den Geschäften des Staates tätig, als ob Gelehrsamkeit ihm gar nichts gegolten hätte. Doch wenn er zu später Abendstunde den Palast verlassen hatte, wandte er sich der Wissenschaft mit solchem Fleiß zu, als sei er ein weltabgeschiedener Gelehrter; dabei stand er ganz im Leben seiner Zeit.«

Sein wichtigstes wissenschaftliches Werk ist die *Einführung in die Astronomie*, die auf Ptolemaios' *Almagest* beruht. Dafür stellte er keine astronomischen Beobachtungen an, sondern fertigte anhand der alten Parameter neue Berechnungen mit Beginn im Jahr 1282 an, als sein Förderer Andronikos II. die Herrschaft antrat.

Nikephoros Gregoras (um 1290–um 1360) war ein Universalgelehrter von bemerkenswerter Vielseitigkeit, wie an seinen Schriften zu Geschichte, Theologie, Philosophie, Geographie und Akustik zu erkennen ist. Auf Grund seiner Forschungen zur Astronomie regte er eine Überarbeitung des Kalenders an, die schließlich 1582 mit der Kalenderreform unter Papst Gregor XIII. verwirklicht wurde.

Die astronomischen Werke von Theorodos Metochites und Nikephoros Gregoras fügten sich in eine byzantinische Renaissance der Astronomie ein, die mit dem Ende des 13. Jahrhunderts begonnen hatte, als griechische Übersetzungen von arabischen Schriften und Tafeln zur Astronomie in Konstantinopel erhältlich waren. Eine der ersten dieser Übersetzungen fertigte Gregor Chioniades an, der in Tabriz die arabische Wissenschaft studiert und um 1300 in Trapezunt eine Schule der Astronomie gegründet hatte. Zu seinen Studenten gehörte Manuel von Trapezunt, der an der Schule seines Meisters unterrichtete. Manuels bester Student war Georgios Chrysokokkes, der über Medizin, Geographie und Astronomie schrieb.

Um die Mitte des 14. Jahrhunderts waren die neuen *Persischen Tafeln* an die Stelle der älteren astronomischen Tafeln getreten, wie in den *Drei Büchern zur Astronomie*, einem Kompendium der Astronomie, das Theodoros Meliteniotes um 1352 veröffentlichte, der später Leiter der Patriarchatsschule in Konstantinopel wurde.

Doch auch aus dem Westen gelangten wissenschaftliche Ideen nach Byzanz, wie eine Abhandlung zum Astrolab beweist, die um 1309 in Konstantinopel von der lateinischen Fassung des arabischen Originals ins Griechische übersetzt wurde. Ein weiteres astronomisches Werk mit dem Titel *Sechs Flügel*, eine anonyme Abhandlung auf Hebräisch, wurde im zweiten Viertel des 15. Jahrhunderts in Konstantinopel ins Griechische übersetzt, offenbar nachdem sie aus Südfrankreich über Venedig nach Byzanz gelangt war.

Als Thessaloniki 1430 an die Osmanen fiel, ersuchte Kaiser Johannes VIII. (reg. 1425–1448) um Hilfe aus dem Westen und bat Papst Martin V., ein Konzil zur Aussöhnung der griechischen und der lateinischen Kirche einzuberufen. So kam es schließlich zu einem Konzil, das Papst Eugen IV. 1438 nach Ferrara einberief; es zog im darauf folgenden Jahr nach Florenz um und endete am 6. Juni 1439 mit einem Unionsdekret zwischen der griechischen und der lateinischen Kirche, das im Dom von Florenz, Santa Maria del Fiore, in Anwesenheit des Kaisers Johannes VIII. auf Griechisch und Lateinisch verlesen wurde. Doch die meisten Bewohner und Geistlichen in Byzanz lehnten die Union ab und spalteten damit das Reich in den letzten Jahren seines Bestehens.

Zu den Delegierten beim Konzil von Ferrara-Florenz gehörten vier Gelehrte, die für den kulturellen Austausch zwischen Byzanz und Italien von großer Bedeutung waren: Einer gehörte der römisch-katholischen Kirche an, die anderen vertraten den griechisch-orthodoxen Glauben. Der lateinische Delegierte war Nikolaus Cusanus; die Griechen waren Georgios Gemistos Plethon, Georg von Trapezunt und Bessarion von Trapezunt.

Nikolaus Cusanus (1401–1464) wurde in Kues, einem Dorf an der Mosel, geboren. Seine Ausbildung erhielt er an den Universitäten in Heidelberg und Padua, wo er 1423 einen Doktorgrad erlangte. Um 1430 trat er in den Priesterstand, und 1448 ernannte ihn Papst Nikolaus V. zum Kardinal, mit der römischen Titelkirche San Pietro in Vincoli.

In seinem wichtigsten Werk, *De docta ignorantia* (Über die belehrte Unwissenheit), beendet 1440, versucht er mit Hilfe der Mathematik und der experimentellen Wissenschaft, die Grenzen des menschlichen Wissens zu bestimmen, insbesondere die Unfähigkeit des menschlichen Gehirns, sich das Absolute vorzustellen, was für ihn das Gleiche wie die mathematische Unendlichkeit war. Er kam zu dem Schluss, dass das Universum unendlich war, womit die Vorstellung eines Mittelpunkts oder einer Peripherie irrelevant war. Die Erde konnte demnach nicht im Zentrum des Universums stehen, und da Bewegung bei allen Körpern relativ und natürlich ist, konnte die Erde nicht still stehen. In einer Randnotiz in einem seiner Manuskripte deutet Cusanus an, dass die Erde nicht feststehend sein kann, sondern sich einmal pro Tag und Nacht um ihre Achse dreht.

Cusanus spekulierte, dass die Erde nicht der einzige von Lebewesen bewohnte Himmelskörper sein könnte und dass es im Mittelpunkt der leuchtenden Hülle der Sonne eine andere Erde geben mag. Auf Grund dieser und anderer revolutionärer Ideen beschuldigten ihn seine politischen Gegner des Pantheismus, ein Vorwurf, gegen den er sich mit der *Apologia doctae ignorantiae* (1440) verteidigte, in der er sich auf Schriften der Kirchenväter und der christlichen Neuplatoniker als Quelle seiner Ideen berief.

Zehn Jahre später verfasste Cusanus ein Werk mit dem Titel *Idiota*, eine Serie von Dialogen zwischen einem »Redner«, d. h. einem Scholastiker, der die Bücherweisheit repräsentiert, und einem Laien

(Idiota), der die Bedeutung der quantitativen experimentellen Forschung hervorhebt. Idiota zufolge erhebt die Weisheit ihre Stimme auf der Straße und man findet sie auf dem Marktplatz, wo Geld gezählt, Ware abgewogen, Öl abgefüllt wird und wo man den menschlichen Verstand dabei beobachten kann, wie er seine wesentlichste Aufgabe ausführt: das Messen.

Georgios Gemistos Plethon (um 1355–1452), den Sir Steven Runciman als »den originellsten aller byzantinischen Denker« bezeichnete, wurde in Konstantinopel ausgebildet und lehrte dort bis etwa 1392. Dann ging er nach Mistra auf der Peloponnes, das damals von dem Despoten Theodor Palaiologos regiert wurde, dem zweiten Sohn des Kaisers Manuel II. (reg. 1391–1425). Dort lehrte Plethon bis an das Ende seines Lebens, mit Ausnahme eines Jahres, das er als Mitglied der byzantinischen Delegation auf dem Konzil von Ferrara-Florenz verbrachte. Seine Lehre war geprägt von der Ablehnung des Aristoteles und der Bewunderung für Platon, der ihn inspirierte, die griechische Welt nach Platons Vorstellungen zu reformieren. In seiner Schrift *Die Gesetze* wird deutlich, dass seine religiösen Überzeugungen eher heidnisch als christlich waren, etwa wenn er Gott meist Zeus nennt und die Dreieinigkeit für ihn aus dem Schöpfer, dem Weltgeist und der Weltseele besteht. Georg von Trapezunt berichtet von einem Gespräch, das er in Florenz mit Plethon führte; dieser kündigte ihm an, die ganze Welt werde bald eine neue Religion annehmen. Auf die Frage, ob diese neue Religion christlich oder muslimisch sein werde, erwiderte Plethon: »Keine von beiden, sondern eine andere Religion, die sich vom Heidentum kaum unterscheidet!«

Während das Konzil in Florenz verhandelte, hielt Plethon im Palast des Stadtherrn Cosimo de' Medici eine Vorlesung über die philosophischen und religiösen Unterschiede zwischen dem Platonismus und dem Aristotelismus, und er pries Platon. Angeregt von Plethons Vorlesungen gründete Cosimo die Akademie in Florenz, das künftige Zentrum des Platonismus in der Renaissance. Plethons Schriften beeindruckten auch Marsilio Ficino (1433–1499), den ersten großen Platon-Anhänger der Renaissance.

Während seines Aufenthalts in Florenz empfahl Plethon das Studium von Strabons *Erdbeschreibung* als Ergänzung zur *Geographie* des Ptolemaios. Möglicherweise sprach er darüber auch mit Paolo Dal Pozzo Toscanelli, den er dort kennenlernte. Toscanelli leitete die Empfehlung später an Christoph Columbus weiter, der Strabon in Guarinos lateinischer Übersetzung gelesen haben muss. Columbus, so heißt es in der Biographie, die sein Sohn verfasste, war von zwei Passagen bei Strabon direkt beeinflusst. Es waren Zitate von Eratosthenes und Poseidonios; im ersten hieß es, dass man, »… wenn nicht die Größe des atlantischen Meeres es verhinderte, auf derselben Parallele von Iberien bis Indien … durchschiffen könnte …« Und in dem letzteren: »… dass man, mit Ostwind von Westen her segelnd, mit ebensoviel tausend Stadien [70 000] wohl nach Indien kommen könnte«.

Georg von Trapezunt (1395–1486) wurde auf Kreta in einer aus Trapezunt zugezogenen Familie geboren – daher sein Name. Er war ein äußerst produktiver Übersetzer aus dem Griechischen ins Lateinische, das er 1417–1418 bei Guarino in Venedig gelernt hatte. Er lehrte in Venedig, Vicenza und Mantua und ging schließlich nach Rom, wo er unter Eugen IV. (reg. 1431–1447) in der päpstlichen Kurie angestellt war und unter Nikolaus V. (reg. 1447–1455) lehrte. Er kritisierte Plethon heftig wegen seines Angriffs auf den Aristotelismus und sah sich als Verfechter der mittelalterlichen Scholastik gegen ihre humanistischen Kritiker; so war er insbesondere voll des Lobes für Albertus Magnus und Thomas von Aquin, was ihn unter anderem mit Bessarion in Konflikt brachte.

Bessarion (1403–1472) stammte aus einer einfachen Familie in Trapezunt. Dem Metropoliten von Trapezunt fiel der Junge wegen seiner Intelligenz auf, und so schickte er ihn zum Studium nach Konstantinopel. An der Universität lernte er den italienischen Humanisten Francesco Filelfo kennen, der durch den Unterricht bei

Manuel Chrysoloras in Italien angeregt wurde, in Konstantinopel zu studieren.

Im Alter von 20 Jahren wurde Bessarion Mönch und verbrachte einige Jahre in einem Kloster in der Nähe von Mistra, wo er bei Plethon studierte. Dann kehrte er nach Konstantinopel zurück und gewann als Professor der Philosophie hohes Ansehen. Um bei der Konzilsversammlung einen angemessenen Status vorweisen zu können, wurde er zum Metropoliten von Nikaia ernannt. Als das Unionsdekret am 6. Juli 1439 offiziell im Dom von Florenz verlesen wurde, las Kardinal Cesarini den Text zunächst auf Latein und danach Bessarion auf Griechisch.

Durch seinen Aufenthalt in Italien gelangte Bessarion zu der Überzeugung, dass Byzanz nur im Bündnis mit dem Westen überleben konnte, und zwar nicht nur politisch, sondern auch durch Beteiligung am kulturellen Leben der italienischen Renaissance. Der Widerstand gegen die Kirchenunion in Konstantinopel enttäuschte ihn, und so kehrte er Ende 1440 nach Florenz zurück, als er schon Kardinal der römisch-katholischen Kirche war. Eine Zeit lang reiste er in diplomatischen Missionen des Papstes, und von 1450 bis 1455 amtierte er als Gouverneur von Bologna, doch ansonsten lebte er seit 1443 in Rom. 1455 wurde er beinahe zum Papst gewählt, doch seine Feinde warnten vor der Wahl eines Griechen, und so wandten die Kardinäle ihre Gunst dem Katalanen Alfonso de Borgia zu, der schließlich unter dem Namen Kalixt III. Papst wurde.

Einen Großteil seiner Energie verwandte Bessarion darauf, in Europa militärische Hilfe für die Verteidigung von Byzanz gegen die Türken zu mobilisieren, allerdings vergeblich, denn 1453 eroberten die Osmanen Konstantinopel und 1461 seine Heimat Trapezunt – das war das Ende der langen Geschichte des Byzantinischen Reiches. Von da an versuchte Bessarion Unterstützung für einen Kreuzzug gegen die Türken zu gewinnen, jedoch ohne Erfolg.

Bessarion widmete sich der Pflege des Erbes der byzantinischen Kultur; seine Sammlung antiker griechischer Handschriften vermachte er schließlich der Bibliothek San Marco in Venedig, wo sie noch heute aufbewahrt wird. Unter den Gelehrten, die Bessarion in Rom um sich versammelte, war auch Georg von Trapezunt, den Bessarion mit der Übersetzung des *Almagest* von Ptolemaios vom Griechischen ins Lateinische betraute. 1459 veröffentlichte Georg von Trapezunt einen Angriff gegen den Platonismus und behauptete, dieser führe zu Ketzerei und Unmoral. Bessarion war außer sich und verfasste eine Verteidigung des Platonismus, die sowohl auf Griechisch als auch auf Lateinisch veröffentlicht wurde. Es ging ihm nicht nur darum, den Platonismus gegen die Vorwürfe Georgs zu verteidigen, sondern auch zu zeigen, dass Platons Lehrsätze den christlichen Glaubensinhalten näher waren als die von Aristoteles. Sein Buch wurde wohlwollend aufgenommen. Es war die erste allgemeine Einführung in Platons Denken, das den meisten Lateinern damals unbekannt war, denn frühere Werke zum Platonismus hatten kein breites Publikum erreicht.

Eine diplomatische Mission brachte Bessarion im Jahr 1460 auch nach Wien, wo sich die Universität durch die Arbeiten von Johannes von Gmunden (gest. 1442), Georg von Peuerbach (1423–1461) und Johannes Regiomontanus (1436–1476) zu einem Zentrum der Astronomie und der Mathematik entwickelt hatte. Johannes von Gmunden hatte astronomische Instrumente konstruiert und eine große Sammlung von Handschriften erworben; all das vermachte er der Universität und schuf damit die Grundlage für die Arbeiten von Peuerbach und Regiomontanus.

Peuerbach war ein österreichischer Gelehrter, der 1448 in Wien einen Baccalaureus erhielt und 1453 einen Magister artium; dazwischen war er nach Frankreich, Deutschland, Ungarn und Italien gereist. Er war Hofastrologe bei Ladislaus V., dem König von Ungarn, wie auch bei dessen Onkel, dem Kaiser Friedrich III. Seine Schriften umfassen Lehrbücher zu Arithmetik, Trigonometrie und

Astronomie; seine bekanntesten Werke sind *Theoricae novae planetarum* (Neue Theorien der Planeten) und seine *Tabulae eclypsium* (Finsternistafeln).

Regiomontanus, der eigentlich Johannes Müller hieß, nahm als Nachnamen das lateinische Wort für Königsberg in Franken an, wo er geboren war. Er studierte zunächst von 1447 bis 1450 an der Universität Leipzig und dann in Wien, wo er 1452, erst 15 Jahre alt, mit einem Baccalaureus abschloss und im Jahr 1457 mit dem Magister. Zusammen mit Peuerbach arbeitete er in einem Forschungsprogramm, das die systematische Erforschung der Planeten ebenso umfasste wie Beobachtungen astronomischer Phänomene, zum Beispiel Finsternisse und Kometen.

Bessarion war mit der Übersetzung von Ptolemaios' *Almagest,* die Georg von Trapezunt angefertigt hatte, unzufrieden und bat Peuerbach und Regiomontanus um eine gekürzte Fassung. Sie stimmten zu, denn Peuerbach hatte schon mit der Arbeit an einem Kompendium des *Almagest* begonnen, das allerdings bei seinem Tod im April 1461 noch nicht abgeschlossen war. Regiomontanus beendete das Kompendium etwa ein Jahr später in Italien, wohin er Bessarion gefolgt war. Einen Teil der nächsten vier Jahre verbrachte er im Gefolge des Kardinals, den Rest auf eigenen Reisen, wo er Griechisch lernte und nach Handschriften von Ptolemaios und anderen antiken Astronomen und Mathematikern Ausschau hielt.

1467 verließ Regiomontanus Italien und ging nach Ungarn, wo er vier Jahre lang am Hof des Königs Matthias Corvinus diente und seine Forschungen auf dem Gebiet der Astronomie und Mathematik fortsetzte. Danach ging er nach Nürnberg und richtete sich eine eigene Sternwarte und eine Druckerei ein. Eines der Werke, das er vor seinem frühen Tod 1476 dort verlegte, war Peuerbachs *Theoricae novae planetarum*; es wurde bis ins 17. Jahrhundert in fast 60 Auflagen nachgedruckt. Er veröffentlichte auch ein eigenes Werk, *Ephemeriden,* die ersten je gedruckten Planetentafeln, die die Positionen der Himmelskörper für jeden Tag zwischen 1475 und 1506 angaben. Columbus soll die *Ephemeriden* mit auf seine vierte und letzte Reise in die Neue Welt genommen haben, und die Vorhersage der Mondfinsternis vom 29. Februar 1504 machte er sich zunutze, um die feindseligen Eingeborenen von Jamaika mit Angst und Schrecken zur Unterwerfung zu zwingen.

Regiomontanus' wichtigstes mathematisches Werk ist *De triangulis omnimodis*, eine systematische Methode für die Analyse von Dreiecken. Mit diesem Werk und den *Tabulae directionum* begann das, was ein Mathematikhistoriker unserer Zeit als »Wiedergeburt der Trigonometrie« bezeichnete.

Zu den astronomischen Arbeiten des Regiomontanus gehört die Fertigstellung von Peuerbachs *Epytoma in almagestum Ptolomei*, das er Bessarion widmete. Das Buch ist dafür bekannt, dass es den Schwerpunkt auf mathematische Methoden legt, die in anderen Grundlagenwerken zur Astronomie fehlen. Kopernikus las die *Epytoma* als Student in Bologna, und mindestens zwei Lehrsätze darin beeinflussten ihn bei der Formulierung seiner eigenen Planetentheorie. Diese beiden Lehrsätze gehen offenbar auf den arabischen Astronomen Ali Qushji aus dem 15. Jahrhundert zurück, und Regiomontanus kannte sie möglicherweise über Bessarion. Wäre dem so, dann würden Bessarion und Regiomontanus sich in die lange Galerie von Wissenschaftlern einreihen, die mit Aristarch von Samos beginnt und über die arabischen und lateinischen Gelehrten des Mittelalters und der Frührenaissance bis zu Kopernikus reicht.

13

DIE REVOLUTION DER HIMMELSSPHÄREN

Kurz vor Weihnachten 1499 erklärte Papst Alexander VI. das darauf folgende Jahr zum Jubeljahr. Es war ein Heiliges Jahr, in dem allen Pilgern ein Sonderablass gewährt wurde, die nach Rom kamen und dort die vier Hauptkirchen der Stadt besuchten, vor allem St. Peter, deren Pforten in dieser Zeit Tag und Nacht geöffnet blieben. Die Feierlichkeiten dauerten das ganze Jahr über, und am Ostersonntag drängten sich geschätzte 200 000 Pilger auf dem Petersplatz, um den päpstlichen Segen zu empfangen. Der fromme Mönch Petrus Delphinus rief daraufhin aus: »Gelobt sei Gott, der so viele Zeugen des Glaubens herbeibringt.« Und Sigismondo de' Conti, der Sekretär des Papstes, merkte in seiner Chronik an: »Alle Welt war in Rom.«

Unter den Pilgern befand sich der junge Nikolaus Kopernikus, der um Ostern in Rom eintraf und ein ganzes Jahr lang blieb, in dem er Vorlesungen in Astronomie und Mathematik gab. Die italienische Renaissance stand in voller Blüte, und Kopernikus erlebte Rom auf dem Höhepunkt seines Ruhms, bevor er in seine Heimat zurückkehrte, »diesen sehr entlegenen Winkel der Erde«.

Kopernikus wurde am 19. Februar 1473 in Thorn geboren, einer Stadt an der Weichsel, die damals zu Preußen gehörte und sich jetzt im nördlichen Polen befindet, etwa 200 Kilometer nordwestlich von Warschau. Sein eigentlicher Name war Niklas Koppernigk, den er nach dem Studium zu Nicolaus Copernicus latinisierte. Er war das jüngste von vier Kindern eines wohlhabenden Kaufmanns, neben dem Bruder Andreas und den Schwestern Barbara und Katharina. Sein Vater starb 1483, woraufhin der Onkel mütterlicherseits, Lukas Watzenrode, die Kinder adoptierte, ein Priester, der an den Universitäten Krakau, Köln und Bologna studiert hatte.

1489 wurde Lukas Fürstbischof im Ermland, auch Warmia genannt; es gehörte zu den vier Provinzen, in die Preußen damals aufgeteilt war. Das Bischofspalais befand sich in Heilsberg (Lidzbark Warmiński), über 200 Kilometer nordöstlich von Thorn, während der Dom des Bistums in Frauenburg (Frombork) stand, am Ufer des Frischen Haffs östlich von Danzig (Gdańsk). Nikolaus und Andreas wohnten bei ihrem Onkel im Palais in Heilsberg; Barbara trat in ein Kloster ein und Katharina heiratete einen Krakauer Kaufmann.

Im Herbst 1491 schickte der Onkel Nikolaus und Andreas auf die Universität Krakau, wo sie sich an der Artistenfakultät einschrieben. Sie blieben drei oder vier Jahre dort, verließen jedoch die Universität ohne Abschluss. Über diese Zeit weiß man, dass Nikolaus Kurse in Mathematik, Astronomie, Astrologie und Geographie belegte und Cicero, Vergil, Ovid und Seneca zu seiner Lektüre zählten.

Der namhafte polnische Astronom Albert Blar von Brudzewo lehrte damals an der Universität Krakau. Nikolaus muss seine Werke gelesen haben, obwohl es nicht belegt ist, dass sie einander persönlich kennenlernten. Albert hatte einen Kommentar zu Peuerbachs Planetentheorie veröffentlicht, in dem er seine eigene Theorie darlegte, wonach die Himmelskörper nicht Kugeln, sondern Kreise seien. Er verwendete auch eine mathematische Methode analog zu den arabischen Astronomen Nasr al-Din al-Tusi und Ibn asch-Schatir, die einem Modell ähnelt, auf dem Kopernikus später mit seiner heliozentrischen Theorie aufbaute.

In seinen Kursen der Mathematik, Astronomie und Astrologie las Kopernikus unter anderem Bücher von Euklid, Ptolemaios, Sacrobosco, Peuerbach und Regiomontanus. Die Werke einiger arabischer Astronomen standen in Krakau damals auch zur Verfügung, darunter die von Mascha'allah, al-Farghani, al-Kindi, Thabit ibn Qurra und Dschabir ibn Aflah. In der Buchhandlung von Johann Haller kaufte Kopernikus unter anderem die *Alfonsinischen Tafeln* und die *Tabulae directionum* des Regiomontanus, die er mit Teilen aus Peuerbachs Finsternistafeln und Tafeln der Planetenörter zusammenbinden ließ.

Anfang 1496 verließen Nikolaus und Andreas Krakau, um bei ihrem Onkel Lukas im Bischofspalais in Heilsberg zu wohnen. Lukas nominierte Nikolaus und Andreas als Domherren des Doms in Frauenburg, doch blieben seine Bemühungen zunächst erfolglos. Schließlich wurde Nikolaus 1497 und Andreas 1499 zu Domherren gewählt. Beider Wahl erfolgte in Abwesenheit, denn Nikolaus war im Herbst 1496 zum Studium an die Universität Bologna gegangen; Andreas schloss sich ihm zwei Jahre später an. Beide waren an der Juristenfakultät immatrikuliert und traten der Natio Germanorum bei, der größten der »Nationen«, der Organisationen ausländischer Studenten in Bologna.

Die Brüder wohnten vermutlich als zahlende Gäste im Haus von Domenico Maria da Novara (1454–1504) aus Ferrara, einem Astronomieprofessor an der Universität. Nikolaus meinte, dass er »nicht so fast als Schüler wie als Mitarbeiter und Zeuge der Beobachtungen des hochgelehrten Mannes Dominikus Maria« war, wie sein Freund Rhetikus ihn später zitierte. Eine dieser Beobachtungen betraf die Mondfinsternis des Sterns Aldebaran, die sie, so Kopernikus, »am 9ten März nach Sonnenuntergang im Jahre Christi 1497« beobachtet hatten.

1499 erlangte Kopernikus in Bologna den Magistergrad in Jura und ging danach für ein Jahr nach Rom, wo er, wie Rhetikus berichtet, als »Professor der Mathematik unter großem Schülerandrang und im Kreise großer Männer und Meister in diesem Zweig der Wissenschaft« tätig war. Am 6. November 1500 beobachtete Kopernikus in Rom eine Mondfinsternis. Er verglich sie mit einer von Ptolemaios »im 19ten Jahre Hadrians« (136/7 n. Chr.) in Alexandria beobachteten Finsternis, um »... auch die Oerter dieser Bewegung für die früher angenommenen Anfänge festzustellen«.

Im Mai 1501 kehrten Nikolaus und Andreas nach Polen zurück. Am 27. Juli des Jahres erbaten sie bei den Behörden des Frauenburger Domkapitels eine zweijährige Verlängerung der Beurlaubung, um ihr Studium in Italien abschließen zu können. Das Domkapitel stimmte zu, und im August brachen sie nach Italien auf: Andreas, um in Bologna seinen Abschluss in Kirchenrecht zu erlangen, und Nikolaus, um in Padua Medizin zu studieren.

Im Herbst 1501 schrieb sich Nikolaus an der Universität Padua in Jura sowie in Medizin ein. Nach zwei Jahren wechselte er an die Universität Ferrara, wo er am 31. Mai 1503 den Abschluss eines Doktors des Kirchenrechts erwarb. Danach setzte er sein Medizinstudium in Padua fort, verließ die Universität jedoch 1505 ohne Abschluss.

Nach seiner Rückkehr aus Italien wohnte er wieder bei seinem Onkel Lukas im Schloss Heilsberg, der offiziellen Residenz der Bischöfe im Ermland, und diente ihm in den nächsten sechs Jahren als Leibarzt und Staatssekretär. Er vertrat auch das Ermland auf den preußischen Landtagen und weilte in diplomatischer Mission beim König von Polen in Krakau. Anfang 1512 begleitete er seinen Onkel zur Hochzeit von König Sigismund und zur Krönung von dessen Braut nach Krakau. Doch auf der Rückreise, am 29. März 1512, starb Bischof Lukas in Thorn; seine sterblichen Überreste wurden nach Frauenburg zurückgebracht und dort im Dom bestattet.

Nach dem Tod des Onkels verließ Kopernikus Heilsberg und kehrte nach Frauenburg zurück, wo er seine Pflichten als Domherr wieder aufnahm. Seine Wohnung befand sich in der nordöstlichen Ecke der Umfassungsmauer des Doms in einem Wehrturm, dem späteren Kopernikusturm, der ihm auch als Observatorium diente. Die erste aufgezeichnete Beobachtung ist auf den 5. Juni 1512 datiert, als er festhielt, dass der Mars in Opposition war – d. h., dass er bei Sonnenuntergang auf- und bei Sonnenaufgang unterging, weil er sich direkt gegenüber der Sonne in der Himmelssphäre befand. Es war die erste von mindestens 25 Beobachtungen, die Kopernikus in Frauenburg durchführte, bei denen er auch die mathematischen Methoden entwickelte, die in seine neue astronomische Theorie einfließen sollten.

Um diese Zeit begann er mit der Arbeit an seinem Werk *Nicolai Copernici de hypothesibus motuum caelestium a se constitutis commentariolus* (Nikolaus Kopernikus' kleiner Kommentar über seine Hypothesen der Bewegungen der Himmelskörper). Bekannt wurde es unter dem Titel *Commentariolus*, Kleiner Kommentar, und ist der erste Hinweis auf die neue astronomische Theorie, an der Kopernikus arbeitete. Er gab einigen Freunden Abschriften von dieser kurzen Abhandlung, veröffentlichte sie jedoch nie als Buch. Nur zwei Handschriften haben überlebt, von denen eine 1878 in Wien zum ersten Mal veröffentlicht wurde. Der früheste Nachweis des *Commentariolus* ist die Notiz eines Krakauer Professors, Matthias von Miechow, im Mai 1514, in seiner Bibliothek befände sich »ein Sexternus [sechslagiges Heft] der Theorie, die besagt, dass die Erde sich bewegt, die Sonne aber ruhe«. Matthias wusste nicht, wer der Verfasser war, weil Kopernikus mit der ihm eigenen Vorsicht seinen Namen nicht auf das Manuskript geschrieben hatte, denn wie er später zugab, befürchtete er, dass er für seine revolutionären Ideen gerügt und verlacht werden könnte. Aber es besteht kein Zweifel daran, dass das Manuskript von Kopernikus stammt, denn der Autor merkte an: »Alles dieses gilt für den Meridian von Krakau, da Frauenburg, wo wir meistens unsere Beobachtungen gemacht haben ..., diesem Meridiane angehört, wie uns die an beiden Orten zugleich beobachteten Sonnen- und Mondfinsternisse gelehrt haben ...«

In der Einleitung zum *Commentariolus* erörtert er die Theorien der griechischen Astronomen über die »an den Sternen sichtbar werdende Bewegung« und stellt fest, die homozentrischen Sphären des Eudoxos hätten nicht »allein wieder System in die Sternbewegung bringen« können und wurden deshalb abgelöst von Ptolemaios' Theorie, dass diese Bewegung »durch exzentrische Kreise und Epizykel bewirkt wird. Und eben darin ist sich die Mehrzahl der Gelehrten einig.« Doch an Ptolemaios' Verwendung des Äquanten nahm Kopernikus Anstoß und formulierte schließlich seine eigene Planetentheorie, »wobei sich alle in sich *gleichförmig* bewegen würden, wie es die vollkommene Bewegung an sich verlangt«.

Kopernikus führt weiter aus, er habe, als er »die Aufgabe anpackte, die recht schwierig und kaum lösbar schien«, schließlich festgestellt, dass eine Lösung mit »weit weniger und viel geeigneteren Mitteln möglich ist, als man vorher ahnte«, sofern er gewisse Annahmen aufstellen konnte, sieben an der Zahl.

Diese Grundsätze sind: dass es nicht nur einen Mittelpunkt für alle Himmelskreise oder Sphären gibt; dass die Erde nicht der Mittelpunkt der Welt ist, sondern nur der Schwere und des Mondbahnkreises; dass die Sonne der Mittelpunkt aller Bahnkreise und der Welt ist; dass der Erdhalbmesser im Vergleich zur Entfernung der Erde zur Sonne zu vernachlässigen ist, die wiederum »gegenüber der Höhe des Fixsternhimmels unmerklich ist«; dass die scheinbare tägliche Bewegung der Sonne auf die Drehung der Erde um ihre Achse zurückgeht; dass die tägliche Bewegung der Sonne die kombinierte Wirkung aus der Erdrotation und der Drehung der Erde um die Sonne ist; und schließlich: »Was bei den Wandelsternen als Rückgang und als Vorrücken erscheint, ist nicht von sich aus so, sondern von der Erde aus gesehen.« Er schlussfolgert: »Ihre Bewegung allein genügt für so viele verschiedenartige Erscheinungen am Himmel.«

Des Weiteren beschreibt Kopernikus »die Anordnung der Bahnkreise« in seinem heliozentrischen System, in dem sich die Zeit, die eine Planetensphäre für eine Umdrehung braucht, mit dem Radius der Umlaufbahn erhöht.

> Die Himmelskreise umfassen sich in folgender Reihenfolge. Der höchste kommt den Fixsternen zu, er ist unbeweglich, enthält alles und nach ihm ortet sich alles. Unter ihm befindet sich der des Saturn, auf den der des Jupiter folgt. Darunter kommt der des Mars. Diesem wieder eingefügt ist der Bahnkreis, in dem wir herumbewegt werden. Dann folgt der der Venus, und der letzte ist der des Merkur. Der Bahnkreis des Mondes aber dreht sich um den Mittelpunkt der Erde und wird von ihr wie ein Epizykel getragen. In derselben Reihenfolge übertrifft auch einer den andern an Schnelligkeit der Umwälzung entsprechend der Tatsache, dass sie größere oder kleinere Kreislängen durchmessen. Und zwar kehrt Saturn so im 30., Jupiter im 12., Mars im 3. Jahre und die Erde nach einjähriger Kreisbewegung an denselben Ort zurück. Venus vollendet im 9., Merkur im 3. Monat eine Umwälzung.

Kopernikus verwendet dasselbe System der Epizykel, das Ptolemaios und seine Vorgänger im geozentrischen Modell verwendet hatten. Er beschließt den *Commentariolus* mit einer Zusammenfassung der Zahl der Kreise (d.h. der Deferenten oder Primären Kreise) und Epizykel (zweite Schlingen), die für die Beschreibung aller Himmelsbewegungen in seinem heliozentrischen System nötig sind:

> Und so läuft Merkur insgesamt auf sieben Kreisen, Venus auf fünf, die Erde auf drei, dazu der Mond um sie herum auf vier, Mars, Jupiter und Saturn endlich auf je fünf Kreisen. Es reichen also 34 Kreise ganz und gar aus, und mit ihnen wird in das gesamte Getriebe des Weltalls und den ganzen Sternenreigen Klarheit gebracht.

Im Sommer 1533 hielt der Sekretär des Papstes, Johann Widmannstetter, vor Papst Clemens VII. und einer Gruppe von zwei Kardinälen und einem Bischof eine Vorlesung mit dem Titel »Copernicanae de motu terrae sententiae explicatio« (Eine Erklärung von Kopernikus' Auffassung der Bewegung der Erde) – ein erster Hinweis darauf, dass Kopernikus' neue Theorien Rom erreicht hatten. Nach dem Tod Clemens' VII. am 15. September 1534 trat Widmannstetter in den Dienst des Kardinals Nikolaus Schönberg, der als Nuntius des Papstes in Preußen und Polen sicherlich schon von Kopernikus gehört hatte. Schönberg schrieb am 1. November 1536 an Kopernikus – den Brief verfasste möglicherweise Widmannstetter – und drängte ihn, ein Buch über seine neue Kosmologie zu veröffentlichen und ihm ein Exemplar zukommen zu lassen.

Dennoch machte Kopernikus keine Anstalten zur Veröffentlichung seiner Forschungen, aber im Frühjahr 1539 änderte er seine Haltung, als er unerwarteten Besuch von einem jungen deutschen Gelehrten erhielt: Georg Joachim von Lauchen, der sich Rhetikus nannte (1514–1574). Rhetikus, erst 25 Jahre alt, war Professor für Mathematik an der protestantischen Universität Wittenberg. Er erzählte Kopernikus von seinem großen Interesse an dessen neuer Kosmologie, und Kopernikus nahm ihn freundlich auf und gestattete ihm, das Manuskript, das er zur Erläuterung seiner Theorien verfasst hatte, zu lesen. In den folgenden zehn Wochen studierte Rhetikus zusammen mit Kopernikus das Manuskript und fasste es dann in einer Schrift mit dem Titel *Narratio prima* (Erster Bericht) zusammen, die als Einführung in die Theorien des Kopernikus gedacht war. Diese war in Form eines Briefes von Rhetikus an seinen Freund Johann Schöner abgefasst, bei dem er in Wittenberg studiert hatte. 1540 wurde *Narratio prima* in Danzig mit Kopernikus' Zustimmung veröffentlicht, den Rhetikus im einleitenden Teil, wo er die Tragweite der kopernikanischen Kosmologie darlegt, als »meinen Lehrer« bezeichnet.

Er geht dann auf jedes Buch im Detail ein und gibt im Anschluss daran in dem Kapitel »Über die Exzentrizität und die Bewegung des Sonnenapogäums« eine eigene astrologische Vorhersage ab. Rhetikus war überzeugt, dass die Weltgeschichte demselben Zyklus folgte wie die Exzentrizität der Sonnenumlaufbahn (von der Erde aus beobachtet) und dass die Vollendung ihres nächsten Zyklus mit dem Untergang des muslimischen Glaubens zusammenfallen werde. Und dann werde Folgendes geschehen: »Wenn aber der Mittelpunkt des Exzenters zur anderen Grenze der unteren Beträge gelangen wird, so wird, wie wir hoffen, unser Herr Jesus Christus erscheinen, denn an dieser Stelle war er um die Zeit der Weltschöpfung …«

Die heliozentrische Theorie erwähnt Rhetikus erst nach dem zweiten Abschnitt, der den Titel trägt »Allgemeine Betrachtung der Bewegung des Mondes in Verbindung mit seinen neuen Hypothesen«. Dort heißt es, dass das neue Modell die retrograde Bewegung der Planeten erkläre, da »die Sonne den Mittelpunkt des Universums einnimmt, die Erde aber an Stelle der Sonne in einem Exzenter … umläuft«.

Narratio prima erwies sich als so beliebt, dass im folgenden Jahr in Basel eine zweite Auflage gedruckt wurde. Doch Kopernikus zögerte noch mit der Veröffentlichung seines Manuskripts und hinterlegte es zur sicheren Verwahrung bei seinem alten Freund Tiedemann Giese, dem Bischof von Kulm. 1541 schließlich erteilte Kopernikus Giese die Erlaubnis, sein Manuskript Rhetikus zuzusenden, der es zur Veröffentlichung in die Druckerei von Johannes Petrejus nach Nürnberg bringen sollte. Das Buch sollte den Titel *De revolutionibus orbium coelestium libri VI* (Sechs Bücher über die Umschwünge der himmlischen Kreise) tragen, der daher rührte, dass die Himmelskörper nach Kopernikus' Ansicht in kristalline Hüllen – oder vielmehr Kugelschalen – eingebettet waren, so wie sie schon Aristoteles erdacht hatte, auch wenn sie sich bei ihm um die Sonne drehten und nicht um die Erde.

Gegen Ende des folgenden Jahres erlitt Kopernikus mehrere Schlaganfälle, die zu einer halbseitigen Lähmung führten, und seinen Freunden wurde klar, dass er nicht mehr lange zu leben hatte. Am 8. Dezember 1542 schrieb Tiedemann Giese an Georg Donner, einen der Domherren in Frauenburg, und bat ihn, Kopernikus in seiner letzten Krankheit beizustehen.

> Ich weiß aber, dass er Dich immer zu seinen treuesten Freunden gezählt hat. Ich bitte Dich daher, Dich seiner anzunehmen, wenn es notwendig werden sollte, und die Sorge für den Mann, den Du wie ich immer geliebt hast, zu übernehmen, damit er in dieser Bedrängnis der brüderlichen Hilfe nicht entbehre und wir als undankbar gegen diesen verdienten Mann befunden werden.

Indessen musste sich Rhetikus im Mai 1542 von der Universität Wittenberg beurlauben lassen, um den Druck von *De revolutionibus* in Nürnberg zu beaufsichtigen. Fünf Monate später verließ er Nürnberg, um eine Anstellung an der Universität Leipzig zu übernehmen, und überließ die Verantwortung für das Buch Andreas Osiander, einem lutherischen Geistlichen vor Ort. Osiander fühlte sich bemüßigt, eine anonyme Vorrede mit dem Titel »Ad lectorem« (An den Leser) hinzuzufügen, die für einige Kontroversen über die kopernikanische Theorie sorgen sollte.

Im Frühjahr 1543 kam *De revolutionibus* endlich auf den Markt, mit einer Verlagsanpreisung, vermutlich auch von Osiander, die gleich unter dem Titel abgedruckt war:

> Du findest vor, eifriger Leser, in diesem eben erst entstandenen und herausgegebenen Werk die Sternbewegungen, der festen ebenso wie der Wandelsterne, aus alten wie auch aus neuen Beobachtungen erneut dargestellt und darüber hinaus mit neuartigen, erstaunlichen erklärenden Annahmen versehen. Du findest auch brauchbarste Tabellen, nach denen Du sie zu beliebiger Zeit aufs leichteste berechnen kannst. Also kaufe, lies, genieße.

Das erste gedruckte Exemplar von *De revolutionibus* wurde Kopernikus zugeschickt und es ist überliefert, dass es ihn wenige Stunden vor seinem Tod am 24. Mai 1543 erreichte. Tiedemann Giese schrieb in einem Brief an Rhetikus, dass Kopernikus

> … schon viele Tage vorher Gedächtnis und geistige Regsamkeit geschwunden waren. Das Werk in seiner Vollendung hat er nur beim letzten Atemzuge gesehen an demselben Tage, an dem er verschieden ist.

Die Vorrede zu *De revolutionibus*, das von Osiander geschriebene »ad lectorem«, wendet sich »An den Leser betreffs der Hypothesen dieses Werks«. Darin heißt es, dass das Buch als mathematisches Instrument zur Berechnung gedacht ist und nicht zur tatsächlichen Beschreibung der Natur. Das »ad lectorem« sollte die Kritik derjenigen abweisen, die glaubten, dass die heliozentrische Kosmologie der Bibel widersprach, besonders dem Abschnitt im Buch Josua, wo es heißt: »So blieb die Sonne stehen mitten am Himmel und beeilte sich nicht unterzugehen fast einen ganzen Tag.« Martin Luther war in Bezug auf die kopernikanische Theorie bereits wie folgt zitiert worden: »Die Leute schenken ihr Ohr einem Astrologen, der zeigen möchte, daß sich die Erde dreht, nicht der Himmel oder das Firmament, die Sonne oder der Mond … Dieser Dummkopf möchte die gesamte Astronomie umstürzen, doch die Heilige Schrift sagt uns, daß Josua die Sonne stillstehen hieß und nicht die Erde.« Kopernikus selbst hatte solche Kritik befürchtet, das zeigt das Vorwort, das er Papst Paul III. widmet: »Heiligster Vater, ich kann mir zur Genüge denken, dass gewisse Leute, sobald sie erfahren, dass ich in diesen meinen Büchern, die ich über die Kreisbewegungen der Weltkörper geschrieben habe, der Erdkugel gewisse Bewegungen beilege, sogleich erklären möchten, ich sei mit solcher Meinung zu verwerfen.«

Die ersten acht Kapitel des ersten Buches von *De revolutionibus* geben eine äußerst vereinfachte Beschreibung der kopernikanischen Kosmologie und der ihr zugrunde liegenden Philosophie. Zunächst nennt Kopernikus Argumente für die Kugelform des Universums, die Kugelgestalt der Erde, des Mondes, der Sonne und der Planeten und für die gleichmäßige Kreisbewegung der Himmelskörper um die Sonne. Er zeigt, dass die Rotation der Erde um ihre Achse, bei gleichzeitiger Drehung um die Sonne, mühelos die beobachteten Bewegungen der Himmelskörper erklärt. Das Fehlen der Sternparallaxe führt er darauf zurück, dass der Radius der Umlaufbahn der Erde im Vergleich zu ihrer Entfernung zu den Fixster-

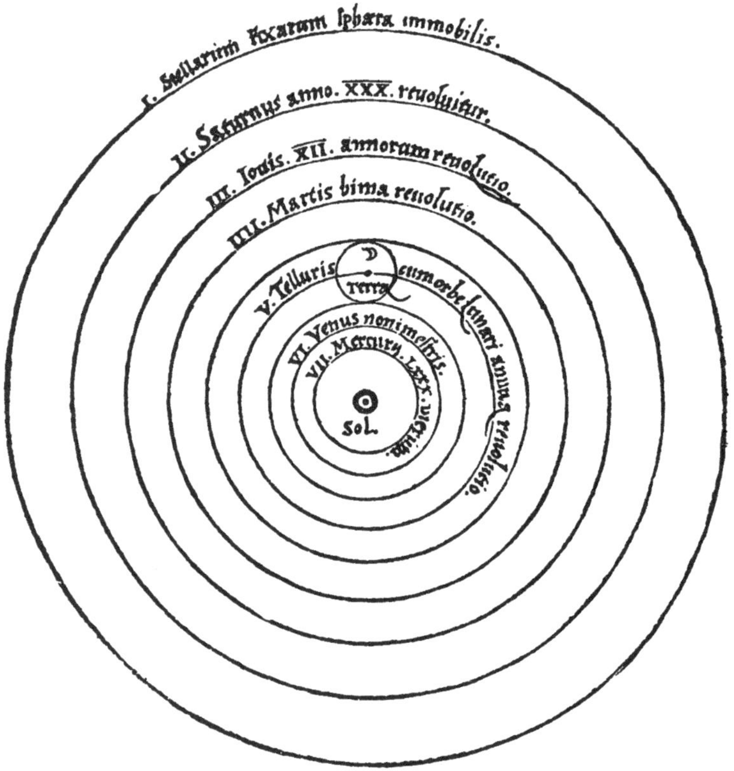

Das heliozentrische Weltbild des Kopernikus (aus *De revolutionibus*, 1543).

nen unwesentlich klein ist. Dann widerlegt er alle physikalischen Argumente gegen die Erdbewegung, zumeist unter Verwendung der Erklärungen von Nikolaus Cusanus.

Kapitel 9 trägt den Titel: »Ob der Erde mehrere Bewegungen beigelegt werden können? und vom Mittelpunkte der Welt«. Hier verwirft Kopernikus die Theorie des Aristoteles von der Erde als der einzigen Quelle der Gravitation und wagt stattdessen einen ersten Schritt zur Newtonschen Theorie der universellen Gravitation, indem er schreibt: »Ich bin wenigstens der Ansicht, dass die Schwere nichts Anderes ist, als ein von der göttlichen Vorsehung des

Weltenmeisters den Theilen eingepflanztes, natürliches Streben, vermöge dessen sie dadurch, dass sie sich zur Form einer Kugel zusammenschließen, ihre Einheit und Ganzheit bilden.«

Kapitel 10 trägt den Titel: »Über die Ordnung der Himmelskreise«. Hier beseitigt Kopernikus die Unklarheit in Bezug auf Merkur und Venus, die im ptolemäischen Modell manchmal »über« und manchmal »unter« der Sonne platziert wurden. Im kopernikanischen System ist Merkur der Sonne am nächsten, gefolgt von Venus, Erde, Mars, Jupiter und Saturn, die von der Sphäre der Fixsterne umgeben sind, und der Mond umkreist wiederum die Erde. Dieses Modell ist einfacher und harmonischer als das des Ptolemaios, denn alle Planeten drehen sich in dieselbe Richtung, wobei ihre Geschwindigkeit mit der Entfernung von der Sonne geringer wird, die wiederum im Mittelpunkt des Kosmos thront.

> In der Mitte aber von Allen steht die Sonne. Denn wer möchte in diesem schönsten Tempel diese Leuchte an einen andern oder bessern Ort setzen, als von wo aus sie das Ganze zugleich erleuchten kann? Wenn anders nicht unpassend Einige sie die Leuchte der Welt, Andere die Seele, noch andere den Regierer nennen … So lenkt in der That die Sonne, auf dem königlichen Throne sitzend, die sie umkreisende Familie der Gestirne.

Kapitel 11 ist ein »Beweis von der dreifachen Bewegung der Erde«, während die übrigen drei Kapitel des ersten Buches die Anwendung der ebenen und sphärischen Geometrie und der Trigonometrie auf die Astronomie darstellen. Die drei Bewegungen, auf die Kopernikus sich bezieht, sind die Rotation der Erde um ihre Achse, ihre Drehung um die Sonne sowie eine dritte Kegelbewegung, die er einführte, damit die Erdachse während der jährlichen Rotation der kristallinen Sphäre, in die sie eingebettet ist, in dieselbe Richtung weist. Den Zeitraum dieser vermeintlichen dritten Bewegung hielt er für leicht abweichend von der für die Umrundung der Sonne benötigten Zeit, wobei er die Differenz auf die sehr langsame Präzession der Tagundnachtgleichen zurückführte.

Das zweite Buch gibt eine detaillierte Einführung in die Astronomie und die sphärische Trigonometrie und enthält mathematische Tabellen und ein Verzeichnis der Himmelskoordinaten von 1024 Sternen, von denen die meisten von Ptolemaios abgeleitet und auf die Präzession der Äquinoktien angepasst sind.

Das dritte Buch befasst sich mit der Präzession (»dem Vorrücken«) der Tagundnachtgleichen und der Bewegung der Erde um die Sonne. Hier wird die Theorie unnötig kompliziert, weil Kopernikus nicht nur die Präzession mit seiner »dritten Bewegung« der Erde verknüpft, sondern auch zwei Annahmen seiner Vorgänger übernahm, von denen eine falsch war. Die erste Annahme war die irrige, von der Trepidationstheorie abgeleitete Theorie, dass die Präzession nicht konstant, sondern ungleichmäßig sei; die andere war die Abweichung der Schiefe der Ekliptik.

Im vierten Buch geht es um die Bewegung des Mondes um die Erde; das fünfte und das sechste Buch behandeln die Planetenbewegungen. Hier wie auch bei den Bewegungen der Sonne verwendete Kopernikus ganz wie Ptolemaios Exzenter und Epizykel, doch seine Überzeugung, dass die Himmelsbewegungen Kombinationen aus Kreisbewegungen mit konstanter Winkelbeschleunigung waren, hielt ihn davon ab, auf den ptolemäischen Äquanten zurückzugreifen. Wegen der Komplexität der Himmelsbewegungen musste Kopernikus in etwa genauso viele Kreise wie Ptolemaios einsetzen, und so unterschieden sich die beiden Modelle kaum in ihrer Ökonomie und führten auch zu ähnlich genauen Ergebnissen. Doch das kopernikanische System hatte mehrere Vorzüge: Es war harmonisch, es hob die Unklarheit bezüglich der Anordnung der inneren Planeten auf, es erklärte die rückläufige Bewegung der Planeten sowie ihre Variation bezüglich der Helligkeit, und es ermöglichte die Bestimmung der Anordnung wie auch der relativen Größe der Planetenbahnen anhand von Beobachtungen und ohne zusätzliche Annahmen.

Kopernikus erwähnt einige arabische Astronomen, auf deren

Beobachtungen und Theorien er sich in *De revolutionibus* stützte, vor allem al-Battani, al-Bitrudschi, al-Zarqali, Ibn Ruschd (Averroës) und Thabit ibn Qurra. Doch Nasr al-Din al-Tusi oder Ibn asch-Schatir bleiben unerwähnt. Dabei haben aktuelle Forschungen gezeigt, dass er auf eine von ihnen entwickelte mathematische Methode zurückgriff, das sogenannte Tusi-Paar, das im 4. Kapitel des dritten Buches auftaucht. Es gibt zwar keinen eindeutigen Beweis dafür, dass Kopernikus von al-Tusi oder asch-Schatir wusste, doch man geht heute davon aus, dass er ihre Werke kannte, weil sie auch einigen seiner Zeitgenossen bekannt waren.

In *De revolutionibus* gibt es drei Verweise auf Aristarch von Samos: zwei Mal in Bezug auf die Messungen der Schiefe der Ekliptik durch seine Vorgänger und ein Mal bezüglich seiner Messung der Länge des Sonnenjahres. Doch nirgends ist erwähnt, dass Aristarch in der Mitte des 3. Jahrhunderts v. Chr. behauptet hatte, dass die Sonne und nicht die Erde der Mittelpunkt des Kosmos sei. In seinem Originalmanuskript hatte Kopernikus auf die heliozentrische Theorie des Aristarch verwiesen, doch in der 1543 gedruckten Ausgabe von *De revolutionibus* hatte er diesen Verweis gelöscht. Der gestrichene Abschnitt im letzten Absatz des 11. Kapitels des ersten Buches lautet:

> Und wenn wir schon zugeben wollten, dass die Sonnen- und Mondbahn auch bei Annahme von Unbeweglichkeit der Erde dargestellt werden können, im Fall der übrigen Wandersterne will sich das dagegen nicht fügen. Glaubhaft ist, daß aus diesem und ähnlichen Gründen *Philolaus* die Bewegbarkeit der Erde angesetzt habe, und in diesem Punkt sei *Aristarch* von Samos gleicher Auffassung gewesen, so berichten einige, die durch die Begründung nicht beeindruckt wurden, welche *Aristoteles* anführt und zurückweist.

Wie man weiß, besaß Kopernikus ein Exemplar von Giorgio Vallas *De expetendis et fugiendis rebus opus*, gedruckt 1504 von Aldus Manutius in Venedig, das eine Übersetzung eines Werks des Aëtius (Pseudo-Plutarch) mit zwei Verweisen auf Aristarch enthielt. In dem einen heißt es, Aristarch »geht davon aus, dass der Himmel still steht, während sich die Erde entlang der Ekliptik bewegt und gleichzeitig um ihre eigene Achse dreht«; dem anderen zufolge besagt seine Theorie, dass die Erde »sich dreht und umkreist, was Seleukos später als eine feststehende Meinung anbot«.

Mit fast völliger Sicherheit kannte Kopernikus Archimedes' *Sandzahl,* das den ersten Verweis auf die heliozentrische Theorie des Aristarch enthält. Dort behauptet Archimedes, dass Aristarch das Fehlen der Sternparallaxe in seiner heliozentrischen Theorie mit der Annahme erklärt, dass der Radius der Umlaufbahn der Erde um die Sonne im Vergleich zur Entfernung der Sterne zu vernachlässigen ist. Das ist im Grunde dieselbe Erklärung, die Kopernikus im *Commentariolus* angibt, wo er im vierten seiner Grundsätze behauptet: »Das Verhältnis der Entfernung Sonne-Erde zur Höhe des Fixsternhimmels ist … unmerklich …« Kopernikus verwendet dasselbe Argument in *De revolutionibus,* wo er am Ende des ersten Buches im 10. Kapitel der retrograden Bewegung der Planeten die unveränderliche Anordnung der Sterne gegenüberstellt und bemerkt: »So groß ist in der That diese göttliche, beste und größte Werkstatt!«

Somit kann man davon ausgehen, dass Kopernikus Aristarchs heliozentrische Theorie kannte. Möglicherweise erwähnte er sie deshalb in *De revolutionibus* nicht, um sein eigenes Lebenswerk nicht zu schmälern, denn er hatte die Himmelskörper um die Sonne in Bewegung gesetzt und nicht um die Erde.

Nach der Veröffentlichung von *De revolutionibus* war die Kosmologie nie mehr wie zuvor. Das Weltbild hatte sich unwiderruflich verändert – und es hatte eine geistige Revolution stattgefunden. Ausgelöst hatte sie ein unbekannter Domherr, der in einem, wie er es nannte, »sehr entlegenen Winkel der Erde« ganz für sich allein arbeitete und eine Theorie wieder aufgriff, die 1800 Jahre zuvor ein fast vergessener griechischer Astronom ersonnen hatte.

14

HELIOZENTRISCHES VERSUS GEOZENTRISCHES WELTBILD

Postum erhielt Kopernikus große Anerkennung für sein Buch *De revolutionibus*, doch galt das Lob vor allem der erfolgreichen mathematischen Beschreibung der Bewegung der Himmelskörper und nicht seiner Kosmologie, in der er die Sonne in den Mittelpunkt gerückt hatte.

Die ersten astronomischen Tafeln, die auf der kopernikanischen Theorie beruhten, erstellte Erasmus Reinhold (1511–1553), der zur selben Zeit wie Rhetikus Professor der Mathematik an der Universität Wittenberg war. Vermutlich hatte Rhetikus ihm das Manuskript von *De revolutionibus* gezeigt, als er im September 1541 damit nach Wittenberg zurückkehrte. Im folgenden Jahr veröffentlichte Reinhold seinen Kommentar zu Peuerbachs *Theoricae novae planetarum*, wo er in seinem Vorwort über Kopernikus schrieb, »daß ein neuerer ausgezeichneter Meister, welcher allseitig eine große Erwartung von sich rege gemacht hat …, eine Neugestaltung der Astronomie anstrebt …« Reinhold machte sich an die Erarbeitung einer erweiterten Fassung der Planetentafeln in *De revolutionibus* und veröffentlichte sie 1551 als *Preußische Tafeln*. In der Einleitung dazu lobte er zwar Kopernikus, aber sein heliozentrisches Weltbild erwähnte er nicht. Reinhold arbeitete auch an einem Kommentar zu *De revolutionibus*, der unvollendet blieb, weil er 1553 an der Pest starb.

Nach 300 Jahren waren die *Preußischen Tafeln* der erste vollständige Satz Planetentafeln in Europa. Den älteren, jetzt veralteten Tafeln waren sie nachweislich überlegen und deshalb wurden sie von den meisten Astronomen verwendet. Das verlieh der kopernikanischen Theorie eine gewisse Legitimation, auch wenn die Astronomen, die sie verwendeten, die heliozentrische Kosmologie des Kopernikus nicht bestätigten. Der englische Astronom Thomas Blundeville schrieb im Jahr 1594: »Kopernikus behauptet, dass sich die Erde um die Sonne dreht und die Sonne in der Mitte des Himmels still steht, durch welche falsche Annahme er bessere Berechnungen der Bewegungen und Umdrehungen der Himmelskugel gemacht hat als jemals zuvor.«

Als einer der Ersten griff der englische Mathematiker Robert Recorde (1510–1558) die Theorie des Kopernikus auf. Er erwähnte sie in seinem Lehrbuch *Castle of Knowledge* (Schloss des Wissens) von 1556, das in Form eines Dialogs zwischen einem Meister und einem Studenten über Ptolemaios' Argumente gegen die Erdbewegung verfasst ist. Als der Student diese Argumente dargelegt hat, stellt der Meister die kopernikanische Theorie trotzdem sehr positiv dar.

> Copernicus, ein sehr gebildeter und erfahrener Mann, der auch glänzend beobachten konnte, hat die alte Meinung von Aristarch von Samos wiederbelebt und behauptet, dass die Erde nicht nur eine Kreisbewegung um ihre eigenes Zentrum vollführe, sondern dass sie auch 38 mal hunderttausend Meilen ausserhalb des genauen Zentrums der Welt gelegen sein mag, ja gelegen ist.

Fünf Jahre danach druckte John Feild in London die *Ephemeris*, einen Satz astronomischer Tafeln für das Jahr 1557, die auf der Grundlage der Arbeit von Kopernikus und Reinhold erstellt wurden. Die Einleitung hatte John Dee (1527–1608), der Astrologe der Königin Elisabeth I., verfasst, der angab, Feild zur Zusammenstellung der *Ephemeris* anhand der kopernikanischen Theorie überredet zu haben, weil die alten Tafeln nicht mehr zufriedenstellend waren. Dee lobte Kopernikus für seine »mehr als herkulische« Anstrengung zur Erneuerung der Astronomie, meinte jedoch, dass dies nicht der Ort sei, um die heliozentrische Theorie an sich zu erörtern.

Eine zweite Ausgabe von *De revolutionibus* wurde 1566 in Basel veröffentlicht und einige Exemplare gelangten bis nach Italien und England. Der englische Astronom Thomas Digges (um 1546–1595), ein Schüler von Dee, erwarb eines davon, das heute in der Bibliothek der Genfer Universität aufbewahrt wird. Auf der Titelseite hatte Digges die Anmerkung »*Vulgi opinio error*« (»Die allgemein verbreitete Meinung ist falsch«) notiert, was darauf hindeutet, dass er als einer der wenigen Gelehrten des 16. Jahrhunderts die Theorie des Kopernikus akzeptierte.

Digges fertigte eine freie englische Übersetzung von Kapitel 9 bis 11 des ersten Buches von *De revolutionibus* an, die er dem ewigen Kalender seines Vaters *A Prognostication Everlasting* hinzufügte; beides veröffentlichte er 1576 gemeinsam unter dem Titel als *Perfit Description of the Caelestiall Orbes, according to the most ancient doctrines of the Pythagoreans lately revived by Copernicus and by Geometricall Demonstrations approved*. Digges erklärte, er habe diesen Auszug aus *De revolutionibus* in den Almanach aufgenommen, »damit den Engländern nicht eine solch edle Theorie vorenthalten bleiben möge«.

Das Buch enthielt eine große Faltkarte des um die Sonne zentrierten Weltalls, in dem die Sterne nicht auf die äußerste Himmelssphäre beschränkt waren, sondern wahllos in alle Richtungen nach außen verteilt. Damit sprengte Digges die Grenzen des mittelalterlichen Universums, das bis dahin von der neunten Himmelssphäre umschlossen gewesen war, also der mit den angeblichen Fixsternen, die sich in diesem Modell bis in die Unendlichkeit ausdehnte.

Die geozentrischen Himmelssphären gehörten noch immer zum allgemeinen Weltbild im England des 16. Jahrhunderts, wie in Christopher Marlowes Drama *Die tragische Historie vom Doktor Faustus*. Kaum hat Faustus seinen Pakt mit dem Teufel geschlossen, da beginnt er Mephistophilis über Dinge auszufragen, die jenseits

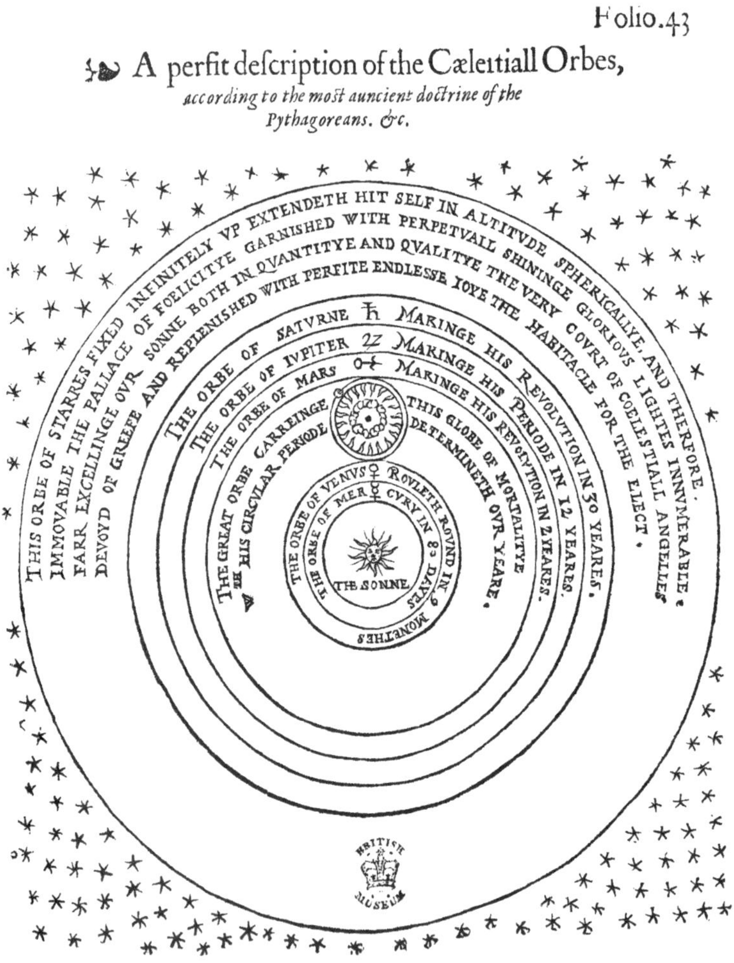

Ein Modell des kopernikanischen Weltbilds (Abbildung aus Thomas Digges, *A Prognostication Everlasting,* 1576).

des Horizonts der Sterblichen liegen. Er beginnt mit den Himmelssphären:

> Sag, ob es viele Sphären überm Mond?
> Sind alle Himmelskörper nur ein einzger Globus,
> beschaffen wie die Erde, die ihr Zentrum ist?

Die Vorstellung eines unendlichen Weltraums gehörte zu den revolutionären Ideen, für die der italienische Mystiker Giordano Bruno (1548–1600) von der Katholischen Kirche zum Tode verurteilt und am 17. Februar 1600 in Rom auf dem Scheiterhaufen verbrannt wurde. Am Anfang seines Dialogs in *Über das Unendliche, das Universum und die Welten*, 1584 veröffentlicht, lässt Bruno eine seiner Figuren sagen, dass es in diesem endlosen Raum unzählige Welten gebe, die unserer Erde ähnelten und sich jede um ihre eigene Sonne drehe. »So gibt es also unzählige Sonnen, und es gibt unendlich viele Erden, die in ähnlicher Weise diese Sonnen umkreisen – so wie wir diese sieben Erden [die fünf sichtbaren Planeten sowie die Erde und der Mond] um diese Sonne kreisen sehen, die uns nahe ist.«

Brunos Universum war nicht nur unendlich, sondern auch dynamisch, im Gegensatz zum endlichen Kosmos des Aristoteles, für den die Himmelsregion unveränderlich war. Inspiriert hatte ihn dazu die Atomtheorie des Demokrit, wie sie Lukrez im 1417 wiederentdeckten Lehrgedicht *De rerum natura* wiedergab. Laut Giordano Bruno ist das lebendige Universum weder in seinem Ausmaß noch in seiner sich ständig wandelnden Mannigfaltigkeit begrenzt:

> Es gibt keine Enden, Grenzen, Ränder, Mauern, die uns der unendlichen Fülle der Dinge beraubten und diese uns entzöge …
>
> Denn aus dem Unendlichen entsteht immer eine neue Menge an Materie – dies in der Weise, daß Demokrit und Epikur, die behaupten, daß sich alles bis ins Unendliche erneuere und wiederherstelle, es besser verstanden als jener, der sich bemüht, die Beständigkeit des Universums für die Ewigkeit zu retten, damit dieselbe Zahl immer derselben Zahl folge und sich dieselben Materieteilchen immer wieder untereinander austauschen.

Die Vorstellung von einem unendlichen Universum taucht auch bei dem englischen Wissenschaftler William Gilbert (1544–1603) auf, der möglicherweise von Thomas Digges und Giordano Bruno beeinflusst war. Gilberts Abhandlung *De magnete*, 1600 veröffentlicht, war das erste Werk zum Magnetismus seit Peter Peregrinus im 13. Jahrhundert. Im sechsten und letzten Buch des Werks widmete sich Gilbert seiner kosmologischen Theorie, in der er die kristallinen Himmelssphären des Aristoteles zurückwies und behauptete, dass die scheinbare tägliche Rotation der Sterne tatsächlich auf die Drehung der Erde um ihre eigene Achse zurückzuführen sei, wobei er sich die Erde als einen riesigen Magneten vorstellte. Dass er die Theorie der täglichen Bewegung der Sterne für falsch hielt, beruhte auf seiner Überzeugung, dass die Zahl der Sterne unendlich war und diese in die Unendlichkeit hinausreichten; somit war die Vorstellung, sie drehten sich jede Nacht um den Himmelspol, einfach lächerlich.

Inzwischen war der dänische Astronom Tycho Brahe (1546–1601) dabei, die Astronomie zu revolutionieren. Im letzten Viertel des 16. Jahrhunderts stellte er systematische Beobachtungen von einer Genauigkeit an, die alle früheren Beobachtungen in den Schatten stellten, und das vor der Erfindung des Teleskops.

Tycho Brahe stammte aus einer dänischen Adelsfamilie und hatte schon als kleiner Junge leidenschaftliches Interesse für die Astronomie gezeigt; er verbrachte ganze Nächte mit der Beobachtung des Himmels. Im Alter von 13 Jahren schrieb er sich an der Universität von Kopenhagen ein und setzte anschließend seine Studien an den Universitäten in Leipzig, Basel und Rostock fort. Zu den Astronomiebüchern, die er las, gehörte Sacroboscos *De sphaera*, das seit dem 13. Jahrhundert in Gebrauch gewesen war, und andere Werke, die auf den homozentrischen Sphären des Aristoteles und den Epizykeln und Exzentern des Ptolemaios beruhten. An der neuen Theorie des Kopernikus, den er »der zweite Ptolemäus« nannte, war er besonders interessiert.

Seine erste wichtige Beobachtung gelang ihm im August 1563, als er eine Konjunktion von Saturn und Jupiter verfolgte. Dabei stellte er fest, dass die *Alfonsinischen Tafeln* bei der Vorhersage des Datums der Konjunktion um einen Monat irrten und die *Preußi-*

schen Tafeln immer noch um einige Tage ungenau waren. Das überzeugte ihn, dass neue Tafeln gebraucht wurden – Tafeln, die auf sorgfältigen, genauen und systematischen Beobachtungen beruhen mussten, die Tycho Brahe mit selbst konstruierten Instrumenten in seinem eigenen Observatorium anstellen wollte.

Seine erste Sternwarte befand sich in Augsburg, wo er zwischen 1569 und 1571 lebte. Zu den Instrumenten, die er für die Himmelsbeobachtung erdachte und baute, gehörten ein Quadrant mit einem Radius von über 6 Metern für die Messung der Höhe der Himmelskörper, ein riesiger Sextant von über 4 Metern für die Messung von Winkelabständen sowie ein Himmelsglobus mit einem Durchmesser von 3 Metern, auf dem er die Positionen der Sterne vermerken konnte. Denn er hatte damit begonnen, eine Himmelskarte zu zeichnen.

1571 kehrte Brahe nach Dänemark zurück, und am 11. November des folgenden Jahres begann er mit der Beobachtung einer Nova, eines neuen Sterns, der plötzlich im Sternbild Kassiopeia aufgetaucht war und sogar den Planeten Venus an Helligkeit übertraf. (Eine Nova, wie man heute weiß, ist ein Stern, der am Ende eines evolutionären Zyklus explodiert und über mehrere Monate eine enorme Menge Energie freisetzt.) Seine Messungen ergaben, dass sich die Nova weit hinter der Sphäre des Saturns befand, und da sie ihre Position nicht änderte, konnte sie auch kein Komet sein. Das war der eindeutige Beweis, dass in der Himmelsregion eine Veränderung stattfand, wo doch laut Aristoteles alles vollkommen und unveränderlich war.

Irgendwann fing die Nova an zu verblassen, wobei sich ihre Farbe von Weiß zu Gelb und dann zu Rot veränderte, bis sie schließlich im März 1574 aus dem Blickfeld verschwand. Bis dahin hatte Brahe schon eine kurze Schrift mit dem Titel *De nova stella* (Der neue Stern) verfasst, die im Mai 1573 in Kopenhagen veröffentlicht wurde. Darin beschrieb er seine Messungen, die ihn zu dem Schluss geführt hatten, dass ein neuer Stern am Himmel war, und drückte sein Erstaunen über das Beobachtete aus. Doch schließlich »konnte ich nicht mehr zweifeln«, schrieb er. »Ohne Zweifel ein Wunder, entweder das größte von allen, die seit Erschaffung der Welt im Reiche der Natur geschahen, oder dem Wunder vergleichbar, das auf Bitten *Josuas* im Zurückwandern der Sonne geschah …«

Die Schrift beeindruckte König Friedrich II. von Dänemark, der dem Astronomen eine Jahresrente gewährte und ihm die kleine Insel Ven im Öresund, nördlich von Kopenhagen, überließ, deren Einkünfte ihm den Aufbau und die Ausstattung eines Observatoriums ermöglichten. Brahe ließ sich 1576 in Ven nieder und nannte das Observatorium Uraniborg, was so viel wie »Burg der Urania« bedeutet. Die astronomischen Instrumente und die übrige Ausrüstung dieses späteren großen Forschungsinstituts waren so umfangreich, dass Brahe einen Anbau mit dem Namen Stjerneborg, »Sternenburg«, errichtete, dessen unterirdische Kammern die Apparatur und die Forscher vor Wind und Wetter schützen sollten. Im selben Jahr begannen er und seine Mitarbeiter mit den Beobachtungen, die sie mit noch nie dagewesener Sorgfalt und Präzision ausführten. Über die nächsten zwei Jahrzehnte setzten sie ihre Arbeit fort und legten die Fundamente für das, was sich als eine neue Astronomie herausstellen sollte.

Im Jahr 1577 erschien ein spektakulärer Komet, und Brahes detaillierte Beobachtungen führten ihn zu der Schlussfolgerung, dass dieser Komet weiter entfernt war als der Mond, ja, sich sogar jenseits der Sphäre des Merkur befand, und dass er sich zwischen den äußeren Planeten auf einer Umlaufbahn um die Sonne bewegte. Dies stand im Widerspruch zur Lehre des Aristoteles, in der die Kometen meteorologische Phänomene waren, die unterhalb der Sphäre des Mondes auftraten. Daraufhin verwarf Brahe Aristoteles' Modell der homozentrischen kristallinen Sphären und folgerte, dass sich die Planeten unabhängig durch den Weltraum bewegten.

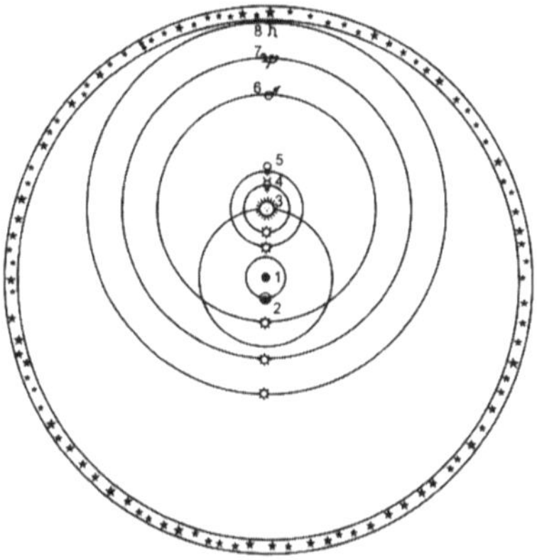

Das tychonische System: Merkur und Venus auf ihrem Umlauf um die Sonne, die gemeinsam mit anderen Planeten und dem Mond die Erde umkreist. Die Sterne befinden sich in der äußersten Sphäre.

Brahes Sternenkatalog beruhte auf den systematischen Messungen der Koordinaten von 21 Hauptsternen; dabei betrug der mittlere Fehler weniger als 40 Bogensekunden im Vergleich zu heutigen Werten – deutlich weniger als bei seinen Vorgängern. Er verglich die Koordinaten der 21 wichtigsten Sterne in seinem Katalog mit den von der Antike bis zu seiner Zeit gemessenen und errechnete auf diese Weise für die Präzessionsrate der Äquinoktien einen Wert von 51 Bogensekunden pro Jahr, im Vergleich zu dem heute gültigen Wert von 50,23 Sekunden. Die Präzession setzte er korrekt als gleichförmig voraus und die irrige islamische Theorie der Trepidation, die Kopernikus unnötige Schwierigkeiten bereitet hatte, fand bei ihm keine Verwendung.

Trotz seiner Bewunderung für Kopernikus wies Brahe die heliozentrische Theorie zurück, sowohl aus physikalischen Gründen als auch wegen der Abwesenheit der Sternparallaxe. Im letzteren Fall berücksichtigte er allerdings nicht das Argument von Archimedes und Kopernikus, dass die Sterne zu weit entfernt seien, um eine parallaktische Verschiebung aufzuweisen. Brahe verwarf auch die tägliche Drehung der Erde sowie ihre jährliche Bewegung auf der

Umlaufbahn, sondern beharrte auf Aristoteles' Überzeugung, dass die Sterne nachts um den Himmelspol kreisten.

Gegenüber dem wachsenden Widerstreit der Theorien des Kopernikus und des Ptolemaios führte Brahe ein eigenes Planetenmodell ein, in dem Merkur und Venus um die Sonne kreisten, die sich wiederum mit den anderen Planeten und dem Mond um die feststehende Erde drehte. Nach seiner Auffassung vereinte dieses Modell die Vorzüge der ptolemäischen und der kopernikanischen Theorie, weil die Erde fest stehen blieb und weil es erklärte, warum Merkur und Venus nie weit von der Sonne entfernt waren.

Im Jahr 1588 starb Tychos Mäzen Friedrich II. und wurde von seinem damals elf Jahre alten Sohn Christian IV. abgelöst. Als dieser 1596 volljährig wurde, teilte er Brahe mit, dass er die astronomische Forschung nicht weiter fördern werde. So sah sich Brahe gezwungen, Uraniborg aufzugeben und in der Hoffnung auf einen neuen Gönner alle seine astronomischen Instrumente und Aufzeichnungen mitzunehmen.

Zunächst zog er nach Kopenhagen, dann nach Rostock und schließlich auf die Wandesburg in der Nähe von Hamburg, wo er zwei Jahre lang blieb. Inzwischen veröffentlichte er 1598 sein Werk *Astronomiae instauratae mechanica*, eine Beschreibung aller seiner astronomischen Instrumente. Diese Abhandlung sandte er an alle Wohlhabenden und Mächtigen, die möglicherweise interessiert waren, seine weiteren Forschungen zu unterstützen. Dem Exemplar für Kaiser Rudolf II. fügte er seinen Sternenkatalog als Anhang hinzu, und dieser erklärte sich einverstanden, Brahes Arbeit zu unterstützen, und ernannte ihn zum Hofastronomen.

So zog Brahe im Jahr 1600 nach Prag, wo er seine Instrumente aufstellte und ein neues Observatorium am Schloss Benatek, nordöstlich der Stadt, errichtete. Kurze Zeit später stellte er einen Assistenten namens Johannes Kepler (1571–1630) ein, einen jungen deutschen Mathematiker, der ihm eine interessante Abhandlung zur Astronomie zugesandt hatte, das *Mysterium cosmographicum*.

Kepler wurde am 27. Dezember 1571 in Weil der Stadt im Südwesten Deutschlands geboren. Sein Vater war Söldner, seine Mutter Wahrsagerin und wurde schließlich als Hexe angeklagt und beinahe auf dem Scheiterhaufen verbrannt. Die Familie zog in die nahe gelegene Stadt Leonberg, wo Kepler eine der ausgezeichneten Lateinschulen besuchte, die der Herzog von Württemberg gegründet hatte. Sein Interesse für die Astronomie war geweckt worden, als er 1577 einen Kometen und 1580 eine Mondfinsternis erlebte.

1589 schrieb sich Kepler an der Universität Tübingen ein, wo er, neben dem Studium der Mathematik, Physik und Astronomie, auch vom Platonismus, Pythagoreismus und den kosmologischen Ideen des Nikolaus Cusanus geprägt wurde. Die Mathematikvorlesungen behandelten Euklid, Archimedes und Apollonios von Perge. (Wie Kepler später sagte: »Wie viele Mathematiker gibt es, die die Mühe auf sich nehmen, die Kegelschnitte des Apollonius von Pergae ganz durchzulesen?«)

Kepler war insbesondere von seinem Professor der Astronomie, Michael Mästlin, beeinflusst, von dem er zum ersten Mal über die heliozentrische Theorie hörte. Er berichtete, wie aufgeregt er über die Entdeckung des Werks von Kopernikus war: »ein noch unausgeschöpfter Schatz von wahrhaft göttlichen Einsichten in die so herrliche Ordnung der ganzen Welt und aller Körper«.

1591 erwarb Kepler in Tübingen einen Magistergrad und studierte dann bis 1594 Theologie, als er am protestantischen Seminar in Graz zum Lehrer für Mathematik ernannt wurde. Ein Jahr nach seiner Ankunft in Graz hatte Kepler die Eingebung, die, wie er glaubte, die Anordnung und Ordnung des heliozentrischen Planetensystems erklärte. Aus seiner Lektüre des Euklid hatte er gelernt, dass es einzig und allein fünf regelmäßige Polyeder gab, die sogenannten platonischen Körper, bei denen alle Seiten gleich sowie gleichseitig sind – den Würfel, das Tetraeder (Vierflächner), das Dodekaeder (Zwölfflächner), das Ikosaeder (Zwanzigflächner) und das Oktaeder (Achtflächner). Jetzt hatte er den Einfall, dass sie mit den Umlaufbahnen der Erde und der fünf anderen Planeten zusammenhingen. Er erklärte das Schema in seiner Abhandlung *Mysterium cosmographicum* von 1596, in der seine Werte für die relativen Durchmesser der Planetenbahnen einigermaßen mit den von Kopernikus ermittelten übereinstimmen, obwohl es keinerlei physikalische Grundlage für seine Theorie gab.

> Die Sphäre der Erde ist das Maß für alle anderen. Zeichne ein Dodekaeder um sie! Die diesem Dodekaeder umschriebene Sphäre ist die des Mars. Zeichne jetzt ein Tetraeder um die Marssphäre! Die diesem Körper umschriebene Sphäre gehört dem Jupiter. Schreibe jetzt einen Würfel um des Jupiters Sphäre! Die ihm umschriebene Sphäre ist die des Saturnus. Zeichne nun ins Innere der Sphäre der Erde ein Ikosaeder! Die ihm eingeschriebene Sphäre gehört der Venus. Zeichne ein Oktaeder in diese Sphäre! Die diesem Oktaeder eingeschriebene Sphäre gehört endlich dem Merkur. Und siehe, somit ist die Zahl der Planeten erklärt.

Kepler sandte seine Schrift an mehrere Wissenschaftler, darunter Galileo Galilei (1564–1642). In seinem Antwortschreiben, datiert vom 4. August 1597, gratulierte Galilei Kepler zu dessen Mut – den er selbst nicht aufbrachte –, ein Werk in Unterstützung der kopernikanischen Theorie zu veröffentlichen.

Am 13. Oktober 1597 antwortete Kepler Galilei und ermunterte ihn, die kopernikanische Theorie auch weiterhin zu unterstützen. »Habt Vertrauen, Galilei, und tretet hervor!«, schrieb er. »Wenn meine Vermutung zutrifft, dann gibt es unter den hervorragenden Mathematikern Europas nur wenige, die sich von uns zurückziehen wollten: denn so groß ist die Kraft der Wahrheit.«

Galilei wurde am 15. Februar 1564 in Pisa in eine Familie geboren, die aus Florenz stammte und im Jahr 1574 wieder nach Florenz zog. Er schrieb sich 1581 an der medizinischen Fakultät der Universität Pisa ein, wo er Physik und Astronomie bei Francesco Buonamici studierte, der seine Lehre auf Aristoteles aufbaute. Galilei verließ Pisa 1585 ohne Abschluss und kehrte nach Florenz zurück, wo er bei Ostilio Ricci unabhängige Studien zu Euklid und Archimedes betrieb.

1583 gelang ihm seine erste wissenschaftliche Entdeckung: dass die Schwingung eines Pendels unabhängig von der Schwingungsweite ist, die es durchmisst, zumindest bei kleinen Ausschlägen. Drei Jahre später erfand er eine hydrostatische Waage, die er in seiner ersten wissenschaftlichen Publikation *La bilancetta* (Die kleine Waage) beschrieb. Diese Waage beruht auf dem Archimedischen Prinzip, das er auch für die Bestimmung der Schwerpunkte von Festkörpern anwendete.

1589 wurde Galilei zum Professor der Mathematik an der Universität Pisa ernannt, wo er nur drei Jahre blieb. Während dieser Zeit schrieb er eine Abhandlung ohne Titel, jetzt als *De motu* (Über die Bewegung) bekannt, die zu seinen Lebzeiten unveröffentlicht blieb. Die Schrift war ein Angriff auf die aristotelische Physik, etwa die These, dass schwere Körper schneller fallen als leichte, was Galilei widerlegt zu haben glaubte, indem er Gewichte vom schiefen Turm von Pisa herunterfallen ließ. In einem Experiment ließ er verschiedene Kugeln eine schiefe Ebene hinabrollen und stellte dabei fest, dass die zurückgelegte Strecke proportional zum Quadrat der verstrichenen Zeit war – eines der Grundgesetze der Kinematik. Er schlussfolgerte, dass eine Kugel, die auf einer reibungsfreien waagerechten Fläche rollt, mit konstanter Geschwindigkeit weiterrollen würde, während eine ruhende Kugel reglos bliebe. Damit stellte er das Gesetz der Trägheit auf.

1592 wurde er auf den Lehrstuhl für Mathematik an der Universität Padua berufen, wo er 18 Jahre lang unterrichtete und verschiedene Schriften für seine Studenten verfasste, darunter eine mit dem Titel *Le meccaniche*, die 1634 zunächst in französischer Übersetzung erschien, eine Studie zur Bewegung und zum Gleichgewicht auf schiefen Ebenen, in der er die in *De motu* dargelegten Thesen weiterentwickelte.

Im Mai 1597 schrieb er an einen früheren Kollegen in Pisa, um die kopernikanischen Theorie zu verteidigen. Drei Monate später erhielt er ein Exemplar von *Mysterium cosmographicum,* und der Briefwechsel mit Kepler nahm seinen Anfang.

Auch an Tycho Brahe hatte Kepler ein Exemplar von *Mysterium cosmographicum* geschickt, das dieser nach seinem Umzug von Dänemark nach Deutschland erhielt. In einem sehr freundlichen Antwortbrief bezeichnete der Däne die Abhandlung als »brillante Spekulation«; damit begann ein Briefwechsel, in dessen Verlauf Brahe Kepler einlud, mit ihm an seinem neuen Observatorium in der Nähe von Prag zu arbeiten. Auf Keplers Mitteilung, dass er die Einladung annehme, erwiderte Brahe: »Du wirst nicht Gast, sondern willkommener Freund und Genosse bei unseren Himmelsbetrachtungen sein.«

Kepler kam schließlich Anfang des Jahres 1600 mit seiner Familie nach Prag, und es begann eine kurze, doch äußerst fruchtbare Zusammenarbeit mit Brahe. Er hatte gehofft, Brahes Daten unmittelbar auf die Überprüfung seiner eigenen Planetentheorie anwenden zu können. Doch er musste enttäuscht feststellen, dass es sich um Rohdaten handelte, die zunächst noch einer mathematischen Analyse unterzogen werden mussten. Außerdem war Brahe mit seinen Daten sehr eigen und gab nicht mehr heraus, als Kepler unbedingt für seine Arbeit brauchte.

Diese und andere Meinungsverschiedenheiten führten dazu, dass Kepler schon im April des Jahres Prag wieder verließ. Nach ausgedehnten Verhandlungen über die Konditionen seiner Anstellung kehrte er im Oktober zurück, nun damit beauftragt, die Kreisbahn des Mars zu analysieren. Diese Aufgabe lag bis dahin in der Verantwortung von Brahes Assistenten Longomontanus, der jedoch gerade gekündigt hatte. Kepler schrieb später: »Ich halte es für eine göttliche Fügung, daß ich gerade in der Zeit ankam, als Longomontanus mit dem Mars beschäftigt war. Denn schlechterdings gelangen wir entweder durch ihn zur Erkenntnis der Geheimnisse der Astronomie oder diese bleiben uns ewig verborgen.«

Mars und Merkur sind die einzigen sichtbaren Planeten, deren Exzenter groß genug sind, dass sich ihre Bahnkurven deutlich von richtigen Kreisen unterscheiden. Der Merkur befindet sich jedoch so nahe an der Sonne, dass er schwer zu beobachten ist. Der Mars ist demnach der ideale Planet für die Überprüfung einer mathematischen Theorie, und deshalb war Kepler begeistert über die Möglichkeit, diese Umlaufbahn analysieren zu können.

Im Frühherbst 1601 nahm Brahe Kepler mit zum kaiserlichen Hof und stellte ihn Rudolf II. vor. Dabei unterbreitete er dem Kaiser den Vorschlag, zusammen mit Kepler ein neues astronomisches Tafelwerk zu erstellen, das, mit Erlaubnis des Kaisers, *Rudolfinische Tafeln* heißen sollte. Die Tafeln sollten auf Brahes Beobachtungen beruhen und wären damit wesentlich genauer als alle zuvor erstellten Tafeln. Der Kaiser stimmte großzügig zu und übernahm Keplers Salär für dieses Unterfangen.

Kurz darauf erkrankte Brahe und starb nach elftägigem Todeskampf am 24. Oktober 1601. Auf dem Sterbebett nahm er Kepler das Versprechen ab, die *Rudolfinischen Tafeln* fertigzustellen, die, so seine Hoffnung, auf seinem eigenen Planetenmodell beruhen sollten. Kepler berichtete später über das Gespräch: »sterbend noch stellte er an mich, der ich, wie er wusste, der Lehrmeinung des Kopernikus huldigte, die Bitte, ich möchte für seine Hypothese alle Beweise durchführen.«

Zwei Tage nach Tycho Brahes Tod ernannte Kaiser Rudolf Kepler zum Hofastronomen und Leiter des Prager Observatoriums. Dieser nahm daraufhin seine Arbeit zum Mars wieder auf, mit nun uneingeschränktem Zugang zu Brahes Daten. Zunächst probierte er die traditionellen ptolemäischen Methoden aus – Epizykel, Exzenter und Äquanten –, doch so sehr er die Parameter auch variierte, die berechneten Planetenpositionen wichen um bis zu 8 Bogensekunden von Brahes Beobachtungen ab. Da er der Richtigkeit dieser Daten vertraute, kam er zu dem Schluss, dass die ptolemäische Theorie der Epizykel, die Kopernikus verwendete, durch eine völlig neue

Theorie ersetzt werden müsse: »Die Göttliche Vorsehung schenkte uns in Tycho Brahe einen so sorgfältigen Beobachter, daß durch seine Beobachtungen in dieser [ptolemäischen] Berechnung ein Fehler von acht Minuten offenbar wurde, es ist aber nur recht und billig, die Gaben Gottes dankbar anzunehmen … Hätte ich es für tunlich befunden, mich über diese acht Minuten hinwegzusetzen, hätte ich meine Hypothese entsprechend aufgestellt. Da dies jedoch nicht anging, wiesen besagte acht Minuten den Weg zu einer vollständigen Umgestaltung der Astronomie.«

Nach acht Jahren intensiver Arbeit gelang es Kepler schließlich, die ersten beiden Gesetze der Planetenbewegung zu formulieren, die wir heute als Keplersche Gesetze kennen. Dem ersten Gesetz zufolge bewegen sich die Planeten in elliptischen Bahnen, wobei die Sonne immer in einem der beiden Brennpunkte der Ellipse steht. Das zweite Gesetz besagt, dass ein von der Sonne zu einem Planeten gezogener Fahrstrahl in gleichen Zeiten gleich große Flächen überstreicht, so dass sich der Planet, wenn er sich nahe der Sonne befindet, schnell, und wenn er weit entfernt ist, langsam bewegt. Diese beiden Gesetze, die Kepler 1609 in *Astronomia nova* (Die neue Astronomie) veröffentlichte, bildeten die Grundlage für seine folgende Arbeit an den *Rudolfinischen Tafeln*.

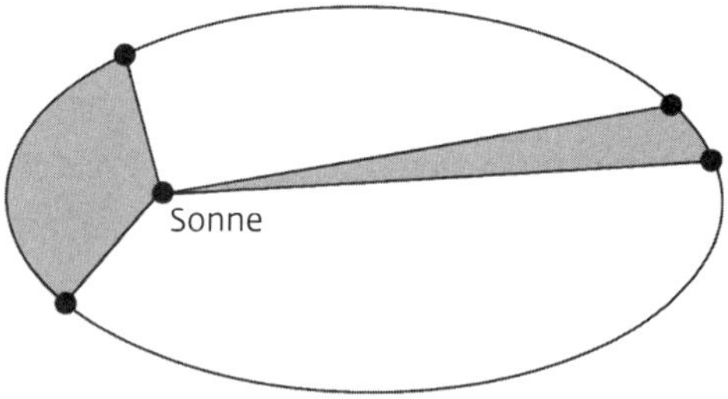

Keplers erstes Gesetz der Planetenbewegung: Die Planeten bewegen sich in elliptischen Bahnen, wobei sich die Sonne an einem der beiden Brennpunkte der Ellipse befindet. Das zweite Gesetz: Ein von der Sonne zu einem Planeten gezogener Radiusvektor überstreicht gleiche Flächen zu gleichen Zeiten.

Durch die ersten beiden Gesetze der Planetenbewegung wurden die Epizykel, Exzenter und Äquanten hinfällig, derer sich die Astronomen von Ptolemaios bis Kopernikus bedient hatten. John Milton verarbeitete das Ende der antiken kosmologischen Lehrmeinung im Achten Gesang seines Versepos *Das verlorene Paradies*. Dort schildert er den Widerstreit zwischen dem ptolemäischen und dem kopernikanischen Weltbild wie folgt:

> Wenn sie dereinst auf wunderliche Weise
> Vom Himmel ein Modell erstellen werden
> Und das Gestirn berechnen, wie sie dann
> Das All bewältigen und bauen wollen,
> Bald so, bald so, und, um den Schein zu wahren,
> Bald wieder so; die Sphäre überkritzeln
> Mit Titelbändern: Zentrisch und Exzentrisch,
> Zyklus und Epizykel, Bahn in Bahn

Noch vor der Veröffentlichung der *Astronomia Nova* verfasste Kepler zwei weitere Werke: Im ersten mit dem Titel *Ergänzungen zu Witelo*, erschienen 1604, ging es um optische Phänomene in der Astronomie, besonders die Parallaxe und die Brechung sowie die jährliche Variation der Größe der Sonne. Das zweite entstand aus Anlass einer Nova, die im Oktober 1604 in der Nähe von Jupiter, Saturn und Mars auftauchte. 1606 veröffentlichte Kepler eine achtseitige Abhandlung über diesen neuen Stern mit dem Titel *De stella nova* und dem vielversprechenden Untertitel: »Ein Büchlein mit einer Fülle von astronomischen, physikalischen, metaphysischen, meteorologischen, astrologischen Debatten, glorios und ungewöhnlich.« Am Ende der Schrift spekulierte Kepler über die astrologische Bedeutung des neuen Sterns und meinte, er könnte ein Omen sein: für die Bekehrung der Indianer, den Untergang des Islam oder sogar für die Wiederkunft Christi.

Inzwischen hatte die Erfindung des Teleskops die Astronomie vollkommen revolutioniert. Instrumente wie die »Perspektivgläser«

hatte man in England vor 1580 für die Beobachtung entfernter Objekte auf der Erde verwendet und sowohl John Dee als auch Thomas Digges kannte man als Experten für deren Bau und Anwendung. Allerdings gibt es keinen Hinweis darauf, dass sie die Gläser auch für astronomische Beobachtungen eingesetzt hätten. Doch von ihrem Freund Thomas Harriot ist bekannt, dass er im Winter 1609/10 mit einem kleinen »Teleskop« astronomische Beobachtungen anstellte, welches möglicherweise ein Perspektivglas war.

Neben diesen Perspektivgläsern kam 1604 eines der ersten Fernrohre auf, das ein niederländischer Optiker namens Zacharias Janssen dem Exemplar eines unbekannten Italieners nachgebaut hatte und von denen er einige nördlich der Alpen auf Jahrmärkten verkaufte. Die Kunde davon inspirierte Galilei 1609 zum Bau eines eigenen Teleskops, das er dem Dogen von Venedig zur Anwendung im Krieg und für die Navigation anbot. Die ursprüngliche Konstruktion bedurfte einiger Verbesserungen, doch dann verwendete Galilei das Teleskop für seine Himmelsbeobachtungen, und im März 1610 veröffentlichte er seine Entdeckungen in einem Büchlein mit dem Titel *Sidereus nuncius* (Sternenbote).

Das Buch beginnt mit der Beobachtung des Mondes, der in Galileis Augen ganz ähnlich wie die Erde aussah: mit Bergen, Tälern, und dem, was er für Meere hielt. Durch das Teleskop gesehen waren die Planeten blasse beleuchtete Scheiben, wohingegen die Sterne strahlende Lichtpunkte blieben. Die Milchstraße bestand, wie sich zeigte, aus unzähligen Sternen und war doch kein die Sonne reflektierendes Nebelgebilde, wie einige geglaubt hatten. Es war allerdings auch kein atmosphärisches Phänomen, wie Aristoteles behauptet hatte. Im Oriongürtel, wo nur neun Sterne mit bloßem Auge sichtbar sind, zählte Galilei mehr als 90 Sterne, und er entdeckte vier den Jupiter umkreisende Monde, ein Sonnensystem en miniature – und damit ein weiteres Argument für die kopernikanische Theorie. Zu Ehren von Cosimo de' Medici, dem Großherzog der Toskana, nannte er die Jupitermonde »Mediceische Gestirne«. Cosimo dankte ihm das mit der Ernennung zu seinem Hofphilosophen und dem Ersten Mathematiker der Universität Pisa. Galilei war jedoch nicht verpflichtet, dort an der Universität zu lehren oder überhaupt in der Stadt zu wohnen, so dass er sich im September 1610 in Florenz niederließ.

Ein Exemplar des *Sidereus nuncius* sandte er an Kepler, der es am 8. April 1610 erhielt und im Laufe der nächsten elf Tage eine kleine Erwiderung mit dem Titel *Dissertatio cum nuncio siderio* (Unterredung mit dem Sternenboten) verfasste, in der er seine lebhafte Zustimmung zu Galileis Entdeckungen zum Ausdruck brachte und den Leser an seine eigenen Arbeiten zur optischen Astronomie erinnerte. Er spekulierte auch über die Möglichkeit, dass der Mond Bewohner haben könnte, und er argumentierte gegen ein unendliches Universum.

Ende August 1610 lieh sich Kepler von Kurfürst Ernst von Köln ein Fernrohr und nutzte es die folgenden elf Nächte lang für die Beobachtung des Himmels, insbesondere des Jupiter und seiner Monde. Kepler war so begeistert von den Möglichkeiten des neuen Instruments, dass er in den nächsten zwei Monaten eine detaillierte Studie über den Lichtfluss durch die Linsen anfertigte. Sie wurde Ende 1610 unter dem Titel *Dioptrice* veröffentlicht und legte das Fundament für die neue Wissenschaft der Optik.

Der Tod Rudolfs II. Anfang 1612 zwang Kepler, Prag zu verlassen und einen Posten als Landesmathematiker in Linz anzunehmen, wo er 14 Jahre blieb. Zu seinen offiziellen Pflichten gehörte das Studium der Chronologie, Teil eines Kalenderreformprogramms, das Erzherzog Ferdinand II. aufgelegt hatte. Seine Studien ergaben unter anderem, dass Christus nach dem modernen (gregorianischen) Kalender im Jahr 5 v. Chr. geboren wurde.

In Linz führte Kepler seine Berechnungen für die *Rudolfinischen Tafeln* fort und veröffentlichte zwei weitere größere Werke, von denen das erste, *Harmonice mundi* (Weltharmonik), 1619 erschien. Der Titel nahm Bezug auf eine griechische Handschrift von Ptolemaios'

Abhandlung zur Musiktheorie, der *Harmonike*, die Kepler 1607 erworben hatte und in Musik, Geometrie, Astronomie und Astrologie betreffenden Fragen zu Rate zog. Der wichtigste Teil der *Harmonice mundi*, Buch V, enthält das, was heute als Keplers drittes Gesetz der Planetenbewegung bekannt ist, das er am 15. Mai 1618 entdeckte. Das Gesetz besagt, dass sich die Quadrate der Umlaufzeiten der Planeten wie die dritten Potenzen ihrer mittleren Abstände zur Sonne (genau genommen, der großen Bahnhalbachsen) verhalten.

Seit Pythagoras, Platon und Aristoteles hatte es Spekulationen über die Beziehung zwischen den Zeiten der Planetenumläufe und ihrem jeweiligen Durchmesser gegeben, deshalb war Kepler hoch erfreut, dass er in der Tradition des Ptolemaios die »bei der Betrachtung der himmlischen Harmonien notwendigen Hauptsätze der Astronomie« gefunden hatte. Er beschrieb sein Vergnügen, »dass im Geiste von zwei (zeitlich doch so weit auseinander liegenden) Männern, die sich ganz der Betrachtung der Natur hingegeben hatten, der gleiche Gedanke an die harmonische Gestaltung auftauchte«. Und er fuhr fort: »Ich fühle mich hingerissen und besessen von einem unsäglichen Entzücken über die göttliche Schau der himmlischen Harmonien.«

Kepler widmete *Harmonice* Jakob I. von England. Als Antwort schickte der König seinen Botschafter Sir Henry Wotton zu Kepler mit der Einladung, sich in England niederzulassen. Doch nachdem Kepler über das Angebot ein wenig nachgedacht hatte, entschied er sich letztendlich dagegen.

Der englische Lyriker John Donne war mit den Forschungen Kopernikus' und Keplers vertraut, vermutlich durch Thomas Harriot. 1611 hatte der Dichter den Kopernikanern erklärt: »Eure Meinungen mögen gut und gern wahr sein … die sich da im Hirne eines jeden Mannes einnisten.« Im selben Jahr beklagte Donne das Verschwinden der alten Kosmologie in seinem Gedicht »Anatomie der Welt«:

An allem zweifelt neue Wissenschaft:
Das Feuer-Element ist ganz ausgelöscht,
Sonne verlorn und Erde – keines Menschen Geist,
Der sie zu suchen und zu finden weiß.

Keplers zweites größeres Werk aus seiner Linzer Zeit war die 1621 veröffentlichte *Epitome astronomiae copernicanae* (Grundriss der kopernikanischen Astronomie). In den ersten drei der sieben Bücher dieses Abrisses widerlegt Kepler die herkömmlichen Argumente gegen die Bewegung der Erde. Dabei geht er wesentlich weiter als Kopernikus und wendet Prinzipien an, die Galilei später im Einzelnen ausführen sollte. Seine drei Gesetze der Planetenbewegung sind im Buch IV detailliert erklärt, ebenso wie seine Mondtheorie. Die letzten drei Bücher behandeln praktische Fragen bezüglich der ersten beiden Gesetze der Planetenbewegung sowie seine Theorien der Mond- und der Sonnenbewegung und der Präzession der Äquinoktien.

1626 musste Kepler Linz verlassen, das während des Bauernkrieges eine zweimonatige Belagerung erlebt hatte. So zog er nach Ulm und veröffentlichte dort im September 1627 die *Rudolfinischen Tafeln,* die er dem Erzherzog Ferdinand II. widmete. Die neuen Tafeln waren wesentlich genauer als die früheren, und sie blieben über 100 Jahre lang in Gebrauch. Anhand seiner Tafeln sagte Kepler für 1631 voraus, dass der Merkur und die Venus vor der Sonnenscheibe vorübergehen würden. Der Durchgang der Venus war in Europa nicht zu sehen, weil er bei Nacht stattfand, doch den Durchgang des Merkur beobachtete Pierre Gassendi am 7. November 1631 in Paris – ein Triumph für Keplers Astronomie, denn bei seinen Berechnungen betrug die Ungenauigkeit nur 10 Bogenminuten im Vergleich zu den 5 Grad bei den Tafeln, die auf dem Modell des Ptolemaios beruhten.

Doch Kepler sollte die Bestätigung seiner Theorien nicht mehr erleben, denn er starb am 15. November 1630. Sein Grabstein, der nicht mehr existiert, trug eine von ihm selbst verfasste Inschrift:

Himmel durchmaß mein Geist,
nun mess ich die Tiefe der Erde;
Ward mir vom Himmel der Geist,
ruht hier der irdische Leib.

Unterdessen hatte Galilei die Sache der Kopernikaner aktiv vorangetrieben, und zwar gegen die anerkannte Kosmologie des Aristoteles, die in ihrer neuen Deutung durch Thomas von Aquin zur philosophischen Basis der römisch-katholischen Theologie gehörte. Anfang März 1616 setzte die Inquisition in Rom die Werke des Kopernikus und aller seiner Unterstützer, darunter auch Keplers Bücher, auf den Index, d.h. auf die Liste der Bücher, deren Lektüre den Katholiken streng verboten war. In dem Dekret hieß es, der Glaube, die Sonne sei unbeweglicher Mittelpunkt des Kosmos, sei »absurd, philosophisch falsch und förmlich ketzerisch«. Papst Paul V. wies Kardinal Bellarmin an, Galilei zu rügen, und ermahnte ihn, keine kopernikanische These mehr zu vertreten oder zu verteidigen. Am 3. März berichtete Bellarmin, Galilei habe sich der Warnung des Papstes gefügt; damit war die Angelegenheit zunächst einmal erledigt.

Nach diesem Verbot kehrte Galilei in sein Haus in Arcetri bei Florenz zurück, wo er in den nächsten sieben Jahren nicht von sich reden machte. Doch 1623, nach dem Tod Gregors XV., schöpfte Galilei neue Hoffnung, als er erfuhr, dass sein Förderer, Kardinal Maffeo Barberini, als Papst Urban VIII. dessen Nachfolge angetreten hatte. Durch die Wahl seines Freundes ermutigt, veröffentlichte er unverzüglich eine Schrift mit dem Titel *Il Saggiatore* (Die Goldwaage), die noch im selben Jahr erschien und diesem Papst gewidmet war.

Il Saggiatore entstand aus einem Disput über die Natur der Kometen zwischen Galilei und Pater Orazio Grassi, einem jesuitischen Astronomen. Ausgelöst hatte ihn das Erscheinen von drei Kometen im Jahr 1618, von denen der dritte und hellste bis Januar 1619 sichtbar blieb. Grassi, ein Verfechter des tychonischen Modells der Planetenbewegung, übernahm die aristotelische Vorstellung, dass die Kometen atmosphärische Phänomene seien, während Galilei darauf beharrte, dass sie sich in der Himmelssphäre befänden. Im Vatikan wurde *Il Saggiatore* positiv aufgenommen, und so reiste Galilei im Frühjahr 1623 nach Rom und wurde sechs Mal vom Papst empfangen. Urban lobte das Buch, aber er weigerte sich, das Dekret von 1616 gegen die kopernikanische Theorie zu widerrufen, obwohl er meinte, es sei damals, wenn es nach ihm gegangen wäre, nicht erlassen worden. Galilei erhielt die Erlaubnis, die Ideen des Kopernikus in einem Buch darzulegen, allerdings unter der Bedingung, dass das Modell von Aristoteles und Ptolemaios in gleichem Maße und genauso unvoreingenommen abgehandelt würde.

Durch seine Gespräche mit dem Papst ermutigt, schrieb Galilei in den nächsten sechs Jahren an einem Buch mit dem Titel *Dialog über die beiden hauptsächlichsten Weltsysteme, das ptolemäische und das kopernikanische*, das 1630 fertiggestellt und schließlich im Februar 1632 veröffentlicht wurde. Das Buch ist in vier Tage und Gespräche unter drei Freunden unterteilt: Salviati, einem Kopernikaner, Sagredo, einem intelligenten Skeptiker, der zum Kopernikanismus konvertiert war, und Simplicio, einem Aristoteliker.

Der erste Tag ist der Widerlegung der aristotelischen Auffassung des Universums gewidmet. Am zweiten Tag werden die Einwände gegen die Erdbewegung aus physikalischer Sicht entkräftet, wobei viele Argumente Galileis zwar überzeugend sind, aber auf der irrigen Vorstellung von der Trägheit der Kreisbewegung beruhen. Am dritten Tag geht es um Argumente für und gegen das kopernikanische System. Beim Vergleich der beiden Weltsysteme ist Galileis Kritik oft unfair, und in den Aussagen, die für die Überlegenheit der heliozentrischen Theorie sprechen, übertreibt er. Am vierten Tag wird Galileis irrige Theorie der Gezeitenaktivität behandelt, die er als einen schlüssigen Beweis für die Erdumdrehung erachtete.

Trotz dieser Unzulänglichkeiten waren die Argumente für den Kopernikanismus äußerst überzeugend, und der arme Simplicio, der Aristoteliker, musste sich auf Schritt und Tritt geschlagen geben. Simplicios Schlussbemerkungen sind Galileis Versuch, sich mit einem Urteil in der Sache zurückzuhalten. Dort heißt es: »Dies zugegeben, ziehe ich aber sofort den Schluß, daß es eine unerlaubte Kühnheit wäre, die göttliche Macht und Weisheit begrenzen und einengen zu wollen in die Schranken einer einzelnen menschlichen Laune.« Dies war offenbar ein fast wörtliches Zitat dessen, was Papst Urban 1623 zu Galilei gesagt hatte. Als Urban den *Dialog* las, erinnerte er sich an seine Worte und war zutiefst gekränkt, denn er hatte den Eindruck, dass Galilei ihn zum Narren gehalten und ihre Freundschaft ausgenutzt hatte, um gegen das Dekret von 1616 gegen die Lehre des Kopernikus zu verstoßen. Der florentinische Botschafter Francesco Niccolini berichtete, dass der Papst nach einem Gespräch mit ihm über den *Dialog* zornig ausrief: »Euer Galileo hat es gewagt, sich in Dinge einzumischen, die ihn nichts angehen und die zu den ernstesten und gefährlichsten Themen zählen, die man heute überhaupt anrühren kann.«

Der Papst wies die Inquisition an, sich der Sache anzunehmen und bestellte Galilei nach Rom. Dieser kam im Februar 1633 in die Stadt, doch sein Prozess vor dem Inquisitionsgericht begann erst im April. Er wurde angeklagt, das Dekret des Heiligen Offiziums von 1616 gegen den Kopernikanismus missachtet zu haben. Das Gericht verhandelte bis Juni, bevor es sein Urteil sprach, während Galilei im Palast des florentinischen Botschafters festgehalten wurde. Dann wurde er erneut in das Heilige Offizium gebracht, wo man ihn dazu brachte einzugestehen, dass er in seiner Unterstützung der kopernikanischen »Ketzerei« zu weit gegangen war, der er jetzt abschwor. Daraufhin wurde er zu einer unendlichen Freiheitsstrafe verurteilt und sein *Dialog* wurde auf den Index gesetzt. Die Gefängnisstrafe wurde sofort in Hausarrest umgewandelt, so dass man ihn zunächst in einer der römischen Residenzen der Familie Medici festhielt, von wo aus er nach Siena gebracht wurde, bevor es ihm schließlich im April 1634 gestattet war, in seine Villa in Arcetri zurückzukehren.

Nach seiner Rückkehr nahm Galilei seine Forschungen wieder auf, die er ein Vierteljahrhundert zuvor aufgegeben hatte, vor allem das Studium der Bewegung. So entstand sein letztes und bedeutendstes Werk, *Discorsi e dimostrazioni matematiche intorno à due nuove szienze attenenti alla meccanica ed i movimenti locali* (Unterredungen und mathematische Demonstrationen über zwei neue Wissenszweige, die Mechanik und die Fallgesetze betreffend), das er seinem Schüler Vincenzo Viviani diktierte. Das Werk wurde 1636 beendet, als Galilei 72 Jahre alt war und zunehmend erblindete. Da wegen des päpstlichen Verbots der Werke Galileis die Veröffentlichung in Italien nicht in Frage kam, schmuggelte man das Manuskript nach Leiden, wo die *Discorsi* 1638 veröffentlicht wurden, als er schon völlig erblindet war.

Die *Discorsi* sind auf die gleiche Weise wie der *Dialog* aufgebaut, unterteilt in vier Tage und Gespräche unter drei Freunden. Am ersten Tag geht es um Fragestellungen, die Galileo noch nicht befriedigend gelöst hatte, insbesondere eine Spekulation über die Atomtheorie der Materie. Am zweiten Tag geht es um die erste der beiden neuen Wissenschaften, die heute im Maschinenbaustudium als »Festigkeitslehre« bezeichnet wird. Der dritte und vierte Tag sind der zweiten der beiden neuen Wissenschaften gewidmet, der Kinematik, der mathematischen Beschreibung der Bewegung, darunter auch die Bewegung bei konstanter Geschwindigkeit, die gleichförmig beschleunigte Bewegung, wie zum Beispiel im freien Fall, die ungleichförmig beschleunigte Bewegung, wie bei der Schwingung eines Pendels, und die zweidimensionale Bewegung, wie bei der parabelförmigen Bahn eines Projektils.

Galilei starb am 8. Januar 1642 in Arcetri, 38 Tage vor seinem 78. Geburtstag. Der Großherzog der Toskana wollte ihm ein Denkmal errichten lassen, doch man riet ihm davon ab, aus Angst, den Groll der Inquisition auf sich zu ziehen. Schließlich hatte Galilei nach den Worten des Papstes »Anlass zu dem größten Skandal der Christenheit« gegeben.

Nach Galileis Tod fand man auf den ersten Seiten seines Exemplars des *Dialogs* eine Notiz von seiner Hand. Vermutlich hatte er sie geschrieben, nachdem ihn die Inquisition wegen Unterstützung der kopernikanischen »Ketzerei« inhaftiert hatte.

> Hütet Euch, Theologen, aus der Lehre von der Bewegung und der Ruhe der Sonne und der Erde einen Glaubensartikel zu machen und Euch damit der Gefahr auszusetzen, daß Ihr seiner Zeit diejenigen wegen Ketzerei verurteilen müsst, welche behaupten, die Erde stehe fest und die Sonne bewege sich vom Platze; seiner Zeit, sage ich, wenn nämlich sinnlich oder durch zwingenden Beweis dargethan sein wird, daß sich die Erde bewegt und die Sonne feststeht.

15

DIE WISSENSCHAFTLICHE REVOLUTION

Die Beobachtungen und Theorien von Kopernikus, Tycho Brahe, Kepler und Galilei sowie die einiger ihrer Zeitgenossen stehen am Beginn einer geistigen Umwälzung, die man später als wissenschaftliche Revolution bezeichnete; sie dauerte über das 17. Jahrhundert bis in die ersten Jahre des 18. Jahrhunderts an. Einige Historiker halten den 1939 geprägten Begriff »wissenschaftliche Revolution« für problematisch, aber man ist sich darin einig, dass sich die Kosmologie im westlichen Europa in dieser Zeit grundlegend veränderte und die moderne wissenschaftliche Tradition ihren Anfang nahm.

Im 17. Jahrhundert entstanden zwei verschiedene Wissenschaftsphilosophien: Die eine war die empirische, induktive Methode des Francis Bacon (1561–1626), die andere der theoretische, deduktive Ansatz des René Descartes (1596–1650).

Nach Bacon sollte die neue Wissenschaft hauptsächlich auf Beobachtungen und Experimenten beruhen und erst nach sorgfältigem Studium der Natur zu allgemeinen Gesetzmäßigkeiten gelangen. Bacon lehnte die kopernikanische Theorie ab, die er als »Hypothese« bezeichnete, und er kritisierte Ptolemaios wie auch Kopernikus dafür, dass sie nichts außer »Berechnungen und Vorhersagen« vorgelegt hätten und keine »Philosophie … die in der Natur selbst zu finden ist und tatsächlich und wirklich wahr ist«.

Descartes war bestrebt, den Gesetzen der Physik das gleiche Maß an Gewissheit zu verleihen wie den Gesetzen der Mathematik.

Dieses Programm legte er in seiner *Abhandlung über die Methode, die Vernunft richtig zu gebrauchen und die Wahrheit in den Wissenschaften zu suchen* dar. So wie er in der Philosophie mit der Existenz des Selbst begann (»*Cogito ergo sum*«: Ich denke, also bin ich), fing er in der Physik mit der Existenz der Materie an, ihrer Ausdehnung im Raum und ihrer Bewegung durch den Raum. Das bedeutet, dass sich in der Natur alles auf Materie in Bewegung zurückführen lässt. Die Materie besteht aus einzelnen Teilchen, die in ihrer unaufhörlichen Bewegung immer wieder kollidieren und dabei ihre individuelle Geschwindigkeit verändern, während die »Quantität der Bewegung« im Universum insgesamt konstant bleibt. In *Die Prinzipien der Philosophie* (1644) schreibt Descartes über den göttlichen Ursprung dieses Gesetzes: »Die allgemeine Ursache kann offenbar keine andere als Gott sein, welcher die Materie zugleich mit der Bewegung und Ruhe im Anfang erschaffen hat, und der durch seinen gewöhnlichen Beistand so viel Bewegung und Ruhe im ganzen erhält, als er damals geschaffen hat.«

Seine Methode legte er in den *Regulae ad directionem ingenii* (Regeln zur Ausrichtung der Erkenntniskraft) dar, die 1628 fertiggestellt, aber erst nach Descartes' Tod veröffentlicht wurden; außerdem in der *Abhandlung über die Methode*, die 1637 zusammen mit verschiedenen Anhängen unter den Titeln »Optik«, »Geometrie« und »Meteorologie« erschien. Ihre endgültige Form gab er seinen drei Naturgesetzen dann in den *Prinzipien der Philosophie*. Das erste Gesetz, das Trägheitsprinzip, besagt, »dass jede Sache, sofern sie einfach und unteilbar ist, so viel von ihr abhängt, stets in demselben Zustand verharrt und diesen nur infolge äußerer Ursachen verändert«. Das zweite Gesetz sagt aus, »dass jeder materielle Teil, für sich betrachtet, nur in gerader Richtung, aber nie in gekrümmter seine Bewegung fortzusetzen strebt, nicht auf einem schrägen Weg, sondern in einer geraden Linie«. Das dritte Gesetz betrifft die Kollisionen und behauptet, »dass, wenn ein Körper einem anderen begegnet und seine Kraft, in gerader Linie sich fortzubewegen, geringer ist als die Kraft des anderen, ihm zu widerstehen, er in eine andere Richtung ausbiegt, wobei er seine Bewegung behält und nur die frühere Richtung verliert; ist seine Kraft aber größer, so bewegt er den anderen Körper mit sich fort und verliert selbst so viel von seiner Bewegung, als er ihm gibt«.

Im Abschnitt »Optik« stellte Descartes seine mechanistische Theorie des Lichts vor. Licht bestand für ihn aus Impulsen, die in fein verstäubten Partikeln verbreitet werden und die Zwischenräume zwischen den makroskopischen Körpern füllen, so dass kein Vakuum eindringen kann. Auf Grund dieses Modells formulierte er das Gesetz der Brechung, aber er irrte in der Annahme, die Geschwindigkeit des Lichts sei im Wasser größer als in der Luft.

Die erste korrekte Ableitung des Brechungsgesetzes findet sich offenbar bei dem niederländischen Mathematiker Willebrord Snell (1580–1626) und wurde erst nach seinem Tod veröffentlicht. Dabei löste es gleich noch ein anderes Problem, das zu lösen den Physikern seit der Antike nicht gelungen war. In seiner modernen Form lautet das Gesetz so: Das Verhältnis des Sinus des Einfalls- und des Ausfallswinkels ist gleich dem Verhältnis der Lichtgeschwindigkeiten in den beiden unterschiedlichen Medien.

Die »Geometrie« bezog ihre Anregung aus »dieser wahren Mathematik« der antiken Griechen, wie Descartes sie nannte, besonders Pappos und Diophant von Alexandrien. In diesem Abschnitt erstellte er eine geometrische Basis für algebraische Operationen, die in gewissem Maße schon lange zuvor von einigen seiner Vorgänger, zum Beispiel al-Chwarizmi, ausgeführt worden waren. Die symbolische Notation, die Descartes verwendete, war ein großer Fortschritt für die Algebra und andere Zweige der Mathematik. Auf der Grundlage dieses Werks bildete sich der Zweig der Mathematik heraus, der heute analytische Geometrie genannt wird und schon von Pierre Fermat (1601–1665) vorweggenommen wurde. Fermat sah sich in der Tradition von Diophant und Apollonios, und er gehört zu den Begründern der modernen Zahlentheorie und der Wahrscheinlichkeitstheorie.

Im Abschnitt »Meteorologie« legt Descartes seine Theorie des Regenbogens vor; anhand der Gesetze der Reflexion und der Brechung ermittelte er die korrekten Werte der Winkel, bei denen der erste und der zweite Bogen entstehen. Er versuchte sich auch an einer qualitativen Erklärung der Farben des Regenbogens, doch diese beruhte auf der irrigen Vorstellung, dass sich das Licht in Wasser schneller bewegt als in der Luft.

In Kapitel 8 bis 12 seiner Abhandlung *Le monde, ou Traité de la lumière* legt Descartes seine mechanistische Kosmologie dar, die auf seiner Theorie der Materie und den Gesetzen der Bewegung aufbaut. Die hypothetische »neue Welt«, die er beschreibt, besteht aus einer unbestimmten Zahl von angrenzenden Wirbeln, jeder mit einem Stern wie unserer Sonne im Mittelpunkt des Planetensystems, die durch die Teilchenbewegung der drei Arten von Materie getragen wurden, die nach seiner Auffassung das All erfüllten.

Zunächst stieß Descartes' Wirbeltheorie auf allgemeine Zustimmung, doch Christiaan Huygens' (1629–1695) Forschungen zur Dynamik bewiesen eindeutig, dass sie falsch war, und veranlassten ihn somit, die Wirbeltheorie abzulehnen. Bei einer seiner Untersuchungen ging es um den Fall, dass ein Mann in der Mitte einer rotierenden Plattform steht und eine an einer Schnur befestigte Bleikugel hält. Wenn die Plattform rotiert, spürt der Mann in der Schnur, die an der Kugel befestigt ist, eine nach außen wirkende Zentrifugalkraft, während die Kugel durch die Schnur eine nach innen wirkende Zentripetalkraft erfährt. Huygens stellte fest, dass die auf die Kugel einwirkende Zentripetalkraft proportional zur Masse der Kugel und zum Quadrat ihrer Geschwindigkeit ist und umgekehrt proportional zum Radius ihrer Kreisbahn, wodurch er die Grundlage der Dynamik für die Kreisbewegung legte. Dies und seine Forschungen zu den Stoßgesetzen brachten Huygens zu dem Schluss, dass die kartesianische Kosmologie ein Irrtum war.

1693 stellte er fest, er finde »fast nichts mehr in seiner Physik, dem ich zustimmen könnte, weder in seiner Metaphysik, noch in seinen *Météores*«.

Auch einige seiner Zeitgenossen konnten beweisen, dass Descartes' aristotelische Auffassung von der Unmöglichkeit des Vakuums irrig war, darunter Evangelista Torricelli (1606–1647) und Blaise Pascal (1623–1662). Torricelli erfand 1643 das Barometer und schlussfolgerte, dass der geschlossene Raum über der Quecksilbersäule zumindest ein Teilvakuum enthielt und dass der Höhenunterschied der beiden Quecksilbersäulen in dem U-Rohr ein Maß für das Gewicht einer Luftsäule war, die sich bis zur Obergrenze der Atmosphäre ausdehnte. Pascal ließ ein Barometer auf die Spitze des Puy de Dôme in Zentralfrankreich bringen, und dort beobachtete man, dass der Höhenunterschied der Quecksilbersäulen geringer war als auf Meereshöhe, was Torricellis Schlussfolgerungen bestätigte. Auf Grund der Ergebnisse des Experiments drängte Pascal alle Anhänger der Theorien des Aristoteles, in den Schriften ihres Meisters nach Erklärungen für seine Ergebnisse zu suchen, »wenn nicht«, schrieb er, »dann mögen sie einsehen, daß in der Physik die Experimente die wahren Meister sind, bei denen man in die Lehre gehen muss; und daß jener auf den Bergen angestellte Versuch, den Allerweltsglauben, die Natur verabscheue das Leere, zertrümmert hat.«

Der deutsche Ingenieur Otto von Guericke (1602–1686) entdeckte, dass man Luft pumpen kann, als wäre sie Wasser; so konnte er ein Vakuum mechanisch erzeugen. Bei dem berühmten Experiment der Magdeburger Halbkugeln 1657 pumpte er die Luft aus dem runden Hohlraum, den zwei zusammengesetzte Kupferhalbkugeln bildeten, und bewies, dass der resultierende Differenzdruck so groß war, dass sogar zwei Pferdegespanne, die in entgegengesetzte Richtung strebten, die beiden Halbkugeln nicht auseinanderziehen konnten.

Guerickes Vorführung veranlasste den irischen Chemiker Robert Boyle (1627–1691), selbst eine Vakuumpumpe herzustellen, wobei er sich auf eine Konstruktion des englischen Physikers Robert Hooke (1635–1703) stützte. Boyle verwendete diese Vakuumpumpe für Forschungen zur Pneumatik, die er 1660 in der Schrift *New Experiments Physico-Mechanicall, Touching the Spring of Air and Its Effects* darlegte. Darin zog er mehrere Schlussfolgerungen: dass man ein Vakuum erzeugen kann, oder zumindest ein Teilvakuum; dass Geräusche sich nicht im Vakuum ausbreiten; dass das Leben oder eine Flamme Luft braucht und dass Luft elastisch ist. In einem Anhang zur zweiten Auflage dieses 1662 veröffentlichten Werks legte er den heute als Boylesches Gesetz bekannten Zusammenhang dar, wonach der Druck eines Gases umgekehrt proportional zu seinem Volumen ist.

Boyle war von Francis Bacons Empirismus beeinflusst wie auch von Descartes' mechanistischer Sicht auf die Natur. Ein weiterer Einfluss war die Naturphilosophie des Epikur, die der Franzose Pierre Gassendi (1592–1655) wiederbelebt hatte, ein katholischer Priester, der 1647 ein Werk veröffentlichte, in dem er die Atomtheorie mit der christlichen Offenbarungslehre zu vereinbaren versuchte. Boyle ging von einem mechanistischen, korpuskularen System aus, das er in *Some Thoughts About the Excellence and Grounds of the Mechanical Philosophy* von 1670 darlegte.

Die wissenschaftliche Revolution erreichte ihren Höhepunkt in den Forschungen Isaac Newtons (1642–1727); sein einzigartiges Genie ließ ihn bei der Entstehung der modernen Wissenschaft zur zentralen Figur werden.

Newton wurde am 25. Dezember 1642 geboren, im Todesjahr Galileis. Sein Geburtsort war das Gutshaus von Woolsthorpe in Lincolnshire. Sein Vater, Bauer und Analphabet, war drei Monate vor Isaacs Geburt gestorben; die Mutter heiratete drei Jahre später erneut, wurde aber schon acht Jahre später wieder Witwe. Als Newton zwölf Jahre alt war, wurde er in die Volksschule im nahe gelegenen Dorf Grantham aufgenommen und lernte dort bis zum Alter von 18 Jahren. Sein Onkel mütterlicherseits, der in Cambridge studiert hatte, erkannte das Talent seines Neffen und überredete Isaacs Mutter, den Jungen nach Cambridge zu schicken, wo er sich im Juni 1661 am Trinity College einschrieb.

In Cambridge erhielt er eine Einführung in die aristotelische Wissenschaft und Kosmologie, aber auch in die neue Physik, Astronomie und Mathematik von Kopernikus, Kepler, Galilei, Fermat, Descartes, Huygens und Boyle. 1663 begann er bei Isaac Barrow (1630–1677) zu studieren, dem neu ernannten Lucas-Professor für Mathematik und Naturphilosophie. Barrow war Herausgeber der Werke von Euklid, Archimedes und Apollonios und schrieb mit Newtons Unterstützung auch selbst Abhandlungen zu Geometrie und Optik.

Nach eigener Aussage nahm Newton seine Forschungen in der Mathematik und Physik gegen Ende 1664 auf, kurz bevor eine Pestepidemie zur Schließung von Cambridge führte und ihn zwang, nach Hause zurückzukehren. In den nächsten beiden Jahren, seinen *anni mirabiles,* wie er sie nannte, entdeckte er das Gesetz der universellen Gravitation und das Bewegungsgesetz sowie die Begriffe der Zentripetalkraft und der Beschleunigung.

Daraus könnte man schließen, dass Newton das Gesetz der Zentripetalkraft und der Beschleunigung schon 1666 entdeckte, also etwa sieben Jahre vor Huygens, obwohl er es damals nicht veröffentlichte. Er wandte das Gesetz auf die Berechnung der Zentripetalbeschleunigung auf der Erdoberfläche an, die durch die tägliche Erdumdrehung verursacht wird, und stellte fest, dass sie 250 Mal geringer war als die durch die Schwerkraft verursachte Beschleunigung. Dadurch löste er auch endlich die uralte Frage, warum die Dinge nicht durch die Erdrotation vom Planeten weggeschleudert werden. Er berechnete die Zentripetalkraft, die nötig ist, um den Mond auf seiner Umlaufbahn zu halten, und verglich sie mit der durch die Schwerkraft verursachten Beschleunigung auf der Erdoberfläche. Dabei stellte er fest, dass beide umgekehrt proportional zu den Quadraten ihrer Entfernung vom Erdmittelpunkt waren.

Dann wandte er Keplers drittes Gesetz der Planetenbewegung gemeinsam mit dem Gesetz der Zentripetalbeschleunigung an und bestätigte das quadratische Abstandsgesetz der Gravitation des Sonnensystems. Zugleich schuf er die Grundlagen für die Infinitesimalrechnung und formulierte seine Theorie für die Zerlegung von weißem Licht in die Spektralfarben. »All dies trug sich in den beiden Pestjahren 1665/1666 zu«, berichtete er. »Denn zu dieser Zeit befand ich mich ich auf dem Höhepunkt meiner Erfindungskraft und beschäftigte mich mit Mathematik und Naturphilosophie mehr als zu irgendeiner Zeit seither.«

Als die Pest abklang, kehrte Newton im Frühjahr 1667 nach Cambridge zurück. Zwei Jahre später wurde er Barrows Nachfolger als Lucas-Professor für Mathematik und Naturphilosophie, diesen Posten behielt er fast 30 Jahre lang.

In den ersten Jahren nach Antritt der Professur widmete er sich vor allem der Forschung auf dem Gebiet der Optik und der Mathematik. Er setzte seine Experimente zum Licht fort, untersuchte die Lichtbrechung in Prismen und dünnen Glasplatten und erarbeitete die Einzelheiten seiner Farbenlehre. Auch seine chemischen Experimente führte er fort; wie viele seiner Zeitgenossen war er noch von dem alten Gedankengut der Alchemie beeinflusst.

Da Newton noch nichts veröffentlicht hatte, konnte Robert Hooke (1635–1703) behaupten, als Erster das quadratische Abstandsgesetz der Gravitation entdeckt zu haben. Im November 1662 war Hooke zum ersten Kurator für Experimente an der neu gegründeten Royal Society in London ernannt worden, und dieses Amt behielt er bis zu seinem Tod im Jahr 1703. Ihm gelangen zahlreiche wichtige Entdeckungen in Mechanik, Optik, Astronomie, Technik, Chemie und Geologie. Heute ist er für das Hookesche Gesetz bekannt, das besagt, dass die Kraft, die notwendig ist, um eine Feder auszudehnen, proportional zur Ausdehnung der Feder ist, ein Prinzip, das sich auf die Untersuchung jeder einfachen harmonischen Bewegung anwenden lässt.

Unterdessen führte Newton seine Untersuchungen zum Licht fort, und es gelang ihm, ein Spiegelteleskop zu konstruieren, das gegenüber den damals gebräuchlichen Refraktoren eine entscheidende Verbesserung darstellte. Die Nachricht von seiner Erfindung wurde publik und man bat ihn, diese bei der Royal Society in London auszustellen, die gerade zu dieser Zeit ihre offiziellen wöchentlichen Sitzungen aufnahm. Die Ausstellung war so erfolgreich, dass Newton am 11. Januar 1672 zum Fellow der Royal Society gewählt wurde.

Im Rahmen seiner Verpflichtungen als Mitglied der Royal Society verfasste Newton eine Arbeit über seine optischen Experimente, die er am 28. Februar 1672 zur Verlesung bei einer Sitzung der Gesellschaft einreichte. Die Arbeit, die anschließend in den *Philosophical Transactions of the Royal Society* veröffentlicht wurde, beschreibt seine Entdeckung, dass sich das Sonnenlicht aus einem kontinuierlichen Farbspektrum zusammensetzt, das in seine Komponenten zerlegt wird, wenn Licht durch ein brechendes Medium, zum Beispiel ein Glasprisma, geleitet wird. Er stellte fest, dass »Blau erzeugende Strahlen stärker gebrochen werden als die, die Rot erzeugen«, und er folgerte, dass das Sonnenlicht eine Mischung von Lichtstrahlen ist, von denen einige stärker gebrochen werden als andere. Darüber hinaus stellte er fest, dass das Sonnenlicht, wenn es in seine Farbkomponenten zerlegt ist, nicht weiter aufgespalten werden kann. Das bedeutete, dass die bei der Brechung sichtbaren Farben dem Licht selbst inhärent sind und nicht durch das brechende Medium darauf übertragen werden.

Die Verfahren, wie sie in dieser Arbeit beschrieben werden, waren charakteristisch für Newtons bevorzugtes Herangehen an jegliche wissenschaftliche Untersuchung. Später, in einer Kontroverse, die sich aus seiner ersten Arbeit ergab, beschrieb Newton seine wissenschaftliche Methode:

> Die beste und sicherste Art naturwissenschaftlicher Forschung scheint nämlich zu sein, daß man zunächst die Eigenschaften der Gegenstände sorgfältig untersucht und durch Experimente absi-

chert und dann mit einiger Vorsicht zu Hypothesen übergeht, die sie erklären können; denn Hypothesen sollten nur zur Erklärung der Eigenschaften der Dinge gebildet werden und nicht zu deren Bestimmung, es sei denn in dem Maß, wie sie Experimente zu liefern vermögen.

Die Ironie des Ganzen besteht darin, dass Newtons Arbeit von seinen Zeitgenossen aus genau dem gegenteiligen Grund kritisiert wurde: nämlich gerade dafür, dass sie keinerlei allgemeine Naturphilosophie bestätigte oder widerlegte. Die Mechanisten wandten ein, dass seine Ergebnisse unmöglich auf der Grundlage mechanischer Prinzipien erklärt werden konnten. Andere meinten, Newtons Ergebnisse seien falsch, weil sie selbst die von ihm beschriebenen Phänomene nicht reproduzieren konnten. Newton antwortete geduldig auf jeden einzelnen Einwand, aber nach einiger Zeit bedauerte er, seine Arbeit überhaupt in der Öffentlichkeit vorgestellt zu haben. Zu allem Übel begann Hooke zu behaupten, Newtons Teleskop sei einem von ihm angefertigten Instrument weit unterlegen.

Aus diesem und anderen Gründen bot Newton Anfang 1673 der Royal Society seinen Rücktritt an. Der Präsident, Henry Oldenburg, wies diesen Antrag zurück und überredete ihn zu bleiben. Als Hooke ihn aber im Jahr 1676 öffentlich angriff, brach er fast alle Verbindungen zur Royal Society ab. Im selben Jahr wurde Hooke zu deren Präsident gewählt und schrieb einen versöhnlichen Brief, in dem er seine Bewunderung für Newton zum Ausdruck brachte. In Bezug auf Newtons Farbentheorie meinte er, dass es ihm »äußerst großes Vergnügen bereite, diese Ideen verbreitet und verbessert zu sehen, die ich vor langer Zeit begonnen hatte, jedoch keine Zeit hatte abzuschließen«.

Newton erwiderte in gleichermaßen versöhnlichem Ton und nahm Bezug auf Descartes' Werk zur Optik. »Descartes machte einen wichtigen Schritt. Sie haben auf verschiedene Weise das Wissen gemehrt, vor allem dadurch, daß Sie die Farben dünner Plättchen in die Überlegungen einbezogen haben. Wenn ich weiter geblickt habe, so deshalb, weil ich auf den Schultern von Riesen stehe.«

Trotz dieser Freundlichkeiten sollten sich die beiden Forscher nie ganz aussöhnen, und Newton behielt sein Schweigen bei. Dennoch korrespondierten sie weiterhin miteinander, obwohl sich aus diesem Briefwechsel immer wieder Auseinandersetzungen ergaben. Der bitterste Disput entspann sich über Hookes Behauptung, das quadratische Abstandsgesetz der Gravitation vor Newton entdeckt zu haben.

1684 waren dann außer Hooke und Newton noch andere zu der Überzeugung gekommen, dass die Planeten durch die Schwerkraft auf ihren Bahnkreisen gehalten werden und dass diese Kraft mit dem umgedrehten Quadrat ihrer Entfernung zur Sonne variiert. Unter ihnen war der Astronom Edmund Halley (1656–1742), ein guter Freund Newtons und ein Kollege in der Royal Society. Im August 1684 reiste Halley nach Cambridge, ausdrücklich um Newton zu fragen, »wie die von den Planeten beschriebene Kurve aussähe, sofern die von der Sonne ausgehende Anziehungskraft umgekehrt zum Quadrat der Entfernung der Planeten von der Sonne wäre«. Newton erwiderte sofort, dass sie eine Ellipse sei, doch er konnte die entsprechende Gleichung nicht finden, die er sieben oder acht Jahre zuvor aufgestellt hatte. So war er gezwungen, das Problem noch einmal durchzuarbeiten, und schickte Halley im November desselben Jahres die Lösung.

Zu diesem Zeitpunkt war Newtons Interesse an der Sache wieder geweckt und er stellte genügend Material zusammen, um im Herbst in Cambridge eine Vorlesungsreihe zu halten, der er den Titel *De motu corporum* (Die Bewegung der Körper) gab. Als Halley das Manuskript von *De motu* las, war er sich dessen enormer Bedeutung sofort bewusst und ließ Newton versprechen, es zur Veröffentlichung an die Royal Society zu senden. Im Dezember 1684 begann Newton mit der Bearbeitung des Manuskripts, und am 28. April 1686 sandte er das erste Buch an die Royal Society.

Am 22. Mai schrieb Halley an Newton, um ihm mitzuteilen, dass die Royal Society ihn mit dem Druck des Manuskripts betraut hatte. Doch er fügte hinzu, dass Hooke, der das Manuskript gelesen hatte, behauptete, er habe das quadratische Abstandsgesetz der Gravitation entdeckt, und meinte, dass Newton dies in seinem Vorwort entsprechend würdigen sollte. Newton war darüber sehr verärgert und legte in seiner Antwort an Halley ausführlich dar, dass er das quadratische Abstandsgesetz der Gravitation entdeckt und Hooke nichts von Bedeutung dazu beigetragen habe.

Die erste Ausgabe von Newtons Werk erschien im Sommer 1687 auf Halleys Kosten, weil die Royal Society nicht in der Lage war, es zu finanzieren. Newton gab ihm den Titel *Philosophiae naturalis principia mathematica* (Mathematische Prinzipien der Naturphilosophie), doch es wird zumeist einfach als *Principia* bezeichnet. Die *Principia* beginnen mit einer Ode, die Halley Newton gewidmet hatte. Es folgt ein Vorwort, in dem Newton den Umfang und die Philosophie seines Werks darlegt:

> … und stellen daher unsere Betrachtungen als *Mathematische Principien der Naturlehre* auf. Alle Schwierigkeit der Physik besteht nämlich dem Anschein nach darin, aus den Erscheinungen der Bewegung die Kräfte der Natur zu erforschen und hierauf durch diese Kräfte die übrigen Erscheinungen zu erklären … Aus derselben Kraft werden dann, gleichfalls vermittelst mathematischer Sätze, die Bewegungen der Planeten, die Cometen, des Mondes und des Meeres abgeleitet. Möchte es gestattet sein, die übrigen Erscheinungen der Natur auf dieselbe Weise aus mathematischen Prinzipien abzuleiten!

Die Einleitung beginnt mit einer Folge von acht Definitionen, von denen die ersten fünf grundlegend für Newtons Dynamik sind. Die erste gibt eine effektive Definition der »Größe der Materie«, der Masse, als proportional zur »Dichtigkeit« mal Volumen. Die zweite definiert die »Größe der Bewegung« als Masse mal Geschwindigkeit. In der dritten Definition sagt Newton, dass die »der Materie eigenthümliche Kraft«, d.h. ihre Trägheit, »bewirkt, dass jeder Körper von seinem Zustande der Ruhe oder der Bewegung nur schwer abgebracht wird«. Das vierte besagt: »Eine angebrachte Kraft ist das gegen einen Körper ausgeübte Bestreben, seinen Zustand zu ändern, entweder den der Ruhe oder den der gleichförmigen, geradlinigen Bewegung.« Die fünfte bis achte definieren die »Centripetalkraft« als die Kraft, durch die ein Körper »gegen irgend einen Punkt als Centrum gezogen oder gestossen wird, oder auf irgend eine Weise dahin zu gelangen strebt«. Als Beispiel nennt Newton die Schwerkraft der Sonne, die die Planeten auf ihren Umlaufbahnen hält.

Bezüglich der Schwerkraft der Erde gibt er das Beispiel einer Bleikugel, die mit gegebener Geschwindigkeit von einem Berggipfel parallel zum Horizont abgeschossen wird. Würde die Ge-

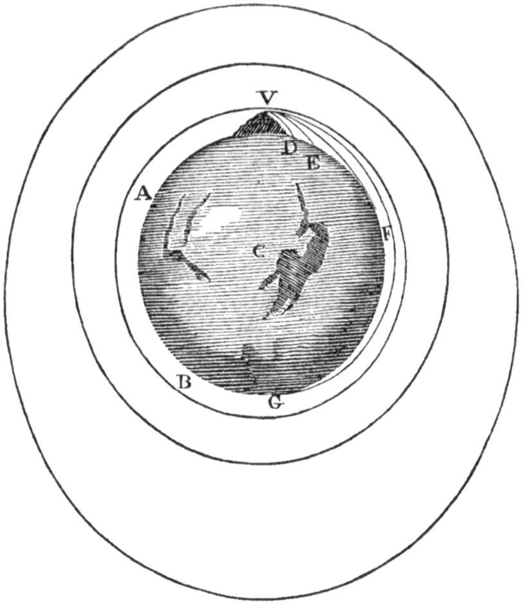

Ein Projektil in der Umlaufbahn um die Erde (Abbildung aus Newtons *Principia*).

schwindigkeit immer weiter vergrößert, so würde die Entfernung der Kugel vor dem Auftreffen auf dem Boden immer größer werden, und sie könnte die ganze Erde umrunden oder sogar ins Weltall davonfliegen.

Den Definitionen folgt eine »Anmerkung«, ein längerer Kommentar, in dem Newton seine Begriffe von absoluter und relativer Zeit, Raum, Ort und Bewegung erklärt. Im Grunde definieren diese Begriffe die klassischen Gesetze der Relativität, die Anfang des 20. Jahrhunderts durch Einsteins Theorien der speziellen und der allgemeinen Relativität ersetzt wurden.

Als Nächstes schließen sich die Sätze an, die wir heute als Newtons Gesetze der Bewegung kennen, drei an der Zahl, jeweils von einer Erklärung begleitet und durch Zusätze ergänzt:

> 1. Gesetz: Jeder Körper beharrt in seinem Zustande der Ruhe oder der gleichförmigen geradlinigen Bewegung, wenn er nicht durch einwirkende Kräfte gezwungen wird, seinen Zustand zu ändern … 2. Gesetz: Die Aenderung der Bewegung ist der Einwirkung der bewegenden Kraft proportional und geschieht nach der Richtung derjenigen geraden Linie, nach welcher jene Kraft wirkt … 3. Gesetz: Die Wirkung ist stets der Gegenwirkung gleich, oder die Wirkungen zweier Körper aufeinander sind stets gleich und von entgegengesetzter Richtung.

Das erste Gesetz ist das Trägheitsprinzip, das eigentlich ein Sonderfall des zweiten Gesetzes ist, wenn die Nettokraft Null beträgt. In der heute verwendeten Form des zweiten Gesetzes ist die auf einen Körper einwirkende Kraft F gleich der Änderungsrate des Impulses p, wobei p = Masse m × Beschleunigung v ist; bei konstanter Masse gilt $F = ma$, wobei a die Beschleunigung, die Änderungsrate der Geschwindigkeit ist. Das dritte Gesetz besagt, dass bei der Interaktion zweier Körper die Kräfte, die sie aufeinander ausüben, in ihrer Größe gleich und in der Richtung entgegengesetzt sind.

Buch 1 der *Principia* trägt den Titel »Von der Bewegung der Körper«. Es beginnt mit einer Analyse der Bewegung im Allgemeinen, vor allem unter Verwendung der Infinitesimalrechnung. Zunächst analysiert Newton die Beziehung zwischen Umlaufbahnen und Zentripetalkräften verschiedener Art. Daran konnte er zeigen, dass die Umlaufbahn genau dann die Form einer Ellipse hat, wenn die Anziehungskraft wie das umgekehrte Quadrat der Entfernung vom Kraftzentrum abweicht, wobei einer der Brennpunkte das Zentrum der Anziehung bildet – und erbrachte damit den Beweis für Keplers zweites Bewegungsgesetz. Keplers erstes und drittes Gesetz werden an anderer Stelle in Buch 1 belegt. Er bewies auch, dass bei umgekehrten quadratischen Kräften die Nettokraft an einem Punkt in einer Kugelschale Null ist, während die Kraft außerhalb einer Kugel dieselbe ist, als wenn die Masse in ihrem Zentrum konzentriert wäre; deshalb können die Sonne und die Planeten bei der Betrachtung des Sonnensystems als Massepunkte behandelt werden.

Das zweite Buch trägt auch den Titel »Von der Bewegung der Körper«, aber es befasst sich vor allem mit dem Widerstand bei Bewegung in verschiedenen Arten von Flüssigkeiten. Mit dieser Analyse beabsichtigte Newton unter anderem zu überprüfen, wie sich der hypothetische »Äther« in Descartes' Kosmologie auf die Bewegung der Planeten auswirken würde. Seine Untersuchungen zeigen, dass die kartesianische Wirbeltheorie völlig falsch war, denn sie widersprach den Gesetzen der Bewegung in Medien mit Widerstand, die er schon zuvor im Buch 2 beschrieben hatte.

Das dritte und letzte Buch der *Principia* trägt den Titel »Vom Weltsystem« und beginnt mit drei »Regeln zur Erforschung der Natur«. Danach folgt ein Abschnitt mit dem Titel »Erscheinungen«, in dem er sechs davon behandelt, gefolgt von 42 »Behauptungen«, die alle von einem »Lehrsatz« begleitet sind und an die sich zuweilen ein »Corollarium« anschließt. Diese werden wiederum gefolgt von »Bemerkungen und Erläuterungen« und einem abschließenden Abschnitt mit dem Titel »Über das Weltsystem«.

Die sechs Erscheinungen betreffen die Bewegung der Planeten

und des Erdmondes, neben Beobachtungen zu Keplers zweitem und drittem Gesetz der Planetenbewegung. Newton zieht daraus folgenden Schluss: Die Planeten »beschreiben, mit den nach dem Mittelpunkte gezogenen Radien, den Zeiten proportionale Flächenräume und ihre siderischen Umlaufzeiten stehen im 3/2ten Verhältnisse ihrer Abstände von jenem Centrum.«

Die ersten sechs Propositionen sind Argumente dafür, dass die quadratische Abstandskraft die Bewegung der Planeten erklärt, die um die Sonne kreisen, die Trabanten des Jupiter und den Erdmond, sowie die lokale Schwerkraft der Erde selbst. Der 9. Lehrsatz stellt Newtons Gesetz der allgemeinen Schwerkraft vor: »Die Schwere kommt allen Körpern zu, und ist der in jedem enthaltenen Menge der Materie proportional.«

Der 16. Lehrsatz beschreibt Keplers erstes und zweites Gesetz der Planetenbewegung: »Die Planeten bewegen sich in Ellipsen, deren einer Brennpunkt sich im Mittelpunkt der Sonne befindet, und die um denselben beschriebenen Flächenräume sind den Zeiten proportional.«

Der 22. Lehrsatz besagt: »Die Axen der Planeten sind kleiner als die Durchmesser ihrer Aequatoren« – d.h., die Planeten sind abgeplattete Kugeln. Newton führte diesen Effekt richtig auf die Zentrifugalkräfte zurück, die durch die Drehung der Planeten um ihre eigene Achse entstehen, weshalb die Erde zum Beispiel an den Polen abgeplattet ist und am Äquator eine Wulst bildet.

Der 28. Lehrsatz legt Newtons Theorie der Gezeitenaktivitäten dar: »Die Ebbe und Fluth des Meeres werden durch die Wirkungen der Sonne und des Mondes hervorgebracht.« Damit erbringt er schließlich die Lösung auf eine Frage, die bis in die Zeit des Aristoteles zurückgeht.

Die 48. Aufgabe fordert: »Man soll die Präcession der Äquinoctien bestimmen«, einschließlich der Gravitationskräfte der Sonne wie auch des Mondes auf die Erde. Newton berechnete korrekt, dass die Präzession der Äquinoktien »ungefähr 50 [Bogensekunden] jährlich ergeben« habe, und löste damit ein weiteres Problem, das die Astronomen seit fast 2000 Jahren beschäftigt hatte.

In Lemma 4 heißt es: »Die Kometen befinden sich oberhalb des Mondes und kommen in die Gegend der Planeten.« In den folgenden Lemmata und Propositionen beschreibt Newton die Bewegung der Kometen. Er zeigt, dass sie sich auf elliptischen Umlaufbahnen um die Sonne bewegen und somit periodisch wieder erscheinen, so wie der Halleysche Komet, der 1682 beobachtet wurde, nachdem er 75 Jahre zuvor verschwunden war. Newton spekulierte auch über die Natur der Kometen und meinte, wie zuvor Kepler, dass der Kometenschweif eine Verdampfung vom Kopf des Kometen bei der Annäherung an die Sonne darstellt.

Dem folgt ein »*Scholium generale*«, in dem Newton meint, dass die Mechanik allein nicht das Universum erklären kann, dessen harmonische Ordnung für ihn Hinweis auf den Plan eines höheren Wesens ist. »Diese bewundernswürdige Einrichtung der Sonne, der Planeten und Kometen hat nur aus dem Rathschlusse und der Herrschaft eines alles einsehenden und allmächtigen Wesens hervorgehen können.«

Eine zweite Ausgabe der *Principia* erschien 1713 und eine dritte 1726, in beiden Fällen mit einem von Newton verfassten Vorwort. Inzwischen hatte er 1704 seine Forschungen zum Licht veröffentlicht, die er überwiegend schon am Anfang seiner Laufbahn durchgeführt hatte. Anders als die *Principia*, die er in lateinischer Sprache verfasst hatte, erschien die erste Ausgabe des neuen Werks auf Englisch, unter dem Titel *Optik oder Abhandlung über Spiegelungen, Brechungen, Beugungen und Farben des Lichts*. Die erste lateinische Ausgabe erschien 1706 und weitere englische Auflagen in den Jahren 1717/8, 1721 und 1730. Die letzte, die drei Jahre nach Newtons Tod herauskam, enthielt die Anmerkung: »korrigiert von des Autors eigener Hand und vor seinem Tod seinem Buchhändler überlassen«.

Wie die *Principia* sind die *Opticks* in drei Bücher unterteilt. Ganz am Anfang von Buch I erklärt Newton den Zweck seines Werks: »Es ist nicht meine Absicht, in diesem Buche die Eigenschaften des Lichts durch Hypothesen zu erklären, sondern nur, sie anzugeben und durch Rechnung und Experiment zu bestätigen.«

Im ersten Buch geht es um die Gesetze der Reflexion und der Brechung, die Erzeugung von Bildern und die Zerlegung des Lichts in seine Farbkomponenten durch ein Glasprisma. Andere Themen sind die Eigenschaften von Linsen und Newtons Spiegelteleskop, die Optik des menschlichen Sehens, die Theorie des Regenbogens und eine eingehende Studie der Farben. Newtons Beweis für das Gesetz der Brechung beruht auf der irrigen Vorstellung, dass Licht sich in Glas schneller bewegt als in Luft; dieser Irrtum war auch Descartes unterlaufen. Beide gingen von der Annahme aus, das Licht sei in seinem Wesen ein Körper.

Newtons korpuskulare Auffassung vom Licht beruht auf der Atomtheorie. So schrieb er über seine Bewunderung »jener ältesten und berühmtesten Philosophen Griechenlands …, welche den leeren Raum und die Atome und die Schwere der Atome zu den ersten Grundsätzen ihrer Philosophie machten …« Später äußerte er: »Nach allen diesen Betrachtungen ist es mir sehr wahrscheinlich, dass Gott am Anfange der Dinge die Materie in massiven, festen, harten, undurchdringlichen, beweglichen Partikeln erschuf, von solcher Größe und Gestalt, mit solchen Eigenschaften und in solchem Verhältnis zum Raume, wie sie zu dem Endzwecke führten, für den er sie gebildet hatte …«

Der erste Abschnitt im zweiten Buch trägt den Titel: »Beobachtungen über Reflexionen, Brechungen und Farben dünner durchsichtiger Körper«. Die darin untersuchten Effekte kennen wir heute als Interferenzphänomene. Newtons Beobachtungen sind der erste Beweis für das wellenartige Wesen des Lichts.

Im zweiten Buch kommentierte Newton auch die Arbeit des dänischen Astronomen Olaf Römer (1644–1710), der 1676 eine Messung der Lichtgeschwindigkeit ausführte, indem er die Zeitverzögerungen bei nachfolgenden Eklipsen des Jupitermondes Io beobachtete, wenn sich der Jupiter von der Erde entfernte. Der Wert für die Lichtgeschwindigkeit war bei Römer rund ein Viertel geringer als der heute akzeptierte Wert von knapp 300 000 km/sec, dennoch war es die erste Messung, aus der man die Größenordnung einer der grundlegenden Konstanten der Natur bestimmen konnte. Römer errechnete, dass das Licht von der Sonne bis zur Erde 11 Minuten brauchte, verglichen mit dem korrekten Wert von 8 Minuten und 20 Sekunden. Newton war offenbar eine genauere Schätzung der Lichtgeschwindigkeit gelungen als Römer, denn im zweiten Buch der *Opticks* heißt es: »Licht breitet sich von den leuchtenden Körpern her in einer gewissen Zeit aus und braucht von der Sonne bis zur Erde etwa sieben bis acht Minuten.«

Der einleitende Abschnitt des dritten Buches befasst sich mit Newtons Experiment zur Beugung der Lichtstrahlen. Der Rest des Buches besteht aus mehreren Hypothesen, nicht nur zum Licht, sondern zu verschiedenen physikalischen und philosophischen Themen. Die erste Ausgabe der *Opticks* enthielt 16 dieser »Fragen«, die zweite 23, die dritte und vierte 31. Man könnte meinen, dass Newton gegen Ende seiner wissenschaftlichen Laufbahn seine zuvor unveröffentlichten Spekulationen dem gelehrten Publikum bekannt machen wollte. Es war sein Erbe, das er all denen vermachte, die ihm im Studium der Natur nachfolgten.

Unterdessen war Newton in einen Disput mit dem deutschen Mathematiker und Philosophen Gottfried Wilhelm Leibniz verwickelt. Es ging darum, wer von beiden zuerst die Infinitesimalrechnung entwickelt hätte. Newton selbst berichtet, er habe seine »Fluxionsmethode« um 1665/6 erfunden, obwohl er sie erst 1687 veröffentlichte, als er sie in den *Principia* anwendete. Auch seine Arbeit zur Infinitesimalrechnung publizierte er separat in einer Schrift, die 1711 erschien. Leibniz begann 1675 die allgemeinen Methoden der Infinitesimalrechnung zu entwickeln, veröffentlichte sie allerdings erst 1684. Die von ihm formulierte Version der Infinitesimalrechnung, deren Notation der heutigen sehr ähnelt, setzte sich wesentlich schneller durch als Newtons Version, insbesondere auf dem Kontinent. Newton war so verbittert über diese Auseinandersetzung, dass er in der dritten Auflage der *Principia* jeglichen Verweis auf Leibniz tilgte, und dieser beschuldigte seinen Gegner bis an das Ende seiner Tage des Plagiats.

Neben seinen Arbeiten auf dem Gebiet der Naturwissenschaften widmete sich Newton Fragen aus den Bereichen Alchemie, Prophetie, Theologie, Mythologie, Chronologie und Geschichte. Sein wichtigstes nicht-naturwissenschaftliches Werk trägt den Titel *Beobachtungen zu den Prophezeiungen des Daniel und die Apokalypse des Heiligen Johannes* und ist möglicherweise ein Schlüssel zur Methode seiner alchemistischen Untersuchungen, darauf deutet eine Analogie zwischen den »vier Metallen« der Alchemie und den vier Tieren der Apokalypse hin.

Newton starb am 20. März 1727 in London, vier Tage nachdem er eine Sitzung der Royal Society geleitet hatte, deren Präsident er seit 1703 war. Sein Leichnam wurde bis zum 4. April öffentlich aufgebahrt, als er mit großem Zeremoniell in der Westminster Abbey beigesetzt wurde. Voltaire kommentierte Newtons Begräbnis wie folgt: »Er lebte in der Ehre seiner Zeitgenossen und wurde beerdigt wie ein König, der seinen Untertanen Gutes getan hat.«

Newton hatte in den letzten Tagen seines Lebens bemerkt: »Ich weiß nicht, wie ich der Welt vorkomme; aber mich selber dünkt, ich habe wie ein Knabe an einem Strand gespielt und mich damit unterhalten, hin und wieder einen glatteren Kiesel und eine hübschere Muschel zu finden als gewöhnlich, während der große Ozean der Wahrheit unentdeckt vor mir lag.«

16

VON SAMARKAND BIS ISTANBUL: DIE LANGE ABENDDÄMMERUNG DER ISLAMISCHEN WISSENSCHAFTEN

Mit seiner Erklärung, er habe weiter als Descartes sehen können, »weil er auf den Schultern von Riesen stehe«, würdigte Newton die Leistungen seiner Vorgänger. Wer diese Giganten sind, erfährt man in seinen Werken, wo er den europäischen Vorgängern Anerkennung zollt, vor allem Kopernikus, Tycho Brahe, Kepler und Galilei, aber auch den Griechen der Antike, darunter Pythagoras, Empedokles, Philolaos, Demokrit, Platon, Aristoteles, Epikur, Euklid, Archimedes, Apollonios, Aristarch, Diophant, Ptolemaios und Pappos von Alexandria.

Arabische Wissenschaftler erwähnt Newton nicht, obwohl er gewusst haben muss, dass ein großer Teil des griechischen Wissens über die islamische Welt nach Europa übermittelt wurde. Als die wissenschaftliche Revolution ihren Anfang nahm, war die islamische Wissenschaft schon zum Erliegen gekommen, und die Werke der arabischen Philosophen, Physiker, Mathematiker, Astronomen, Ingenieure, Astrologen und Alchemisten des Mittelalters waren zumeist verlorengegangen oder einfach vergessen worden. Die Wissenschaft des antiken Griechenland und des mittelalterlichen Islam war durch das neue, in der wissenschaftlichen Revolution entstandene Weltsystem verdrängt worden. In den beiden Jahrhunderten nach Newton brachte dieses die Industrielle Revolution und das Atomzeitalter hervor.

Bis zur Mitte des 20. Jahrhunderts glaubten die Wissenschaftshistoriker, die islamische Wissenschaft habe ihren Höhepunkt im späten Mittelalter erreicht und sei dann rasch untergegangen, während sich die europäische Wissenschaft gerade zu entwickeln begann. William Cecil Dampier, dessen Werk *Geschichte der Naturwissenschaft in ihrer Beziehung zu Philosophie und Weltanschauung* zwischen 1929 und 1945 in drei Auflagen und zwölf Nachdrucken erschien, widmete von den 574 Seiten seines Buches nur sieben der islamischen Wissenschaft. Dort erwähnte er »die Aufnahme arabischen Wissens durch die lateinischen Nationen«, die Ende des 11. Jahrhunderts einsetzte, als nach seinem Eindruck »der Abstieg der arabischen und moslemischen Gelehrsamkeit« schon begonnen hatte.

Beschleunigt wurde der Untergang der arabischen Wissenschaft durch den Mongolensturm und die Eroberung Bagdads 1258 unter Hülägü, der den letzten abbasidischen Kalifen hinrichten ließ. Das war ein Wendepunkt in der Geschichte des orientalischen Islam, denn die mongolische Invasion ermöglichte auch das Vordringen von Turkvölkern aus den Steppen Zentralasiens nach Westen. Den seldschukischen Türken folgten die osmanischen Türken, die nach der Eroberung Konstantinopels im Jahr 1453 ein Imperium schufen, das von Südeuropa über den Vorderen Orient bis nach Nordafrika reichte. Der türkische Historiker Aydın Adıvar stellte 1939 die These auf, dass sich das osmanische Sultanat gegen die westliche Wissenschaft abschottete, die erst nach dem Zusammenbruch des Osmanischen Reiches und mit der Gründung der modernen Republik 1923 die Türkei und den Nahen Osten erreichte. Doch neuere Forschungen haben ergeben, dass die islamische Wissenschaft nach der Eroberung Bagdads während der Mongolenherrschaft einen weiteren Höhepunkt erreichte und noch mindestens ein weiteres Jahrhundert lang unter den osmanischen Türken auf hohem Niveau fortgeführt wurde, bis ihr Niedergang einsetzte.

Nach dem Sturz der Abbasiden-Dynastie gründeten einige mongolisch-türkische Herrscher in Zentralasien bedeutende Observatorien. Die drei wichtigsten befanden sich in Maragha und Tabriz (beide in Persien) sowie in Samarkand (im heutigen Usbekistan). In den beiden Jahrhunderten nach der mongolischen Eroberung Bagdads erzielten arabische Astronomen, Physiker und Mathematiker in diesen Observatorien entscheidende Fortschritte, so dass mindestens ein moderner Historiker diese Epoche als das goldene Zeitalter der islamischen Wissenschaft bezeichnet.

Das Maragha-Observatorium wurde 1259 von dem ilchanidischen Mongolenherrscher Hülägü Khan gegründet, dem Enkel Dschingis Khans. Der erste Direktor dieses Himmelsforschungszentrums, dem eine Schule für Astronomie und eine Bibliothek angeschlossen waren, war der persische Astronom und Mathematiker Nasir al-Din al-Tusi (1201–1274). Den eigentlichen Bau der Sternwarte und seiner Instrumente leitete der Astronom Mu'ayyad al-Din al-Urdi (gest. 1266) aus Damaskus.

Hülägüs Stiftungsurkunde stattete das Observatorium mit finanzieller Unabhängigkeit aus, so dass es nach seinem Tod 1265 weiter bestand und seinen Betrieb bis 1316 fortsetzte. Man weiß von mindestens 18 Astronomen, die damals in Maragha arbeiteten, darunter einem aus Nordafrika und einem weiteren aus China. Zu den dort verwendeten Instrumenten gehörte ein Mauerquadrant mit einem Radius von über 18 Metern, der in Bogenminuten unterteilt war. Mit Hilfe dieser Instrumente erstellten al-Tusi und seine Mitarbeiter das *Zij-i Ilkhani*, die Tafeln der Ilchane, die 1272 unter Hülägüs Nachfolger Abaqa Khan abgeschlossen wurden.

Al-Tusi verfasste auch ein populärwissenschaftliches Buch mit dem Titel *Der Schatz der Astronomie*, in dem er ptolemäische Ideen wie die Epizykeltheorie kritisierte und neue Planetenmodelle einführte. Zu seinen Neuerungen gehörte das sogenannte Tusi-Paar, bei dem ein Kreis innerhalb eines anderen umläuft, so dass sich eine Kombination aus zwei Kreisbewegungen ergibt, die damit die ptolemäischen Epizykeln ersetzt. Das Tusi-Paar wurde von mehreren Nachfolgern, Arabern wie Europäern, erfolgreich angewendet, einschließlich Kopernikus.

Al-Tusi, der Persisch und Arabisch fließend beherrschte, verfasste auch zahlreiche Werke zu Geometrie, Trigonometrie, Mineralogie, Alchemie, Astrologie, Philosophie, Logik, Ethik und Theologie. Seine Schriften zu Astronomie und Mathematik wurden ins Lateinische übersetzt und beeinflussten die Entwicklung der europäischen Wissenschaft.

Vermutlich vor al-Tusis Kritik an der ptolemäischen Astronomie hat Mu'yyad al-Din al-Urdi eine Abhandlung zum selben Thema mit dem schlichten Titel *Ein Buch über Astronomie* veröffentlicht. Somit ist dies das erste arabische Werk, das eine Alternative zu Ptolemaios' Epiyzkeltheorie bot. Auch eine seiner mathematischen Methoden, das Urdi-Lemma, wurde von nachfolgenden Astronomen bis einschließlich Kopernikus angewendet.

Zwei weitere herausragende Astronomen am Maragha-Observatorium waren Muhyi al-Din al-Maghribi (gest. um 1290) und Qutb al-Din al-Schirazi (1236–1311).

Wie aus seinem Familiennamen ersichtlich, wurde Muhyi al-Din im Maghreb im muslimischen Nordwestafrika geboren. Dort studierte er zunächst religiöses Recht und zog dann nach Aleppo, wo er dem Ayyubiden-Sultan an-Nasir als Hofastrologe diente. Nach eigenem Bekunden entkam er bei der mongolischen Eroberung Syriens dem Tod, indem er den Mongolen mitteilte, er sei Astrologe. Er arbeitete dann mit Nasir al-Din al-Tusi am Maragha-Observatorium, wo er bis ans Ende seines Lebens blieb. Zu seinen überlieferten Schriften gehören das *Kompendium des Almagest* und auch ein Kommentar zu den *Kegelschnitten* des Apollonios.

Qutb al-Din al-Schirazi nahm den Namen der persischen Stadt Schiraz an, wo sein Vater, Mas'ud al-Qadharuni, ein renommierter Arzt am Muzaffari-Krankenhaus war. Qutb al-Din war erst 14 Jahre alt, als Mas'ud starb, doch er war reif genug, um die Pflichten seines Vaters am Krankenhaus zu übernehmen, wo er die nächsten zehn

Jahre arbeitete. Dann ging er nach Maragha an das Observatorium, um unter Nasir al-Din al-Tusi Astronomie und Mathematik zu studieren. Dieser betrachtete ihn allerdings später als Rivalen und entließ ihn. Daraufhin ging er nach Tabriz, wo er unter Förderung des Ilchaniden Ghazan Khan und seines Nachfolgers Oljaytu eine Sternwarte gründete, die die von Maragha ablöste.

Al-Schirazi soll die Theorie des Tusi-Paars weiterentwickelt haben, das er bei al-Tusi in Maragha kennengelernt hatte. Sein bedeutendstes astronomisches Werk trägt den Titel *Die Grenzen der Durchdringung des Wissens über den Himmel,* es enthält auch Kapitel zu Mechanik, Optik, Meteorologie, Geographie, Geodäsie und Kosmographie. Ein weiteres heißt: *Ein Buch, das ich zur Astronomie verfasst habe, doch gebt mir nicht die Schuld.* Al-Schirazi ist auch bekannt für seine medizinischen Schriften, insbesondere für seinen Kommentar zu Ibn Sinas *Kanon,* den er gegen Angriffe von Theologen verteidigte.

Al-Schirazis brillantester Schüler in Tabriz war Kamal al-Din al-Farisi (1267–1319), dessen Name von der persischen Stadt Fars, seiner Geburtsstadt, abgeleitet ist. Auf al-Schirazis Vorschlag verfasste al-Farisi mehrere Kommentare zu den optischen Werken des Ibn al-Haitham, auf die seine eigene Schrift über die Wissenschaft des Lichts unter dem Titel *Revision der Optik* folgte.

Al-Farisi erzielte einige Fortschritte gegenüber den Forschungen des Ibn al-Haitham, vor allem in der Theorie des Regenbogens. Für seine Untersuchungen benutzte er eine mit Wasser gefüllte Glaskugel als Entsprechung für den Regentropfen. Er kam zu dem Schluss, dass der Regenbogen in der Kombination aus Brechung und Reflexion des Sonnenlichts innerhalb der einzelnen Wassertropfen entsteht, die nach dem Regen in der Luft hängen. Im primären Regenbogen, so seine Theorie, tritt das Licht in den Tropfen ein und wird intern einmal reflektiert, bevor es wieder austritt, wobei es beim Ein- und Austritt gebrochen wird, während im sekundären Regenbogen zwei interne Reflexionen stattfinden. Die Entstehung der Farben führte er auf die Brechungen zurück, nur ist im zweiten Regenbogen wegen der zweiten internen Reflexion die Abfolge von Rot bis Blau umgekehrt.

Dem türkischen Historiker Mustafa Nazif zufolge veröffentlichte al-Farisi seine Theorie des Regenbogens mindestens zehn Jahre vor Dietrich von Freiberg, den seine Forschungen auf diesem Gebiet zwischen 1304 und 1311 zu demselben Schluss kommen ließen. Dietrich verweist auf die optischen Werke des Ibn al-Haitham, aber die Arbeiten al-Farisis, die nicht ins Lateinische übersetzt waren, finden bei ihm keine Erwähnung.

Das Observatorium von Samarkand wurde 1425 von dem Timuriden-Khan Ulugh Beg gegründet, dem Enkel des mächtigen mongolischen Herrschers Timur Lenk. Es wurde auf demselben Gelände errichtet, wo Ulugh Beg vier Jahre zuvor eine Madrasa erbauen ließ, ein Kolleg der Theologie, dem er eine Fakultät für Naturwissenschaften und Mathematik hinzufügte. Er leitete die Madrasa, bis er 1449 von seinem Bruder ermordet wurde. Ulugh Begs Observatorium schloss einige Jahre später, doch es konnte trotz seiner relativ kurzen Existenz eine einzigartige Bilanz vorweisen.

Der bedeutendste Astronom der Anfangsjahre der Sternwarte von Samarkand war Dschamshid al-Kaschi (gest. 1429) aus Kaschan in Nordpersien. Al-Kaschis wichtigstes astronomisches Werk ist das *Khaqani Zij*, eine Überarbeitung des *Zij-i Ilkhani* von Nasr al-Din al-Tusi, ergänzt durch trigonometrische Tabellen und Beschreibungen verschiedener in Zentralasien verwendeter Kalender, darunter die Kalender der uigurischen Türken und der ilchanidischen Mongolen. Ein weiteres astronomisches Werk, *Die Treppe zum Himmel*, ist ein Versuch, die Entfernungen und Größen der Planeten zu messen. In anderen Abhandlungen werden die bei den Beobachtungen verwendeten astronomischen Instrumente beschrieben, einige davon seine eigenen Erfindungen.

Al-Kaschis bekanntestes mathematisches Werk heißt *Miftah al-Hisab* und ist eine Enzyklopädie der elementaren Mathematik, die von Astronomen ebenso wie von Architekten, Landvermessern und Kaufleuten jahrhundertelang benutzt wurde. Im Zusammenhang mit seinen astronomischen Forschungen verfasste er zwei weitere mathematische Abhandlungen, in denen er mit seiner Approximationsmethode zur Berechnung präziser trigonometrischer Tabellen das Werk späterer europäischer Mathematiker vorwegnahm.

Als al-Kaschi 1429 starb, übernahm Qadi Zada al-Rumi (um 1364 – um 1436) die Leitung des Observatoriums. Qadi Zada stammte aus Bursa, der ersten Hauptstadt der osmanischen Türken im nordwestlichen Kleinasien. Von dort reiste er nach Samarkand, um sich Ulugh Beg vorzustellen, der ihn 1421 zum Rektor seiner neu gegründeten Madrasa ernannte. Als leitender Astronom des Observatoriums schrieb er mehrere Abhandlungen zu Astronomie und Mathematik, darunter einen Kommentar zum *Almagest* und eine Aktualisierung von Euklids *Elementen*.

Nach Qadi Zadas Tod (um 1436) wurde Ali al-Qushji (um 1402 – 1474) sein Nachfolger als leitender Astronom. In Samarkand geboren, nahm er den Namen Qushji, Vogelmann, an, weil er in seiner Jugend Ulugh Begs Falkner gewesen war. Danach diente er Ulugh Beg als Botschafter in China. Als Chefastronom war er für die Erstellung von Ulugh Begs astronomischen Tafeln verantwortlich, das *Zij-i Sultanai*, die 1438 veröffentlicht wurden. Diese Tafeln waren vermutlich zunächst auf Persisch verfasst und kurz darauf ins Arabische und Türkische übertragen worden.

Kurz nach Ulugh Begs Tod verließ al-Qushji Samarkand. Später ging er nach Konstantinopel und wurde oberster Astronom des osmanischen Sultans Mehmet II. (reg. 1451 – 1481), genannt Fatih der Eroberer, zu Ehren seiner Eroberung Konstantinopels 1453. Zu al-Qushjis Schriften zählen zwei Abhandlungen, die sich mit der Lösung des ptolemäischen Modells befassen, eine für den Mond und eine andere für den Merkur, sowie ein Mehmet II. gewidmetes Einführungswerk in die Astronomie.

Das erste Observatorium in Istanbul wurde während der Herrschaft des Sultans Murat (reg. 1574–1596) von Takiyuddin al-Raschid (1526–1585), einem Astronomen aus Damaskus, begründet.

Takiyuddins Observatorium in Istanbul (persische Handschrift, 16. Jhdt.).

Takiyuddin stattete es mit verschiedenen neuen Instrumenten eigener Erfindung aus sowie einer mechanischen Uhr, die er selbst anfertigte. Sein erstes Projekt am Observatorium bestand in der Korrektur der astronomischen Tafeln von Ulugh Beg. Dabei erwies sich mindestens eine seiner Messungen als genauer als die von Tycho Brahe. Sie betraf die jährliche Bewegung des Sonnenapogäums in der Himmelssphäre, für die er einen Wert von 63 Bogensekunden ermittelte, während Brahe 45 maß, im Vergleich zu dem heute gültigen Wert von 61 Bogensekunden.

Takiyuddin stellte auch sorgfältige Beobachtungen des Kometen von 1578 an, obwohl er offenbar nicht zu denselben Schlussfolgerungen gelangte wie Tycho Brahe, der meinte, dass der feurige Körper durch die planetarischen Himmelssphären zog. Der Dichter Ala ad-Din Mansur-Schirazi berichtet in seinem Gedicht »Über das Erscheinen eines feurigen Sternenkörpers«, dass der Komet in der ersten Nacht des heiligen Monats Ramadan erschien und »durch die neun Abschnitte der vergänglichen Welt zog … / wie eine Turbanschärpe über die Sterne des Kleinen Bären«.

Takiyuddin, der auch Hofastrologe war, deutete den Kometen als Glückszeichen und sagte einen Sieg der Osmanen im Kampf gegen die Perser vorher. Doch der Anführer der religiösen muslimischen Hierarchie, Scheich ul-Islam Kadizade, überzeugte Sultan Murat, dass das Observatorium dem Reich Unglück bringen werde, weil es die Geheimnisse der Natur ausspähe. Dies hätte sich am Schicksal des Ulugh Beg gezeigt, der, so argumentierte er, nach der Veröffentlichung seiner Planetentafeln ermordet wurde. Ala ad-Din Mansur beschreibt, wie der Sultan Takiyuddin ausfragte: »Gelehrte haben darüber Nachfragen angestellt. Oh, Sie gelernter Mann von Bewusstheit und Perfektion, informieren Sie mich noch einmal über den Fortschritt und die Ergebnisse Ihrer Beobachtungen. Haben Sie durch Haarspalterei die Knoten des Firmaments entwirrt?«

Takiyuddin antwortete: »Im *Zij* von Ulugh Beg gab es viele zweifelhafte Punkte, oh edler Herrscher. Jetzt wurden die Tafeln durch

Beobachtungen korrigiert und das Herz des Feindes ist vor Gram verwelkt und in Knäueln verknotet. Von jetzt an, befiehl die Aufhebung des Observatoriums.«

In den letzten Zeilen seines Poems schildert Ala ad-Din Mansur das Schicksal der Sternwarte in Konstantinopel: »Der König der Könige rief den Anführer der Hellebardiere seiner Leibgarde und wies ihn zur Zerstörung und Abschaffung des Observatoriums an. Es wurde der Befehl gegeben, dass der Admiral umgehend zum Marinewaffenamt eilen und das Observatorium sofort in Trümmer gelegt und von seinem Apogäum auf sein Perigäum heruntergerissen werden sollte.«

Während der Herrschaft des Sultans Selim III. (reg. 1789–1807) führten Modernisierungsbestrebungen des osmanischen Heeres 1793 zur Einrichtung einer Schule für Artillerieoffiziere, die ursprünglich Mühendishane-i Cedide (militärische Ingenieurakademie) hieß. Der Lehrplan umfasste Kurse zu Mathematik, Geographie und Astronomie, wie aus den Vorlesungsaufzeichnungen von Hüseyin Rifki Tamani ersichtlich, der in den Jahren 1806 und 1817 Schuldirektor war. Doch Tamanis Lehre der Astronomie beruhte immer noch auf dem alten ptolemäischen Modell, wie er am Schluss einer Vorlesung bemerkte: »Es sei bekannt gegeben, dass das erscheinende Universum eine Kugel ist und als deren Zentrum die Erde hat … Die Sonne und der Mond rotieren um den Globus und schieben die Tierkreiszeichen hin und her.«

Ishak Efendi (1774–1836), der 1830 die Leitung des Mühendishane übernahm, verfasste ein vierbändiges Kompendium über die zeitgenössische Wissenschaft in Europa, darunter auch die Arbeiten von Descartes und Newton. 257 Seiten des vierten Bandes sind der Astronomie gewidmet. Dort heißt es, dass die kopernikanische Theorie viele astronomische Erscheinungen wesentlich einfacher erklären kann als das alte geozentrische Modell des Ptolemaios. Dieser Band wurde zunächst 1834 in Istanbul veröffentlicht und dann elf Jahre später in Kairo nachgedruckt. Er blieb bis zum Ende des Osmanischen Reiches die wichtigste Wissensquelle für jeden der sich für die neue, im Abendland entwickelte Wissenschaft interessierte.

Zur ersten Gründung einer osmanischen Hochschule, des Darülfünun, kam es während der Herrschaft des Sultans Abdülmecid (reg. 1839–1861) als Teil einer Reformbewegung mit Namen Tanzimat. Das Darülfünun, das 1869 seine ersten Studenten immatrikulierte, wurde 1900 nach dem Vorbild amerikanischer und europäischer Universitäten restrukturiert, darunter auch die naturwissenschaftliche und die medizinische Fakultät. Nach der Gründung der Türkischen Republik im Jahr 1923 wurde das Darülfünun Teil der Universität Istanbul, und das alte Mühendishane wurde als Technische Universität Istanbul neu organisiert.

Eine weitere in der zweiten Hälfte des 19. Jahrhunderts gegründete wissenschaftliche Einrichtung war das Rasathane-i Amire, ein Observatorium, das allerdings vorwiegend als Wetterstation diente. Türkische Astronomen begannen dort 1910 Beobachtungen durchzuführen, und kurz nach der Gründung der Republik wurde es an seinen jetzigen Standort in Kandilli am asiatischen Ufer des Bosporus verlegt, wo es weiterhin auch als Wetterstation und als Erdbebenforschungszentrum dient.

Heute ist das Rasathane Teil der Boğaziçi-Universität, die sich 1971 in den Gebäuden und auf dem Gelände des alten Robert College ansiedelte, das 1863 auf der europäischen Seite des Bosporus als amerikanische Mission gegründet worden war. Zwischen 1960 und 1976 lehrte ich Physik an diesen beiden Hochschulen, und seit 1993 unterrichte ich Astronomie und Wissenschaftsgeschichte an der Boğaziçi-Universität, einer Institution, der der Brückenschlag zwischen dem Osmanischen Reich und der Republik Türkei, der alten und der neuen Türkei, gelungen ist.

Eines der wichtigsten Nachschlagewerke in meinem Kurs der Wissenschaftsgeschichte ist ein enzyklopädisches Werk, das Boris A. Rosenfeld und Ekmeleddin Ihsanoğlu im Jahr 2003 in Istanbul veröffentlichten. Es trägt den Titel *Mathematicians, Astronomers and Other Scholars of Islamic Civilisations and Their Works (7th–14th Centuries)* – Mathematiker, Astronomen und andere Gelehrte islamischer Kulturen und ihre Werke (7.–14. Jahrhundert). Allgemein unter der Abkürzung *MASI* bekannt, bietet dieses Werk einen Überblick über 1711 Wissenschaftler, deren Manuskripte gemeinsam mit 1376 Werken unbekannter Verfasser in Bibliotheken in 50 Ländern aufbewahrt werden. Die Mehrzahl der Handschriften ist auf Arabisch verfasst, dazu einige auf Persisch, Syrisch, Sanskrit, Tadschikisch, Urdu, Alttürkisch, Tatarisch, Usbekisch und in anderen asiatischen Sprachen. Das *MASI* verzeichnet sie unter folgenden Themen: Mathematik, Astronomie, Mechanik, Physik, Musik, mathematische Geographie, beschreibende Geographie, Chemie und Alchemie, Mineralogie, Meteorologie, Zoologie, Botanik, Philosophie und Theologie, Literatur und Sprachwissenschaft sowie Mystik. 29 der Bibliotheken, wo die im MASI aufgeführten Manuskripte aufbewahrt sind, befinden sich im Irak, 27 im Iran, 25 in der Türkei, 15 in Indien, 10 in Ägypten, 9 in Afghanistan, 8 jeweils in Marokko und Russland, 6 jeweils im Libanon, in Spanien und Syrien, 5 jeweils in Pakistan, Usbekistan und im Jemen, 4 jeweils in Tadschikistan und in der Ukraine, 2 jeweils in Algerien, Aserbaidschan, Bosnien-Herzegowina, Portugal, Saudi-Arabien, Tunesien, und jeweils 1 in Armenien, Bangladesch, Bulgarien, Georgien, Indonesien, Kasachstan, Libyen, Nigeria, Katar und Turkmenistan, um nur die Länder zu nennen, wo einst Zentren der islamischen Wissenschaften waren.

Sechzehn der im MASI genannten türkischen Bibliotheken befinden sich in Istanbul, darunter eine am Rasathane in Kandilli, die nur osmanischen Astronomen gewidmet ist. Einige meiner Studenten der Wissenschaftsgeschichte haben Seminararbeiten über diese Handschriften in der Bibliothek am Rasathane angefertigt, insbesondere zu den Beobachtungen von Takiyuddin, dem Begründer der ersten Sternwarte in Istanbul.

Die umfangreichste Sammlung islamischer Handschriften in Istanbul befindet sich in der Bibliothek der Süleymaniye-Moschee, die 1550–1555 von Sultan Süleyman dem Prächtigen (reg. 1520–1566) erbaut wurde. Die älteste Handschrift in der Süleymaniye-Bibliothek geht auf den Anfang der islamischen Renaissance in Bagdad zurück. Da aber alle Werke entweder auf Arabisch, Alttürkisch oder in anderen Sprachen verfasst sind, die weder ich noch meine Studenten verstehen, müssen wir auf die wenigen Übersetzungen ins moderne Türkisch oder Englische zurückgreifen oder auf akademische Überblickswerke zur islamischen Wissenschaft wie das MASI.

Meine Studenten wundern sich immer, warum die islamische Wissenschaft nach der Zeit des Takiyuddin einen so jähen Niedergang erlebte, während sein Zeitgenosse Tycho Brahe zur gleichen Zeit im Abendland die Grundlagen für die neue Astronomie schuf. Auf ihrer Suche nach einer Antwort stellen sie meist überrascht fest, dass auch lange nach Takiyuddin noch islamische Astronomen den Himmel beobachteten. Ich erkläre ihnen dann den Grund: Die Astronomie war im Islam als Wissenschaftszweig immer anerkannt, weil die Astronomen ihre Fähigkeiten einsetzten, um die Monate des muslimischen Kalenders und die fünf Zeiten für das tägliche Gebet zu ermitteln, die *Qibla* für die Ausrichtung der Moscheen nach Mekka zu bestimmen, die Eklipsen der Sonne und des Mondes vorherzusagen und die Planetenbewegungen zu verfolgen, damit sie Horoskope für ihre Dienstherren, die Kalifen, Khans, Emire und Sultane, erstellen konnten. Ala ad-Din Mansur schilderte, wie Takiyuddin zwar seine Haut retten konnte, indem er den Kometen von 1578 als äußerst günstiges Omen für Sultan Murat III. deutete, aber dafür sein Observatorium opfern musste.

Und so stellten die islamischen Astronomen nach wie vor ihre Beobachtungen an, wie es ihre arabischen und griechischen Vorgänger getan hatten, während ihre europäischen Zeitgenossen eine geistige Revolution auslösten, die zur Entstehung der modernen

Wissenschaft führte. Dadurch geriet die islamische Welt ins Hintertreffen, während seine riesigen Reiche untergingen und zerfielen. Was blieb, war die verblassende Erinnerung an die Leistungen der Physiker, Ärzte, Mathematiker, Geographen und Astronomen, die dem Abendland neben ihren eigenen Fortschritten das Wissen der alten Griechen vermacht hatten.

17

VERLORENES WISSEN – WIEDERGEFUNDENES WISSEN

Mit dem Untergang der griechisch-römischen Kultur gingen viele große Werke der antiken Wissenschaft verloren. Doch einige dieser Klassiker sind im letzten Jahrhundert aus den Untiefen der Geschichte geborgen worden, in einigen Fällen auf wundersame Weise.

Im Jahr 1900 ankerte ein griechisches Schwammfischerboot von der Insel Symi vor der nördlichen Küste des abgelegenen Inselchens Antikythera, um dort einen Sturm abzuwarten. Als sich der Sturm gelegt hatte, tauchte ein Fischer namens Elias Stadiatos auf der Suche nach Schwämmen hinab und fand auf dem Meeresboden ein Schiffswrack. Verblüfft und aufgeregt erzählte er, dass er eine Menge toter nackter Frauen gesehen habe, die sich, nachdem man sie an die Oberfläche gebracht hatte, als griechisch-römische Bronzestatuten erwiesen. Außerdem fand man in dem Wrack Schmuck, Bronze, Keramik, Möbel und mit Wein gefüllte Amphoren. Das Schiff stammte aus dem 1. Jahrhundert v. Chr. und war vermutlich von Rhodos nach Italien unterwegs gewesen. Eine der Bronzestatuen, der sogenannte Jüngling von Antikythera, steht jetzt im Archäologischen Nationalmuseum in Athen. Dargestellt ist ein nackter junger Mann, den man für Paris hält, den Sohn von König Priamos von Troja, möglicherweise von dem berühmten Bildhauer Euphranor ausgeführt, der in der Mitte des 4. Jahrhunderts v. Chr. in Athen wirkte.

Fast übersehen hatte man unter den aus dem Wrack geborgenen Dingen einen Holzkasten etwa in der Größe eines Buches. Als man ihn öffnete, kam ein zu formlosen Klumpen grünen Metalls erodierter Mechanismus aus Bronzezeigern und -rädern zum Vorschein. Der Holzkasten zerfiel bald zu Staub, doch die Bronzezeiger und -räder sind erhalten und wurden schließlich bei einer Röntgenanalyse auf ihre Funktion untersucht. Der sogenannte Mechanismus oder Computer von Antikythera erwies sich als ausgeklügeltes Räderwerk, ein astronomischer Apparat, der, wie der Wissenschaftshistoriker Derek De Solla Price von der Yale University zeigte, die Bewegungen der Sonne, des Mondes und der sichtbaren Planeten abbildete. Heute nennt man einen solchen Mechanismus Planetarium, bei den alten Griechen hieß er *Sphairopoiia*, ein Gerät zur Darstellung der Bewegungen der Himmelskörper. Eine neuere Untersuchung von Michael Wright, Kurator am Science Museum in London, ergab, dass das Zahnradgetriebe die Epizykeltheorie der Planetenbewegungen abbildete, die Apollonios von Perge abgeleitet und Ptolemaios aus Alexandria angewendet hatte.

Einige klassische Quellen nennen Archimedes als Erfinder zweier mechanischer Gerätschaften aus Bronze zur Reproduktion der Bewegung der Himmelskörper. Laut einer dieser Quellen, dem Mathematiker Pappos von Alexandria, verfasste Archimedes eine heute verlorene Abhandlung mit dem Titel *Peri Sphairopoiias* (Über das Herstellen von Sphären), in der er einen Himmelsglobus beschreibt, den er zur Darstellung der Bewegungen der Sonne und des Mondes und zur Demonstration von Sonnen- und Mondfinsternissen angefertigt hatte. Die zweite Erfindung des Archimedes war ein Planetarium, das die Planetenbewegungen wie auch die Bewegungen der Sonne und des Mondes abbildete.

Einem Bericht Ciceros zufolge nahm der römische Feldherr Marcellus nach der Eroberung von Syrakus 212 v. Chr. beide Gerätschaften als Beute mit nach Rom. Den Himmelsglobus stellte er im Tempel der Vesta für alle sichtbar auf. Der Dichter Ovid beschreibt um

8 n.Chr. den Globus in seinen Versen über die Göttin und ihr Heiligtum:

> Kennst du die Kugel, das Werk syrakusischer Kunst in geschlossnem Luftraum schwebend, ein Bild, klein, vom unendlichen All?
> Gleich fern steht von der Höh', gleich fern von der Tiefe die Erde;
> dies zu bewirken vermag nur die gerundete Form.

Das Planetarium gelangte schließlich in den Besitz eines Enkels des Marcellus, der es dem Astronomen Gaius Sulpicius Gallus zeigte. Gallus sagte anhand des Planetariums eine Mondfinsternis am 21.Juni 168 v.Chr. voraus, und Cicero berichtet, dass er auch Sonnenfinsternisse simulierte, obwohl er natürlich nicht vorhersagen konnte, ob diese in Rom zu sehen sein würden.

Andere Astronomen taten es Archimedes gleich, und so sind verschiedene mechanische Geräte für die Darstellung der Himmelsbewegungen aus der byzantinischen und der islamischen Ära sowie aus dem Europa des Spätmittelalters erhalten. Cicero schreibt über »die Himmelskugel, die jüngst unser Freund Posidonius verfertigt hat, auf der die einzelnen Umdrehungen dieselben Erscheinungen an Sonne, Mond und den fünf Wandelsternen darstellen, die sich am Himmel an jedem Tage und in jeder Nacht zeigen …« Cicero hat dieses Planetarium vermutlich selbst gesehen, denn als junger Mann besuchte er auf Rhodos die Vorlesungen des Poseidonios. Somit ist es durchaus möglich, dass es sich bei dem Mechanismus von Antikythera um das von Poseidonios angefertigte Planetarium handelt, denn das Schiff, in dem es gefunden wurde, war wie erwähnt wahrscheinlich auf dem Weg von Rhodos nach Italien.

Der Fund von Antikythera war die erste von zwei dramatischen Wiederentdeckungen verlorener Werke der griechischen Wissenschaft Anfang des 20.Jahrhunderts. Die zweite ereignete sich 1906, als der dänische Gelehrte Johan Ludvig Heiberg in einer griechischen Kirche in Istanbul neben anderen antiken Handschriften ein Exemplar eines verlorenen Werks von Archimedes entdeckte. Am

16. Juli 1907 berichtete die *New York Times* auf der Titelseite über Heibergs bemerkenswerten Fund, während die Londoner *Times* kein Wort darüber verlor.

Heiberg machte seine Entdeckung in der Georgskirche (Hagios Georgios) im alten griechischen Viertel Fener am Goldenen Horn. Als Metochion, d. h. Tochterkirche, des Heiligen Grabes gehört Hagios Georgios zum Patriarchat von Jerusalem, nicht zu dem von Konstantinopel. Heiberg entdeckte dort unter den Handschriften die jetzt als Kodex C bekannte *Methodenlehre* des Archimedes, die fast 2000 Jahre lang verloren war.

Newton und seine europäischen Vorgänger wussten, was sie Archimedes verdankten, – Galilei erwähnt ihn über 100 Mal –, denn sein rigoros mathematischer Ansatz zur Erforschung der Natur diente als Vorbild für die neuen Naturwissenschaften, die den aussterbenden Aristotelismus des Mittelalters ablösten. Marshall Clagett schreibt über den Einfluss des Archimedes auf Galilei und dessen Zeitgenossen: »Archimedes' Bedeutung für die Gründer der frühen modernen Wissenschaft lag in der Anwendung der Mathematik auf die Behandlung von physikalischen Problemen sowie die Originalität und Fruchtbarkeit seiner mathematischen Methoden.«

Doch »anders als die *Elemente* des Euklid, die in zahlreichen griechischen und arabischen Manuskripten überliefert sind, haben uns die Schriften von Archimedes an einem seidenen Faden erreicht«, berichtet Carl B. Boyer in seiner Geschichte der Mathematik. »Fast alle Exemplare stammen von einem einzigen griechischen Original aus dem 16. Jahrhundert ab, das wiederum eine Kopie eines Originals aus dem 9. oder 10. Jahrhundert war.« Und die *Methodenlehre*, eines der wichtigsten Werke des Archimedes, glaubte man in der späten Antike verloren. Umso erstaunlicher ist es, dass Heibergs sensationelle Wiederentdeckung wenige Jahre später wieder aus dem Blickfeld geriet. Erst Ende des 20. Jahrhunderts tauchte das Manuskript wieder auf, unter Begleitumständen, die an einen Spionagethriller erinnern.

Anfang des 6. Jahrhunderts waren nur drei Werke des Archimedes allgemein bekannt, nämlich die in der von Eutokios von Askalon herausgegebenen Ausgabe: *Das Gleichgewicht ebener Flächen, Über Kugel und Zylinder* und die unvollendete *Kreismessung.* Im 9. Jahrhundert fügte Leon der Mathematiker die Werke *Über Konoide und Sphäroide, Über Spiralen, Über die Quadratur der Parabel,* das *Buch der Lemmata* und *Die Sandzahl* hinzu. Leons Sammlung, als Kodex A bekannt, enthielt somit alle bis jetzt bekannten Werke von Archimedes auf Griechisch, außer *Über schwimmende Körper, Die Methodenlehre, Stomachion* und das *Rinderproblem.* Es war eine der beiden Handschriften, die Wilhelm von Moerbeke vorlagen, als er 1269 seine Archimedes-Übersetzung anfertigte. Auf die andere als Kodex B bekannte Sammlung, auch Codex mechanicorum genannt, die nur Werke zur Mechanik enthielt – *Das Gleichgewicht ebener Flächen, Über die Quadratur der Parabel* und *Über schwimmende Körper* (und möglicherweise *Über Spiralen*) – findet sich der letzte Verweis im 14. Jahrhundert, dann verschwand sie. Somit war, wie Marshall Clagett schreibt, Kodex A »die – direkte oder indirekte – Quelle aller Renaissance-Exemplare von Archimedes«.

Clagett hält es für unwahrscheinlich, dass die arabischen Mathematiker eine ähnlich vollständige Sammlung der Werke des Archimedes wie Kodex A besessen hätten. Den Arabern lagen, laut Clagett, die folgenden Werke vor: *Über Kugel und Zylinder* in einer Übersetzung vom Anfang des 9. Jahrhunderts, von Ishaq ibn Hunayn und Thabit ibn Qurra überarbeitet und von Nasir ad-Din al-Tusi neu herausgegeben; *Über Kreismessung,* übersetzt von Thabit ibn Qurra und neu herausgegeben von al-Tusi; ein Fragment von *Über schwimmende Körper;* möglicherweise *Über die Quadratur der Parabel,* wie durch Forschungen zu diesem Werk von Thabit ibn Qurra gezeigt wird; einige indirekte Materialien aus *Über das Gleichgewicht ebener Flächen,* nach Angaben in einigen arabischen Übersetzungen griechischer Werke zur Mechanik; sowie andere von arabischen Mathematikern Archimedes zugeschriebene Schriften, von denen keine griechische Vorlage mehr existiert, wie das *Buch der Lemmata, Die Teilung des Kreises in sieben gleiche Teile* und *Über die Eigenschaften des rechtwinkligen Dreiecks.*

Ins Abendland gelangte das Wissen des Archimedes einzig und allein über Byzanz und den Islam, denn von früheren Übersetzungen, wie Cassiodor sie Boëthius zuschreibt, gibt es keine Spur. Die Übersetzung archimedischer Texte aus dem Arabischen begann im 12. Jahrhundert mit *Über die Kreismessung,* einer fehlerhaften Übertragung, möglicherweise von Plato von Tivoli. Eine deutlich überlegene Übersetzung desselben Werks stammt von Gerhard von Cremona, der eine auf Thabit ibn Qurra zurückgehende arabische Vorlage verwendete. Die frühesten bekannten arabischen Übersetzungen der Werke des Archimedes stammen von Thabit ibn Qurra, darunter auch alle nicht auf Griechisch erhaltenen Werke, wie das *Buch der Lemmata, Über die Berührung von Kreisen* und *Über Dreiecke.*

Die von Wilhelm von Moerbeke 1269 für seine Übersetzungen verwendeten Texte – die Kodizes A und B – waren aus der Sammlung der normannischen Könige von Sizilien in die Vatikanische Bibliothek gelangt. Wilhelm übersetzte alle Werke in den Kodizes A und B, außer *Die Sandzahl* und Eutokios' *Kommentar über die Kreismessung. Über die Methode,* das *Rinderproblem* oder *Stomachion* übersetzte Wilhelm von Moerbeke nicht, weil diese nicht in den Kodizes A und B enthalten waren.

Um 1450 fertigte Jakob von Cremona mit Förderung des Papstes Nikolaus V. eine neue lateinische Übersetzung der Werke des Archimedes an. Jakob arbeitete ausschließlich nach Handschrift A, deshalb gehört *Über schwimmende Körper* nicht dazu, aber dafür umfasste es die beiden Werke in Kodex A, die Wilhelm von Moerbeke weggelassen hatte, *Die Sandzahl* und Eutokios' *Kommentar über die Kreismessung.* Kurz nachdem Jakob seine Übersetzung fertig gestellt hatte, schickte der Papst ein Exemplar an Nikolaus Cusanus, der sie für seine 1453–1454 verfassten *Mathematischen Ergänzungen* (De mathematicis complementis) verwendete. Es existieren mindestens neun Exemplare dieser Übersetzung, von denen eine von Regiomontanus korrigiert wurde.

Kodex A selbst wurde mehrmals kopiert: Eine Abschrift fertigte Kardinal Bessarion zwischen 1449 und 1468 an, eine andere der Humanist Giorgio Valla, der sich in seinem Buch *De expetendis et fugiendis rebus* darauf stützte, das 1501 in Venedig gedruckt wurde. Wie erwähnt besaß Kopernikus ein Exemplar von Vallas Werk, in dem er in Archimedes' *Sandzahl* über die von Aristarch von Samos vorgelegte heliozentrische Theorie gelesen haben muss, die seine Theorie um 1800 Jahre vorwegnahm.

Seit Mitte des 16. Jahrhunderts wuchs das Interesse an Archimedes, sein Einfluss zeigt sich in den Werken von Commandino, Simon Stevin, Kepler, Galilei, Torricelli, Leibniz, Newton und vielen anderen. Es wurden Übersetzungen ins Italienische, Französische und Deutsche angefertigt, und 1675 wurde eine neue lateinische Ausgabe von Isaac Barrow veröffentlicht. Ende des 18. Jahrhunderts erstellte der italienische Mathematiker Giuseppe Torelli (1721–1784) eine neue Ausgabe des griechischen Texts mit lateinischer Übersetzung, die nach seinem Tod von Abram Robertson in Oxford veröffentlicht wurde.

Trotzdem blieben einige Schriften des Archimedes verschollen, vor allem *Die Methodenlehre*, über deren Existenz man nur aus Verweisen bei Heron von Alexandria und in dem byzantinischen Handbuch aus dem 10. Jahrhundert *Suda* wusste, demzufolge Theodosius von Bithynien einen Kommentar dazu schrieb, der allerdings auch verloren ist.

Die von Heiberg entdeckten Handschriften gehörten zu einem Palimpsest, in diesem Falle einem Euchologion, einem Gebetbuch, das aus wiederverwendeten Pergamentblättern bestand, deren Originaltext weggekratzt und dann mit dem neuen liturgischen Dokument überschrieben worden war. Auf das Euchologion aufmerksam geworden war Heiberg durch einen 1899 von dem griechischen

Gelehrten A. Papadopoulos-Kerameus veröffentlichten Bericht, die Katalogbeschreibung einer Handschriftensammlung in der Georgskirche in Istanbul. Papadopoulos-Kerameus war aufgefallen, dass die unterliegende Schrift des Palimpsests M355 einen mathematischen Text enthielt, von dem er einige Zeilen in dem Katalog abdruckte. Heiberg arbeitete damals an seiner eigenen Ausgabe des Archimedes und erkannte die Zeilen als aus einem Werk von Archimedes stammend. Er reiste nach Istanbul und untersuchte das Palimpsest, zuerst 1906 und dann noch einmal zwei Jahre später, als er die Handschrift mit Hilfe der neu erfundenen ultravioletten Lampe photographierte. 1907 berichtete er in einem Artikel in der wissenschaftlichen Zeitschrift *Hermes* ausführlich über seine Entdeckung, und 1910–1915 arbeitete er seine Erkenntnisse in die zweite Auflage seines dreibändigen Grundlagenwerks zu Archimedes ein. Inzwischen hatte T. L. Heath *Über die Methode* ins Englische übersetzt und es der Neuauflage seines Buches *Die Werke des Archimedes,* veröffentlicht 1912, als Anhang hinzugefügt.

Papadopoulos-Kerameus zufolge enthielt das Palimpsest eine Inschrift aus dem 16. Jahrhundert, die besagte, dass es dem alten Kloster St. Savas in Palästina gehörte, auf Arabisch Mar Saba genannt, das im Jahr 483 nur wenige Kilometer von Bethlehem entfernt am Westufer des Jordans gegründet worden war. Zum Kloster gehörte ein Skriptorium, dessen Sammlung über 1000 Werke umfasste. Als das griechisch-orthodoxe Patriarchat von Jerusalem Mar Saba im Jahr 1625 kaufte, bestand es nur noch aus Ruinen, bevor man 1688 mit der Restaurierung begann. Es wird vermutet, dass das Euchologion und andere antike Handschriften von Mar Saba Anfang des 19. Jahrhunderts nach Istanbul ausgelagert und im Metochion des Heiligen Grabes aufbewahrt wurden.

In den frühen 1840er-Jahren besuchte der deutsche Bibelwissenschaftler Konstantin von Tischendorf das Metochion. In seiner *Reise in den Orient* (Leipzig 1846) berichtet er, dort nichts Besonderes gefunden zu haben, mit Ausnahme eines Palimpsests, dessen Seiten auch ein wenig Mathematik enthielten. Eine Seite des Euchologions hatte er offenbar gestohlen, denn 1879 wurde ein Blatt des Palimpsests aus seinem Nachlass an die Bibliothek der Cambridge University verkauft. Nigel Wilson, ein Professor am Lincoln College in Oxford, untersuchte es 1971 und stellte fest, dass es Teil des sogenannten Archimedes-Palimpsests ist.

Kurz nach Heibergs Entdeckung verschwand das Palimpsest aus dem Metochion, vermutlich wurde es in den Wirren des untergehenden Osmanischen Reiches und der Gründung der Türkischen Republik 1923 gestohlen. Anfang der 1920er-Jahre erwarb Marie Louis Sirieix, ein französischer Geschäftsmann und Beamter, das Palimpsest und schenkte es 1946 seiner Tochter Anne Guersan zur Hochzeit, die das Euchologion restaurieren und ihm nachweislich gefälschte Bilder der vier Evangelisten hinzufügen ließ, wie Nigel Wilson schreibt, ein »katastrophal fehlgeleiteter Versuch, die Handschrift zu verschönern, vermutlich um ihren Wert in den Augen eines möglichen Käufers zu erhöhen«. Die Guersans ließen das Palimpsest am 29. Oktober 1998 bei Christie's in New York versteigern, wo es ein anonymer Käufer für 2 Millionen Dollar erwarb. Das Jerusalemer Patriarchat focht die Auktion an, doch ein New Yorker Gericht entschied, dass der Verkauf legal war.

Im Januar 1999 übergab der anonyme Käufer das Palimpsest dem Walters Art Museum in Baltimore zur Aufbewahrung und stellte Gelder für Konservierung, digitale Erschließung und wissenschaftliche Untersuchung der Handschrift zur Verfügung. Eine Gruppe von Wissenschaftlern des Rochester Institute of Technology und der Johns Hopkins University untersuchte den zuunterst liegenden Text mit digitalen Bildgebungsverfahren. Im Mai 2005 wurde das Palimpsest im Linearbeschleunigerzentrum der Stanford University in Kalifornien einer hochkonzentrierten Röntgenbestrahlung unterzogen, wodurch Teile dieses Texts lesbar wurden, die zuvor nicht entschlüsselt werden konnten.

2002 entzifferte Professor John Lowden vom Londoner Courtauld Institute ein Kolophon mit dem Datum der Widmung des auf den wiederverwerteten alten Handschriften geschriebenen Euchologions, dem 13. April 1229. Das Palimpsest, heute als Kodex C bezeichnet, enthält Teile von sieben Abhandlungen von Archimedes sowie Seiten von vier anderen Werken, darunter die des attischen Redners Hypereides aus dem 4. Jahrhundert v. Chr. Die archimedischen Schriften umfassen den fast vollständigen Text der zuvor unbekannten *Methodenlehre*; einen großen Teil von *Über schwimmende Körper*, dessen griechisches Original verschollen war; eine Seite aus dem *Stomachion*, einem weiteren unbekannten Werk von Archimedes; und Fragmente von *Über Kugel und Zylinder, Über Spiralen, Über Kreismessung* und *Über das Gleichgewicht ebener Flächen*. Somit überschneidet sich Kodex C hinsichtlich mehrerer Werke mit den Kodizes A und B: Mit A hat es *Über Spiralen, Über Kugel und Zylinder* und *Über Kreismessung* gemeinsam, mit B *Über schwimmende Körper*. Untersuchungen zufolge wurden die archimedischen Texte im Kodex C in der zweiten Hälfte des 10. Jahrhunderts aufgeschrieben, mit hoher Wahrscheinlichkeit in Konstantinopel.

Das bei Weitem wichtigste dieser Werke ist die *Methodenlehre*, mit vollständigem Titel *Des Archimedes Methodenlehre von den mechanischen Lehrsätzen, an Eratosthenes*. Im Gespräch mit Eratosthenes, dem Leiter der Bibliothek von Alexandria, erklärt Archimedes, wie er zu den Schlüssen gelangte, aus denen er seine Lehrsätze ableitete: »... so habe ich es für gut befunden, dir auseinanderzusetzen und in dieses selbe niederzulegen eine eigentümliche Methode, wodurch die Möglichkeit gegeben werden wird, eine Anleitung herzunehmen, um einige mathematische Fragen durch die Mechanik zu untersuchen.«

Archimedes verwendete eine mechanische Methode, bei der er geometrische Figuren mathematisch »abwog«, als wären sie Gewichte auf einer Waage, und eine Figur mit unbekannter Fläche mit einer anderen verglich, deren Fläche schon bekannt war. Dann bestimmte er unter Verwendung des Hebelgesetzes die unbekannte

Fläche aus der bereits bekannten Fläche. Schließlich erweiterte er die Methode auf drei Dimensionen zur Bestimmung von Volumen, wie er im zweiten Merksatz der *Methodenlehre* darlegt: »Der Zylinder, dessen Grundfläche dem größten Kreis einer Kugel gleich ist, die Höhe aber dem Durchmesser des Kreises, ist 3/2 der Kugel [der Fläche nach].« Es war sein Lieblingslehrsatz, den er auch in einem Relief auf seinem Grabstein darstellen ließ. Cicero entdeckte diesen Stein 75 v. Chr., als er Quästor in Sizilien und das Relief noch sichtbar war.

Archimedes verwendete seine mechanische Methode zur Bestimmung der Volumen von drei Rotationskörpern – dem Ellipsoid, dem Paraboloid und dem Hyperboloid – sowie den Schwerpunkten des Paraboloids und der Halbkugel. Er beschloss die Arbeit, indem er das Volumen zweier Körper bestimmte, erstens das eines durch zwei Flächen aus einem geraden Kreiszylinder geschnittenen Keils und zweitens das Volumen, das zwei gleichen geraden Zylindern gemeinsam ist, die einander im rechten Winkel schneiden. All diese Ergebnisse wurden im Abendland erst nach der Erfindung der Infinitesimalrechnung durch Newton und Leibniz bekannt, über 1900 Jahre nachdem Archimedes dasselbe in seiner verlorenen *Methodenlehre* getan hatte.

Die Abhandlung *Über schwimmende Körper*, die Archimedes' berühmtes Prinzip des Auftriebs enthält, die Grundlage der Hydrostatik, war vorher nur aus einer 1269 von Wilhelm von Moerbeke angefertigten lateinischen Übersetzung bekannt. Doch da der Text im Palimpsest des Archimedes erhebliche Lücken aufweist, muss man immer noch Wilhelms Übersetzung zu Rate ziehen, um die unentzifferbaren und fehlenden Teile des griechischen Texts zu ergänzen.

Aus dem *Stomachion* wurde nur eine Seite in dem Palimpsest verwendet, die erste, die die letzte Seite des Euchologions wurde. Ansonsten ist die einzige Quelle für diese Arbeit ein kurzer Abschnitt in einem arabischen Text, der 1899 in Berlin veröffentlicht wurde und von einem Werk des Archimedes mit dem Titel *Stomachion* abgeleitet worden sein soll. Gemeinsam reichen diese beiden Quellen nicht aus, um Archimedes' Beweggründe für die Abfassung dieser Arbeit zu verstehen, die eine Art geometrisches Spiel zu sein scheint. Der Name *Stomachion* bedeutet wörtlich: »das, was sich auf den Magen bezieht«, und es gibt Vermutungen, dass das Spiel so genannt wurde, weil es so schwierig ist, dass es einem Bauchschmerzen bereiten könnte. In seinem Standardwerk zu Archimedes schlussfolgert E. J. Dijksterhuis aus dem Studium der antiken Quellen, das *Stomachion* sei »eine Art Spiel, das mit Elfenbeinstücken in der Form einfacher planimetrischer Figuren gespielt wird, wobei das Ziel darin besteht, diese Stücke auf eine Weise zusammenzupassen, dass die verschiedenen Formen der Menschen, Tiere oder anderer Gegenstände imitiert wurden.« Er stellt fest, dass das Spielbrett bei den Römern anscheinend als *loculus Archimedius,* Archimedische Kiste, bekannt war und dass es »aus vierzehn Teilen Elfenbein in verschiedener Form bestand, dass diese Teile zusammen ein Rechteck formten, dass es möglich war, aus diesen alle Sorten von Figuren zu bilden (ein Schiff, ein Schwert, einen Baum, einen Helm, einen Dolch, eine Säule), und dass dieses Spiel als sehr lehrreich für Kinder galt, weil es ihr Gedächtnis stärkte.«

Aus der einzelnen Seite des *Stomachion,* die im Palimpsest erhalten war, kann man schließen, dass Archimedes der erste Autor auf einem Gebiet der Mathematik war, das wir jetzt als Kombinatorik bezeichnen. In diesem Fall ging es darum, die Anzahl der verschiedenen Möglichkeiten zu bestimmen, die Teile auf dem Spielbrett zusammenzufügen. Eine ganz neue Analyse zeigt, dass es bei 14 Teilen auf dem Brett 17 152 Anordnungsmöglichkeiten gibt. Ob schon Archimedes diese Lösung gefunden hatte, ist nicht bekannt, aber jeder, der seine Arbeiten kennt, würde darauf wetten.

Das Palimpsest des Archimedes umfasst derzeit 174 Seiten, drei weniger als zu Heibergs Lebzeiten, wobei die fehlenden Blätter vermutlich entfernt wurden, als das Euchologion aus dem Metochion gestohlen wurde. Mit Ausnahme von 15 sind alle Seiten des darunterliegenden Texts entziffert worden; auch diese 15 werden noch am Linearbeschleunigerzentrum in Stanford analysiert. Es dauert ungefähr zwölf Stunden, eine Seite unter Verwendung eines Röntgenstrahlbündels mit der Dicke eines menschlichen Haars zu durchleuchten. Sobald eine weitere Seite analysiert ist, wird sie der Öffentlichkeit über das Internet zugänglich gemacht.

Nachdem ich mir dort die neueste Seite angesehen hatte, ging ich wieder einmal in die Georgskirche, die ich seit der Wiederentdeckung des Palimpsests des Archimedes nicht besucht hatte. Zuerst ging ich in das Büro des Jerusalemer Patriarchen im Hauptsitz des ökumenischen Patriarchen von Konstantinopel, und nachdem ich durch das Labyrinth der Bürokratie gefunden hatte, erhielt ich schließlich ein Papier mit der Erlaubnis zum Besuch des Metochions.

Die Kirche befindet sich auf einem Hügel über dem Goldenen Horn innerhalb einer ausgedehnten Mauerbefestigung, völlig abgeschieden von der tosenden Stadt um sie herum. Der Haupteingang ist mit einem wuchtigen eisenbewehrten Holztor verschlossen. Ich klingelte mehrere Male, und als sich niemand rührte, nahm ich einen Stein und hämmerte an das Tor, bis es sich quietschend öffnete und ein alter Priester mit weißem Bart den Kopf herausstreckte. Ich sprach ihn auf Griechisch an und zeigte ihm das Papier, das ich im Patriarchat erhalten hatte. Er ließ mich ein und ging den Schlüssel zur Kirche holen.

Die Kirche selbst war seit meinem letzten Besuch restauriert worden, doch ansonsten lag innerhalb der Kirchenmauern alles in Trümmern. Eine Ziegenherde graste zwischen umgestürzten Säulen und architektonischen Überresten der früheren Gebäude. Einst stand hier der Palast der Familie Kantakuzenos, Griechen aus Fener, die als Hospodaren unter der Ägide des Sultans die transdanubischen Fürstentümer Moldau und Walachei regierten. Von ihrem Palast stand nur noch die äußere Hülle der Marienkapelle, die Ende des 16. Jahrhunderts Sitz des Patriarchats von Konstantinopel gewesen war.

Nachdem ich mir die Kirche angeschaut hatte, saß ich noch ein wenig mit dem Priester auf dem Hof. Er erzählte mir, dass er in Istanbul geboren sei, dass man ihn aber nach der Priesterweihe nach Jerusalem geschickt habe. Erst kürzlich sei er zurückgekehrt und lebe jetzt in einer Art Ruhestand im Patriarchat von Konstantinopel; seine einzige Pflicht bestehe darin, sich um die Georgskirche zu kümmern. Das Überleben der Kirche inmitten der Ruinen des einstigen Klosters, die nicht von denen des Palasts der Hospodaren zu unterscheiden sind, ist ein unerklärliches Wunder, so wie auch die Bewahrung ihrer Sammlung von antiken Handschriften bis Anfang der 1920er-Jahre, als die nicht gestohlenen Dokumente zur sicheren Verwahrung nach Athen verbracht wurden.

Der Priester war kein besonders gelehrter Mann, und er wusste nichts von den antiken Handschriften, die hier aufbewahrt waren. Ich zeigte ihm die Kopie der letzten Seite des Palimpsests des Archimedes, die ich kurz zuvor heruntergeladen hatte; Einiges davon konnte er lesen, obwohl er die Bedeutung nicht verstand, denn es war alles in mathematischer Sprache. Ich erzählte ihm, dass Archimedes seine Werke im 3. Jahrhundert v. Chr. geschrieben hatte und dass die Seiten in dem Palimpsest vor 1000 Jahren in Konstantinopel von Schreibern abgeschrieben wurden, dass man sie dann im Kloster Mar Saba in Palästina aufbewahrte, bevor sie Anfang des 19. Jahrhunderts hier ins Metochion kamen. Der Priester kannte Mar Saba gut, denn während seiner Jahre in Jerusalem war er mehrere Male dort gewesen. Ich erzählte ihm dann von der Wiederentdeckung der Handschrift im letzten Jahrhundert und davon, wie man in den USA in verschiedenen Forschungslaboratorien an dessen Wiederherstellung arbeitete. Als der Priester meine Geschichte gehört hatte, schüttelte er voller Verwunderung den Kopf und meinte, dass es Gottes Wille gewesen sein müsse, dass diese Meisterwerke der antiken Wissenschaft bewahrt blieben. Ich nickte, als würde ich ihm zustimmen, und dachte dann an Archimedes selbst und an die Worte, mit denen er seine Abhandlung *Die Methodenlehre* eröffnete:

> Archimedes grüßt den Eratosthenes.
> Ich habe dir früher einige der von mir gefundenen Lehrsätze übersandt, indem ich nur die Sätze verzeichnete, mit der Aufforderung, die vorläufig nicht gegebenen Beweise zu finden. Die Sätze der dir zugeschickten Theoreme waren folgende …

Und nun haben wir die Beweise für Archimedes' Theoreme, die über 2000 Jahre lang verloren waren, aus einem Palimpsest wieder zurückgeholt, das seine Zeit über die Schichten der mittelalterlichen byzantinischen, islamischen und lateinischen Welt mit der unsrigen verbindet.

Sei gegrüßt, Archimedes, wir erwarten die nächste Seite Deines Manuskripts.

18

HARRAN: DIE STRASSE NACH BAGDAD

Gemeinsam mit der Harran-Universität, die 1993 in Urfa in der südöstlichen Türkei gegründet wurde, richtete die Boğaziçi-Universität Anfang Juni 2006 eine Konferenz aus. 35 Kilometer südöstlich von Urfa liegt die antike Stadt Harran, die in der Mitte des 8. Jahrhunderts unter Marwan II. (reg. 744–750), dem letzten umayyadischen Kalifen, für kurze Zeit die Hauptstadt des ostislamischen Reiches war. Unter dem abbasidischen Kalifat entstand hier eine renommierte islamische Hochschule, und diese Einrichtung gab der modernen Universität Harran ihren Namen.

Urfa befindet sich am Nordrand der mesopotamischen Ebene, man spricht dort Arabisch, Türkisch, Kurdisch und hört sogar ein paar Worte Syrisch, die Sprache der winzigen christlichen Gemeinde. Für die Dorfbewohner in Harran ist das Arabische ihre Sprache, obwohl sie heutzutage auch Türkisch sprechen. Die wichtigste Straße von Urfa nach Süden führt an Harran vorbei und durch Syrien und den Irak nach Bagdad; sie folgt dem Verlauf der alten Karawanenroute von Zentralanatolien bis zum Zusammenfluss von Euphrat und Tigris.

Urfa hat man als das biblische »Ur in Chaldäa« identifiziert, das Alexander der Große als Edessa neubegründete, benannt nach der Stadt in der Nähe seiner makedonischen Hauptstadt. In den ersten Jahrhunderten der byzantinischen Ära wurde Edessa eine berühmte Stadt der Religion und der Gelehrsamkeit, es spielte eine wichtige Rolle bei der Verbreitung des Christentums wie auch bei der Überlieferung und Vermittlung antiken griechischen Wissens.

Im Mittelalter war Edessa abwechselnd unter der Herrschaft der Byzantiner, der sassanidischen Perser, der marwanidischen und ayyubidischen Kurden, der Armenier, Kreuzfahrer und seldschukischen Türken. Ein Heer des ersten Kreuzzugs unter Balduin von Boulogne eroberte Edessa 1098 von den Armeniern. Es wurde dann die Hauptstadt der Grafschaft Edessa, des ersten von mehreren Kreuzfahrerstaaten, die im Vorderen Orient begründet wurden. Dieser Staat existierte kaum 50 Jahre lang, denn am Heiligen Abend 1144 fiel Edessa an die seldschukischen Türken, die alle christlichen Männer erschlugen und die Frauen und Kinder in die Sklaverei verkauften. Die Eroberung von Edessa löste im Abendland große Unruhe aus und bewog Papst Eugen III., den Zweiten Kreuzzug auszurufen. In einem Brief, den er am 1. Dezember 1145 an König Ludwig VII. von Frankreich richtete, bezeichnet der Papst Edessa als »eine Stadt, die von Christen beherrscht wurde und nur dem Herrn diente, als vor langer Zeit die ganze Welt im Orient unter den Einfluss der Heiden kam«.

Mit den Heiden meinte der Papst hier die Sabier, Anhänger einer Astralreligion, die im antiken Mesopotamien entstanden war. Die Sabier beteten spirituelle Wesen an, die sie für die Vermittler zwischen dem Menschen und einem höheren Wesen und die Lenker der Bewegung der Sterne hielten. So erbauten die Sabier Tempel für die Sonne, den Mond und die fünf Planeten. Einen dieser Tempel hat man in Sumatar Harabesi ausgegraben, knapp 60 Kilometer ost-südöstlich von Urfa.

Es gelang dem Heer des Zweiten Kreuzzugs nicht, Edessa zurückzuerobern, so ging die Stadt an die ayyubidischen Kurden, die seldschukischen Türken, die Mongolen, die Mamelucken und schließlich an die osmanischen Türken, die sie 1637 eroberten. Unter muslimischer Herrschaft wurde die Stadt Urfa genannt, eine

Abwandlung des antiken Namens, wobei sie bei den wenigen Christen weiterhin Edessa hieß.

Die erste Woche der Konferenz fand auf dem Campus der Boğaziçi-Universität in Istanbul statt, die zweite auf dem Campus der Harran-Universität in Urfa. Den letzten Tag verbrachten wir in Harran, das ich 20 Jahre zuvor schon einmal besucht hatte. Auf einem Teil der Ruinen der mittelalterlichen islamischen Stadt befindet sich jetzt ein Dorf aus Lehmziegelhäusern, von denen jedes ein Dach mit mehreren kegelförmigen Kuppeln hat, die wie riesige Bienenkörbe aussehen. Der einzige Hinweis auf die moderne Welt sind die Fernsehantennen und Satellitenschüsseln auf den Dächern der vermutlich ältesten Wohnhäuser der Türkei.

In Urfa hielt ich einen Vortrag über die Vermittlung der griechischen Kultur in den Islam, in deren erster Phase die christliche Universität Edessa eine entscheidende Rolle gespielt hatte. An dieser Universität waren vor ihrer Schließung im Jahr 489 Werke der griechischen Kultur vom Griechischen ins Aramäische übersetzt worden, danach gingen einige nestorianische Gelehrte an die medizinische Fakultät in Gondischapur. Die Stadt hatte auch eine Gruppe griechischer Gelehrter aufgenommen, nachdem 529 die Platonische Akademie in Athen geschlossen worden war, unter ihnen Isidor von Milet. Mit den nestorianischen und griechischen Gelehrten in Gondischapur gelangte das Wissen um die griechische Kultur an die dortige medizinische Fakultät, deren Gelehrte schließlich in das Haus der Weisheit in Bagdad zogen und diese Werke dort ins Arabische übersetzten. Es fasziniert mich ganz besonders, dass an dieser Vermittlung der Kultur ein griechischer »Physiker« aus Milet beteiligt war, wo im 6. Jahrhundert v. Chr. die ersten Naturphilosophen ihre Ideen entwickelt hatten und die Wissenschaft auf ihre lange Reise schickten, die sie über den Islam in das Abendland brachte und schließlich in die ganze Welt.

Zu dieser äußerst wichtigen Arbeit im Haus der Weisheit hatte auch Thabit ibn Qurra aus Harran beigetragen, einer der führenden Wissenschaftler der islamischen Welt. Wie wir wissen, war Thabit ein syrischsprachiger Sabier, der sich in Harran als Geldwechsler seinen Lebensunterhalt verdiente, bevor ihn dort einer der Brüder Banu Musa entdeckte und er als Übersetzer an das Haus der Weisheit in Bagdad ging. Dort übersetzte er die Werke von Aristoteles, Archimedes, Euklid, Apollonios, Heron, Ptolemaios, Nikomachos, Hippokrates und Galen aus dem Griechischen und Syrischen ins Arabische. Thabits eigenes Werk in der Mathematik, Physik, Astronomie und Medizin, das vom Arabischen ins Lateinische übersetzt wurde, war äußerst einflussreich in der frühen Entwicklung der europäischen Wissenschaft. Roger Bacon bezeichnet ihn als »den überragenden Philosophen unter allen Christen, der in vielerlei Hinsicht, spekulativ wie auch praktisch, zur Arbeit von Ptolemaios beigetragen hat.« Doch Thabit, wie gesagt, war ja nicht Christ, und er wurde auch nie Muslim, sondern blieb bis an das Ende seines Lebens Sabier, womit er in Bacons Augen sicher ein gottloser Mensch, ein Heide gewesen wäre, ein Anbeter der Himmelskörper.

Die Sabier aus Edessa und Harran haben ihr Wissen der Astronomie vermutlich aus dem antiken Mesopotamien geerbt, Teil derselben Tradition wie ihre Astralreligion. Wie auch die Christen in Südostanatolien und Mesopotamien, erwarben sie ihre Kenntnis der griechischen Kultur offenbar an den philosophischen Schulen im spätantiken Alexandria. Im Falle der Sabier waren das nicht nur Naturwissenschaft und Philosophie, sondern auch okkulte Wissenschaften wie Astrologie, Alchemie, Magie und Hermetismus.

Thabit ibn Qurra gehört zu all diesen Traditionen: Er erbte die astronomische Überlieferung aus Mesopotamien sowie die rationale und die okkulte Wissenschaft des hellenistischen Alexandria und vermachte sie in seinen Übersetzungen wie auch in seinen eigenen Schriften an die islamische Welt in Bagdad. Das *MASI* führt 80 seiner erhaltenen Handschriften auf, davon 30 zur Astronomie,

29 zur Mathematik, vier zur Geschichte, drei zur Mechanik, drei zur beschreibenden Geographie, zwei zur Philosophie, zwei zur Medizin, zwei zur Mineralogie, zwei zur Musik, eine zur Physik, eine zur Zoologie und eine zur Mystik. Thabits astronomische und mathematische Abhandlungen waren sowohl in der arabischen als auch in der mittelalterlichen europäischen Wissenschaft sehr einflussreich, auch wenn sich seine berühmte Trepidationstheorie als irrig herausstellte.

Seine vier erhaltenen historischen Werke befassen sich mit Geschichte, Chronologie, Religion und Brauchtum der Sabier. In einem davon, einer syrischen Handschrift mit dem Titel *Buch der Bestätigung des Glaubens der Heiden,* stellt Thabit stolz die Behauptung auf, die Sabier seien die Erben der alten heidnischen Kultur, die der Welt die Zivilisation brachte.

> Wir sind die Erben und Nachkömmlinge des Heidentums, das sich ruhmreich über die Welt verbreitet hat. Derjenige ist glücklich, der um des Heidentums willen die Last trägt, ohne zu ermüden. Wer hat die Welt zivilisiert und ihre Städte aufgebaut, wenn nicht die Häuptlinge und Könige des Heidentums? Die ruhmreichen Heiden begründeten alle diese Dinge. Sie sind es, die die Kunst der Seelenheilung entdeckten und sie machten auch ihre Kunst der Körperheilung bekannt und erfüllten die Welt mit bürgerlichen Institutionen und mit Weisheit, die das größte aller Güter ist. Ohne sie wäre die Welt leer und in Armut getaucht.

Thabits einziges erhaltenes Werk zur Mystik trägt den Titel *Kitab al-Hiyal* (Buch der raffinierten Geräte) und ist nur in lateinischen Übersetzungen aus dem Mittelalter mit den Titeln *De Prestiguo* (Über Magie) oder *De Imaginibus* (Über Bilder) erhalten. Das *MASI* beschreibt es als ein »Handbuch für die Herstellung von metallenen, wächsernen und tönernen Bildern von Menschen, Tieren, Städten oder Ländern für magische Operationen im Zusammenhang mit der Astrologie«. Neuere Forschungen haben ergeben, dass einer von Thabits Enkeln, der in der Mitte des 10. Jahrhunderts in Bagdad wirkte, seine Studenten die Methoden der talismanischen Magie lehrte, die er vermutlich von Thabit gelernt hatte. Zwei Schüler Thabits waren Enkel des berühmten andalusischen Arztes al-Harrani, der am Hof des Emirs Abd ar-Rahman II. (reg. 822–852) in Córdoba praktizierte; durch sie gelangte Thabits Werk über die okkulten Wissenschaften nach Spanien und anschließend in das christliche Abendland.

Meine Studenten sind immer überrascht, dass Thabit ein Buch zur talismanischen Magie geschrieben haben soll; eine Studentin bezeichnete dies als »Voodoo«. Man hat vergessen, dass sich die Wissenschaft seit den alten Ägyptern, Babyloniern und Griechen immer auch mit Astrologie, Alchemie, Weissagungen und Magie befasste. Thabit arbeitete in Bagdad zu der Zeit, als *Tausendundeine Nacht* geschrieben wurde, als die glorreiche Herrschaft Harun ar-Raschids noch frisch im Gedächtnis war. Er war der bedeutendste Wissenschaftler seiner Zeit, berühmt für sein Wissen über Magie wie auch für seine mathematischen Kenntnisse. Der böse Mohr – ein Schüler der »Hexerei und der Zaubersprüche, der Geomantie und Alchemie, Astrologie, der Räucherungen und der Verzauberei« –, der Aladin zu seiner Wunderlampe führte, hätte ihm nachempfunden sein können.

Thabit steht in einer langen Tradition von Zauberern der Wissenschaft, die von Pythagoras bis Newton reicht, denn nach dem Volksglauben erlangen Menschen, die die Natur verstehen, auch Macht über sie. Die meisten modernen Historiker konzentrieren sich nur auf den rationalen Aspekt der Entwicklungen, die in die wissenschaftliche Revolution mündeten, und berücksichtigen nicht »die Spindel der Notwendigkeit … vermittelst deren alle Umläufe gedreht werden«, wie Platon über die Himmelssphären schrieb, die einst die Himmelskörper in gottgewollter Harmonie trugen.

Der Glaube der alten Sabier überdauert bis heute jenseits der Grenze von Harran in Syrien sowie im Irak, wie ich erst vor ein paar Jahren erfuhr. Harran und andere Bienenkorbdörfer südlich davon in Syrien werden von halbnomadischen Arabern bewohnt, die ihre Herden in der Ebene von Jullab, dem nördlichsten Zipfel der großen mesopotamischen Wüste, zusammentreiben. Bis vor 20 Jahren, als ich Harran das erste Mal besuchte, war das Leben der Dorfbewohner dort seit biblischen Zeiten unverändert, wenn auch die Wüstennomaden allmählich ihre nomadische Lebensweise aufgaben und sich für eine gewisse Zeit hier am Nordrand der mesopotamischen Ebene niederließen, bevor sie weiterzogen, genau wie Abrahams Familie, als sie vor 3000 Jahren hier vorbeizog. Im 1. Buch Mose 12,1–5 wird davon erzählt, wie Abraham Harran dem Rufen Jehovas gehorchend verlässt:

> Und der Herr sprach zu Abram: Geh aus deinem Vaterland und von deiner Verwandtschaft und aus deines Vaters Hause in ein Land, das ich dir zeigen werde. Und ich will dich zum großen Volk machen und will dich segnen und dir einen großen Namen machen, und du sollst ein Segen sein. ... Da zog Abram aus, wie der Herr zu ihm gesagt hatte, und Lot zog mit ihm. Abram aber war fünfundsiebzig Jahre alt, als er aus Haran zog. So nahm Abram Sarai, seine Frau, und Lot, seines Bruders Sohn, mit aller ihrer Habe, die sie gewonnen hatten, und die Leute, die sie erworben hatten in Haran, und zogen aus, um ins Land Kanaan zu reisen. Und sie kamen in das Land.

Über 30 Kilometer südlich von Harran führt die Hauptstraße über die Grenze nach Syrien hinein, wo es ungefähr ein Dutzend Dörfer gibt, die von Arabern bewohnt werden, die an dem uralten Glauben der Sabier festhalten. Die Straße führt dann weitere 80 Kilometer südlich nach Al-Raqqa, einem alten Handelskreuz auf dem linken Ufer des Euphrat.

Al-Raqqa wurde im Jahr 771 von dem Kalifen al-Mansur neugegründet. Harun ar-Raschid baute im ausgehenden 8. Jahrhundert einen Palast nördlich von Al-Raqqa, den er Kasr as-Salam, den Palast des Friedens, nannte. Seitdem wurde dies sein Lieblingswohnsitz und Al-Raqqa nach Bagdad die zweite Hauptstadt des abbasidischen Kalifats.

Der Astronom al-Battani, ein jüngerer Zeitgenosse von Thabit ibn Qurra aus Harran, baute in Al-Raqqa im letzten Viertel des 9. Jahrhunderts ein Observatorium. Die astronomischen Tafeln, die er erstellte, wurden ins Lateinische übersetzt, Kopernikus und Tycho Brahe haben sie angewendet. Al-Battani war auch Sabier, doch anders als Thabit ibn Qurra trat er zum Islam über. Trotzdem blieb er stolz auf sein sabisches Erbe, wie sich am Titel seines großen Werks der Astronomie ablesen lässt, *Zij al-Sabi*, die *Sabischen Tafeln*.

Gleich südlich von Al-Raqqa überquert die Straße von Urfa den Euphrat und führt auf die Hauptstraße von Aleppo nach Bagdad. Hinter dieser Kreuzung folgt die Straße am rechten Ufer des Euphrats entlang dem Verlauf der ältesten Karawanenroute der Welt, auf der seit dem Beginn der Geschichtsschreibung und sogar zuvor Güter und Ideen zwischen Mesopotamien und dem Mittelmeer hin und her getragen wurden. Thabit ibn Qurra muss auf der Reise nach Bagdad diese Route genommen haben, als er das Wissen der griechischen und der alten mesopotamischen Astronomie mit sich brachte, das er im Haus der Weisheit ins Arabische übersetzte.

Thabit kam um 862 in Bagdad an, 100 Jahre nachdem es als Hauptstadt der Abbasiden gegründet wurde. Ein Jahrhundert später konnte der Geograph Muqaddasi diese Stadt zu Recht als Stadt ohnegleichen beschreiben, ein Loblied, an das ich mich in Harran erinnerte, als ich daran dachte, wie Thabit ibn Qurra sich auf den Weg nach Bagdad machte:

> Bagdad liegt im Herzen des Islam,
> und es ist die Stadt des Heils.
> Dort lebt die Begabung, von der man spricht,
> die Eleganz und die Vornehmheit.
> Die Winde dort wehen sanft,
> und die Wissenschaft ist scharfsinnig.

Dort gibt es alles, was gut und schön ist.
Aus Bagdad kommt alles, was man beachtet,
alles, was elegant ist, kehrt dorthin zurück.
Mit Bagdad schlagen alle Herzen,
um Bagdad werden alle Kriege geführt.

Und das erinnerte mich wiederum an die Zeilen des Dichters Khuraymi, der die Zerstörung Bagdads im Bürgerkrieg von 812/3 beklagte. Dieses Klagelied hat einen besonderen Klang, jetzt, da diese Stadt wieder von Konflikten geschüttelt wird:

Schaut auf Bagdad! Dort bauen bestürzte Spatzen
Kein Nest in seinem Haus.
Schaut wie es von Zerstörung umgeben ist, umkreist
Voller Erniedrigung, seine stolzen Männer belagert.

Doch Bagdad wurde wieder aufgebaut und erblühte für weitere 400 Jahre, bevor es wieder zerstört wurde. In dieser Zeit fertigten Thabit ibn Qurra und seine Nachfolger im Haus der Weisheit ihre Übersetzungen an und betrieben Forschung, die danach in das Abendland getragen wurde.

Das ist also die Geschichte, wie die griechische Wissenschaft, die auf der Straße nach Bagdad auch durch Harran kam, über die Länder des Islam in das Abendland gelangte. Hier endet meine geistige Entdeckungsreise, die in Milet ihren Anfang nahm und auf der mich die Zauberkraft von Aladins Wunderlampe leitete.

DANK

Ich bedanke mich für die großzügige Unterstützung der Bibliothekare am American Research Institute in der Türkei und an der Boğaziçi-Universität in Istanbul. Mein Dank gilt insbesondere Dr. Anthony Greenwood, dem Direktor des American Research Institute in der Türkei, Professor Taha Parla, dem Direktor der Bibliothek der Boğaziçi-Universität und Hatice Ön, der stellvertretenden Direktorin. Ich danke auch meiner Lektorin Ann Close, durch deren Unterstützung das Manuskript seine endgültige Form erhielt.

ZITATNACHWEIS

Einleitung

8 »die griechisch-arabische Übersetzungsbewegung«: Gutas, *Greek Thought*, S. 8.

9 »Alle Kulturen sind«: Edward Said, *Kultur und Imperialismus.* Übs. Hans-Horst Henschen, Frankfurt am Main 1994, S. 30.

1. Ionien: Die ersten Naturphilosophen

11 »eine Perle Ioniens«: Herodot, *Historien*, Buch V, S. 339.

11 »Zahlreich sind die Unternehmungen«: Strabo, *Erdbeschreibung*. 14. Buch, 1. Kap., 635, S. 81.

12 »haben ihre Städte«: Herodot, *Historien*, Buch I, S. 71.

12 »Das Land der Ionier«: Pausanias, *Beschreibung von Griechenland*. Bd. 2, S. 496.

12 »der Wunderwerke in Ionien«: ebd., S. 498.

13 »Aber, Phoibos, dein Herz«: *Homerische Hymnen*, 3: An Apollon, V. 146–155.

14 »Als erste unter den Menschen«: Herodot, *Historien*, Buch II, S. 105.

15 »Denn die Sonnenuhr«: ebd., Buch II, S. 148.

15 »von allen Sternen der schönste«: Sappho, *Gedichte*, S. 205.

16 »den Urheber solcher Wahrheitssuche«: Aristoteles, *Metaphysik*, 983 b 20, S. 150.

17 »sagte die vollständige Finsternis voraus«: Herodot, *Historien*, Buch I, S. 39.

17 »*Thales*, der Urheber«: Aristoteles, *Metaphysik*, 983 b 20, S. 150.

17 »aus dem sichtbaren Sachverhalt«: ebd.

18 »der erste der Griechen«: Zimmermann, *Geschichte der griechischen Literatur*, S. 264.

18 »Sonnenwenden, Zeiten«: Diogenes Laertius, *Leben und Meinungen der ersten griechischen Philosophen*, S. 69.

18 »herausgeschieden«: Diels/Kranz, Die *Fragmente der Vorsokratiker*, S. 13.

18 »Nicht von mir stammt das Wort«: Euripides, *Sämtliche Tragödien und Fragmente*. Griechisch–deutsch. Bd. VI. Fragmente, Übs. Gustav Adolf Seeck; *Der Kyklop*, Übs. J. J. C. Donner; *Rhesos*, Übs. W. Binder, hg. von Gustav Adolf Seeck, München, 1981, Fragment 484.

18 »Die Erde schwebt«: Hippolyt, *Widerlegung aller Häresien (Philosophumena)*, Buch 1:6, S. 23.

19 »Er behauptet ferner«: Anaximander 12 A 10 DK, Diels/Kranz, *Fragmente der Vorsokratiker*, I (12) 81–90.

19 »erklärte, der Ursprung«: Anaximenes 13 B 2 DK; ebd.

19 »aber innerhalb der Seinszustände«: Anaximenes 13 A 5 DK, ebd.

19 »wie ein Blatt«: Diels/Kranz, *Fragmente der Vorsokratiker*, S. 15.

20 »Wie unsre Seele«: ebd., S. 15.

20 »Der Herr [Apollon]«: Kirk, *Die vorsokratischen Philosophen*, S. 229.

20 »Was ich davon verstanden habe«: Diogenes Laertius, *Leben und Meinungen berühmter Philosophen*, 2. Buch, 5. Kap., v. 22, S. 72.

20 »*Panta rhei*«: Capelle, *Die Vorsokratiker*, S. 132, Anm. 1.

20 »Heraklit sagt«: Kirk, *Die vorsokratischen Philosophen*, S. 213.

21 »Gott ist Tag-Nacht: ebd., S. 208.

21 »Schlechte Zeugen«: ebd., S. 205.

23 »an Magie und«: Hippolyt, *Widerlegung aller Häresien (Philosophumena)*, Buch VI:5, S. 143.

23 »Er soll auch Magie«: ebd., Buch I:2, S. 19.

23 »Nun sagen aber die Weisen«: Platon, *Gorgias*, 508 a, S. 82.

23 »so nahmen sie an«: Aristoteles, *Metaphysik*, A. 5 986 a, S. 153.

24 »Da die Körper«: Capelle, *Die Vorsokratiker*, S. 492.

24 »Da es aber unsinnig«: Aristoteles, *Über den Himmel*, 290 b 24, S. 69.

24 »---*Sieh des Himmels Boden*«: Shakespeare, *Der Kaufmann von Venedig*, Akt V, Szene 1, S. 55.

25 »den Göttern alles zugeschrieben«: Kirk, *Die vorsokratischen Philosophen*, S. 184.

25 »Die Äthiopier sagen«: ebd.

25 »Ein einziger Gott«: ebd., S. 185.

26 »Hören Sie bitte auf«: ebd., S. 243.

26 »die in viel Erfahrung«: ebd., S. 273.

26 »Es ist entweder«: ebd., S. 269.

26 *Dann fällt mir wieder ein*: Spenser, *The Faerie Queene*, Buch 7, Gesang VIII, l.2.

27 »Komm vielmehr«: Kirk, *Die vorsokratischen Philosophen*, S. 314.

28 »Wurzeln von allem«: Eduard Zeller, *Grundriß der Geschichte der griechischen Philosophie*, S. 69.

28 »Aus ihnen entsprießt«: Kirk, *Die vorsokratischen Philosophen*, S. 324.

28 »Und diese Dinge«: ebd., S. 317.

29 *Die wir tausend Wandel*: Spenser, *The Faerie Queene*, Buch 7, Gesang VII, l. 25.

29 »nicht mehr sterblich«: Kirk, *Die vorsokratischen Philosophen*, S. 345.

30 »Nichts geschieht«: ebd., S. 457.

30 »es gebe unbegrenzt«: ebd., S. 456.

31 »muss man annehmen«: ebd., S. 403.

31 »In jedem ist«: ebd., S. 400.

31 »Die Sonne, der Mond«: ebd., S. 416.

31 »Wer jedoch am meisten«: Plutarch, »Perikles«, *Ausgewählte Biographien*, Bd. 3, Kap. 4, S. 7.

32 »Weichlichen Prunk«: Diels/Kranz, *Fragmente der Vorsokratiker*, S. 18.

2. Das klassische Athen: Die Schule von Hellas

35 »Und mit sichtbaren Zeichen«: Thukydides, *Geschichte des Peloponnesischen Krieges* 2,41,4.

36 »Unsere Stadt verwehren wir«: ebd., 2,39,1.

36 »wir lieben den Geist «: ebd., 2,40,1.

36 »Schule von Hellas«: ebd., 2,41,1, S. 165.

36 »er schuf die Akademie«: Plutarch, »Kimon«, *Ausgewählte Biographien*, Bd. 22, Kap. 13, S. 23.

36 »Blühend und strotzend in Jugendkraft«: Aristophanes, *Die Wolken*, S. 73.

37 »Hier der Akademie Olivenhain«: Milton, *Das wiedergewonnene Paradies*, 4. Buch, S. 360 f.

37 »sie meinen eine Bildung«: Platon, *Die Gesetze*, S. 35 f.

37 »Auch die Philosophen«: Athenaios, *Das Gelehrtenmahl*, Buch I–VI, Buch V, 186 b, S. 382.

37 »sondern um vor aller Augen«: Athenaios, *Das Gelehrtenmahl*, Buch XI–XV, Buch XII, 548, S. 153.

38 »seien einst Zenon und Parmenides«: Platon, *Parmenides*, S. 15.

39 »Und von dieser wunderbaren Hoffnung«: Platon, *Phaidon*, 98b–c, S. 65 f.

39 »indem man der Form der Wahrscheinlichkeitsrede«: Platon, *Timaios*, 59d, S. 103.

39 »Sternen ohne Irrung«: ebd., 40b, S. 53.

40 »die Spindel der Notwendigkeit«: Platon, *Staat*, 10. Buch, S. 385.

40 »auch vorschreiben, dass«: ebd., 7. Buch, S. 272; die beiden folgenden Zitate: ebd.

42 »anhand welcher Hypothesen«: Simplikios, *Über den Himmel* 492.31–493.4 und 488.21–24 aus Guthrie; Übs. I. P.

46 Montaigne, *Die Essais*, Übs. Artur Franz, Sammlung Dieterich, Leipzig 1953 (*Essay über Affekte* 1. Buch, 3. Kap., S. 10).

47 »Die Thätigkeit aber hat einen Zweck«: Aristoteles, *Physik*, Bd. 2, Teil 8.

49 »Herakleides ging davon aus«: Simplikios, *Über den Himmel* 519, 9; Übs. I. P.

51 »Mann von hervorragender Bedeutung«: Diogenes Laertius, *Leben und Meinungen berühmter Philosophen*, 5. Buch, 3. Kap., v. 58, S. 260.

51 »Beobachtet man Wasser«: Simplikios, *Kommentar zu Aristoteles' Physik*, 916, 10 ff. Straton-Fragment Nr. 73; Übs. I. P.

52 »Wenn uns die Vermutungen«: Epikur, *Wege zum Glück*, S. 126 f.

52 »abtreiben«: Lukrez, *Von der Natur der Dinge*, 2. Buch, 218 ff., S. 49.

3. Das hellenistische Alexandria: Museion und Bibliothek

54 »Ein Teil der königlichen Gebäude«: Strabo, *Erdbeschreibung*, 17. Buch, 1. Kap., 794, S. 93.

54 »über ein großes Budget«: Mostafa El-Abbadi, »The Alexandria Library in History«, in Hirst/Silk, *Alexandria, Real and Imagined*, S. 171.

55 »in die schöne Stadt Alexandria«: Barnes, »Cloistered Bookworms in the Chicken-Coop of the Muses: The Ancient Library of Alexandria«, S. 66.
55 »die erste Bibliothek«: ebd.
57 Dieser Mann lebte«: Euklid, *Die Elemente*, Buch I–XII, S. 415.
57 »einen größeren Einfluss«: Murdoch, »Euclid«, *Dictionary of Scientific Biographies*, Bd. 4, S. 415.
57 »vieles aus Eudoxos«: Euklid, *Die Elemente*, Buch I–XII, S. 415.
58 »Nebenbeschäftigung«: Plutarch, »Marcellus«, *Ausgewählte Biographien*, Band 21, Kap. 14, S. 20.
59 »Denn nirgends im Gebiete der Mathematik«: ebd., Kap. 17, S. 25.
59 »Gebt mir einen festen Punkt«: Heller, *Geschichte der Physik von Aristoteles bis auf die neueste Zeit*, Band 1, S. 86.
60 »Flugs springt er voller Freuden«: Vitruvius, *Baukunst*, 9. Buch, III, S. 189.
60 »einer Kugel, die so groß«: Archimedes, *Über schwimmende Körper*, S. 67.
61 »Aristarch von Samos«: ebd., S. 67 f.
63 »weil er den Herd der Welt«: Sepp, *Das Leben Jesu Christi*, 6. Bd., S. 603.
67 »hauptsächlich Apparatschaften«: A. G. Drachmann, »Hero of Alexandria«, *Dictionary of Scientific Biography* 6, S. 310.
67 »Nimmt man ein«: Heron von Alexandria, *Druckwerke und Automatentheater*, S. 9.
67 »staunenerregende«: ebd., S. 339.
71 »der Tiere auf der Erde«: Strabo, *Erdbeschreibung*, 1. Buch, 1. Kap., 2, S. 2.
71 »ein Wohnsitz ganz wilder«: ebd., 2. Buch, 5. Kap., 115, S. 177.
71 »ihre Bewohner noch roher sind«: ebd., 4. Buch, 5. Kap., 201, S. 111.
74 »die Mitte des ganzen Himmelsgewölbes«: Ptolemäus, *Handbuch der Astronomie*, 1. Buch, 2. Kap., S. 6.
74 »Wir werden den überflüssigen«: *Tetrabiblos;* Lloyd, *Greek Science*, S. 130 f.; Übs. I. P.
76 »das Beschleunigen des Pulses«: Thorndike, *History of Magic and Experimental Science*, Bd. 1, S. 144 f.
76 »Knabe zu sein«: Diophantus von Alexandria, *Die Arithmetik und die Schrift über die Polygonalzahlen*, S. 84.
77 »Es ist unmöglich, einen Kubus«: Beutelspacher, Albrecht. *Beutelspachers Kleines Mathematikum*, S. 60; das folgende Zitat: ebd.
78 »Durch einen gewissen«: Boyer/Mertzbach, *A History of Mathematics*, S. 199; Übs. I. P.
78 »Ich schwöre Dir deshalb«: Bulmer-Thomas, »Pappus of Alexandria«. *Dictionary of Scientific Biography* 10, S. 301; Übs. I. P.
79 »Die Philosophie und die Magie«: Thorndike, *History of Magic and Experimental Science*, Band 1, S. 290; Übs. I. P.
79 »Auf der Innenseite«: Mostafa El-Abbadi, »The Alexandria Library in History«, in Hirst/Silk, *Alexandria, Real and Imagined*, S. 173 f.
79 »gewisse ältere Astrologen«: Frommhold, *Die Bedeutung und Berechnung der Empfängnis in der Astrologie der Antike*, S. 234.
81 »Was haben also Athen und Jerusalem«: Tertullian, *De Praescriptione Haereticorum*, S. 245.

4. Von Athen nach Rom, Konstantinopel und Gondischapur

84 »Er floh vor dem Trübsinn«: Morford, *Cicero De Finibus 4. 79* = Panaitios fragm. 62 V.; Übs. I. P.

84 »Lebe im Verborgenen!«: Plutarch, *Ist »Lebe im Verborgenen« eine gute Lebensregel?*

85 »öfter sogar hat jene Religion«: Lukrez, *Von der Natur der Dinge*, 1. Buch 84, S. 12.

85 »Nichts entsteht aus nichts«: ebd., 149, S. 14.

85 »auch bestehet die Zeit«: ebd., 458 ff., S. 23.

85 »Auf was könnten wir halten«: ebd., 698 f., S. 29.

85 »weder in sicherer Zeit,«: ebd., 2. Buch 218 ff., S. 49.

86 »Zwanzigtausend merkwürdige Gegenstände«: Plinius (d. Ä.), *Naturgeschichte*, Bd. 1, 1. Buch, S. 25.

86 »ein allumfassendes Werk«: Plinius der Jüngere, *Briefe in einem Band*, 3. Buch, Brief 5, S. 71.

86 »Niemand darf sich wundern«: Plinius (d. Ä.), *Naturgeschichte*, Band 5, 30. Buch, S. 126.

87 »Zahl und Namen den Sternen«: Seneca, *Naturwissenschaftliche Untersuchungen in acht Büchern*. Buch VII, XXV, S. 194.

87 »Für den Christen ist es genug«: Augustinus, *Des heiligen Kirchenvaters Aurelius Augustinus ausgewählte praktische Schriften, Enchiridion*, Kap. 3, 9, S. 399.

93 »eloquent und sehr bewandert«: Clagett, *Greek Science*, S. 132 f.; Übs. I. P.

94 »von einer beredten Methode«: Contzen/Maur, *Magie der Zahl in der Kunst des 20. Jahrhunderts*, S. 288.

94 »Obwohl ich meiner Sprache nach«: Runciman, *Byzanz*, S. 35 f.

95 »immaterielle eingeprägte Kraft«Lloyd, *Greek Science*, S. 159; Übs. I. P.

5. Bagdads Haus der Weisheit:
Vom Griechischen ins Arabische

100 »der erste Kalif«: Gutas, *Greek Thought, Arabic Culture*, S. 30; Übs. I. P.

100 »Die Menschen eines jeden Zeitalters«: ebd., S. 46.

101 »höchste aller Wissenschaften«: ebd., S. 108.

103 »er übersetzte vom Persischen«: ebd., S. 55.

103 »war in ganztägig im Dienste«: ebd., S. 55.

104 »ermunterte mich«: ebd., S. 113.

105 *Tausenundeine Nacht*: Vgl. Ausgabe der deutschen Buch-Gemeinschaft Berlin/Darmstadt, 1957; Übs. a. d. Arabischen Max Henning.

106 »Zu Beginn seiner Regierungszeit«: Gutas, *Greek Thought*, S. 77 f.

107 »Die Weisen«: Thorndike, *A History*, Bd. 1, S. 65; Übs. I. P.

108 »professionelle Übersetzer«: Gutas, *Greek Thought*, S. 133.

109 »ins Land der Griechen«: *Dictionary of Scientific Biography*, Bd. 15, S. 230.

109 »Ich habe ernsthaft danach«: ebd.

111 »einem gewissen großen Edelmann«: Thorndike, *History of Magic*, Bd. 1, S. 655.
112 »Hast du nicht gesehen«: Clot, *Harun al Raschid*, S. 41.

6. Die islamische Renaissance

113 »Der warme Humor fehlt«: Mayr, *Stereotype im Osten – Stereotype im Westen*, S. 17.
114 »Er ist es«: Koran, 10, 5. S. 146.
115 »Die im Himmel«: ebd., 27, 65. S. 267.
115 »Weiß denn ein Mann«: Sa'di, *Der Rosengarten*, 4. Zugangstor, 11. Abschnitt, S. 170.
116 »Das beste Geschenk von Allah«: Turner, *Science*, S. 131.
117 Wann wird es in deiner Macht sein: Nasr, *Science and Civilization*, S. 206.
121 »Gebot der Sterne«: Turner, *Science*, S. 109.
121 »die mögliche Schwerkraft«: Nasr, *Science and Civilization*, S. 133.
122 »geliehene Kraft«: Crombie, *Medieval and Modern*, Bd. 2, S. 53.
124 *Ah, doch meine Berechnungen*: Chajjam, *The Rubaiyat* lxii.
127 »Bagdad hat weder«: Clot, *Harun al Raschid*, S. 211.

7. Kairo und Damaskus

131 »Glück oder göttliche Inspiration«: »Ibn al-Haytham«. In: *Dictionay of Scientific Biography* 6, S. 190.
131 »Lehren, deren Inhalt: ebd.
132 »Lichtstrahlen«: ebd.
132 »unverwechselbare Form«: ebd.
134 »den tatsächlich existierenden«: ebd.
135 »wissenschaftlichen Intuition«: ebd.
138 »Galens Medizin ist nur«: Johnson, *History of the Jews*, S. 186.
141 Deshalb bat ich: »Ibn al-Shatir«. In: *Dictionary of Scientific Biography* 12, S. 358.

8. Al-Andalus, das maurische Spanien

144 »Andalusiens Braut«: Hillenbrand, »The Ornament of the World« in: *The Legacy of Muslim Spain*, S.118.
144 »Zierde der Welt«: ebd.
144 »In vier Dingen übertrifft Córdoba«: ebd.
147 »einem der Bücher der Christen«: Vernet/Samso, »Development of the Arabic Science in Andalusia«. In: *Encyclopedia of the History of Arabic science* 1, S. 246.
148 »Nur durch wiederholte Besuche«: Sami Hamarneh, »al-Zahrawi«. In: Dictionary of Scientific Biography 14, S. 585.
148 »ein Bringer von Freude«: ebd.
148 »er widmete sich der Beobachtung«: Vernet/Samso (wie zu S. 147), S. 254.
149 »sehr weise«: Thorndike, *A History of Magic and Experimental Science*, Bd. 2, S. 813; Übs. I. P.

149 »ein Kompendium der Magie«: Vernet, »Al-Majriti«. In: *Dictionary of Scientific Biography* 6, S. 39 f.

149 »eine konfuse Zusammenstellung«: Thorndike, A History of Magic and Experimental Science, S. 815.

150 »um zu erklären, was«: Dold-Samplonius/Hermelink, »Al-Jayyani«. In: *Dictionary of Scientific Biography* 7, S. 82.

151 Die Tafeln von Toledo: Chaucer, *Die Canterbury-Erzählungen*, S. 341.

152 »als oval und nicht kreisförmig«: Vernet, »Al-Zarqali«. In: *Dictionary of Scientific Biography* 14, S. 595.

152 »Ich kenne einen Kranken«: Ibn-Hazm, *Halsband der Taube*, S. 136.

152 »Ich habe selber die Frauen beobachtet«: ebd., S. 85.

152 »Er kombinierte die Lieder der Christen«: James T.Monroe, »Zajal and Muwashaha …« In: *The Legacy of Muslimic Spain*, S. 412.

157 »Objekt des Verlangens«: Averroës, *Die Metaphysik des Averroës*, S. 156.

158 »In diesen [heutigen] Städten«: Walter, *Kommentarkulturen*, S. 243.

159 »Mann, dessen Theorie«: Samso, »A-Bitruji«. In: *Dictionary of Scientific Biography* 125, S. 35.

9. Von Toledo bis Palermo: Arabisch ins Lateinische

162 »Dies sind die 28«: Thorndike, Bd. 1, S. 357.

162 »lernte, was Gesang«: Hock, *Gerbert, oder, Papst Sylvester II. und sein Jahrhundert*, S. 162.

165 »denn in Sizilien und Salerno«: Haskins, *Studies*, S. 132 f.

166 »aller Geheimnisse«: ebd.

166 »des Studiums wegen«: Speer, *Die entdeckte Natur*, S. 18.

166 »Aussagen« (enunciations): Clagett, »Adelard of Bath«, S. 61 – 64.

167 *editio specialis*: Speer, *Die entdeckte Natur*, S. 49.

167 »einfachen unwissenden«: Murdoch, »Euclid«. In: *Dictionary of Scientific Biography* 4, S. 449.

167 »Denn es gibt es keinen fremderen«: ebd.

167 »vielerlei Ergänzungen«: ebd.

167 »etwas Neues aus seinen«: Speer, *Die entdeckte Natur*, S. 28.

168 »die Wirkung in ihrer«: ebd., S. 30.

168 »die Meinungen der Araber«: Haskins, *Studies*, S. 41.

170 »Johannes, Sohn Davids«: Steinschneider, *Die arabischen Übersetzungen aus dem Griechischen*, S. 75.

171 »diese Perle der Philosophie«: Thorndike, Bd. 2, S. 270.

172 »dort sah er die ganze Fülle«: Lemay, »Gerard of Cremona«. In: *Dictionary of Scientific Biography* 15, S. 173.

172 »die weisesten Philosophen«: Fried, *Aufstieg aus dem Untergang*, S. 94.

172 »Gerhard von Toledo«: Lemay (wie oben), S. 173.

174 »Geheimnisse der gesamten Gottheit«: Thorndike, Bd. 2, S. 216.

176 »Wenn Sie unter Muslimen leben«: Maqbul, »Al-Idrisi«. In: *Dictionary of Scientific Biography* 7, S. 8.

177 »Staunen der Welt«: Masson, *Das Staunen der Welt.*

177 »getaufte Sultane«: ebd., S. 13.

177 »wohlgeordnet Unsere Schränke«: ebd., S. 228.

177 »Wir sind dem Aristoteles gefolgt«: ebd., S. 220.

178 »Ich habe vom Podestà von Pisa«: ebd., S. 115.

178 »mit den neuen indischen«: Vogel, »Leonardo Fibonacci«. In: *Dictionary of Scientific Biography* 4, S. 604.

179 »Wie viele Kaninchenpaare«: Scheid, *Elemente der linearen Algebra und der Analysis*, S. 182.

180 »der verstorbene Theodor«: Haskins, *Studies*, S. 247.

181 »Und wie kommt es«: Masson, *Das Staunen der Welt*, S. 233.

181 »ob eine Seele im Jenseits«: Haskins, *Studies*, S. 266.

182 »einen bemerkenswerten Erkunder«: Thorndike, Bd. 2, S. 314.

182 »Der andere, so hagere«: Dante, *Göttliche Komödie*, S. 91.

182 *Ein Zaubrer, gefürchtet:* Scott, *Des letzten Minnesängers Sang*, S. 22.

10. Paris und Oxford I: Aristoteles wird neu gelesen

184 »bis sie geprüft«: Felten, *Papst Gregor IX.*, S. 108.

184 »doppelten Wahrheit«: Crombie, *Medieval and Early Modern*, Bd. 1, S. 64.

186 »Resolution und Komposition«: Crombie, *Robert Grosseteste*, S. 62 f.

186 »Diese Methode umfasst«: ebd., S. 63.

186 »die gleiche Ursache kann«: ebd., S. 85.

187 »Die Natur wirkt«: Schupp, *Geschichte der Philosophie im Überblick*, Bd. 2, S. 341.

187 »mit Hilfe von Experiment«: Crombie, *Grosseteste*, S. 87.

187 »Die Wissenschaft, die sich mit dem Studium«: ebd., S. 91.

187 das »weshalb«: Schupp, *Geschichte der Philosophie im Überblick*, Bd. 2, S. 341.

188 »Metaphysik des Lichts«: Crombie, *Grosseteste*, S. 128–134.

188 »Wenn daher der tönende«: Crombie, *Von Augustinus bis Galilei*, S. 100.

188 »Multiplikation der Species«: ebd., S. 96.

188 »bis heute unberührt«: Russo, *Die vergessene Revolution oder die Wiedergeburt des antiken Wissens*, S. 396.

189 »um die Welt zu erfreuen«: *Der Rosenroman*, Bd. III, v. 18019–18029, S. 967.

190 »Diese Arten der Himmelsbewegung«: Crombie, *Grosseteste*, S. 97.

192 »alle Teile der Philosophie«: Kobusch, *Die Philosophie des Hoch- und Spätmittelalters*, S. 241.

192 »In diesem 6. Buch«: Crombie, *Augustinus*, S. 144.

192 »denn die Heiligen sagen«: Thorndike, Bd. 2, S. 552.

193 »große Zufälle und große Wunder«: ebd., S. 583.

193 »er war in jeder Wissenschaft«: ebd., S. 527.

193 »Was für ein Wunder«: ebd., S. 528.
194 »Und obgleich das natürliche Licht«: Thomas von Aquin, *Expositio super librum Boethii*, S. 115.
195 »welche Mittel Ihrer Meinung«: Thorndike, Bd. 2, S. 625
196 »in den Dingen dieser Welt«: Simonis, *Der verständige Umgang mit der Welt*, S. 183.
196 »Jede Multiplikation«: Thorndike, Bd. 2, S. 144.
196 »drei großen Vorzüge«: Simonis, *Der verständige Umgang mit der Welt*, S. 174.
196 »keine [Wissenschaft] ohne Mathematik«: ebd.
197 »Es ist möglich, Segelgeräte«: Russo, *Die vergessene Revolution*, S. 158.
197 »es hätten bestimmte Experimente bewiesen«: Thorndike, Bd. 2, S. 655.
197 »den Geist beflügeln«: ebd., S. 657.
198 »»nach einigem Lärm«: Sandys, »Roger Bacon in English Literature«. In: Little, *Roger Bacon. Essays*, S. 362.

11. Paris und Oxford II: Die Entstehung der europäischen Wissenschaften

199 »Wissenschaft von den Gewichten«: Gundissalinus, *De divisione philosophiae/Über die Einteilung der Philosophie*, S. 233.
199 *gravitas secundum situm*: Straub, *Die Geschichte der Bauingenieurkunst*, S. 86.
199 »Es [ein Gewicht] ist der Lage nach«: Simonyi, *Kulturgeschichte der Physik*, S. 147.
200 Balken der Waage: Jordanus de Nemore. *De ratione ponderis*. Proposition 5, Teil 1.
200 »Arbeit«: Clagget, *The Science of Mechanics*«, S.75.
200 »virtuelle Geschwindigkeit«: ebd., S. 8, 78 f., 83.
200 »Axiom«: Simonyi, *Kulturgeschichte der Physik*, S. 147.
203 *Calculatores*: Schupp, *Geschichte der Philosophie*, Bd. 2, S. 461.
203 »Merton-Regel«: Simonyi, *Kulturgeschichte der Physik*, S. 149.
204 »ungleichförmig«: Crombie, *Medieval and Early Modern*, Bd. 2, S. 89.
205 »die Annahme des allgemeinen Laufs der Natur«: vgl. Achtner, Wolfgang, *Von der Erkenntnis zum Handeln. Die Dynamisierung von Mensch und Natur im ausgehenden Mittelalter*. Göttingen 2008, S. 38.
205 »nicht unmittelbar ersichtlich«: vgl. Ernest A. Moody, »Jean Buridan«. In: *Dictionary for Scientific Biography* 2, S. 604.
205 »Es würde für immer fortdauern«: vgl. Grün, *Vom Unbewegten Beweger*, S. 180.
205 »Quantität der Materie«: Crombie, *Augustinus bis Galilei*, S. 342.
206 immaterielle »Intelligenzen«: vgl. Simonyi, *Kulturgeschichte*, S. 153.
206 »Man könnte wohl sagen«: ebd.
206 »es unwiderlegbar richtig ist«: Moody, S. 606.
207 »Affäre Buidans«: ebd., S. 603.

208 »Aber in Wahrheit ist es«: vgl. Grün, *Vom Unbewegten Beweger*, S. 189 f., FN 163.

209 »Es scheint mir«: Simonyi, *Kulturgeschichte*, S. 153.

209 »Denn Gott hat die Erde«: Crombie, Bd. 2, S. 82.

210 »Beendet im Feldlager«: Gericke, *Mathematik im Abendland*, S. 128.

215 *Drauf, wie die Uhr*: Dante, *Göttliche Komödie*, S. 355.

216 »Es wäre unsinnig«: Crombie, *Grosseteste*, S. 216.

217 »Für die körperlichen Einflüsse«: vgl. Zimmermann/Speer (Hrsg.), *Mensch und Natur im Mittelalter*, Bd. 2, S. 540.

217 »Es liegt etwas Wundervolles«: Minio-Paluello, »William of Moerbeke«. In: *Dictionary of Scientific Biography* 9, S. 435.

218 »eine Wasserkugel«: Wallace, »Dietrich von Freiberg«. In: *Dictionary of Scientific Biography* 4, S. 93.

12. Von Byzanz nach Italien:
Griechisch ins Lateinische

220 Nicht wenige Lateiner: Boshof, *Europa im 12. Jahrhundert: auf dem Weg in die Moderne*, S. 247.

220 »Jakob, ein Angestellter«: Haskins, *Studies*, S. 144.

222 »einer im Griechischen«: ebd., S. 143.

223 »trotz der schweren«: Minio-Paluello, »Moerbeke«, S. 435.

223 seine »okkulten« Forschungen: Zimmermann/Speer, *Mensch und Natur im Mittelalter*, Bd. 2, S. 542.

224 »die regulative Kraft«: Thorndike, Bd. 2, S. 435.

224 »das Gehirn der Sitz«: ebd.

224 »Ist unterhalb des Äquators«: ebd.

224 »ewig und unbestechlich«: ebd., S. 900.

225 »einen Mann, der als Wunder«: ebd., S.889.

225 »die müßige Neugier seiner Jugend«: ebd., S. 890.

227 »zum Meer jenseits«: Vasiliev, *History of the Byzantine Empire*, 2, S. 623.

228 »Vom Morgen bis in den Abend«: ebd., S. 702.

231 »den originellsten aller«: Runciman, *The Last Byzantine Renaissance*, S. 2.

231 »Keine von beiden«: Stuckrad, *Was ist Esoterik?*, S. 87.

232 »wenn nicht die Größe«: Strabo, *Erdbeschreibung* 1.4.6, S. 103.

232 »dass man, mit Ostwind«: ebd. 2.3.6, S. 158.

236 »Wiedergeburt der Trigonometrie«: Boyer, *History*, S. 308.

13. Die Revolution der Himmelssphären

237 »Gelobt sei Gott«: Pastor, *Geschichte der Päpste seit dem Ausgang des Mittelalters*, 3. Band, S. 481.

237 »Alle Welt war«: ebd.

237 »diesen sehr entlegenen Winkel der Erde«: Copernicus, *Über die Kreisbewegungen der Weltkörper*, Vorrede, S. 7.

239 »nicht so fast als Schüler«: Rhetikus, *Erster Bericht*, S. 32.
239 »am 9ten März«: Copernicus, *Über die Kreisbewegungen der Weltkörper*, Buch IV:27, S. 245.
239 »Professor der Mathematik unter«: Rhetikus, *Erster Bericht*, S. 32.
239 »im 19ten Jahre Hadrian's«: Copernicus, *Über die Kreisbewegungen der Weltkörper*, Buch IV:14, S. 225.
240 »auch die Oerter dieser«: ebd., S. 224.
241 »ein Sexternus der Theorie«: Copernicus, *Gesamtausgabe*, Band VI, Teil 2, S. 138.
241 »Alles dieses gilt«: Copernicus, *Über die Kreisbewegungen der Weltkörper*, Buch IV:7, S. 214.
241 »an den Sternen sichtbar«: Kopernikus, *Erster Entwurf*, S. 9.
242 »wobei sich alle in sich«: ebd., S. 10.
242 »gegenüber der Höhe«: ebd.
242 »Was bei den Wandelsternen«: ebd., S. 11.
242 »Ihre Bewegung allein«: ebd., S. 11.
243 »Die Himmelskreise umfassen«: ebd., S. 12.
243 »Und so läuft Merkur«: ebd., S. 28.
244 »meinen Lehrer«: Rhetikus, *Erster Bericht*, S. 31.
245 »Wenn aber der Mittelpunkt«: ebd., S. 41.
245 »die Sonne den Mittelpunkt des Universums«: ebd., S. 54.
246 »Ich weiß aber«: Copernicus, *Gesamtausgabe*, Band VI, Teil 1, S. 346.
246 »Du findest vor«: Copernicus, *Das neue Weltbild*, S. XXVII.
246 »schon viele Tage vorher«: Burmeister, *Georg Joachim Rhetikus*, Band III, S. 57.
247 »So blieb die Sonne«: AT Buch Josua 10:13, S. 229.
247 »Die Leute schenken ihr Ohr«: Kuhn, *Die kopernikanische Revolution*, S. 196.
247 »Heiligster Vater«: Copernicus, *Über die Kreisbewegungen der Weltkörper*, Vorrede, S. 4.
248 »Ich bin wenigstens der Ansicht«: ebd., Buch I:9, S. 23.
249 »In der Mitte aber von Allen«: ebd., Buch I:10, S. 27 f.
251 »Tusi-Paar«: Saliba, *History of Arabic Astronomy*, S. 246.
251 »Und wenn wir schon zugeben«: Copernicus, *Das neue Weltbild*, S. 149.
252 »geht davon aus«: Aristarch in: Capelle, *Die Vorsokratiker.*
252 »sich dreht und umkreist«: ebd.
252 »Das Verhältnis der Entfernung«: Kopernikus, *Commentariolus*, S. 10.
252 »So groß ist in der That«: Copernicus, *Über die Kreisbewegungen der Weltkörper*, Buch I:10, S. 28.

14. Heliozentrisches versus geozentrisches Weltbild

253 »daß ein neuerer ausgezeichneter«: Copernicus, *Das neue Weltbild*, S. lviii, Anm. 109.
254 »Kopernikus behauptet«: Kuhn, *Die kopernikanische Revolution*, S. 191.
254 »Copernicus, ein sehr gebildeter«: Welti, *Die europäische Spätrenaissance*, S. 40.

255 »mehr als herkulische«: Armitage, *Copernicus and Modern Astronomy*, S. 165.
255 *Vulgi opinio Error*: Gingerich, The Book Nobody Read, S. 119.
255 »damit den Engländern«: ebd.
256 *Sag, ob es viele Sphären*: Marlowe, *Tragische Geschichte von Dr. Faust*, 2. Akt, 1. Szene, S. 356.
257 »So gibt es also unzählige«: Bruno, *De l'infinito, universo e mondi*, S. 157.
257 »Es gibt keine Enden«: ebd., S. 37 ff.
258 »den zweiten Ptolemäus«: Dreyer, *Tycho Brahe*, S. 78.
260 »konnte ich nicht mehr zweifeln«: Simonyi, *Kulturgeschichte*, S. 188.
263 »Wie viele Mathematiker«: Kepler, *Astronomia Nova*, S. 19.
263 »ein noch unausgeschöpfter Schatz«: Caspar, *Kepler*, S. 65.
264 »Die Sphäre der Erde«: Simonyi, *Kulturgeschichte*, S. 191.
264 »Habt Vertrauen, Galilei«: Koestler, *Die Nachtwandler*, S. 364.
266 »brillante Spekulation«: Brahe an Mästlin 21. April 1598; Band 13, Brief 94: »ingeniosa sane speculatione conatur.«
266 »Du wirst nicht Gast«: Kepler, *Astronomia Nova*, S. 21.
266 »Ich halte es für eine göttliche Fügung«: Caspar, *Kepler*, S. 146.
267 »sterbend noch stellte«: Kepler, *Astronomia Nova*, S. 84.
268 »Die Göttliche Vorsehung«: Sagan, *Unser Kosmos*, S. 73.
269 »Wenn sie dereinst auf wunderliche Weise«: Milton, *Das verlorene Paradies*, S. 229 f.
269 »ein Büchlein mit einer Fülle«: Untertitel des Buches *De Stella Nova*.
270 »Perspektivgläser«: Johnson, »The Influence of Thomas Digges«, S. 401.
270 »ein kleines Teleskop« ebd.
270 »Mediceische Gestirne«: Galilei, *Sidereus Nuncius*, S. 82.
272 »bei der Betrachtung«: Caspar, *Kepler*, S. 339.
272 »dass im Geiste von zwei«: Caspar, *Kepler*, S. 314.
272 »Ich fühle mich hingerissen«: Caspar, *Kepler*, S. 316.
272 »Eure Meinungen mögen«: Donne, »Ignatius His Conclave«. In: Complete Poetry and Selected Prose of John Donne, S. 365.
273 »An allem zweifelt Wissenschaft«: Kemp/Koppenfels (Hrsg.), *Englische Dichtung*, München, 2000., S. 247.
274 »Himmel durchmaß mein Geist«: Caspar, *Kepler*, S. 430.
274 »absurd, philosophisch falsch«: Schulze, *Die großen Physiker und ihre Leistungen*, S. 9.
276 »Dies zugegeben, ziehe«: Galilei, *Dialog über die Weltsysteme*, S. 485.
276 »Euer Galileo«: Fischer, *Galileo Galilei*, S. 195 f.
277 »Anlass zu dem größten Skandal«: Koestler, *Die Nachtwandler*, S. 504.
278 »Hütet Euch, Theologen«: Galilei, *Dialog über die beiden hauptsächlichsten Weltsysteme, das ptolemäische und das kopernikanische*, S. 489.

15. Die wissenschaftliche Revolution

279 »Hypothese«: Hesse, »Francis Bacon«. In: *Dictionary of Scientific Biography* 1, S. 372.
280 »Ich denke, also«: Descartes, *Philosophische Abhandlungen*, 4. Abschnitt, S. 44.
280 »Quantität der Bewegung«: Descartes, *Prinzipien der Philosophie*, Teil 2, 36, S. 48.
280 »Am Anfang, in seiner«: ebd.
280 »dass jede Sache«: ebd., Teil 2, 37, S. 49.
280 »dass jeder materielle Teil«: ebd., Teil 2, 39, S. 50.
280 »dass, wenn ein Körper«: ebd., Teil II, 40, S. 52.
281 »dieser wahren Mathematik«: Regel IV:8, S. 20.
282 hypothetische »neue Welt«: Descartes, *Philosophical Writings* 1, S. 90.
283 »fast nichts mehr«: Rossi, *Die Geburt der modernen Wissenschaft in Europa*, S. 167.
283 »wenn nicht«: Wussing, *Die große Erneuerung*, S. 91.
286 »All dies trug sich«: Westfall, *Isaac Newton*, S. 65.
287 »Blau erzeugende Strahlen«: ebd., S. 82.
287 »Die beste und sicherste Art«: ebd., S. 123.
288 »äußerst großes Vergnügen«: Manuel, *A Portrait of Isaac Newton*, S. 88.
288 »Descartes machte«: Westfall, *Isaac Newton*, S. 143.
289 »wie die von den Planeten«: ebd., S. 206.
290 »und stellen daher unsere Betrachtungen«: Newton, *Mathematische Prinzipien der Naturlehre*, S. 2.
290 »Größe der Materie«: ebd., S. 21.
290 »Größe der Bewegung«: ebd.
290 »der Materie eigenthümliche Kraft«: ebd.
291 »Eine angebrachte Kraft«: ebd., S. 22.
291 »gegen irgend einen Punkt als Centrum«: ebd., S. 22 ff.
292 »1. Gesetz: Jeder Körper beharrt«: ebd., S. 32.
294 »beschreiben, mit den nach dem Mittelpunkte gezogenen Radien«: ebd., S. 382.
294 »Die Schwere kommt allen Körpern«: ebd., S. 392.
294 »Die Planeten bewegen sich«: ebd., S. 397.
294 »Die Achsen der Planeten«: ebd., S. 400.
294 »Die Ebbe und Fluth des Meeres«: ebd., S. 411.
294 »Man soll die Präcession«: ebd., S. 458.
294 »ungefähr 50« [Bogensekunden]«: ebd., S. 460.
295 »Die Kometen befinden sich«: ebd.
295 »Diese bewundernswürdige Einrichtung«: ebd., S. 508.
295 »korrigiert von des Autors eigener Hand«: Newton, *Opticks*, S. lxxvii.
296 »Es ist nicht meine Absicht«: ebd., S. 1.
296 »jener ältesten und berühmtesten Philosophen«: ebd., S. 369.
296 »Nach allen diesen Betrachtungen«: ebd., S. 400.

297 »Licht breitet sich«: ebd., S. 277.
297 »Fluxionsmethode«: Westfall, *Isaac Newton*, S. 347.
298 »den vier Metallen der Alchemie«: Youschkevitch, »Isaac Newton«. In: *Dictionary of Scientific Biography* 10, S. 81.
298 »Er lebte in der Ehre«: Voltaire, *Philosophische Briefe*, S. 51 f.
298 »Ich weiß nicht«: Simonyi, *Kulturgeschichte*, S. 271.

16. Von Samarkand bis Istanbul: die lange Abenddämmerung der islamischen Wissenschaften

300 »die Aufnahme arabischen«: Dampier, *Geschichte der Naturwissenschaft in ihrer Beziehung zu Philosophie und Weltanschauung*, S. 95.
300 »der Abstieg der arabischen«: ebd.
301 »sogenannte Tusi-Paar«: Ragep, »Copernicus and his Islamic Predecessors«, S. 128.
302 »das Urdi-Lemma«: ebd.
307 »durch die neun Abschnitte«: Sayili, *The Observatory in Islam*, S. 290.
307 »Gelehrte haben darüber Nachfragen«: ebd.
307 »Im *Zij* von Ulugh Beg«: ebd.
308 »Der König der Könige«: ebd.
308 »Es sei bekannt gegeben«: ebd.

17. Verlorenes Wissen – wiedergefundenes Wissen

315 »Kennst du die Kugel«: Ovid, »Festtagskalender« 6, 277–280, S. 139.
315 »die Himmelskugel, die jüngst«: Cicero, *Vom Wesen der Götter*, 2. 34. 88, S. 195.
316 »Archimedes' Bedeutung für die Gründer«: Clagett, *Archimedes in the Middle ages*, Bd. 1, S. 1.
316 »Anders als die *Elemente*«: Boyer, *History*, S. 136.
317 »die – direkte oder indirekte«: Clagett, «Archimedes«. In: *Dictionary of Scientific Biography*, S. 223.
321 »katastrophal fehlgeleiteter Versuch«: Lowden, »Archimedes into Icon«, S. 236.
322 »so habe ich es für gut befunden«: Archimedes, *Werke*, S. 383.
323 »Der Zylinder, dessen«: ebd., S. 386 ff.
324 »eine Art Spiel«: Dijksterhuis, *Archimedes*, S. 409.
324 »aus vierzehn Stücken Elfenbein«: ebd., S. 410.
327 »Archimedes grüßt«: Archimedes, *Werke*, S. 382.

18. Harran: Die Straße nach Bagdad

330 »eine Stadt, die von Christen«: Segal, *Edessa*, S. iii.

332 »den überragenden Philosophen«: Thorndike, Bd. 1, S. 661.

333 »Wir sind die Erben«: Rosenfeld/Ihsanoğlu, *Mathematicians*, S. 56.

333 »Handbuch für die Herstellung«: ebd.

334 »Hexerei und der Zaubersprüche«: *Tausenundeine Nacht*.

334 »die Spindel der Notwendigkeit«: Platon, *Staat*, 10. Buch, S. 385.

336 *Bagdad liegt im Herzen*: Clot, *Harun al-Rashid*, S. 211.

337 »Schaut auf Bagdad!« Kennedy, *The Court of the Caliphs*, S. 106.

BILDNACHWEIS

British Library, Or. Ms. 5323 f.21V: S. 119
Bodleian Library, Oxford: S. 127
Universität Istanbul, Bibliothek: S. 306
Mit freundlicher Genehmigung des Verlegers von THE COPERNICAN REVOLUTION: PLANETARY ASTRONOMY IN THE DEVELOPMENT OF WESTERN THOUGHT von Thomas S. Kuhn, 9, 10, 18, 22, 48, Cambridge, Mass.: Harvard University Press, Copyright © 1957 President und Fellows, Harvard College Copyright © Neuausgabe 1985 von Tomas S. Kuhn: S. 16, 42, 45
aus: G. E. R. Lloyd, Greek Science after Aristoteles. Mit freundlicher Genehmigung des Autors und des Verlags Chatto and Windus, The Random House Group, Ltd.: S. 65, 66, 73, 75
aus: James B. Kaler, Astronomy! (Darstellung 3.3, Seite 31). Copyright © 1994 von James B. Kaler. Mit freundlicher Genehmigung von Pearson Education, Inc.: S. 43
aus: Robert H. Baker, Astronomy: An Introduction: S. 44, 69
aus: Petrus Apiani, Cosmographia per Gemma Phrysius Restituta: S. 48
aus: Cecilia Payne-Gaposchkin, Introduction to Astronomy: S. 56, 61, 64
aus: Albert Van Helden, Measuring the Universe: S. 62
aus: A. Pannekoek, A History of Astronomy: S. 72
aus: Carl Boyer, History of Mathematics: S. 179
aus: Peter Whitfield, Landmarks in Western Science: S. 256
aus: Isaak Newton, Opticks: S. 217
aus: Angus Armitage, Copernicus and Modern Astronomy: S. 248
aus: Kitty Ferguson, Tycho and Kepler: S. 261, 268

VERZEICHNIS DER QUELLEN UND LITERATUR

(*DSB*: Dictionary of Scientific Biography)

Abell, George: *Exploration of the Universe,* 2nd ed., New York 1969.

Africa, Thomas W.: Copernicus' Relation to Aristarchus and Pythagoras, in: *Isis* 52, no. 3 (Sept. 1961), S. 403–9.

Ahmad, S. Makbul: Al-Idrisi, in: *DSB,* 7, S. 7–9.

Ders., Al- Masudi, in: *DSB,* 9, S. 171 f.

Al-Dabbagh, J.: Banu Musa, in: *DSB,* 1, S. 443–6.

Allan, D. J.: Plato, *DSB,* 11, S. 22–31.

Anawati, George C.: Hunayn ibn Ishaq, in: *DSB,* 15, S. 230–48.

Ders.: Science, in: *The Cambridge History of Islam.* Vol. 2, S. 741–80. Cambridge 1977.

Anbouba, Adel: Al-Tusi, Sharaf al-Din, in: *DSB,* 13, S. 514–7.

Anonymous: *The Thousand Nights and One Night.* 4 vols. Translated by Powys Mathers from the French translation of J. C. Mardrus. London, 1981.

Arberry, J. A. (trans.): *The Spiritual Physick of Rhazes,* London 1950.

Archimedes: *Über schwimmende Körper und die Sandzahl,* Übs. Arthur Czwalina. Leipzig 1987.

Archimedes: *Werke,* Übs. mit Anm. von Arthur Czwalina, Darmstadt 1983.

Aristophanes: *Die Wolken/Die Vögel,* Übs. Ludwig Seeger, Mannheim 2010.

Aristoteles: *Metaphysik,* Übs. u. hg. von Hans Günter Zekl, Stuttgart 2003.

Aristoteles: Physik, http://www. zeno.org/Philosophie/M/Aristoteles.

Aristoteles. *Über den Himmel,* Übs. Alberto Jori, Berlin 2009.

Armitage, Angus: *Copernicus and Modern Astronomy,* New York 2004.

Ders.: *Sun, stand thou still: the life and works of Copernicus, the astronomer,* New York 1947.

Armstrong, A. H. (ed.): The Cambridge History of Later Greek and Early Medieval Philosophy, Cambridge 1967.

Athenaios: *Das Gelehrtenmahl,* eingel. u. übs. von Claus Friedrich; komm. von Thomas Nothers,. Stuttgart 1998–2000.

Augustinus: Des heiligen Kirchenvaters Aurelius Augustinus ausgewählte praktische Schriften homiletischen und ketechetischen Inhalts, aus dem Lat. übs. u. eingel. von Sigisbert Mitterer, München, 1925.

Averroës: *Die Metaphysik des Averroës,* übs. u. erl. von Max Horten, Frankfurt 1960.

Bacon, Francis: *The New Organum and Related Writings,* ed. by Fulton H. Anderson, New York 1960.

Bailey, Cyril: *The Greek Atomists and Epicurus,* Oxford 1964.

Baker, Robert H.: *Astronomy: An Introduction,* New York 1930.

Bald, R. C.: *John Donne: A Life,* Oxford 1971.

Barnes, Jonathan: *Early Greek Philosophers,* New York 1987.

Barnes, Robert: Cloistered Bookworms in the Chicken-Coop of the Muses: The Ancient Library of Alexandria, in: MacLeod, Roy (ed.): *The Library of Alexandria. Centre of Learning in the Ancient World,* London 2000, S. 61–77.

Beutelspacher, Albrecht: *Beutelspachers Kleines Mathematikum,* München 2010.

Bevan, Edwyn: *The House of Ptolemy: A History of Egypt Under the Ptolemaic Dynasty,* Chicago 1968.

Bialas, Volker: *Johannes Kepler,* München 2004.

Die Bibel. Nach der Übersetzung Martin Luthers. Bibeltext in der revidierten Fassung von 1984, hg. von der Evangelischen Kirche in Deutschland, Stuttgart 1999.

Boardman, John: *The Greeks Overseas,* Baltimore 1964.

Bos, H. J. M.: Christiaan Huygens, in: *DSB,* 6, S. 597–612.

Boshof, Egon: *Europa im 12. Jahrhundert: auf dem Weg in die Moderne,* Stuttgart 2007.

Boyer, Carl B.: A *History of Mathematics,* 2nd ed., revised by Uta C. Mertzbach, New York 1991.

Brockelmann, Carl: *History of the Islamic Peoples,* trans. by Joel Carmichael and Moshe Perlmann, New York 1960.

Bruno, Giordano: *De l'infinito, universo e mondi/Über das Unendliche, das Universum und die Welten,* übs., eingel. u. komm. von Angelika Bönker-Vallon, Hamburg 2007.

Bulmer- Thomas, Ivor: Euclid, in: *DSB,* 4, S. 414–59.

Ders.: Eutocius of Ascalon, in: *DSB,* 4, S. 488–91.

Ders.: Isidorus of Miletus, in: *DSB,* 7, S. 28–30.

Ders.: Menelaus of Alexandria, in: *DSB,* 9, S. 296–302, u. 15, S. 420–1.

Ders.: Pappus of Alexandria, in: *DSB,* 10, S. 293–304.

Ders.: Theodosius of Bithynia, in: *DSB,* 13, S. 319–21.

Burmeister, Karl Heinz: *Georg Joachim Rhetikus 1514–1574. Eine Bio-Bibliographie,* 3 Bde., Wiesbaden 1968; Bd. III, S. 57.

Burnet, John: *Early Greek Philosophy,* 2nd ed., London 1908.

Ders.: *Greek Philosophy, Thales to Plato,* London 1981.

Butterfield, Herbert: *The Origins of Modern Science, 1300–1800,* New York 1957.

Bylebyl, Jerome J.: William Harvey, in: *DSB,* 6, S. 150–62.

Callus, Daniel A. (ed.): *Robert Grosseteste, Scholar and Bishop,* Oxford 1955.

Capelle, Wilhelm: *Die Vorsokratiker. Die Fragmente und Quellenberichte,* Übs. mit einer Vorbem., Berlin 1958.

Carmody, Francis J.: *The Astronomical Works of Thabit Ibn Qurra,* Berkeley 1960.

Caspar, Max: *Johannes Kepler,* Stuttgart 1995.

Casson, Lionel: *Libraries in the Ancient World,* New Haven 2001.

Chatillon, Jean: Giles of Rome, in: *DSB,* 5, S. 402 f.

Chaucer, Geoffrey: *Die Canterbury-Erzählungen*, Übs. Martin Lehnert, Leipzig 1981.
Cicero: *De Republica*, trans. by Clinton Walker Keyes, London 1928.
Ders.: *Drei Bücher von dem Wesen der Götter*, Übs. Raphael Kühner, Berlin/Stuttgart 1855–1909.
Clagett, Marshall: Adelard of Bath, in: *DSB*, 1, S. 61–4.
Ders.: Archimedes, in: *DSB*, 1, S. 213–31.
Ders. (ed.): *Archimedes in the Middle Ages*, Vol. 1, The Arabo-Latin Tradition. Madison, WI, 1964.
Ders.: *Greek Science in Antiquity*, London 2001.
Ders.: John of Palermo, in: *DSB*, 7, S. 133–4.
Ders.: Nicole Oresme, in: *DSB*, 10, S. 223–30.
Ders.: *The Science of Mechanics in the Middle Ages*, Madison, WI, 1959.
Clot, André: *Harun al-Rashid. Kalif von Bagdad.* Übs. Sylvia Höfer, Düsseldorf/Zürich 2001.
Cobban, Alan B.: *The Medieval Universities: Their Development and Organization*, London 1975.
Cohen, I. Bernard: *Revolution in Science*, Cambridge, MA, 1985.
Cohen, Morris/Drabkin, I. E.: *A Source Book in Greek Science*, Cambridge, MA, 1958.
Collins, Roger: *Early Medieval Europe, 300–1100*, Basingstoke 1991.
Ders.: *Early Medieval Spain: Unity in Diversity, 400–1000*, New York 1995.
Contzen, Ina/Maur, Karin von: *Magie der Zahl in der Kunst des 20. Jahrhunderts*, Stuttgart 1997.
Cook, John M.: *The Greeks in Ionia and the East*, New York 1963.
Copernicus, Nicolaus: *Das neue Weltbild.* Drei Texte: Commentariolus, Brief gegen Werner, De revolutionibus. Im Anhang eine Auswahl aus der Narratio Prima des G. J. Rheticus. Übs., hg. u. eingel. von Hans Günter Zekl, Lateinisch-Deutsch, Hamburg 1990.
Copernicus, Nicolaus: *Gesamtausgabe*, Bd. VI/1, Berlin 1994.
Copernicus, Nicolaus: *Gesamtausgabe*, Bd. VI/2, Berlin 1996.
Copernicus, Nikolaus: *Über die Kreisbewegungen der Weltkörper*, Übs. C. L. Menzzer, Thorn, 1879.
Cottingham, John: *Descartes.* Oxford, 1986.
Ders. (Hg.): *The Cambridge Companion to Descartes*, Cambridge 1992.
Cottingham, John/Stoothoff, Robert/Murdoch, Dugald: *The Philosophical Writings of Descartes.* 2 vols., Cambridge 1985.
Crombie, A. C.: *Medieval and Early Modern Science*, 2 vols., 2nd ed., Cambridge, MA, 1973.
Ders.: *Robert Grosseteste and the Origins of Experimental Science, 1100–1700*, Oxford 1953.
Ders. (Hg.): *Scientific Change: Historical Sketches in the Intellectual, Social and Technical*

Conditions for Scientific Discovery and Technical Invention from Antiquity to the Present, New York 1963.

Crombie, A. C.: *Von Augustinus bis Galilei. Die Emanzipation der Naturwissenschaft,* Übs. Hildegard Hoffmann u. Hildegard Pleus, Köln 1964.

Crombie, A. C./Mahone, Michael S./Brown, Theodore M.: René du Perron Descartes, in: *DSB,* 4, S. 51–65.

Crombie, A. C./North, J. D.: Roger Bacon, in: *DSB,* 1, S. 377–85.

Dales, Richard: The Scientific Achievements of the Middle Ages, Philadelphia 1973.

Daly, John F.: Johannes de Sacrobosco (John of Holywood), in: *DSB,* 12, S. 60–3.

Dampier, William Cecil: *Geschichte der Naturwissenschaft in ihrer Beziehung zu Philosophie und Weltanschauung,* Übs. Felizitas Ortner, Wien/Stuttgart 1952.

Dannenfeldt, Karl H.: Hermes Trismegistus, in: *DSB,* 6, S. 305–6.

Dante Alighieri: *Die Göttliche Komödie,* Übs. Wilhelm G. Hertz, München 2007.

Davidson, Herbert A.: *Alfarabi, Avicenna, and Averroes, on Intellect,* New York 1992.

De Santillana, Giorgio: *The Crime of Galileo,* Chicago 1955.

Ders.: *The Origins of Scientific Thought: Anaximander to Proclus,* 600 B.C. to A.D. 300, Chicago 1961.

Descartes, René: *Philosophische Abhandlungen,* Übs. Werner Leist, Hg. Richard Hirsch, Berlin/Wien 1924.

Descartes, René: *Die Prinzipien der Philosophie,* Übs. Artur Buchenau, Hamburg 1992.

Descartes, René: *Regeln zur Leitung des Geistes,* Übs. Artur Buchenau, Leipzig 1948.

Dicks, D. R.: *Early Greek Astronomy to Aristotle,* Ithaca, NY, 1970.

Ders.: Eratosthenes, in: *DSB,* 4, S. 388–93.

Ders.: Hecataeus, in: *DSB,* 6, S. 212–3.

Diels, Hermann: *Die Fragmente der Vorsokratiker,* Hamburg 1957.

Diels, H./Kranz, W. (Hg.): *Fragmente der Vorsokratiker,* 3 Bde., Griechisch-Deutsch, Auswahl u. Übs. mit Erl. von Emil Bergs, 2., verb. Aufl., Münster 1971.

Dijksterhuis, E. J.: *Archimedes,* Übs. C. Dijkshoorn, Princeton 1987.

Dilgan, Hamit: Qadi Zada al- Rumi, in: *DSB,* 11, S. 227–9.

Diogenes Laertius, *Leben und Meinungen berühmter Philosophen,* Übs. Otto Apelt, Mitarb. Hans Zekl, neu hg. mit Einl. u. Anm. von Klaus Reich, Hamburg 2008.

Diogenes Laertius: *Leben und Meinungen der ersten griechischen Philosophen,* Übs. mit hist. u. philos. Anm. von Friedrich Snell u. Philipp Ludwig Snell, Gießen 1806.

Diophantos von Alexandria: *Die Arithmetik und die Schrift über die Polygonalzahlen,* Übs. G. Wertheim, Leipzig 1890.

Dizer, Muammer (ed.): *International Symposium on the Observatory in Islam,* 19–23 September 1977, Istanbul 1980.

Dold-Samplonius, Yvonne/Hermelink, Heinrich: Al- Jayyani, in: *DSB,* 7, S. 82 f.

Donne, John: *The Complete Poetry of John Donne,* ed. John T. Shawcross, London 1968.

Ders.: *The Complete Poetry and Selected Prose of John Donne,* ed. John Hayward, London 1929.

Dozy, Reinhart: *A History of the Moslems in Spain*, trans. by Frances Griffin Stokes, London 1913.
Drachmann, A. G.: Ctesibius, in: *DSB*, 3, S. 491–2.
Ders.: Hero of Alexandria, in: *DSB*, 6, S. 310–5.
Ders.: Philo of Byzantium, in: *DSB*, 10, S. 586–9.
Drake, Stillman (trans.): *Discoveries and Opinions of Galileo*, Garden City, NY, 1952.
Ders.: Galileo Galilei, in: *DSB*, 5, S. 237–48.
Dreyer, J. L. E.: *A History of Astronomy from Thales to Kepler*, New York 1953.
Ders.: *Tycho Brahe*. Ein Bild wissenschaftlichen Lebens und Arbeitens im sechzehnten Jahrhundert, Übs. M. Bruhns, Vorw. W. Valentiner, Karlsruhe 1894.
Dunlop, D. M.: *Arab Science in the West*, Karachi 1958.
Easton, Joy B.: John Dee, in: *DSB*, 4, S. 5 f.
Ders.: Thomas Digges, in: *DSB*, 4, S. 97 f.
Ders.: Robert Recorde, in: *DSB*, 11, S. 338–40.
Edmonds, J. M. (trans.): *Lyra Graeca*, 3 vols., London 1928.
Eicholz, David E.: Pliny, in: *DSB*, 11, S. 38–40.
El-Abbadi, Mostafa: The Alexandria Library in History, in: Anthony Hirst/Michael Silk: *Alexandria, Real and Imagined*, London 2004, S. 167–183.
Encyclopedia of the History of Arabic Science, 3 vols., ed. Roshdi Rashed/Regis Morelon, London 1996.
Encyclopedia of the Scientific Revolution, ed. William Applebaum, New York 2000.
Epikur: *Wege zum Glück*, hg. u. übs. von Rainer Nickel, Düsseldorf/Zürich 2005.
Esposito, John L. (ed.): *The Oxford History of Islam*, Oxford 1999.
Euklid: *Die Elemente*, übs. u. hg. von Clemens Thaer, Frankfurt 2003.
Evans, James: *The History and Practice of Ancient Astronomy*, Oxford 1998.
Fakhry, Majid: *A History of Islamic Philosophy*, 3rd ed., Chicago 1992.
Farrington, Benjamin: *Greek Science: Its Meaning for Us*, Baltimore 1953.
Felten, Joseph: *Papst Gregor IX*, Freiburg 1886.
Ferguson, Kitty: *Tycho and Kepler: The Unlikely Partnership That Forever Changed Our Understanding of the Heavens*, New York 2002.
Fischer, Klaus: *Galileo Galilei*, München 1983.
Fisher, W. B. (ed.): *The Cambridge History of Iran*, vol. 7, Cambridge 1968–81.
Fletcher, Richard: *Moorish Spain*, London 1992.
Freely, John: *The Emergence of Modern Science, East and West*, Istanbul 2004.
Freeman, Kathleen: *The Presocratic Philosophers*, Oxford 1953.
Fried, Johannes: *Aufstieg aus dem Untergang: apokalyptisches Denken und die Entstehung der modernen Naturwissenschaft im Mittelalter*, München 2001.
Fritz, Kurt von: Philolaus of Crotona, in: *DSB*, 10, S. 589–91.
Ders.: Pythagoras of Samos, in: *DSB*, 11, S. 219–25.
Ders.: Zeno of Elea, in: *DSB*, 14, S. 607–12.

Frommhold, Katrin: *Die Bedeutung und Berechnung der Empfängnis in der Astrologie der Antike.* Münster 2004.

Fryde, Edmund: *The Early Palaeologan Renaissance, 1261–ca. 1360,* Leiden 2000.

Furley, David J.: Epicurus, in: *DSB,* 4, S. 381 f.

Ders.: Heraclitus of Ephesus, in: *DSB,* 6, S. 289–91.

Ders.: Lucretius, in: *DSB,* 8, S. 536–9.

Gade, John A.: *The Life and Times of Tycho Brahe,* Princeton 1947.

Galilei, Galileo: *Dialog über die beiden hauptsächlichsten Weltsysteme, das ptolemäische und das kopernikanische,* Übs. Emil Strauss, Stuttgart 1982.

Ders.: *Sidereus Nuncius,* Übs. Malte Hossenfelder, Hg. Hans Blumenberg, Frankfurt 2002.

Gassendi, Pierre: *The Life of Copernicus (1473–1543),* with notes by Olivier Thill, Fairfax, VA, 2003.

Gaukroger, Stephen: *Descartes: An Intellectual Biography,* Oxford 1995.

Geanakoplos, Dino John: *Greek Scholars in Venice: Studies in the Dissemination of Greek Learning from Byzantium to Western Europe,* Cambridge, MA, 1962.

Gericke, Helmuth: *Mathematik im Abendland.* Von den römischen Feldmessern bis zu Descartes, Berlin 1990.

Geymont, Ludovico: *Galileo: A Biography and Inquiry into His Philosophy of Science,* New York 1965.

Gillespie, Charles Coulston (ed.): *Dictionary of Scientific Biography,* 16 vol.

Gingerich, Owen: *The Book Nobody Read: Chasing the Revolutions of Nicolaus Copernicus,* New York 2004.

Ders.: Johannes Kepler, in: *DSB,* 7, S. 289–312.

Ders.: Erasmus Reinhold, in: *DSB,* 11, S. 365–7.

Gliozzi, Marion: Evangelista Torricelli, in: *DSB,* 13, S. 433–40.

Goldstein, Bernard R.: The Heritage of Arabic Science in Hebrew, in: *Encyclopedia of the History of Arabic Science,* vol. 1, S. 276–83.

Goldstein, Bernard R./Bowen, Alan C.: A New View of Early Greek Astronomy, in: *Isis* 74, no. 3 (Sept. 1983), S. 330–40.

Gottschalk, H. B.: Strato of Lampsacus, in: *DSB,* 13, S. 91–5.

Grant, Edward: Jordanus de Nemore, in: *DSB,* 7, S. 171–9.

Ders.: Peter Peregrinus, in: *DSB,* 10, S. 532–40.

Ders.: *Physical Science in the Middle Ages,* New York 1971.

Gregory, John: *The Neoplatonists: A Reader,* London 1999.

Griffiths, Robert I.: Was There a Crisis Before the Copernican Revolution? A Reappraisal of Gingerich's Criticisms of Kuhn, in: *Proceedings of the Biennial Meeting of the Philosophy of Science Association,* vol. 1., S. 127–36, Chicago 1988.

Grün, Klaus-Jürgen: *Vom Unbewegten Beweger zur bewegenden Kraft.* Der pantheistische Charakter der Impetustheorie im Mittelalter, Paderborn 1999.

Guerlac, Henry: Copernicus and Aristotle's Cosmos, in: *Journal of the History of Ideas* 29, no. 1 (1968), S. 109–13.

Guillaume de Lorris; Jean de Meung: *Der Rosenroman*, übs. u. eingel. von Karl August Ott, 3 Bde., München 1979.

Gundissalinus, Dominicus: *De divisione philosophiae/Über die Einteilung der Philosophie*, Lateinisch-Deutsch, hg., übs. u. mit Anm. von Alexander Fidora u. Dorothée Werner, Freiburg/Breisgau 2007.

Gutas, Dimitri: *Greek Philosophers in the Arabic Tradition*, Aldershot, GB, 2000.

Ders.: *Greek Thought, Arabic Culture: The Graeco-Arabic Translation Movement in Baghdad and Early Abbasid Society*, London 1998.

Guthrie, William K. C.: *A History of Greek Philosophy*, 6 vols., Cambridge 1962–81.

Hall, A. Rupert: *The Scientific Revolution, 1500–1800*, Boston 1956.

Hall, Marie Boas: *Robert Boyle and Seventeenth-Century Chemistry*, Cambridge 1958.

Hall, Robert E.: Al-Khazini, in: *DSB*, 7, S. 335–51.

Hamarneh, Sami: Al-Majusi, in: *DSB*, 9, S. 40–2.

Ders.: Al-Zahrawi, in: *DSB*, 14, S. 584 f.

Ders.: Ibn Zuhr, in: *DSB*, 14, S. 637–9.

Hammond, Nicholas (ed.): *The Cambridge Companion to Pascal*, Cambridge 2003.

Hammond, N. G. I./Scullard, H. H. (eds.): *The Oxford Classical Dictionary*, 2nd ed., Oxford 1970.

Hartner, Willy: Al- Battani, in: *DSB*, 1, S. 507–16.

Harvey, E. Ruth: Qusta ibn Luqa, in: *DSB*, 11, S. 244–6.

Haskins, Charles Homer: *The Renaissance of the Twelfth Century*, New York 1957.

Ders.: *The Rise of Universities*, New York 1923.

Ders.: *Studies in the History of Mediaeval Science*, Cambridge, MA, 1924.

Heath, Thomas L.: *Aristarchus of Samos, the Ancient Copernicus*, Oxford 1959.

Ders.: *Diophantus of Alexandria: A Study in the History of Greek Algebra*, New York 1964.

Ders.: *A History of Greek Mathematics*, 2 vols., Oxford 1921.

Ders.: *A Manual of Greek Mathematics*, New York 1963.

Ders.: *The Thirteen Books of Euclid's Elements*, New York 1956.

Ders.: *The Works of Archimedes*, New York 1912.

Heiberg, Johan Ludvig: *Mathematics and Physical Science in Classical Antiquity*, trans. by D. C. Macgregor, London 1922.

Heidel, W. A.: *The Heroic Age of Science*, Baltimore 1933.

Heller, August: *Geschichte der Physik von Aristoteles bis auf die neueste Zeit*, Bd. 1, Hamburg 2010.

Hellman, C. Doris: Tycho Brahe, in: *DSB*, 2, S. 401–14.

Hellman, C. Doris/Swerdlow, Noel M.: Georg Peurbach, in: *DSB*, 15, S. 473–79.

Henry, John: *The Scientific Revolution and the Origins of Modern Science*, New York 2002.

Hero Alexandrinus: *Druckwerke und Automatentheater*, Hg. Wilhelm Schmidt, Leipzig 1899.

Herodot: *Historien*, hg. u. übs. von Joseph Feix, Düsseldorf/Zürich 2004.

Heschel, Abraham: *Maimonides*, Berlin 1935.

Hesiod, the Homeric Hymns and Homerica, trans. by Hugh G. Evelyn-White, London 1926.

Hesse, Mary: Francis Bacon, in: *DSB,* 1, S. 372–7.

Hill, Donald R.: Al-Jazari, in: *DSB,* 15, S. 253–5.

Ders.: *Islamic Sciences and Engineering,* Edinburgh 1993.

Hippolyt: *Widerlegung aller Häresien (Philosophumena),* Übs. Graf Konrad Preysing, München 1922.

Hirst, Anthony/Silk, Michael: *Alexandria, Real and Imagined,* Aldershot, GB, 2004.

Hock, Karl Ferdinand: *Gerbert, oder, Papst Sylvester II. und sein Jahrhundert,* Wien 1837.

Hofmann, Joseph E.: Nicholas Cusa, in: *DSB,* 3, S. 512–6.

Ders.: Gottfried Wilhelm Leibniz, in: *DSB,* 8, S. 149–68.

Holt, R. M./Lambton, Ann K. S./Lewis, Bernard (eds.): *The Cambridge History of Islam,* Cambridge 1977.

Homerische Hymnen, Griechisch-Deutsch, Hg. Anton Weiher, 6. Aufl., München/Zürich 1989.

Hourani, George F.: *Averroes on the Harmony of Religion and Philosophy,* London 1961.

Ders.: Ibn Tufayl, in: *DSB,* 13, S. 488 f.

Huff, Toby E.: *The Rise of Early Modern Science: Islam, China and the West,* Cambridge 1993.

Hugonnard-Roche, Henri: The Influence of Arabic Astronomy in the Medieval West, in: *Encyclopedia of the History of Arabic Science,* vol. 1, S. 284 f.

Hussey, Edward: *The Presocratics,* New York 1972.

Huxley, G. L.: Anthemius of Tralles, in: *DSB,* 1, S. 169 f.

Ders.: *The Early Ionians,* London 1966.

Ders.: Eudoxus of Cnidus, in: *DSB,* 4, S. 465–7.

Ibn-Hazm, Ali Ibn Ah'mad: *Halsband der Taube: über die Liebe und die Liebenden,* Übs. Max Weisweiler, Leiden 1942.

Ierodiakonou, Katerina (ed.): *Byzantine Philosophy and Its Ancient Sources,* Oxford 2002.

Ihsanoğlu, Ekmeleddin: *History of the Ottoman State, Society and Civilization,* Istanbul 2001.

Ders.: *Science, Technology and Learning in the Ottoman Empire,* Istanbul 1992.

Ders. (ed.): *Transfer of Modern Science and Technology to the Muslim World*: Proceedings of the International Symposium on Modern Sciences and the Modern World, Istanbul, 2–4 September 1987, Istanbul 1992.

Irbie-Massie, Georgia L./Keyser, Paul T.: *Greek Science of the Hellenistic Era: A Sourcebook,* London 2002.

Iskandar, Albert Z.: Hunayn Ibn Ishaq, in: *DSB,* 15, S. 230–49.

Ders.: Ibn al- Nafis, in: *DSB,* 9, S. 602–6.

Ders.: Ibn Rushd (Averroës), in: *DSB,* 12, S. 12, 1–9.

Ders.: Ibn Sina (Avicenna), in: *DSB,* 15, S. 494–501.

Jayussi, Salma Khadra (ed.): *The Legacy of Muslim Spain*, 2 vols., Leiden 1992.

Jerusalem Bible, popular edition, London 1974.

Johnson, Francis R.: *Astronomical Thought in Renaissance England*, Baltimore 1937.

Ders.: The Influence of Thomas Digges in the Progress of Modern Astronomy in Sixteenth-Century England, in: *Osiris* 1 (June 1936), S 390–410.

Ders.: Marlowe's Astronomy and Renaissance Skepticism, in: *Journal of English Literary History* 3, no. 4 (Dec. 1946), S. 241–54.

Johnson, Paul: *A History of the Jews*, London 1995.

Jolivet, Jean/Rashed, Roshdi: Al- Kindi, in: *DSB*, 15, S. 261–7.

Joly, Robert: Hippocrates of Cos, in: *DSB*, 6, S. 418–31.

Jones, Charles W.: The Venerable Bede, in: *DSB*, 1, S. 564–6.

Kaler, James B.: *Astronomy!* New York 1994.

Kantorowicz, Ernst: *Kaiser Friedrich der Zweite*, 2 Bde., Berlin 1931.

Kari- Niazov, T. N.: Ulugh Beg, in: *DSB*, 13, S. 535–7.

Kelly, Suzanne: William Gilbert, in: *DSB*, 5, S. 396–401.

Kemp, Friedhelm/Koppenfels, Werner von (Hg.): *Englische Dichtung. Von Chaucer bis Milton*, München 2000.

Kennedy, E. S.: Al-Battani, in: *DSB*, 1, S. 507–16.

Ders.: Al-Biruni, in: *DSB*, 2, S. 147–58.

Ders.: The Exact Sciences, in: *The Cambridge History of Iran*, vol. 4, Cambridge 1968, S. 378–95.

Kennedy, E. S. et al.: *Studies in the Islamic Exact Sciences*, Beirut 1983.

Kennedy, Hugh: *The Court of the Caliphs: The Rise and Fall of Islam's Greatest Dynasty*, London 2004.

Kepler, Johannes: *Astronomia Nova. Neue, ursächlich begründete Astronomie*, Übs. Max Caspar, durchges., erg., mit Glossar u. Einl. von Fritz Krafft, Wiesbaden 2005.

Kerferd, G. B.: Democritus, in: *DSB*, 4, S. 30–5.

Khayyam, Omar: *The Rubaiyat*, 5th ed., trans. by Edward FitzGerald, New York 1966.

King, David A.: Ibn al-Shatir, *DSB*, 12, S. 357–64.

Ders.: Ibn Yunus, in: *DSB*, 14, S. 574–80.

Kirk, Geoffrey S./Raven, John E./Schofield, Malcolm: *Die vorsokratischen Philosophen*, Übs. Karlheinz Hülser, Stuttgart/Weimar 1994.

Kline, Morris: *Mathematical Thought from Ancient to Modern Times*, 3 vols., New York 1990.

Knobel, E. B. (ed.): *Ulugh Bey's Catalogue of Stars*,Washington DC 1917.

Kobusch, Theo: *Geschichte der Philosophie: Die Philosophie des Hoch- und Spätmittelalters*, Bd. 5, München 2011.

Koestler, Arthur: *Die Nachtwandler. Das Bild des Universums im Wandel der Zeit*, Übs. Wilhelm Michael Treichlinger, Bern/Stuttgart 1959.

Kopal, Zdenek: Olaus Roemer, in: *DSB*, 11, S. 525–7.

Kopernikus, Nikolaus: *Erster Entwurf eines Weltsystems,* Übs. Fritz Rossmann, Darmstadt 1986.

Der Koran, Übs. Rudi Paret, Stuttgart 2004.

Koyré, Alexandre: *The Astronomical Revolution: Copernicus, Kepler, Borelli,* trans. by R. E. W. Madison, Ithaca, NY, 1973.

Ders.: *From the Closed World to the Infinite Universe,* New York 1958.

Ders.: *Newtonian Studies,* Cambridge, MA, 1965.

Krafft, Fritz, Otto von Guericke, in: *DSB,* 5, S. 574–6.

Kramer, Edna E.: Hypatia, in: *DSB,* 6, S. 615 f.

Kren, Claudia: Dominicus Gundissalinus, in: *DSB,* 5, S. 591–3.

Ders.: Hermann the Lame, in: *DSB,* 6, S. 301–3.

Ders.: Roger of Hereford, in: *DSB,* 11, S. 503–4.

Kudlien, Fridolf/Wilson, Leonard G.: Galen, in: *DSB,* 5, S. 227–37.

Kuhn, Thomas S.: *Die kopernikanische Revolution,* Übs. Helmut Kühnelt, Braunschweig/Wiesbaden 1981.

Ders.: *The Structure of Scientific Revolutions,* Chicago 1976.

Kunitzsch, Paul: Al-Sufi, in: *DSB,* 13, S. 149 f.

Lapidus, Ira: *A History of Islamic Societies,* 2nd ed., Cambridge 2002.

Lemay, Richard: Gerard of Cremona, in: *DSB,* 15, S. 173–92.

Levey, Martin: Abraham Bar Hiyya Ha-Nasi (Savasorda), in: *DSB,* 1, S. 22–3.

Lindberg, David C.: *The Beginnings of European Science: the European Scientific Tradition in Philosophical, Religious and Institutional Context, 600 B.C. to A.D. 1450,* Chicago 1992.

Ders.: *Studies in the History of Medieval Optics,* London 1983.

Ders.: *Theories of Vision from al-Kindi to Kepler,* Chicago 1976.

Ders.: Witelo, in: *DSB,* 14, S. 457–62.

Lindberg, David C./Westman, Robert S. (eds.): *Reappraisal of the Scientific Revolution,* Cambridge 1990.

Little, A. G. (ed.): *Roger Bacon: Essays,* Oxford 1914.

Lloyd, G. E. R.: *Early Greek Science: Thales to Aristotle,* New York 1970.

Ders.: *Greek Science After Aristotle,* New York 1973.

Lohne, J. A.: Thomas Harriot, in: *DSB,* 6, S. 124–9.

Long, A. A. (ed.): *The Cambridge Companion to Early Greek Philosophy,* Cambridge 1999.

Longrigg, James: Anaxagoras, in: *DSB,* 1, S. 149 f.

Ders.: Thales, in: *DSB,* 13, S. 295–8.

Lorch, R. P.: 'Jabir ibn Aflah, in: *DSB,* 7, S. 37–9.

Lowden, John: Archimedes into Icon: Forging an Image of Byzantium, in: *Icons and Word: The Power of Images in Byzantium,* ed. Antony Eastmond and Liz James, Burlington, VT, 2003.

Lucretius: *Von der Natur der Dinge,* Übs. Wilhelm Binder, Berlin/Stuttgart, 1855–1912.

Machamer, Peter (ed.): *The Cambridge Companion to Galileo*, Cambridge 1996.

MacLeod, Roy (ed.): *The Library of Alexandria, Centre of Learning in the Ancient World*, London 2000.

Mahdi, Muhsin: Al- Farabi, in: *DSB*, 4, S. 523–6.

Mahoney, Michael S.: Hero of Alexandria, in: *DSB*, 6, S. 310–5.

Ders.: Pierre de Fermat, in: *DSB*, 4, S. 566–76.

Makdisi, George: *The Rise of Colleges: Institutions of Learning in Islam and the West*, Edinburgh 1981.

Ders.: *The Rise of Humanism in Classical Islam and the West*, Edinburgh 1990.

Manuel, Frank E.: *A Portrait of Isaac Newton*, Cambridge, MA, 1968.

Marlowe, Christopher: Tragische Geschichte von Dr. Faust, in: *Sämtliche Dramen*, Übs. Wolfgang Schlüter, Eichborn 1999.

Masson, Georgina: *Das Staunen der Welt*, Übs. Irmgard Kutscher, Stuttgart 1985.

Matthew, Donald: *The Norman Kingdom of Italy*, Cambridge 1992.

Mayr, Elisabeth: *Stereotype im Osten – Stereotype im Westen: Zur Frage von Vorstellungen und Wahrnehmungen in Orient und Okzident*, München 2008.

McDiarmid, J. B.: Theophrastus, in: *DSB*, 13, S. 328–34.

McKeon, Richard: *The Basic Works of Aristotle*, New York 1941.

McVaugh, Michael: Constantine the African, in: *DSB*, 3, S. 393–5.

Menocal, Maria Rosa: *The Ornament of the World: How Muslims, Jews, and Christians Created a Culture of Tolerance in Medieval Spain*, Boston 2002.

Menocal, Maria Rosa et al. (eds.): *The Literature of Al-Andalus*, New York 2000.

Merlan, Philip: Alexander of Aphrodisias, in: *DSB*, 1, S. 117–20.

Ders.: Ammonius, in: *DSB*, 1, S. 137.

Milton, John: *Das verlorene Paradies. Das wiedergewonnene Paradies*, Übertr. Bernhard Schuhmann, München 1966.

Minio-Paluello, Lorenzo: Boethius, in: *DSB*, 2, S. 228–36.

Ders.: James of Venice, in: *DSB*, 7, S. 65–7.

Ders.: Plato of Tivoli, in: *DSB*, 11, S. 31–3.

Ders.: Michael Scott, in: *DSB*, 9, S. 361–5.

Ders.: William of Moerbeke, in: *DSB*, 9, S. 434–40.

Monfasani, John: *Byzantine Scholars in Renaissance Italy: Cardinal Bessarion and Other Émigrés*. Selected Essays, Brookfield, VT, 1995.

Ders.: *Greeks and Latins in Renaissance Italy: Studies in Humanism and Philosophy in the 15th Century*, Brookfield, VT, 2004.

Montaigne, Michel de: *Die Essais*, Übs. Artur Franz, Leipzig 1953.

Montgomery, Scott L.: *Science in Translation: Movements of Knowledge Through Cultures and Time*, Chicago 2000.

Moody, Ernest A.: Jean Buridan, in: *DSB*, 2, S. 603–8.

Morelon, Regis: Eastern Arabic Astronomy Between the Eighth and the Eleventh Centuries, in: *Encyclopedia of the History of Arabic Science*, vol. 1, S. 20–57.

Ders.: General Survey of Arabic Astronomy, in: *Encyclopedia of the History of Arabic Science*, vol. 1, S. 1–19.

Morford, Mark: *The Roman Philosophers: From the Time of Cato the Censor to the Death of Marcus Aurelius*, London 2002.

Morrow, Glenn R.: Proclus, in: *DSB*, 11, S. 160–2.

Mourelatos, Alexander P. D.: Empedocles of Acragas, in: *DSB*, 4, S. 367–9.

Murdoch, John: Euclid, in: *DSB*, 4, S. 414–59.

Ders.: Thomas Bradwardine, in: *DSB*, 2, S. 390–7.

Murdoch, John/Sylla, Edith Dudley: Richard Swineshead, in: *DSB*, 13, S. 184–213.

Nasr, Seyyid Hossein: *Islamic Science: An Illustrated History*, Cairo 1976.

Ders.: Qutb al-Din Al-Shirzai, in: *DSB*, 11, S. 247–53.

Ders.: *Science and Civilization in Islam*, Cambridge, MA, 1968.

Ders.: Nasir al-Din al-Tusi, in: *DSB*, 13, S. 508–14.

Nasr, Seyyid Hossein/Leaman, Oliver (eds.): *History of Islamic Philosophy*, London 1996.

Netz, Reviel/Acerbi, Fabio/Wilson, Nigel: Towards a Reconstruction of Archimedes' Stomachion, in: *Sciamus* 5 (2004), S. 67–99.

Neugebauer, Otto: *The Astronomical Tables of Al-Khwarizmi*, Copenhagen 1962.

Ders.: *The Exact Sciences in Antiquity*, 2nd ed., Providence, R. I., 1957.

Ders.: *A History of Ancient Mathematical Astronomy*, 3 vols., New York 1975.

Newton, Isaac: *Mathematische Prinzipien der Naturlehre*, Hg. J. Ph. Wolfers, Darmstadt 1963.

Ders.: *Optik oder Abhandlung über Spiegelungen, Brechungen, Beugungen und Farben des Lichts*, übs. u. hg. von William Abendroth, Braunschweig/Wiesbaden 1983.

North, John David: *The Norton History of Astronomy and Cosmology*, New York 1995.

Ders.: Richard of Wallingford, in: *DSB*, 11, S. 414–6.

O'Leary, De Lacy: *Arabic Thought and Its Place in History*, London 1939.

Ders.: *How Greek Science Passed to the Arabs*, London 1949.

Omar, Saleh Beshara: *Ibn al-Haytham's Optics: A Study of Experimental Science*, Minneapolis 1977.

O'Neil, W. M.: *Early Astronomy, from Babylonia to Copernicus*, Sydney 1986.

Osborne, Robin: *Greece in the Making, 1200–479 B. C.*, London 1996.

Osler, Margaret (ed.): *Rethinking the Scientific Revolution*, New York 2000.

Ovid: *Festkalender* (Ovids Werke, Bd. 2), Übs. E. Klußmann u. Alexander Berg, Berlin 1855.

Owen, G. E. L./Balme, D. M./Wilson, Leonard G./Minio-Paluello, L.: Aristotle, in: *DSB*, 1, S. 250–81.

Pannekoek, A.: *A History of Astronomy*, New York 1961.

Pastor, Ludwig: *Geschichte der Päpste seit dem Ausgang des Mittelalters*, 3. Bd., Freiburg/Breisgau 1895.

Pausanias: *Beschreibung von Griechenland*, Übs. Joh. Heinrich Chr. Schubart, 2 Bde., Berlin/Stuttgart 1855–1911.

Payne- Gaposchkin, Cecelia: *Introduction to Astronomy*, New York 1954.

Permuda, Loris: Pietro d'Abano, in: *DSB*, 1, S. 4 f.

Peters, C. H. F./Knobel, E. B.: *Ptolemy's Catalogue of the Stars: A Revision of the Almagest*, Washington DC 1915.

Peters, Francis E.: *Allah's Commonwealth: A History of Islam in the Near East, 600–1100*, New York 1973.

Ders.: *Aristotle and the Arabs: the Aristotelian Tradition in Islam*, New York 1968.

Ders.: *The Harvest of Hellenism: A History of the Near East from Alexander the Great to the Triumph of Christianity*, New York 1970.

Petry, Carl F. (ed.): *The Cambridge History of Egypt*, vol. 1, Islamic Egypt, 640–1517, Cambridge 1998.

Pines, Shlomo:.Ibn Bajja, in: *DSB*, 1, S. 408–10.

Ders.: Moses Maimonides, in: *DSB*, 9, S. 27–32.

Ders.: Al- Razi (Rhazes), in: *DSB*, 11, S. 323–6.

Ders.: What Was Original in Arabic Science?, in: *Scientific Change*, ed. A. C. Crombie, S. 206–18.

Pingree, David: Brahmagupta, in: *DSB*, 2, S. 416–8.

Ders.: Al-Fazari, in: *DSB*, 4, S. 555–6.

Ders.: The Greek Influence on Early Islamic Mathematical Astronomy, in: *Journal of the American Oriental Society* 93 no. 1 (1973), S. 32–43.

Ders.: Gregory Chioniades and Palaeologan Astronomy, in: *Dumbarton Oaks Papers* 18 (1964), S. 133–60.

Ders.: Leo the Mathematician, in: *DSB*, 8, S. 190–2.

Ders.: Masha'allah, in: *DSB*, 9, S. 159–62.

Platon: *Die Gesetze*, eingel. von Olof Gigon, Übertr. Rudolf Rufener. Zürich/München 1974.

Ders.: *Gorgias*, Übs. Joachim Dalfen, Göttingen 2004.

Ders.: *Parmenides*, Übs. K. Ch. Planck, Stuttgart 1892.

Ders.: *Phaidon*, Übs. Friedrich Schleiermacher, Stuttgart 1987.

Ders.: *Timaios*, Hg. u. Übs. Hans Günter Zekl, Hamburg 1992.

Plinius der Ältere: *Die Naturgeschichte*, Hg. Lenelotte Möller u. Manuel Vogel. Übs. u. Anm. Georg C. Wittstein, 2 Bde., Wiesbaden 2007.

Plinius der Jüngere: *Briefe in einem Band*, Übs. Werner Krenkel, Berlin/Weimar 1984.

Plutarch: *Ausgewählte Biographien*, Übs. Ed Eyth, Berlin 1855–1911.

Plutarch: *Ist »Lebe im Verborgenen« eine gute Lebensweise?*, Hg. Ulrich Berner u. a., Darmstadt 2000.

Ders.: Plutarch's *Moralia*, 15 vols., trans. by Harold Cherniss and William C. Helmbold. Cambridge, MA, 1957.

Poulle, Emmanuel: John of Sicily, in: *DSB*, 7, S. 141 f.

Ders.: William of St. Cloud, in: *DSB*, 14, S. 389–91.

Price, Derek De Solla: An Ancient Greek Computer, in: *Scientific American* (1959), S. 60–7.

Ptolemäus. *Handbuch der Astronomie.* Übs. u. Anm. K. Manitius, Vorw. u. Berichtigungen O. Neugebauer, Leipzig 1963.

Quandt, Abigail: The Archimedes Palimpsest: Conservation Treatment, Digital Imaging and Transcription of a Rare Medieval Manuscript, in: *Works of Art on Paper: Books, Documents and Photographs.* Contributions to the Baltimore Congress, 2–6 September 2002, ed.Vincent Daniels, Alan Donnithorne, and Perry Smith, S. 165–70, London 2002.

Ragep, F. Jamil: 'Ali Qushji and Regiomontanus: Eccentric Transformations and Copernican Revolutions, in: *Journal for the History of Astronomy* 36 (2005), S. 359–71.

Ders.: Copernicus and His Islamic Predecessors: Some Historical Remarks, in: *Filozofski Vestnik* 25, no. 2 (2004), S. 125–42.

Ragep, F. Jamil/Ragep, Sally P. (eds.): *Tradition, Transmission, Transformation,* Leiden 1996.

Rashdall, Hastings: *The Universities in Europe in the Middle Ages,* 3 vols., London 1936.

Ders.: Kamal al-Din al-Farisi, in: *DSB*, 7, S. 212–9.

Rashed, Roshdi/Vahadzadeh, B.: *Omar Khayyam, the Mathematician,* Winona Lake, IN, 2000.

Read, Jan: *The Moors in Spain and Portugal,* London 1974.

Rhetikus: *Erster Bericht über die 6 Bücher des Kopernikus von den Kreisbewegungen der Himmelsbahnen,* übs. u. eingel. von Karl Zeller, München/Berlin 1943.

Riddle, John M.: Dioscorides, in: *DSB*, 4, S. 119–23.

Rihill, T. E.: *Greek Science,* Oxford 1999.

Rochot, Bernard: Pierre Gassendi, in: *DSB*, 5, S. 284–90.

Ronan, Colin A.: *The Cambridge Illustrated History of the World's Science,* London 1983.

Ders.: Edmond Halley, in: *DSB*, 6, S. 67–74.

Rosen, Edward: Federico Commandino, in: *DSB*, 3, S. 363–5.

Ders.: Nicholas Copernicus, in: *DSB*, 3, S. 401–11.

Ders.: Andreas Osiander, in: *DSB*, 10, S. 245 f.

Ders.: Johannes Regiomontanus, in: *DSB*, 11, S. 348–52.

Ders.: George Joachim Rheticus, in: *DSB*, 11, S. 395–8.

Ders.: *Three Copernican Treatises,* New York 1959.

Ders.: Was Copernicus a Neoplatonist?, in: *Journal of the History of Ideas* 44, no. 4 (Oct. 1983), S. 667–9.

Rosenfeld, B. A./Grigorian, A. T.: Thabit ibn Qurra, in: *DSB*, 8, S. 288–95.

Rosenfeld, B. A./Ihsanoğlu, Ekmeleddin: *Mathematicians, Astronomers and Other Scholars of Islamic Civilisations and Their Works (7th–14th Centuries),* Istanbul 2003.

Rosenthal, Franz: *The Classical Heritage in Islam,* trans. by Emile and Jenny Marmorstein, London 1975.

Ders.: *Greek Philosophy and the Arabs*, Brookfield, VT, 1990.

Ders.: *Science and Medicine in Islam*, Brookfield, VT, 1990.

Rosinska, Grazyna: Nasir al-Din al-Tusi and Ibn al-Shatir in Cracow?, in: *Isis* 65, no. 2 (1974), S. 239–43.

Ross, David: *Aristotle*, 6th ed., London 1995.

Rossi, Paolo: *Die Geburt der modernen Wissenschaft in Europa*, Übs. Marion Sattler Charnitzky u. Christiane Büchel, München 1997.

Rudnicki, Jozef: *Nicolaus Copernicus*, London 1943.

Runciman, Steven: *Byzanz. Von der Gründung bis zum Fall Konstantinopels*, Übs. Heinrich Wolfart, München 1983.

Russo, Lucio: *Die vergessene Revolution oder die Wiedergeburt des antiken Wissens*, Übs. Bärbel Deninger, Berlin/Heidelberg/New York 2005.

Sabra, A. I.: The Appropriation and Subsequent Naturalization of Greek Science in Medieval Islam: A Preliminary Statement, in: *Tradition, Transmission, Transformation*, ed. F. Jamil Ragep and Sally B. Ragep, S. 3–27.

Ders.: Al-Farghani, in: *DSB*, 4, S. 541–5.

Ders.: Ibn al-Haytham, in: *DSB*, 6, S. 189–210.

Ders.: Al-Jawhari, in: *DSB*, 7, S. 79 f.

Ders.: *Theories of Light, from Descartes to Newton*, London 1967.

Sa'di of Shiraz: *Tales from the Bustun … and Gulistan*, trans. by Reuben Levy, London 1928.

Sa'di, Muslih ad-Din: *Der Rosengarten*, Übs. Karl Heinrich Graf, neu bearb., hg. u. komm. von Dieter Bellmann, Leipzig/Weimar 1982.

Sagan, Carl: *Unser Kosmos. Eine Reise durch das Weltall.* Übs. Siglinde Summerer u. Gerda Kurz, Augsburg 1996.

Said, Edward W.: *Culture and Imperialism*, New York 1993.

Saidan, A. S.: Al-Qalasadi, in: *DSB*, 11, S. 229 f.

Saliba, George: *A History of Arabic Astronomy: planetary theories during the golden age of Islam*, New York 1994.

Sambursky, Samuel: John Philoponus, in: *DSB*, 7, S. 134–9.

Ders.: *The Physical World of the Greeks*, trans. by Merton Dagut, London 1956.

Ders.: *Physics of the Stoics*, New York 1959.

Samso, Julio. Al-Bitruji, in: *DSB*, 15, S. 33–6.

Ders.: Levi ben Gerson, in: *DSB*, 8, S. 279–82.

Sandys, J. F.: *A History of Classical Scholarship*, Reprint, New York 1964.

Sappho: *Gedichte*, hg. u. übs. von Andreas Bagordo, Düsseldorf 2009.

Sarton, George: *Galen of Pergamum*, Lawrence, KS, 1954.

Ders.: *A History of Science*, 2 vols., Cambridge, MA, 1952.

Ders.: *Introduction to the History of Science*, 3 vols., Baltimore 1927–48.

Sayılı, Aydın: *The Observatory in Islam and Its General Place in the History of the Observatory*, Ankara 1960.

Scheid, Harald/Schwarz, Wolfgang: *Elemente der linearen Algebra und der Analysis,* Heidelberg 2009.

Schmidt, Karl-Eugen: *Cordoba und Granada,* Leipzig 1902.

Schulze, Arthur: *Die großen Physiker und ihre Leistungen,* Leipzig 1910.

Schupp, Franz: *Geschichte der Philosophie im Überblick,* Bd. 2: Christliche Antike – Mittelalter, Hamburg 2003.

Scott, Walter: *Des letzten Minnesängers Sang,* Übs. C. Cornelius, Leipzig o. J.

Sears, Francis Weston: *Optics,* 3rd ed., Reading, MA, 1958.

Segal, J. B.: *Edessa, »The Blessed City«,* Oxford 1970.

Seneca: *Naturwissenschaftliche Untersuchungen in acht Büchern,* hg. u. übs. v. Otto u. Eva Schönberger, Würzburg 1990.

Sepp, Johann Nepomuk: *Das Leben Jesu Christi,* 6. Bd., Regensburg 1862.

Sesiano, Jacques: Diophantus of Alexandria, in: *DSB,* 15, S. 118–22.

Ševčenko, I.: Theodore Metochites, the Chora and the Intellectual Trends of His Time, in: *Kariye Djami,* ed. Paul Underwood, vol. 4, S. 19–91.

Shakespeare, William: *Der Kaufmann von Venedig,* Übs. Erich Fried, Berlin 1984.

Sharpe, William D.: Isidore of Seville, in: *DSB,* 7, S. 28–30.

Simonis, Walter: *Der verständige Umgang mit der Welt: Differenz und Vermittlung von Theorie und Erfahrung in Erkenntnis und Wissenschaft; propädeutische Analysen,* Amsterdam 1924.

Simonyi, Károly: *Kulturgeschichte der Physik. Von den Anfängen bis heute,* Frankfurt 2001.

Solmsen, F.: *Aristotle's System of the Physical World: A Comparison with His Predecessors,* Ithaca, NY, 1960.

Speer, Andreas: *Die entdeckte Natur.* Untersuchungen zu Begründungsversuchen einer »scientia naturalis« im 12. Jahrhundert, Leiden/New York/Köln 1995.

Spenser, Edmund: *The Faerie Queene,* 2 vols., New York 1927.

Stahl, William H.: Aristarchus of Samos, in: *DSB,* 1, S. 246–50.

Ders.: The Greek Heliocentric Theory and Its Abandonment, in: *Transactions and Proceedings of the American Philological Society* 76 (1945), S. 321–32.

Ders.: Macrobius, in: *DSB,* 9, S. 1 f.

Ders.: Martianus Capella, in: *DSB,* 9, S. 140 f.

Steinschneider, Moritz: *Die arabischen Übersetzungen aus dem Griechischen,* Leipzig, 1889–93.

Stern, S. M.: Isaac Israeli, in: *DSB,* 7, S. 22 f.

Strabo: *Erdbeschreibung,* Übs. A. Forbiger, 7. Bde., Berlin 1855–1908.

Straub, Hans: *Die Geschichte der Bauingenieurkunst.* Ein Überblick von der Antike bis in die Neuzeit, Hg. Peter Zimmermann, Mitarbeit Nikolaus Schnitter, Basel 1992.

Struik, D. J.: Gerbert d'Aurillac, in: *DSB,* 5, S. 364–6.

Stuckrad, Kocku von: *Was ist Esoterik?* Kleine Geschichte des geheimen Wissens, München 2004.

Sullivan, J. W. N.: *Isaac Newton, 1642–1727*, New York 1938.
Swerdlow, N. M./Neugebauer, O.: *Mathematical Astronomy in Copernicus' De Revolutionibus*, 2 vols., New York 1984.
Talbot, Charles H.: Stephen of Antioch, in: *DSB*, 13, S. 38 f.
Taran, Leonardo: Anaximander, in: *DSB*, 1, S. 150 f.
Ders.: Anaximenes, in: *DSB*, S. 151 f.
Ders.: Aratus of Soli, in: *DSB*, S. 204 f.
Ders.: Nicomachus of Gerasa, in: *DSB*, 10, S. 113 f.
Ders.: Parmenides of Elea, in: *DSB*, 10, S. 324 f.
Taton, René (ed.): Blaise Pascal, in: *DSB*, 10, S. 330–42.
Ders.: *History of Science*, trans. by A. J. Pomerans, 4 vols., New York 1964–6.
Tekeli, S.: Habash al-Hasib, in: *DSB*, 5, S. 612–20.
Ders.: Muhyil-Din Al-Maghribi, in: *DSB*, 9, S. 555–7.
Tertullian: *De Praescriptione Haereticorum/Vom prinzipiellen Einspruch gegen die Häretiker*, übs. u. eingel. von Dietrich Schleyer, Turnhout 2002.
Thomas, Phillip Drennon: Alfonso el Sabio, in: *DSB*, I, S. 122.
Ders.: Cassiodorus, in: *DSB*, 3, 109 f.
Thomas von Aquin: *Expositio super librum Boethii De trinitate I/Kommentar zum Trinitätstraktat des Boethius I*. Lateinisch-Deutsch, übs. u. eingel. von Peter Hoffmann. Freiburg/Breisgau 2006.
Thorndike, Lynn: *A History of Magic and Experimental Science*, 8 vols., New York 1923–58.
Thukydides: *Geschichte des Peloponnesischen Krieges*, Griechisch-Deutsch, Übs. mit Einf. u. Erl. von Georg Peter Landmann, 2 Bde., München 1993.
Tischendorf, Constantin von: *Reise in den Orient*, Leipzig 1846.
Tivier, André: Xenophanes, in: *DSB*, 14, S. 536 f.
Toomer, G. J.: Apollonius of Perga, in: *DSB*, 1, S. 179–93.
Ders.: Campanus of Novara, in: *DSB*, 3, S. 23–9.
Ders.: Diophantus of Alexandria, in: *DSB*, 4, S. 110–9.
Ders.: Heraclides Ponticus, in: *DSB*, 15, S. 202–5.
Ders.: Hipparchus, in: *DSB*, 15, S. 207–24.
Ders.: al-Khwarizmi, in: *DSB*, 7, S. 358–65.
Ders.: Ptolemy (Claudius Ptolemaeus), in: *DSB*, 11, S. 186–206.
Ders.: Theon of Alexandria, in: *DSB*, 13, S. 321–5.
Ders.: Vitruvius, in: *DSB*, 15, S. 514–21.
Ders. (trans. and ed.): *Ptolemy's Almagest*, Princeton 1998.
Turner, Howard R.: *Science in Medieval Islam: An Illustrated Introduction*, Austin, TX, 1995.
Underwood, Paul (ed.): *Kariye Djami*, 4 vols., New York 1966–75.
Van Helden, Albert: *Measuring the Universe: Cosmic Dimensions from Aristarchus to Halley*, Chicago 1985.

Vasiliev, A. A.: *History of the Byzantine Empire,* 2 vols., Madison, WI, 1952.

Verbeke, G.: Simplicius, in: *DSB,* 12, S. 440–3.

Vernet, Juan: ʿAbbas ibn Firnas, in: *DSB,* 1, S. 5.

Ders.: Ibn al-Baytar, in: *DSB,* 1, S. 538 f.

Ders.: Ibn Juljul, in: *DSB,* 7, S. 187 f.

Ders.: Al-Majriti, in: *DSB,* 9, S. 39 f.

Ders.: Al-Zarqali, in: *DSB,* 14, S. 592–5.

Vernet, Juan/Samso, Julio: The Development of Arabic Science in Andalusia, in: *Encyclopedia of the History of Arabic Science,* vol. 1, S. 243–75.

Vitruv: *Baukunst,* Übs. August Rode, 2 Bde., Zürich/München 1987.

Vogel, Kurt: Byzantine Science, in: *Cambridge Medieval History,* new ed., vol. 4, part 2, S. 274–9, Cambridge, 1967.

Ders.: Diophantus of Alexandria, in: *DSB,* 4, S. 110–9.

Ders.: Leonardo Fibonacci (Leonardo of Pisa), in: *DSB,* 4, 604–13.

Voltaire: *Philosophische Briefe,* Übs. Rudolf von Bitter, Hg. Jochen Köhler, Frankfurt 1982.

Waerden, B. L. van der: *Science Awakening,* trans. by Arnold Dresden, Groningen 1974.

Wallace, William A.: Dietrich of Freiberg, in: *DSB,* 4, S. 92–5.

Ders.: Saint Albertus Magnus, in: *DSB,* 1, S. 99–103.

Ders.: Saint Thomas Aquinas, in: *DSB,* 1, S. 196–200.

Walter, Peter (Hg.): *Kommentarkulturen: Die Auslegung zentraler Texte der Weltreligionen.* Ein vergleichender Überblick, Köln/Weimar/Wien 2007.

Walzer, Richard: *Greek into Arabic: Essays in Islamic Philosophy,* Oxford 1962.

Warmington, E. H.: Posidonius, in: *DSB,* 11, S. 103–6.

Ders.: Strabo, in: *DSB,* 13, S. 83–6.

Watt, W. Montgomery: *A History of Islamic Spain,* Edinburgh 1965.

Ders.: *The Influence of Islam on Medieval Europe,* Edinburgh 1982.

Welti, Manfred: *Die europäische Spätrenaissance,* Basel 1998.

Westfall, Richard S.: *Isaac Newton. Eine Biographie,* Übs. Heiner Must, Heidelberg u. a. 1993.

Whitfield, Peter: *Landmarks in Western Science: From Prehistory to the Atomic Age,* London 1991.

Wiet, Gaston: *Baghdad: Metropolis of the Abbasid Caliphate,* trans. by Seymour Feiler, Norman, OK, 1971.

Wilson, Curtis A.: William Heytesbury, in: *DSB,* 6, S. 376–80.

Wilson, Leonard G.: Galen, in: *DSB,* 5, S. 227–37.

Wilson, Nigel: Archimedes: The Palimpsest and the Tradition, in: *Byzantinische Zeitschrift* 92 (1999), S. 89–101.

Ders.: The Archimedes Palimpsest: A Progress Report, in: A Catalogue of Greek Manuscripts at the Walters Art Museum and Essays in Honor of Gary Vikan. Special issue of *Journal of the Walters Art Museum* 62 (2004), S. 61–8.

Ders.: *From Byzantium to Italy: Greek Studies in the Italian Renaissance,* London 1992.

Wipple, John F./Walker, Allan B.: *Medieval Philosophy from St. Augustine to Nicholas of Cusa,* New York 1960.

Wussing, Hans: *Die große Erneuerung.* Zur Geschichte der wissenschaftlichen Revolution, Basel 2003.

Yates, Frances A.: *Giordano Bruno and the Hermetic Tradition,* Chicago 1991.

Youschkevitch, A. P.: Abu'l-Wafa al Buzjani, in: *DSB,* 1, S. 39–43.

Ders.: Isaac Newton, in: *DSB,* 10, S. 42–103.

Youschkevitch, A. P./Rosenfeld. B. A.: Al-Kashi, in: *DSB,* 7, S. 255–62.

Ders.: Al- Khayyam (Omar Khayyam), in: *DSB,* 7, S. 323–34.

Zeller, Eduard: *Grundriß der Geschichte der griechischen Philosophie,* Bearb. Wilhelm Nestle, Aalen 1971.

Zimmermann, Albert/Speer, Andreas (Hg.): *Mensch und Natur im Mittelalter,* Bd. 2, Berlin 1992.

Zimmermann, Bernhard (Hg.): *Handbuch der griechischen Literatur der Antike,* 1. Bd., München 2011.

Internetseiten:

Fermat's Last Theorem: en.wikipedia.org/wiki/Fermat's_last_theorem

Antikythera Computer: en.wikipedia.org/wiki/Antikythera_mechanism

Archimedes Palimpsest: en.wikipedia.org/wiki/Archimedes_Palimpsest

REGISTER